ROKIA

SINDROME

ROMANZO

MAGAZZINI
SALANI

ISBN 979-12-5957-180-9

Per essere informato sulle novità
del Gruppo editoriale Mauri Spagnol visita:
www.illibraio.it

Illustrazioni alla pagina 255 di Alessio Piccinelli

www.magazzinisalani.it

«Perché la vita è fatta anche di emozioni dolorose,
che umani saremmo senza la capacità di provare il dolore?»
«Vuoti» risposi.
«Tu vuoi essere vuota, Rokia?»

Premessa

Hai mai raggiunto il limite della sopportazione?

Succede quando hai i polmoni così pieni di dolore che respirare diventa difficile, e anche qualcosa di impercettibile come l'aria inizia a sembrarti un nemico.

Quando le tue paure ti immobilizzano, quando la percezione di ciò che ti circonda è inquinata da un'ondata di colori oscuri.

Quando pensare non è altro che una tortura a cui l'essere umano non può sfuggire, e capisci che non c'è incantesimo per spezzare la maledizione.

Quando i fantasmi delle tue incertezze decidono di invadere senza pietà ogni centimetro dei tuoi pensieri.

Quando vorresti semplicemente sparire. Chiudere gli occhi e non essere mai esistito.

Quando il nulla è più accogliente delle ragnatele in cui la tua mente continua a cadere.

Perché vivere ti sembra uno sforzo troppo grande per un'anima mortale.

Questo è S I N D R O M E.

Prologo

Olivia

Olivia osserva il piatto di fronte a sé. Cerca ossessivamente un qualsiasi modo per ingannare l'occhio vigile dell'infermiere che passa a controllare i tavoli. La carne cotta, le patate bollite e l'insalata. È tutto decisamente troppo: troppo da finire e troppo da iniziare. Come possono pretendere questo da lei?

Ha imparato a non mangiare e ora non ne ha più bisogno, non ha bisogno di nutrirsi. Non è fragile come pensano, non dipende dal cibo come tutti gli altri. A essere sincera, non capisce neanche il perché debba essere rimproverata per il desiderio che piano piano ha occupato la sua mente, invaso il suo corpo e decimato il suo peso.

Che c'è di male nell'essere diversa?

«Quando si gira butta tutto nel vaso della pianta» le sussurra Jack, seduto davanti a lei.

Olivia fissa la pianta accanto al tavolo. Tiene d'occhio l'infermiere, che si volta verso l'entrata della mensa, dandole le spalle. Coglie l'occasione per mettere in atto l'espediente suggerito da Jack. Lui le sorride, è orgoglioso del suo gesto. Jack l'ha sempre aiutata, l'ha sempre sostenuta. La capisce e la difende: la avverte quando le mettono i medicinali nel succo di frutta, quando le cambiano terapia o quando cercano di ingannarla. La tiene sempre in allerta contro qualsiasi pericolo. L'infermiere guarda con sospetto il piatto vuoto di Olivia. Non le dice niente, come se avesse già capito l'ennesimo inganno della ragazza dagli occhi color miele. Di solito la sgrida di fronte a tutti, obbligandola a ingoiare pezzi di carne mentre i conati di vomito la scuotono senza pietà. Questa volta invece la lascia in pace. Olivia capisce subito il perché. È la giornata più odiosa della settimana: la giornata in cui ogni imbroglio viene alla luce, ogni pastiglia sputata, ogni piatto rovesciato nelle piante... ogni suo tentativo di evasione da quelle regole ferree viene scoperto.

È arrivato il momento fatidico. Olivia è chiusa in una piccola stanza spoglia e bianca, sotto lo sguardo severo del dottore.

«Salga sulla bilancia, Olivia Leed».

Olivia osserva con odio il piccolo oggetto sul pavimento, che le procura sempre mille problemi. L'ultima volta lei e Jack l'hanno rotta di nascosto e hanno passato un sacco di guai.

Mette un piede sulla bilancia, ma il dottore la ferma e la invita a togliersi la felpa. Jack si porta una mano fra i capelli quando vede che ormai hanno scoperto ogni suo tentativo di mascherare la perdita di peso di Olivia. Le aveva consigliato di infilarsi qualche oggetto pesante in tasca, ma a quanto pare è stato inutile.

Olivia viene trascinata sulla bilancia. Il suo cuore vacilla mentre l'ago si sposta piano piano verso un numero che, ai suoi occhi, è incredibilmente alto. Il medico e gli infermieri, invece, sono allarmati. I loro sguardi, puntati sul corpo della ragazza, sono pieni di paura e di delusione. Olivia odia essere guardata così.

Perché la guardano come se fosse un abominio? Perché devono costringerla a questo dolore? Perché i loro occhi la disprezzano? Perché non possono lasciarla in pace?

«No! No! Fermi, lasciatemi!»

Le urla di Olivia rimbombano nello studio medico mentre gli infermieri la trascinano con forza e crudeltà verso il lettino. La immobilizzano mentre uno di loro prepara l'occorrente. Olivia è terrorizzata, le lacrime scorrono a fiumi sulle guance.

«Non fatelo ancora, vi prego, lasciatemi!»

L'infermiere Millinson cerca di tranquillizzarla. «Lo facciamo per te, Olivia».

La conosce da mesi ormai. Olivia ha la stessa età di sua figlia e vederla scomparire sotto i suoi occhi lo preoccupa molto. Lo vedono tutti il modo in cui sta annegando in un male che sembra essersi insediato nella sua mente. Ma c'è qualcosa in Olivia che nessuno comprende.

«Scappa, Olivia!»

«Non riesco a scappare! Non riesco a scappare, Jack!» Le urla di Olivia non smuovono gli infermieri, che la tengono ferma senza cedere di un millimetro.

Sono abituati alle sue urla, così come Olivia è abituata alla loro cattiveria. Sputa parole di odio mentre con le gambe cerca di scalciare il più possibile per allontanarli dal suo corpo. I suoi sforzi sono tutti vani. L'infermiere si avvicina con una siringa: il volto di Olivia sbianca mentre si agita come un animale in gabbia. Ciò che le iniettano la stordisce lentamente: sente ogni stimolo esterno svanire con lentezza.

L'infermiere Millinson si avvicina con un'espressione di scuse e infila un lungo tubo di plastica nella sua narice. Olivia sa molto bene di cosa si tratta: lo sa perché non è la prima volta che cercano di nutrirla artificialmente. Non è la prima volta che la sedano, non è la prima volta che le infilano un sondino contro la sua volontà, non è la prima volta che pesa così poco da sentire le sue stesse ossa premere sulla pelle come lame affilate. Non è la prima volta che rischia di scomparire.

E mentre una lacrima le percorre la guancia, il lungo tubo di plastica avanza graffiandole la gola. Il volto di Jack si contrae, la guarda con disapprovazione.

Anche questa volta l'ha deluso. Lo delude sempre quando riescono a salvarla, quando la riportano in vita. È un meccanismo complesso che in pochi capiscono. È un segreto tra lei e Jack, tra lei e il fantasma di un ragazzo morto.

Olivia non ha pianto al funerale di Jack, e questo ha portato la gente a credere che lei fosse pazza, una pazza insensibile che non piange per la morte del suo ragazzo. D'altronde, come poteva spiegare al resto del mondo che il suo ragazzo lei lo vedeva ancora, come poteva spiegare che sentiva la sua voce e il suo tocco esattamente come prima. Ha rinunciato a questa missione, convivendo per tutto il tempo con lo spirito di un vecchio amore malato legato al suo corpo. Un amore che la perseguita e che la seduce con dolci parole avvelenate, un amore che tenta di portarla nel posto più profondo e oscuro della sua mente.

Olivia è l'ultima scheggia di una vita andata in pezzi, quando anche i cocci sono stati portati via.

Edgar

La stanza di Edgar non è mai stata così disordinata. Ha messo tutto a soqquadro. I libri rovesciati a terra, i vestiti sparpagliati sul letto, i mobili svuotati del loro contenuto.

«Cosa stai facendo? Che razza di disastro è questo?»

La madre lo rimprovera mentre tenta di raggiungerlo in mezzo alla stanza, attraversando il pavimento ingombro. Le basta uno sguardo per capire che cosa sta cercando il figlio... impazzisce quando non riesce a trovarla. La tiene sempre con sé, non esiste un solo momento in cui non ce l'abbia a portata di mano.

«L'hai spostata?» Il tono severo di Edgar non ammette scuse.

«Non ho toccato niente...»

«Menti. Io non la sposto mai, dove l'hai messa?»

La fulmina con i suoi occhi scuri, ansimando forte.

Lei non riesce ad abituarsi a vedere suo figlio affogare in quello stato di rabbia, angoscia e paura. Com'è possibile che un ragazzo così solare sia diventato così paranoico? Com'è possibile che l'unica cosa che traspare dai suoi occhi sia la diffidenza?

Edgar porta incisi sul corpo i segni degli incubi che lo perseguitano anche da sveglio. I suoi occhi rossi ne sono la testimonianza. Ha perso il sonno, ha perso l'appetito, non esce più, è scorbutico, diffida di chiunque lo voglia aiutare e si isola nell'oscurità in cui è sprofondato.

La madre cede e gli rivela il nascondiglio che ha usato.

«L'ho fatto per te... non mi piace vederti in questo stato».

«Se mi togli la pistola, se la sposti un'altra volta...» Edgar fa una pausa per infilarla dietro ai pantaloni «... me ne vado e non torno più. Non lo faccio solo perché mi hai scongiurato di rimanere, ma non farmene pentire».

È assurdo come suo figlio sia diventato un'altra persona, da quel giorno. Anche la sua vita è stata sconvolta, anche lei ha perso il sonno e la serenità. Ma Edgar si è legato in un modo indissolubile a quella tragedia, come se la sua vita si fosse fermata e non potesse continuare mai più.

«Ci sto provando a rimanere fuori dalla tua vita, Edgar... ma capisci che non è facile per me vederti sbriciolare di fronte ai miei occhi? Sei diventato paranoico, scorbutico, non ti stacchi mai da quella pistola spaventosa, urli nel sonno ogni notte, non mangi e non esci mai».

Edgar smette di ascoltare l'ennesimo rimprovero della madre. La spinge fuori dalla stanza e chiude a chiave.

Vi chiederete quale razza di maniaco non riesce a stare senza una pistola e si isola dal mondo rinchiudendosi nel suo dolore.

La risposta?

Un ragazzo, un tempo allegro e pieno di vita, che ha visto morire tragicamente la sorella davanti ai suoi occhi per colpa di un proiettile che le ha perforato i polmoni, dissanguandola nel giro di pochi minuti. Chi poteva immaginare che un semplice giro al centro commerciale si sarebbe trasformato in un girone infernale di sensi di colpa e di urla strazianti?

Edgar odia i posti affollati, quelli in cui la gente può facilmente ignorarti anche se sei in punto di morte. I suoi occhi tutt'ora ricordano alla perfezione il volto delle persone che sono scappate, ignorando le sue suppliche disperate. Nessuno si è fermato per aiutare il ragazzo di sedici anni che teneva in braccio la sorella con un proiettile conficcato nel corpo. Erano tutti troppo occupati a salvarsi la pelle. Nell'egoismo caotico di una mandria terrorizzata, il corpo di una bambina diventava sempre più freddo. Le lacrime del fratello non bastavano a fermare il fiume di sangue che fuggiva insieme alla sua piccola anima innocente.

Il proiettile che aveva ucciso la sorella, quel giorno, aveva attraversato anche l'anima di Edgar. L'unica differenza è che Edgar non sanguina, Edgar non è immobile, Edgar continua a respirare. Edgar rimane con il peso di una pallottola incastrata nel petto e non permette a nessuno di estrarla. Non permette a nessuno di aiutarlo.

Derek

Cammina verso la sua sedia sotto lo sguardo attento di tutti i presenti. Il bombardamento dei flash lo porta a chiudere gli occhi per qualche istante. Ancora non comprende perché i giornalisti debbano assistere all'udienza, depredando la sua vita per guadagnare con i loro articoli e i loro servizi televisivi.

L'avvocato di Derek freme dall'ansia. Sa benissimo che non c'è alcuna possibilità di vincere questa battaglia. L'aggressione non si può certo negare, i testimoni hanno fornito versioni concordi, la polizia ha raccolto tutte le prove necessarie. E in più, la famiglia della parte lesa non è una di quelle a cui si possono fare dei torti impunemente: si tratta dei Moore.

Nessuno sfiderebbe mai uno dei Moore, eppure Derek ha picchiato con violenza Sebastian, il figlio maggiore del capofamiglia. L'ha ridotto così male che non può neanche partecipare all'udienza. È ancora ricoverato in ospedale, in gravi condizioni. Derek non si è risparmiato: nessuno è riuscito a trattenerlo quando ha scatenato la sua furia su Sebastian.

Però l'hanno ripreso con i cellulari. Alla fine, solo quattro poliziotti erano riusciti a staccarlo dal corpo martoriato dell'uomo, ormai immobile sotto i suoi colpi.

La madre di Derek si aggrappa al rosario che stringe fra le mani. Ha passato tutte le notti a pregare per un miracolo, uno di quelli in grado di salvare il figlio dal tremendo casino in cui si è cacciato. La vicina di casa, Maria, la prende per il braccio e la aiuta a sedersi, le ripete di stare tranquilla e di respirare profondamente. Come è possibile stare tranquille in questa situazione?

«L'udienza è aperta».

La voce severa del giudice attira l'attenzione dei presenti. I dodici giurati si voltano verso di lui, con espressioni chiuse e impenetrabili. Hanno raggiunto un accordo sul verdetto, dopo solo mezz'ora di consultazioni. Non è certo un buon segno, chiunque lo capirebbe. Derek sembra completamente distaccato. Fissa un punto a terra mentre il giudice procede all'ultima domanda di rito.

«L'imputato ha un'ultima dichiarazione da fare prima di ascoltare il verdetto?»

L'avvocato di Derek si alza in piedi rispondendo al posto suo.

«Vostro onore, l'imputato conferma l'ammissione di colpevolezza ma dichiara che si è trattato di un momento di perdita del raziocinio e che è molto pentito delle sue azioni».

Derek ha l'aria annoiata: l'aria di chi considera quello che sta vivendo una specie di teatrino, in cui le parti sono già assegnate, e niente può cambiare l'opinione di un pubblico che l'ha già condannato da tempo. Si sa che non c'è niente di meglio di un mostro da odiare per sentirsi persone migliori.

«È così?» chiede il giudice, rivolgendosi direttamente a Derek. «Derek Hill, si dichiara pentito delle sue azioni? Invoca la clemenza della corte perché ha compreso i suoi errori?»

Derek si alza in piedi, suscitando un brusio nella folla. I suoi occhi azzurro ghiaccio fissano freddamente il volto del giudice. Il brusio si placa, tutti aspettano di sentire le parole che usciranno dalla sua bocca. È come la quiete prima della tempesta.

«Ho capito che l'hanno pagata abbastanza bene e ho capito che i giornalisti di merda in sala stanno godendo delle sofferenze di qualcun altro per un titolo che possa portar loro un soldo in più. A parte questo, no... direi che non mi pento di averlo ridotto così male. Si meritava anche di peggio».

In aula si scatena il putiferio. Il pubblico comincia a urlare insulti, i giornalisti moltiplicano i flash e cercano di raggiungere la madre di Derek per cogliere ogni dettaglio della sua reazione, lei trema sempre di più alla vista di un figlio che fa di tutto per autosabotarsi.

«Ordine! Silenzio o faccio sgomberare l'aula!» Il giudice picchia il martelletto come un forsennato e a poco a poco il rumore si attenua. Quando si è ristabilita una situazione accettabile, dichiara con malcelato disprezzo: «Molto bene. Nella quantificazione della condanna terremo conto anche dell'oltraggio alla corte».

Derek rimane impassibile mentre il giudice si rivolge al portavoce della giuria. «Avete raggiunto un verdetto?»

«Sì, vostro onore». Il portavoce è un uomo anziano, con gli occhiali, che ignora completamente la figura di Derek e si rivolge verso il giudice. In aula è sceso di nuovo il silenzio. Lo sguardo di Derek si incrina soltanto nel vedere le lacrime che scorrono sul viso della madre.

«Giudicate l'imputato colpevole o non colpevole?»

«Colpevole, vostro onore».

Il giudice fa un cenno di assenso, nessuno in quell'aula si aspettava qualcosa di diverso. Mentre pronuncia la condanna di Derek, lui continua a fissare l'espressione affranta della madre.

Al termine del discorso del giudice, le guardie si avvicinano a Derek per portarlo via, mentre i giornalisti e i fotografi lo assediano alla ricerca di un ultimo scatto o di un'altra dichiarazione shock.

«Stai attento a mamma, devi proteggere la mia famiglia. Okay?» L'avvocato accoglie le parole di Derek con un gesto rassicurante, poi riunisce le sue carte e si avvicina alla madre del suo assistito.

Le manette che gli circondano i polsi stringono così tanto che sente bruciare la pelle, eppure in quell'istante maschera il dolore per sorridere alla madre e risparmiarle almeno l'angoscia di saperlo spaventato. Le guardie lo spintonano verso l'uscita, impedendogli l'ultimo saluto.

Una sola occhiata tra loro sigilla l'amore profondo che li lega, al di là di qualsiasi distanza.

Sebastian Moore voleva che il mondo vedesse il lato oscuro di Derek Hill, perché stava ottenendo troppi successi nelle aziende controllate dalla sua famiglia, gli stava rubando il posto per il quale era nato. Sebastian aveva l'autorità del cognome, Derek l'autorevolezza delle sue capacità. Lo sapevano tutti e Sebastian non poteva sopportarlo. Quale mossa migliore se non quella di mostrare al mondo la vera natura del ragazzo prodigio dagli occhi color ghiaccio?

La risata di Derek fa inorridire le guardie che lo scortano nel furgone blindato destinato a riportarlo in carcere. All'uscita del tribunale c'è un folto gruppo di persone che manifestano contro la famiglia di Derek, contro la famiglia del pazzo violento che ha aggredito per invidia il gioiello intoccabile della città.

«Cos'hai da ridere? Non vedi che la gente ti odia a morte?» gli chiede una guardia.

Tutti incensano la famiglia Moore. Sono gli squali bianchi che dominano le acque della città, ogni cittadino sensato sa quale parte gli conviene sostenere. Chi non lo fa viene bandito da un acquario di pesci avvelenati e stupidi.

«Rido perché è divertente».

Le due guardie nei sedili anteriori del furgone blindato scuotono la testa. I due uomini sembrano quasi spaventati dalla pazzia di Derek e dal distacco con cui sta affrontando la situazione. L'azzurro dei suoi occhi esprime soltanto una gelida apatia. Derek trova divertente vedere un intero gregge seguire il capobranco.

«Non è divertente. Sei stato condannato, vivrai i prossimi anni in carcere. Stavi per diventare uno dei manager più giovani e famosi della città e invece la tua vita è rovinata».

Derek non risponde, lascia che i due continuino a commentare l'accaduto fra loro. Il suo unico pensiero ora è rivolto alla sua famiglia. Si aggrappa alla promessa fatta dall'avvocato.

Non si pente di quello che ha detto in aula. La sentenza era già scritta, almeno non si è abbassato a mentire e a chiedere pietà. E di certo non si pente di aver picchiato Sebastian. Derek esplode senza controllo, come una bomba a orologeria. Così dicono i terapisti da cui la madre l'ha portato fin da piccolo. Un bambino che non sa contenere la rabbia, un bambino che trasforma le emozioni in onde di sangue.

Derek è l'accendino capace di incenerire qualsiasi cosa sotto al suo raggio visivo.

Sia

Si scatena sulla pista da ballo, una coreografia sensuale che fa risaltare la bellezza del corpo. Le sue forme, i suoi capelli e i suoi occhi selvaggiamente affascinanti attirano l'attenzione di ogni ragazzo presente.

Sia sorride soddisfatta quando vede la sua preda abboccare all'amo. Il senso di appagamento che prova quando raggiunge i suoi sadici obiettivi soddisfa il suo ego vorace. Sa di essere una ragazza che piace, sa di avere molto potere su chi la circonda... per questo ama giocarci.

È il suo passatempo preferito. Attirare le prede lentamente per poi generare il putiferio.

«Ti va se ti offro da bere?»

Il ragazzo su cui ha messo gli occhi sin dall'inizio della serata ora è completamente soggiogato. Sia annuisce, incantandolo quando si passa la lingua sulle labbra per poi sorridere compiaciuta.

Un bicchiere tira l'altro e Sia vede il ragazzo di fronte a lei dire addio alla sua sobrietà. Lei invece tollera l'alcol in maniera quasi disumana. Non riesce mai a ubriacarsi completamente, per questo ama vedere fino a che punto può fare arrivare gli altri.

«Senti... ti va di... trovare un posto tranquillo...»

«Certo che mi va, possiamo andare al mio albergo, è qui vicino... ma sei sicuro di stare bene?» Sia si finge preoccupata.

Lui annuisce barcollando e le circonda le spalle con un braccio. Entrano in albergo mentre lui non smette di ripeterle frasi sempre più volgari sull'effetto che lei gli ha fatto mentre ballava.

«Mi hai notata allora».

Sia aiuta il ragazzo a sdraiarsi sul letto.

«Certo che ti ho notata, da quando sei entrata nel locale non sono riuscito a toglierti gli occhi di dosso».

Il sorriso di Sia si fa sempre più grande. Si avvicina a lui, si siede a cavalcioni del suo corpo mentre con le mani giocarella con i suoi capelli. Lo sguardo della vittima è completamente ammaliato.

«Vedi, è che all'inizio... ho visto che eri venuto con una ragazza e lei portava un anello».

«Ah, lei... non importa ormai. Era solo...»

Il profumo inebriante di Sia, il suo tocco, le sue morbide e incantevoli labbra, la sua voce ipnotica... tutto di lei è capace di confondere, corrodere e ingannare.

La sua essenza è quella delle streghe che celano patti nascosti con i principi delle fiabe.

«La tua promessa sposa?» insiste Sia.

«Non è importante, vieni qui». Le mani del ragazzo percorrono il corpo di Sia e confermano la sua teoria.

Non esiste amore che tenga alla lussuria e al desiderio carnale di un attimo fugace.

Sia si alza bruscamente e si allontana dal ragazzo ubriaco sul letto. La sua espressione è annoiata e allo stesso tempo soddisfatta: ha ottenuto ciò che voleva e ne ha la conferma quando la promessa sposa irrompe nella stanza come una furia.

Lo sguardo della ragazza passa dal corpo ubriaco del ragazzo a quello di Sia, vestita con un top aderente e pantaloncini di pelle nera. Gli occhi di Sia brillano di vita quando vedono le lacrime che scorrono sulle guance della ragazza.

«Perché? Io ti amavo!» La ragazza disperata si sfila l'anello per buttarlo a terra con odio. «Perché l'hai fatto, e poi perché con una così?»

Poi scappa via dalla stanza, sconvolta. Sia sorride.

«Amore... non è come sembra, aspetta!» Il ragazzo scende faticosamente dal letto, ma è troppo ubriaco per inseguirla.

Sia prende la pelliccia caduta a terra e con l'ennesima conferma tra le dita – l'anello di un amore troppo fragile – esce dalla stanza d'hotel con il sorriso sulle labbra.

«Non dovresti smetterla di distruggere i rapporti in questo modo?»

La voce del suo manager, Tom, le fa alzare gli occhi al cielo.

«Mi devi sempre rovinare il divertimento con la tua morale da Buddha in pensione».

Tom tenta di prendere il gioiello dalle mani di Sia. «Dammelo, lo riporto alla ragazza».

«Non ci provare neanche. Questo è l'emblema di un amore consumato, ho lavorato sodo per averlo».

«Lavorato? Hai adocchiato la tua preda come fai sempre e hai fatto il solito giochetto. Quando hai ottenuto quello che volevi ti dimentichi delle persone che hai usato e te ne vai soddisfatta con un souvenir, camminando sui cocci delle loro vite».

La mente contorta di Sia ama trovare il marcio nascosto dietro il 'vissero tutti felici e contenti', la parte mai raccontata di ogni storia, il patto tra il male e il bene che oscilla in un eterno, instabile equilibrio.

Fin da bambina Sia preferiva le streghe con le loro inflessibili maledizioni, le sirene che ammaliavano i marinai conducendoli alla rovina. Ha sempre avuto il desiderio di incantare, di persuadere e di dominare il suo mondo, forgiando catene dorate per muovere le persone intorno a sé.

Smette di ascoltare le parole di rimprovero di Tom, che nel frattempo l'ha accompagnata all'auto. Tom è l'unica persona che Sia tollera al suo fianco. Ha tentato più volte di portarlo al licenziamento, ma qualsiasi cosa faccia, lui sembra disposto a comprenderla, senza rinunciare a farle da grillo parlante.

«Tua madre ha cambiato terapia... vuoi che...»

Sia accende la radio a tutto volume per sovrastare le parole di Tom.

Nessuno sopporta il carattere spinoso di Sia Carillo, eppure tutti tentano di cogliere la sua rosa, quella inebriante, dal profumo irresistibile.

Capitolo 1

Dottoressa Setterman

Immaginate di mischiare le sostanze più opposte e nocive del mondo in un unico bicchiere, sostanze che singolarmente esprimono effetti disastrosi e catastrofici. Venendo a contatto tra loro, le vedrete cambiare forma e colore.

«Non funzionerà, dottoressa Setterman».

«Non mi aspetto che funzioni».

Il mio collaboratore, il dottor Johnson, è contrariato all'idea di mescolare elementi così diversi e altamente esplosivi in un unico contenitore. Ritiene che sia pericoloso e per nulla ragionevole.

«Perché vuole unirli?»

Il dottor Johnson è così spaventato che quasi mi fa sorridere. Teme una disastrosa catena di effetti collaterali.

«Avvicineresti mai un gatto randagio che graffia e che morde?»

La domanda lo fa insospettire. Prima di rispondermi si sistema gli occhiali sul naso, come fa sempre quando riflette su qualcosa.

«Certo che no, mi attaccherebbe» borbotta.

«Esattamente, tenderebbe di più a farsi avvicinare dai suoi simili, da altri gatti randagi... giusto?»

«Be' sì... tra di loro si intenderebbero».

Comprende il collegamento e la sua espressione cambia. Non fa in tempo a ribattere che il primo soggetto, la prima sostanza, entra in studio sotto i nostri occhi. Si siede in una delle quattro postazioni libere. Io, nel frattempo, lo osservo con estrema attenzione da dietro il vetro a specchio. Il dottor Johnson prende la cartella clinica e la sfoglia.

«Edgar Chen, diciannove anni, disturbo da stress post traumatico con recente sviluppo di agorafobia». Legge la diagnosi, mentre io ne analizzo ogni mossa.

La pistola, infilata nella tasca laterale della giacca, non lo abbandona mai. I suoi occhi sono fissi verso il basso mentre la gamba picchietta con insistenza sul pavimento. Ha le unghie mangiucchiate e occhiaie marcate che ne denotano l'insonnia. I lisci capelli scuri ricadono sulla fronte e incorniciano il viso dai lineamenti asiatici.

Non alza lo sguardo nemmeno una volta.

«Rifiuta di prendere i farmaci prescritti, è paranoico ai massimi livelli. I suoi sintomi peggiorano di giorno in giorno: attacchi di panico notturni, insonnia, perdita d'appetito e calo ponderale di peso. In due parole, è convinto che uscire di casa gli sarebbe fatale».

«Non siamo riusciti ad aiutarlo neanche un po' ed è da due mesi che è con noi» mormoro a denti stretti.

A spezzare il clima d'ansia, suscitato dall'agitazione di Edgar, è Olivia.

«Olivia Leed, diciotto anni, anoressia nervosa. È stata intubata la settimana scorsa, ha ancora allucinazioni visive e uditive che le impediscono di mangiare e di dormire. Pesa sempre meno, è arrivata a trentacinque chili. È in cura, ma come puoi vedere a ogni passo in avanti...»

«Ne fa dieci indietro» sospiro.

Osservo l'esile corpo di Olivia mentre siede accanto a Edgar. Il suo volto è prosciugato da ogni energia. È pallida e silenziosa. Scruta l'ambiente con attenzione, poi i suoi occhi si soffermano su una figura che nessuno di noi vede, come se si fosse seduta proprio accanto a lei.

Edgar le lancia una piccola occhiata di sbieco: è la prima volta da quando è entrato che alza lo sguardo verso qualcosa di diverso dal pavimento. Lei ricambia e per qualche secondo si fissano senza proferire parola, ma il rumore improvviso della serratura li fa voltare verso la porta. Entra il 204.

'Come può passare inosservato un carcerato con le manette ai polsi?' Con una divisa arancione e con il numero 204 stampato in bianco all'altezza del petto, il ragazzo dagli occhi color ghiaccio congela all'istante ogni singolo dettaglio. Derek ha questa capacità, quella di intrappolare, di sospendere e di raggelare con una sola occhiata.

«Derek Hill, ventitré anni». La voce del dottor Johnson interrompe i miei pensieri.

Si siede molto distante sia da Olivia che da Edgar. Sollevo l'angolo delle labbra verso l'alto. Il linguaggio corporeo di ciascuno di loro mi rivela molte cose. Derek si allontana con ogni mezzo da qualsiasi interazione con altri esseri viventi che non siano il suo avvocato o sua madre. Chiude gli occhi e si rifugia nel silenzio.

«Disturbo intermittente della rabbia, incarcerato per aggressione aggravata. Evita qualsiasi tentativo di comunicazione e rifiuta di ascoltare o anche solo di partecipare alle sedute».

Il modo in cui si dissocia da ogni stimolo esterno gli permette di creare una barriera invalicabile tra sé e chi lo circonda, come se nessuno fosse degno di accedere ai suoi pensieri, quelli che lo portano a esplodere senza preavviso se si premono i tasti sbagliati.

Il viso dai tratti impenetrabili: gli occhi gelidi, la pelle candida, le labbra piene e i capelli tinti di un bianco cenere. Il suo aspetto fisico esprime una perfezione estetica che lo rende impossibile sia da ignorare che da scalfire.

«Dottoressa Setterman, penso che sia tutto inutile. Non fanno altro che stare in silenzio e si ignorano. A parte il piccolo scambio di sguardi tra Edgar e Olivia, non ho visto nient'altro».

Picchietta la penna sul tavolo con impazienza. Lui non nota nulla, ma io vedo già emergere alcuni cambiamenti, a partire dal ritmo con cui respirano. Derek si è isolato in se stesso, seduto distante dagli altri due con gli occhi chiusi.

Edgar non smette di battere il piede sul pavimento, mentre con le mani palpa la tasca laterale della giacca con ossessiva fissazione.

Olivia rimane seduta in un angolo sul divanetto, fissa lo spazio vuoto accanto a lei con sguardo assorto. Sembra trovarsi in una bolla tutta sua, dove la vita esterna è irreale e le sue allucinazioni invece sono veritiere. È prigioniera delle visioni create dalla sua mente.

Il rumore della maniglia mi fa scattare verso la porta. È arrivata.

«Dottor Johnson, ora si aggiungerà l'elemento principale».

Lui mi rivolge subito un'occhiata di rimprovero. È ancora convinto che sia una pazzia aggiungere un elemento così instabile alla soluzione. Eppure sento che questa presenza sarà il fattore chiave che mi permetterà di sbloccare le condizioni mentali dei pazienti con cui finora non sono riuscita a comunicare.

«Non ditemi che adesso dobbiamo diagnosticarci i problemi a vicenda? Vi siete arresi così in fretta?»

La voce pungente di Sia attira l'attenzione di Edgar e di Olivia. La fissano interdetti. La sua espressione, il tono di voce, il sarcasmo, il modo di muoversi: tutto denota un carattere esuberante, irrazionale ed esplosivo. Indossa la solita pelliccia nera, mentre dei morbidi boccoli color notte le ricadono sulle spalle.

Lei è la scossa sismica finale, la tessera che fa scattare l'effetto domino, la goccia che fa traboccare il vaso. Sia fa il giro della stanza ed esamina con attenzione ogni minimo dettaglio. I suoi occhi scrutano i tre ragazzi seduti.

«Si sta comportando come una pantera che valuta quale preda divorare per prima» mormoro.

Incrocia il volto di Olivia e per qualche secondo ciascuna cerca di scalfire le difese dell'altra. Olivia distoglie lo sguardo per prima, arrendendosi al dominio di Sia, la quale sposta il volto sulla prossima vittima: Edgar. Il modo in cui sorride quando lo vede abbassare gli occhi conferma che si nutre di sottomissione. L'unico che non le cede il campo è Derek Hill. Rimane con le palpebre abbassate, intrappolato in un mondo di ghiaccio. Sia lo fissa per qualche secondo, senza ottenere alcun segno di interesse da parte sua. Le iridi le si accendono di una folle curiosità, come un bambino di fronte ai pezzi di un puzzle scomposto.

Prende la sedia vuota e la trascina dietro di sé, stride contro il suolo fino ad arrivare davanti a Derek. Si siede di fronte a lui, senza distogliere lo sguardo dal volto apparentemente dormiente del principe di ghiaccio. Il principe che ignora la strega dall'ombra maledetta.

«Te l'hanno insegnata l'educazione?»

La domanda di Sia rimane sospesa in aria.

«Il vostro amico è sordo?»

Olivia scuote la testa. «Non è amico di nessuno qui dentro».

Finalmente sento la voce di Olivia. Inclino l'angolo delle labbra in alto: piano piano, Sia sta spezzando ogni barriera.

«Allora ti hanno sedato? Sai, non mi stanno particolarmente simpatiche le persone che mi ignorano».

Edgar picchietta il piede nervosamente. «Non stuzzicarlo, non vedi che è un carcerato? È pericoloso».

Sia ride, coprendosi le labbra con la mano. Edgar e Olivia la osservano interdetti.

Si ricompone subito e con un'espressione seria lo fissa. «Amore, qui siamo tutti pericolosi».

Olivia si alza in piedi, scatta verso la porta. «Voglio uscire».

Quando tenta di aprirla, scopre che è chiusa a chiave. Finché non avrò raggiunto il mio intento, nessuno di loro potrà uscire. Infastidita dalla risata di Sia, torna a sedersi con le guance arrossate.

Sapevo che sarebbe stata la prima a cedere. La barriera di Olivia ha già molte crepe e un sisma come Sia può facilmente fare leva sulle sue incertezze.

La giovane strega si accarezza le labbra con l'indice, come fa sempre quando architetta una delle sue mosse imprevedibili. Il dottor Johnson la fissa spaventato. Per lui è una pazza fuori di testa che non ha alcuna speranza di guarire. Un giorno l'ha definita 'un vortice nero che risucchia tutta la bellezza con cui viene in contatto'.

La mano di Sia si avvicina alla testa di Derek, le sue dita affondano nella chioma scomposta del prigioniero irraggiungibile. Lui spalanca gli occhi di scatto. Rimangono fermi in questa posizione: Sia con la mano nei suoi capelli bianco cenere e lui con gli occhi intrappolati in quelli di lei. *Il ghiaccio che osserva una fiamma ardente.*

«Non toccarmi».

La voce rauca di Derek attira l'attenzione di tutti. La minaccia insita nelle sue parole farebbe rabbrividire chiunque sia sano di mente. Lei invece sorride, divertita ed elettrizzata da questo nuovo colpo di scena.

«E tu non ignorarmi».

«Togli la mano dai miei capelli, per favore?» sibila a denti stretti.

Sia assume un'espressione al limite tra lo stupore e un immenso divertimento.

«Per favore? Cosa sei? Un principe recluso per aver rifiutato la minestra?»

«La mano» rimarca senza distogliere lo sguardo.

Invece di ascoltarlo, aggiunge anche l'altra mano e riprende ad accarezzarlo come fosse un cucciolo di lupo selvatico. Edgar solleva le sopracciglia, sbalordito dalla noncuranza con cui Sia sta trattando un individuo che lui ha inquadrato fin da subito come pericoloso.

«Ti dà fastidio essere toccato? Come mai? Io trovo il contatto fisico essenziale nella vita, vuoi che ti faccia cambiare idea?» sussurra lei con gli occhi accesi di lussuria.

«L'unica cosa che devi cambiare è il tuo modo di porti. Gli dà fastidio, dovresti smetterla e basta» mormora Olivia.

Derek continua a fulminarla con gli occhi. Non sa che più la guarda così, più lei si incaponisce.

«Non ti piace?» Sia passa un dito in modo lento e sensuale sul volto distaccato di Derek.

«Ora sei tu la sorda» commenta Olivia, incrociando le braccia al petto.

«Zuccherino, sei invidiosa? In effetti è molto sensuale, la sua freddezza mi fa pensare ai mille modi in cui potrei infastidirlo».

Le parole di Sia non provocano alcuna reazione in Derek, mentre Olivia e Edgar la guardano sempre più straniti.

Derek assume un tono sempre più minaccioso. «Le hai viste le manette?»

«Oh, vuoi passare subito alle manette» sorride lei, completamente in estasi.

«Le manette» Derek ripete la parola con più decisione «servono perché non so come controllare le rotelle fuori posto che mi sussurrano di dare di matto».

Il volto di Edgar sbianca all'istante: balza in piedi cercando di forzare la serratura per uscire dalla stanza. L'ansia sta prendendo il sopravvento su di lui. Ecco il secondo cedimento.

Sia toglie le mani dai capelli di Derek soltanto per applaudire, eccitata dalle sue parole.

«Voglio vederti dare di matto!»

«Sei pazza?» Olivia si alza in piedi, rabbiosa.

Li osservo con attenzione da dietro lo specchio: stanno tutti cedendo a vista d'occhio. Il dottor Johnson non smette di prendere appunti sulle loro reazioni davanti a un elemento instabile come Sia, affidabile nella sua instabilità.

«Che cosa ti fa perdere il controllo? Dimmelo e io lo farò» continua imperterrita Sia.

«Ti sembra un gioco?» ribatte Derek.

«Mi sembra divertente da morire».

L'espressione noncurante di Derek alimenta l'ossessione di Sia. È come un'ape che continua a ronzare attorno a un fiore chiuso, nella vana speranza di poterne cogliere il nettare.

Sia ha puntato la sua preda, ma questa volta la preda è anch'essa un predatore. A differenza delle altre vittime, Derek è inscalfibile come il ghiaccio.

«Ci fate uscire da qui? Qualsiasi cosa stiate cercando di fare, non ne voglio sapere nulla!» Edgar è ormai sull'orlo del panico.

Olivia volge lo sguardo alla sua destra, verso la sedia vuota. Comprendo subito che *lui* le sta parlando, in questo momento.

«So che ci state ascoltando! Fatemi uscire, io non c'entro nulla con questi» insiste Edgar, sempre più spaventato.

«Anch'io voglio uscire. Sono stanca» sospira Olivia.

Sia ride di fronte alle richieste dei due ragazzi, si voltano verso di lei. Ormai hanno capito che da una così possono aspettarsi di tutto.

«Non ci faranno uscire, se li supplicate» spiega, come se si rivolgesse a due bambini ingenui.

Edgar sta ancora cercando di forzare la maniglia. «In che senso?»

«Non avete capito perché ci hanno messi qui dentro?»

I ragazzi si scambiano un'occhiata confusa, senza capire.

«Per l'effetto domino». Sia si alza in piedi, si avvicina allo specchio unidirezionale. «Questi stronzi vogliono vedere quanto ci mettiamo prima di ucciderci a vicenda. Se lo fanno loro, si sporcano le mani. Giusto, dottor Johnson?»

Quando il dottore sente le parole di Sia, rabbrividisce. Lei guarda verso il vetro, come se potesse vederci mentre prendiamo appunti sulle loro reazioni.

Olivia batte le palpebre confusa. «Ucciderci a vicenda?»

«Perché dovrebbero volerci uccidere?» Edgar si rifiuta di accettare l'assurda teoria di Sia.

«Be', mi pare ovvio».

Segue una breve pausa di silenzio in cui nessuno osa fiatare. Ha ottenuto la loro completa attenzione, perfino Derek sembra seguirne il discorso.

«Che cosa ti pare ovvio?»

«Mi pare ovvio che la parte più oscura, quella troppo brutta per poterne sostenere la vista, debba essere allontanata dalla società. Siamo l'erba cattiva che dev'essere estirpata in silenzio, per non turbare la sensibilità dei bravi cittadini».

L'affermazione di Sia fa presa su ognuno di loro. Edgar torna a cercare la pistola con la mano, Olivia si perde in un'altra delle sue allucinazioni e Derek comincia a studiare il sistema di sicurezza che blocca la porta d'uscita. So che sarebbe in grado, in un impeto di rabbia, di spaccare il vetro che ci separa. D'altronde l'ha già fatto altre volte.

Edgar alza la voce: «L'unica cosa brutta qui è che mi avete

rinchiuso con una pazza e un carcerato! È questa la nuova terapia di cui parlava la dottoressa?»

«Perché, tu pensi di essere normale? Hai una pistola attaccata al culo da quando siamo qui» gli fa notare Sia.

Gli sguardi convergono sull'arma di Edgar. Nessuno di loro l'aveva notata, tranne Sia. A lei non sfugge niente. Le sue parole fanno sì che gli altri guardino Edgar in maniera differente. Olivia fa un passo indietro, come per dissociarsi dalla follia che ha invaso la stanza.

«E neanche tu sei tanto giusta. Chi cazzo ti sta parlando, che ogni tre per due ti giri verso destra?»

Lei arrossisce, confermando le parole di Sia. Il fatto che quella ragazza, dall'apparenza folle e superficiale, abbia svelato i loro segreti più riposti senza alcuna remora rende tutti molto nervosi.

Edgar non sopporta la tensione, tira fuori la pistola e la punta direttamente contro il vetro. Nella stanza cala un silenzio tombale, che però dura solo qualche secondo, prima che Sia intervenga di nuovo a sproposito.

«Stai dando di matto? Queste cose mi eccitano. Spara, avanti, cosa aspetti?»

«Sei pazza! Il colpo tornerebbe indietro, non puoi sparare. Dobbiamo cercare di calmarci tutti quanti». Olivia alza le mani lentamente, cercando di intercettare lo sguardo di Edgar, che sembra ormai un animale braccato.

Derek è l'unico a rimanere seduto, disinteressato all'imminente disastro. Chiude gli occhi sospirando. Si comporta come se non ci fosse alcuna minaccia reale.

Olivia fa un passo in avanti. «C-cerca di riflettere un momento».

Edgar respira con affanno, in mano stringe la pistola carica. «Sono stanco di queste cazzate. Aprite questa maledetta porta».

Il dottor Johnson si alza in piedi preoccupato.

Gli faccio segno di rimanere fermo. «Lascia i gatti randagi giocare tra loro».

'Ci siamo quasi, sento che manca poco'.

«Mi sa che non vogliono proprio aprirla, che ne dici di sparare e spaventarli a morte?» Sia si avvicina a Edgar senza la minima paura. Lo guarda come fosse un fiore pronto a essere colto, gli posa una mano sulla spalla. Il respiro di Edgar è veloce, la fronte imperlata di sudore mentre strizza gli occhi più volte.

«Ti basta premere quel grilletto. Fallo, non avere paura, è l'unico modo in cui potranno prendere seriamente la tua richiesta».

Olivia scuote la testa con forza, intimando a Edgar di non ascoltare quella matta. Ma la capacità persuasiva di Sia è superiore. È così che arriva a puntare con fermezza la pistola verso lo specchio unidirezionale, senza però premere il grilletto. Il tempo sembra sospendersi in un istante infinito.

Ed è in quel momento che Derek, con un movimento rapido e fluido, strappa la pistola dalle mani di Edgar e spara cinque colpi senza pietà. Forma cinque segni sul vetro, uno accanto all'altro, lungo una linea precisa che mi lascia sbalordita.

I ragazzi lo guardano atterriti. Come può un pezzo di ghiaccio avere così tanto fuoco al suo interno?

«Stavi tentennando troppo e mi sembrava ovvio che lo specchio fosse antiproiettile. Sanno proteggersi dai pazzi come noi».

Mi alzo in piedi per osservare meglio la situazione. Noto Edgar con le mani tremanti, questo gli avrà rievocato il ricordo spaventoso che tiene in ostaggio la sua mente.

«Wow, anche se ammanettato sei riuscito a sparare colpi così precisi in meno di tre secondi». Sia si lecca il labbro inferiore con il solito sorrisetto malizioso. «Che cos'hai fatto per finire dentro? Sono curiosa».

Olivia, ancora scossa dai colpi di pistola, si siede a terra e inspira, cercando di calmarsi.

Edgar, ancora ansimante, allunga la mano verso Derek. «Ridammi la pistola».

«Vuoi giocarci ancora?»

«Voglio la mia pistola, razza di psicopatico assassino».

Sia ride divertita. Trascina una sedia in mezzo ai loro due corpi e si siede. Li guarda serena, proprio come se si stesse godendo un bel film al cinema. La sua reazione è opposta a quella di Olivia, che è ancora rannicchiata a terra mentre si preme le mani sulle orecchie.

«Ma se ti tremano le mani! Non voglio finire perforato per le tue crisi di panico» ribatte Derek con la solita freddezza.

«E io non voglio che un carcerato ammanettato abbia la mia pistola in mano».

«Stai cominciando a diventare ripetitivo. Guarda che qui quello messo male sei tu».

Edgar si rivolta contro di lui. «Sarò anche messo male, ma fino a prova contraria non sono dietro le sbarre. Perché non ci dici cos'hai fatto? Chi hai ucciso? Cos'hai trafficato?»

L'espressione di Derek rimane impassibile, come sempre. Ha imparato a mascherare anche i movimenti più sottili, perché rifiuta di farsi analizzare da chiunque abbia di fronte.

«Non gli rispondi? Ti ha appena chiesto se hai ucciso qualcuno» Sia ripete la domanda di Edgar, con un tono del tutto acceso ed elettrizzato. Gli occhi le scintillano di divertimento.

«No, purtroppo non ho potuto terminare ciò che avevo iniziato. Ci sono andato vicino, ma quello stronzo è sopravvissuto. Mi è piaciuto così tanto spezzargli le ossa e vederlo sanguinare. Ma la medicina, soprattutto se si hanno i mezzi, ormai fa miracoli e l'hanno riportato in vita... sfortunatamente».

«Sfortunatamente?» Edgar lo guarda con disgusto.

Il ragazzo dagli occhi di ghiaccio porge la pistola a Edgar dalla parte dell'impugnatura, puntando la canna verso di sé.

«Già... non cercare di comprendere, di trovare una logica. Pensa piuttosto a smettere di tremare come una foglia ogni volta che la impugni». Derek costringe Edgar ad appoggiare la pistola contro il suo petto, sfidandolo con lo sguardo di chi non teme conseguenze. «Sei solo un paranoico aggrappato a una pistola che non ha mai usato, e questo mi fa pena».

Alle parole di Derek si sente uno scatto metallico e la porta si spalanca all'improvviso. La prima a fiondarsi fuori è Olivia, pallida come un cadavere. Sembra essere sull'orlo di un crollo emotivo. Mi acciglio, i miei occhi saettano verso il dottor Johnson con rimprovero.

«Basta così, rischiamo di fare troppa pressione».

«Troppa pressione? Si stavano finalmente aprendo».

«Olivia stava per vomitare, Edgar e Derek si stavano minacciando con un'arma carica e Sia li avrebbe incoraggiati a uccidersi a vicenda. Proprio un bel confronto, direi».

Edgar, prima di uscire, prende la sua pistola distogliendo lo sguardo da quello gelido di Derek. Una guardia carceraria entra per riportare Derek al penitenziario. Quando nota i fori dei proiettili sul vetro, si volta verso di lui con disprezzo.

«C'erano armi qui dentro? Sei stato tu, vero? Sarà l'ultima volta che ti permetteremo di partecipare a queste sedute».

Il rimprovero della guardia non sortisce alcun effetto, così prende Derek per il braccio e lo trascina fuori dallo studio.

«Sono stata io a sparare, non lui». Le parole di Sia fermano la guardia e Derek sul ciglio della porta.

«Una ragazzina come te che spara colpi così precisi? Tra pazzi vi parate il culo?» L'odio della guardia si estende su di lei come un'ombra nera.

Non sa che Sia ama qualsiasi occasione di scontro, che si nutre di confusione, violenza e caos.

«Già, tra pazzi ci pariamo il culo. Voi invece ve lo pulite a vicenda» sorride, senza alzarsi dalla sedia.

Derek distoglie lo sguardo dalla ragazza dai boccoli neri. A questo punto, vuole soltanto andarsene.

La guardia avanza con fare minaccioso verso di lei. «Vuoi finire dentro anche tu?»

«Mi mettereste nella sua stessa cella?» Indica Derek con il dito.

Il ragazzo dagli occhi di ghiaccio scuote la testa sconsolato per quella che sembra essere una vera ossessione nei suoi confronti. Proprio quando il poliziotto sta per ribattere, interviene Tom, il custode di Sia. Un uomo in giacca e cravatta sulla trentina che ripara i buchi creati da Sia. Si scusa con la guardia e gioca la carta dell'infermità mentale, mentre lei sbadiglia disinteressata e sposta lo sguardo verso Derek. Lo fissa con uno scintillio che le infiamma di desiderio gli occhi. La guardia alla fine si convince e si allontana con il prigioniero dagli occhi gelidi.

«Principe di ghiaccio, non mi saluti?»

La domanda di Sia viene completamente ignorata da Derek, non si volta indietro e non le rivolge alcuno sguardo.

E mentre il custode di Sia la rimprovera per l'ennesima volta, io valuto il risultato del mio esperimento. Nessuno di quei soggetti si era mai aperto a tal punto durante le sedute.

«Non verranno mai più. Spero tu abbia visto quello che volevi vedere». Le parole del dottor Johnson mi fanno sorridere.

Edgar ha perso il controllo e ha ripreso contatto con il ricordo che lo bloccava, rendendosi conto che la pistola è una difesa inutile. Olivia è stata buttata in mezzo a qualcosa di molto perturbante che l'ha fatta uscire per qualche minuto dalla realtà alternativa in cui era prigioniera. Derek ha addirittura espresso le proprie emozioni riguardo al crimine che ha commesso, infrangendo la barriera del silenzio. Dal momento in cui si è scontrato con Sia, qualcosa in lui sembra essersi allentato.

Ciascuno di loro si è scontrato contro qualcosa di altrettanto oscuro. Sono entrati nella stanza convinti che nessuno avrebbe mai potuto comprendere i loro demoni. Però di demoni qui dentro ce n'erano fin troppi, e forse per la prima volta hanno capito di non essere gli unici ad abitare all'inferno.

E quindi di non essere soli.

I loro spigoli si sono urtati, scontrati e incastrati tra loro. Qualcosa si è smosso, le loro barriere ora traballano e io non ho intenzione di perdere quest'occasione. Adesso ho qualcosa su cui lavorare, ma voglio riuscire a legare i loro destini in modo più stabile, trovare qualcosa che li obblighi a scontrarsi di nuovo.

Come posso unire le strade di un proiettile, una scheggia, un accendino e una rosa?

Capitolo 2

Cinque anni dopo

Sia

«Ricapitoliamo».

Tom ripete per l'ennesima volta una serie di regole noiosissime e prive di senso. Me le avrà spiegate un centinaio di volte e ancora non è sicuro che io le abbia capite. Non lo biasimo, non sono incline a rispettare le direttive altrui.

«Niente risse».

Annuisco, mentre osservo dal finestrino il paesaggio che scorre sotto ai miei occhi. Non mi sono ancora ambientata nel Minnesota. È proprio come lo ricordavo: noioso da far schifo. Pieno di grattacieli infiniti e di gente triste che non sa come divertirsi. Un animo della Colombia come il mio si sente incastrato in questa realtà fredda e squallida.

«E con questo intendo che non devi neanche innescarle. Spero sia chiaro».

Alzo le spalle. Tom decide di accontentarsi e passa oltre, elencando una serie di crimini da cui dovrei astenermi. È stanco di pagare l'avvocato per tirarmi fuori dai guai ed è altrettanto stanco di zittire le testate giornalistiche sempre in cerca di scandali.

«Niente idee folli e illegali».

«Non commetterò nessun omicidio».

Tom mi incenerisce con i suoi occhi verdi. È così agitato perché, per la prima volta, ho deciso di impegnarmi in qualcosa di serio. Fare la modella è stato divertente per un po', ma non può certo bastarmi a riempire le giornate. E soprattutto a tenere il cervello in funzione.

«Non insultare la gente solo per stuzzicarla».

«Questo non te lo posso promettere, sai anche tu che è più forte di me... Tommy».

Il suo sospiro stanco mi fa sorridere. Ha quasi quarantacinque anni e i suoi capelli, un tempo castani, stanno diventando grigi. La sua famiglia gli ripete sempre di cambiare lavoro, con il curriculum che ha potrebbe fare qualsiasi cosa. Eppure deve esserci qualche stregoneria che lo tiene legato a me.

«Potrei essere tuo padre. Evita di chiamarmi Tommy».

«Tommy è carino, non lo trovi dolce?» replico con un sorriso.

«Tu non fai mai nulla di dolce» afferma esausto.

Rido divertita, lo prendo come un complimento. Tom intanto ha ripreso con la sua litania. «Non devi sfidare gli altri. Dovrai seguire delle regole che potranno non piacerti, ma come ha detto Melissa...»

«Conta fino a dieci quando ti senti bruciare» ripeto a macchinetta, alzando gli occhi al cielo.

Melissa è la mia psicoterapeuta. Quella povera donna le ha provate tutte con me, mi ha proposto qualsiasi tipo di percorso esistente. I suoi tentativi sono così minimi, in confronto a ciò che realmente mi porto dentro. L'ha capito anche lei che non si può guarire ciò che nasce marcio. Si deve solo attendere che muoia per poi seppellirlo.

«Io e la dottoressa ti stiamo lasciando fare questa prova solo perché è la prima volta che mostri interesse per qualcosa di normale... però...»

«Non finire la frase» lo avverto, cambiando tono.

«Perché la sua stessa azienda?»

«La Big World News è fra i gruppi mediatici più importanti e influenti del mondo. Se voglio far sentire la mia voce, voglio farlo dal picco più alto. E poi sono gli unici che selezionano i nuovi assunti mettendoli in campo gli uni contro gli altri. E dovresti sapere che non posso resistere a una sfida. Non volevate che avessi un obiettivo? Il mio obiettivo è questo».

Tom non risponde. Lui e Melissa hanno ampiamente discusso della mia scelta di iscrivermi alle selezioni per i nuovi giornalisti che verranno inseriti nelle testate e nei canali televisivi del gruppo. Non sono molto tranquilli all'idea che io metta piede nel suo stesso mondo, ma alla fine la mia ostinazione ha avuto la meglio. Come sempre, del resto.

L'auto di Tom si ferma davanti a un imponente grattacielo sormontato dall'insegna BWN. All'ingresso c'è un viavai di nuove reclute che sprizzano entusiasmo. Dopo aver ricevuto l'ennesima raccomandazione, saluto Tom e scendo dall'auto. So che sicuramente rimarrà in attesa nel parcheggio esterno, per sicurezza. È come se si sentisse responsabile per aver lasciato una bomba a orologeria altamente instabile in mezzo a una folla innocente.

Mi dirigo verso il punto di incontro all'interno dell'edificio, dove dovrebbero comunicare i nomi di chi ha superato le selezioni iniziali. Una zona del vasto salone d'ingresso è stata allestita con diverse file di sedie nere, per metà occupate. Mi siedo nell'ultima fila. La frenesia e l'agitazione delle ragazzine sedute davanti a me mi fa venire voglia di vomitare. Ho la tentazione di aprire bocca e distruggere metodicamente tutte le loro aspettative. Ma immagino che anche questo andrebbe contro le regole imposte da Tom.

«Ma ti immagini lavorare qui dentro?» si vanta la prima.

L'amica dai capelli biondi si ritocca il rossetto. «Il primo passo sarà farsi amico il direttore, così saremo subito protette e avvantaggiate. Non ho intenzione di mischiarmi con gli altri».

Schiudo le labbra. 'Ottimo, sono capitata davanti a due arrampicatrici sociali'.

«Lo sapete, vero, che prenderanno solo il dieci per cento delle centocinquanta persone qui in attesa?»

Una di loro si volta e forza un sorriso tirato. «Sì, speriamo di passare».

Si scambia uno sguardo divertito con l'amica e poi riprende a ignorarmi. Le rivolgo un tenero sorriso prima di spezzare il fragile filo delle sue speranze.

«Ho sentito dire che hanno già deciso chi prendere: i figli viziati dei ricchi investitori, quelli che sono stati raccomandati. Questa che vedete è solo una pantomima che mettono su per non destare sospetti».

I loro volti si rabbuiano di colpo. Ogni dettaglio del linguaggio del corpo rivela i loro pensieri: l'impercettibile abbassamento dello sguardo, il tremore delle labbra, la mano che passa tra i capelli... tutto rivela il timore di un'imminente sconfitta.

All'improvviso un uomo sulla trentina, con la barba, inizia a parlare al microfono. Annuncia i quindici nomi dei candidati selezionati e li invita ad alzarsi in piedi. A mano a mano che l'elenco si allunga, la maggior parte dei presenti si incupisce sempre di più.

«E infine, Sia Carillo».

Gli occhi delle ragazze davanti a me sono lucidi. Il loro precedente entusiasmo si è trasformato in una cocente delusione.

«Dobbiamo denunciare questo abuso. Non è giusto!» commenta la biondina, cambiando atteggiamento.

Le appoggio una mano sulla spalla e le sorrido complice. «Assolutamente, dovete lottare. Farò il tifo per voi».

Mi alzo in piedi e raggiungo gli altri candidati. Mi volto solo per nutrirmi delle loro espressioni sbalordite. Il risentimento è così evidente che mi chiedo se a momenti non mi salteranno al collo. Mentre mi fissano con invidia, distolgo lo sguardo e seguo gli altri quattordici prescelti verso la sala interna.

Tom sarebbe deluso da questa mia mania di soffocare ogni momento di gioia e di speranza, eppure lo trovo davvero tonificante. Spezzare la falsità di un entusiasmo ingiustificato.

Nel frattempo, ci portano in una saletta con lunghi tavoli bianchi, dove prendiamo posto per ascoltare le parole della donna che è appena entrata. Ha i capelli biondi e un elegante completo rosso fuoco. Accanto a lei ci sono l'uomo con la barba che ci ha chiamato prima e un altro impiegato.

«Sarò breve, non amo perdere tempo. Sono Virginia Hendroof, vicepresidente di questa compagnia. Siete stati scelti in base alle prove scritte che avete sostenuto nelle scorse settimane. Questo vuol dire che c'è del potenziale in voi, qualcosa che la Big World News ritiene possa esserle utile.

La selezione però non finisce qui: solo un gruppo di voi, dopo un mese di prova e la valutazione finale, potrà accedere alla redazione di una delle nostre testate giornalistiche. Il sogno di tutti i candidati è quello di arrivare subito in video, giusto? Magari nel programma di punta del nostro canale di news più seguito».

Indica con la mano la tv al plasma appesa alla parete alle sue spalle.

«Vi avverto che quello è un posto per pochissimi privilegiati, il top del top. Toglietevi dalla testa di andare in onda fin da subito. Dovrete sudare, lavorare senza sosta e scattare ai nostri ordini. Spero che questo punto sia chiaro. Non voglio scansafatiche né piantagrane. La Big World News non cerca questo».

L'uomo con la barba prende parola.

«Vi abbiamo divisi in tre gruppi di cinque candidati per affrontare una serie di prove sul campo. Ci saranno delle valutazioni intermedie e individuali, ma per noi è fondamentale la vostra capacità di lavorare in squadra. In poche parole: verrete considerati singolarmente nella valutazione finale, ma se il vostro gruppo non funziona... avrete solo dei voti negativi».

Nonostante le parole della vicepresidente, il mio sguardo è tornato allo schermo gigante della tv alla parete. È lì che voglio arrivare, e non mi fermerò davanti a niente pur di ottenere quello che voglio.

«Durante questo mese di prova, seguirete anche lezioni teoriche e tecniche. Ripeto: è fondamentale saper lavorare insieme. So che siete affamati di successo e che volete dimostrare quanto valete... ma senza un gruppo solido alle spalle non potete riuscirci. Ogni membro del gruppo avrà un ruolo preciso, che deciderete di comune accordo. Ci sarà il capo che coordinerà ogni progetto e al quale spetterà l'ultima parola su ogni decisione; l'addetto alla regia audio e video, che chiameremo cameraman per semplicità; il relatore, ovvero il responsabile dei contenuti scritti e dei discorsi in video; infine ci saranno le due figure dedicate alla ricerca di informazioni, 'le talpe'... dovranno mimetizzarsi anche con i muri se necessario».

Sento l'entusiasmo e l'eccitazione degli altri candidati, non vedono l'ora di entrare in azione. Non li ho ancora guardati in faccia, per adesso non mi interessa chi siano, i miei occhi rimangono incollati allo schermo nero della tv dove mi vedo già proiettata. Quando mi verranno assegnati i compagni di squadra, comincerò a mettere in chiaro le cose.

«Vi avviso che ogni gruppo ha un suo quartier generale: un ufficio dotato di computer, videocamere e tutto il necessario per svolgere le vostre ricerche e registrare i video. Il primo gruppo è pregato di recarsi al piano superiore nel Quartier Generale 102, il secondo potrà riunirsi nella stanza alla vostra destra nel Quartier Generale 101, mentre l'ultimo può rimanere qui. Bene, ora annuncerò la composizione dei gruppi. Tatiana Jenin secondo gruppo, Matthew Lisbon secondo gruppo, Hemlich Patterson terzo gruppo, Sia Carillo primo gruppo».

Non appena sento pronunciare il mio nome, esco dalla stanza e mi incammino verso l'ascensore. Quando le porte si aprono mi accorgo di non essere l'unica in attesa di salire: ci sono due ragazzi e una ragazza che si dirigono verso il Quartier Generale 102.

«Non ci posso credere» mormoro, riconoscendo i loro volti.

Il principe di ghiaccio, la pazza che sente le voci e il paranoico attaccato alla sua pistola. Tutti e tre rinchiusi nello stesso luogo per la seconda volta dopo cinque anni.

«Perché siete qui? Non ditemi che è quello che penso, perché potrei vomitare». La ragazza dai capelli mossi prende parola.

Negli sguardi che ci scambiamo si rispecchia lo stesso stupore. Il karma ci ha voluti riunire nuovamente nello stesso gruppo.

«Da quando fanno entrare un ex carcerato alla BWN?» chiede il ragazzo dai lineamenti asiatici, addossandosi impercettibilmente alla parete dell'ascensore.

«Non lo so... direi da quando fanno entrare dei malati mentali, credo. E comunque ho pagato il mio debito con la giustizia, sono un cittadino libero. Tu mi sembri ancora paranoico, invece».

La risposta pungente del principe di ghiaccio rientra perfettamente nel suo personaggio. Gelido e apatico come sempre. I suoi capelli ora sono biondi, con qualche ciocca castana qua e là. Indossa una giacca di pelle nera e un paio di jeans. La mascella squadrata, gli occhi azzurro ghiaccio e l'espressione indecifrabile non lo abbandonano mai. In cinque anni non è cambiato per niente, a parte la divisa arancione.

«Sono guarito».

«Sì, certo... come no» commento.

Il ragazzo asiatico mi lancia un'occhiataccia. Sappiamo tutti e quattro che per entrare alla Big World News bisogna presentare una dichiarazione che attesti la sanità mentale. È uno dei requisiti per accedere alla selezione e mi sembra più che ovvio che abbiano tutti quanti, me compresa, falsificato quei documenti.

«Quindi è un segreto di gruppo? Nessuno sputtana nessuno, giusto?» riassumo.

«Non c'è niente da sputtanare. Io non ho fatto nulla di male, se sono qui vuol dire che sto bene» ribatte la ragazza dai capelli mossi.

«Certo, le voci devono essere magicamente scomparse... non è così?»

Lei mi incenerisce con lo sguardo. Il nostro futuro è in bilico: se solo uno di noi apre bocca sull'altro, crolla il castello di bugie che abbiamo costruito. Effetto domino.

«Psicopatica del cazzo».

Sorrido di fronte a quell'insulto che è musica per le mie orecchie.

«Oh non sai quanto, sono proprio peggiorata dall'ultima volta».

Le mie parole fanno sospirare il principe di ghiaccio, che non mi ha rivolto neanche mezzo sguardo da quando siamo in questo ascensore. Mi avvicino a lui di qualche passo.

«Devi stare lontana da me».

«Ohh, è così che si salutano le amiche... principe di ghiaccio?»

I suoi occhi azzurri si scontrano con i miei in un lampo di disgusto e rabbia. Il fatto che mi sia definita sua amica lo inorridisce. Sono tutti ancora sconvolti da questa coincidenza divina. Non fanno altro che guardarsi in cagnesco a vicenda, come soldati rimasti isolati dietro le linee nemiche.

E io mi diverto un mondo a stuzzicare le loro menti, malate come le mie. Con un gruppo di psicopatici come loro, ci sarà da ridere. Sento già i mille futuri rimproveri di Tom rimbombarmi nelle orecchie.

Le porte dell'ascensore si aprono e dai nostri sguardi si cancella ogni animosità. Veniamo accolti dalla segretaria, che ci accompagna in una stanza in fondo al corridoio. Accanto alla porta c'è una targhetta con il numero 102.

«Benvenuti, candidati. Questo sarà il vostro quartier generale».

Ampie finestre filtrano la luce calda del sole e illuminano la stanza. Ci sono cinque postazioni, ciascuna munita di computer, fogli e penne. Il centro è occupato da un tavolo rotondo, attorno a esso ci sono delle sedie girevoli nere, mentre davanti alla parete è appostata una lavagnetta di vetro.

Poco dopo entra un uomo con i capelli corti, ci scruta senza presentarsi. Gli penzola dal collo il badge aziendale e dalle borse sotto gli occhi deduco gli manchi il sonno, e, con alte probabilità, ha l'aria di essere uno che si sfoga su qualsiasi essere vivente gli capiti a tiro.

La segretaria gli passa un fascicolo, lui lo afferra e lo sfoglia prima di rivolgerci uno sguardo penetrante.

«Manca una persona... perfetto, dei ritardatari del cazzo già dal primo minuto». Solleva le labbra in un sorriso, ma sembra sull'orlo di una crisi di nervi. Dal completo blu scuro fuoriesce il colletto della camicia bianca, macchiato di caffè. Dal mutismo terrorizzato della segretaria capisco che è abituata ai suoi scatti improvvisi di rabbia.

«Sia Carillo, Olivia Leed, Derek Hill e Edgar Chen».

Sollevo lo sguardo. Finalmente riesco a collegare la faccia dei miei compagni ai loro nomi. Mi sono sempre chiesta come potesse chiamarsi il principe di ghiaccio. *Derek Hill.* Il paranoico con la pistola e i tratti asiatici è ovviamente Edgar Chen e l'altra ragazza è Olivia.

«Manca Julia Pitterson... la ritardataria. Vorrà dire che la aggiornerete voi. Sappiate che non mi piace ripetere le cose più di una volta, e con questo intendo che non lo faccio mai». I suoi occhi ci squadrano duramente.

Il suo atteggiamento mi costringe a sospirare e a mettere subito in pratica il consiglio di Melissa, per non dare di matto già dal primo secondo.

«Allora, voi siete il primo gruppo e, come già vi avranno spiegato i miei colleghi, siete in competizione con gli altri due. Non mi rompete il cazzo con il solito buonismo di merda, dovete lottare se volete emergere qui dentro. E non voglio vedere che vi accoltellate a vicenda. La valutazione finale sarà anche individuale, ma se il vostro gruppo va male... partite dieci passi indietro».

Mentre parla cammina per la stanza, come un comandante prima di una battaglia all'ultimo sangue. Devo farmi forza per non ridergli in faccia, mi mordo l'interno della guancia.

«Sapete già che per prima cosa dovrete stabilire il ruolo che ciascuno di voi avrà all'interno del gruppo. Inoltre, mi serve un nome per la squadra, dovrete comunicarmelo entro il fine settimana. Vi lascerò discutere fra voi, ma prima vi darò qualche dritta. Sarò il vostro tutor, vi assegnerò gli stessi compiti degli altri gruppi e dovrò guidarvi verso la vittoria per fare una bella figura con la vicepresidente».

Marca con forza le ultime parole.

«Userete questo spazio come quartier generale. Un'ultima cosa: per l'amor di Dio, usate la testa per una volta. I gruppi che vengono assegnati a me sono sempre composti da esaltati che pensano di poter andare subito in tv e dopo una settimana finiscono per mollare tutto».

Ci squadra con astio prima di uscire e sbattere la porta. Ha un modo di fare davvero insopportabile. Questo qui è messo peggio di me.

La segretaria ci guarda desolata prima di aggiungere qualche parola.

«Ci farete l'abitudine. Frederick è fatto così, ma sotto sotto sa essere anche gentile. Usate questo spazio come più vi aggrada, se avete bisogno di qualcosa sono nell'ufficio accanto».

L'abito blu, che le fascia le curve del corpo, le arriva fin sopra alle ginocchia. Anche lei, come Frederick lo schizzato, porta un badge identificativo al collo.

Quando esce dalla stanza, lasciandoci soli, la diffidenza riaffiora nei nostri sguardi. Non si può certo dire che siamo gli elementi ideali per fare squadra.

Olivia interviene, spezzando il silenzio. «Dovremmo assegnare i ruoli».

Si avvicina alla lavagnetta di vetro vicino alla finestra, prende un pennarello e scrive il nome di ognuno di noi, seguito da una freccia. Mi siedo sul tavolo a gambe incrociate e analizzo ogni cosa attorno a me. Derek rimane in piedi appoggiato al muro, le sue iridi sono puntate sulla lavagnetta, mentre Edgar si accomoda sulla sedia girevole.

Alza la mano. «Io posso dedicarmi alla parte tecnologica, ho fatto un corso di specializzazione».

«Hai anche imparato a usare la pistola?» domando con un sorriso.

Edgar si acciglia. «Vuoi ricominciare, razza di psicopatica?»

Olivia scrive 'cameraman' accanto al nome di Edgar, che non smette di guardarmi in cagnesco.

Edgar incrocia le braccia sul petto. «E tu cosa vorresti fare, sentiamo?»

«Mi sembra ovvio, sono una talpa perfetta. Posso ottenere qualsiasi notizia, specialmente dai ragazzi».

La mia risposta lo lascia perplesso. Il modo in cui si scandalizza ogni volta che faccio un'allusione sessuale è benzina per un carattere infuocato come il mio. Penso che con lui mi divertirò parecchio: facilmente irritabile, schietto, ansioso e soprattutto paranoico. Anche se cerca di atteggiarsi diversamente, io ancora vedo in lui la stessa luce malata di quel giorno.

«Okay, farai la talpa. Io mi propongo per scrivere i testi». Olivia aggiorna la lavagnetta con i rispettivi ruoli.

L'unico che non ha aperto bocca è Derek. Sorrido all'idea di averlo con me come talpa. Potrei stuzzicarlo meglio e scoprire cosa cela dietro quel muro di ghiaccio.

«Il principe di ghiaccio fa la talpa con me».

Gli sguardi di tutti convergono su Derek, lui osserva la lavagnetta con la solita indifferenza. Le opzioni rimaste sono la talpa e il coordinatore, non ha tanta scelta. A giudicare dall'espressione non sembra molto incline a rappresentare il gruppo, ma non sembra neanche morire dalla voglia di ritrovarsi con me in coppia.

«Per me è uguale» sospira.

«Wow, mi riempi sempre di emozioni incandescenti» scherzo.

Non mi rivolge neanche mezzo sguardo: è come se disattivasse ogni reazione, quando gli parlo. Gli sono indifferente? È impossibile. Non sono indifferente a nessuno con due dita di cervello. Eppure, sembra essere immune a ogni mia tentazione, a ogni frecciatina.

«Lasciamo il ruolo di coordinatore alla ragazza assente?» domanda Edgar.

Parli del diavolo... Una donna dai capelli biondi fa capolino nella stanza. Chiaramente è lei il tassello mancante, Julia Pitterson.

Dalle sue labbra fuoriescono scuse infinite per il ritardo, mentre si passa una mano sui capelli con ansia. Olivia le spiega la suddivisione dei ruoli e le comunica tutte le informazioni che abbiamo ricevuto. Non ha molta scelta: l'ultima arrivata prende ciò che rimane, e per mia fortuna a me rimane il principe di ghiaccio.

Non vedo l'ora di sciogliere l'iceberg e di vedere la sua vera forma prendere vita.

Capitolo 3

C'era una volta una strega che portava sempre con sé un piccolo ragno. Lo nutriva, lo curava e lo coccolava.

La strega era particolarmente affezionata al suo animaletto, anche se era nota per la sua cattiveria e per il carattere spigoloso. Si diceva che odiasse ogni essere umano e che fosse incapace di provare amore o affetto.

Questa strega, così cattiva agli occhi degli altri, lasciò che il cucciolo di ragno occupasse una parte del suo cuore di ghiaccio. Forse era perché quell'animale faceva paura e quindi le ricordava se stessa. I ragni vengono scacciati o uccisi da chiunque se li trovi davanti.

La strega mostrò al ragno un lato di sé che nessun altro aveva mai visto. Era un istinto, qualcosa di innato che la spingeva a volerlo curare e proteggere.

Accecata da questo affetto nei confronti di una creatura ai suoi occhi indifesa, non si accorse che il piccolo ragno – per dimostrarle il suo affetto e la sua gratitudine – l'aveva costellata di piccole punture avvelenate.

E così la strega morì dei baci di un cucciolo di ragno che si era nutrito del suo amore per riuscire a vivere.

La strega e il cucciolo di ragno

Sia

Parcheggio l'auto di Tom fuori dalla Big World News. Ieri ha insistito così tanto per accompagnarmi che ho dovuto prenderla di nascosto. Dopo la terza auto distrutta e dopo che ho quasi investito una tizia che mi aveva fregato un parcheggio, preferisce che io stia lontana da qualsiasi veicolo.

Capito nel momento perfetto: il principe di ghiaccio arriva in sella alla sua moto. Osservo con attenzione ogni suo movimento, mentre slaccio la cintura. Il fascino che emana attira l'attenzione di ogni ragazza che passa. Afferro la borsa e la giacca, prima di scendere.

«Buongiorno, principe di ghiaccio».

Non mi rivolge il minimo cenno: entra nell'edificio della BWN senza voltarsi verso di me. Accelero il passo. Sono sicura che mi abbia sentito, e allora perché mi ha ignorata?

«Sappi che più mi ignori più mi sento attratta».

Il modo gelido in cui mi tratta mi lascia perplessa. Si ferma di fronte all'ascensore in attesa che le porte si aprano.

«Vuoi fare finta che non esista? Wow, quanto sei maturo... numero 204».

Segue un istante di silenzio. Derek è sempre impassibile, nel suo viso non leggo alcuna emozione. Si aprono le porte dell'ascensore, mi immetto all'interno e lui fa lo stesso dopo di me. Preme il pulsante per il primo piano e aspetta senza fiatare che le porte si chiudano.

«Che cosa vuoi?» I suoi occhi azzurri mi trafiggono.

Sorrido, notando come il riferimento al passato l'abbia spinto a considerarmi anche solo un pochino. Il numero 204 era quello impresso sulla sua divisa arancione. Ricordo ogni attimo di quel giorno alla perfezione: i dettagli non mi sfuggono mai.

«Voglio te».

Questa affermazione non lo tocca nemmeno di striscio.

Preme il pulsante rosso di stop, bloccando l'ascensore nel bel mezzo del nulla. «Non scherzare e dimmi quello che vuoi per lasciarmi in pace».

«Te l'ho già detto cosa voglio».

«Smettila di sparare cazzate. Perché hai fissato le tue contorte pulsioni sessuali su di me? Non c'è nessun altro giocattolo in giro?»

«Ops, cosa posso fare?» Mi avvicino al suo viso, accorciando le distanze. «Sono una psicopatica ossessionata dai principi di ghiaccio...»

Da questa distanza rimango ancora di più incantata dalla lunghezza delle sue ciglia e dal contrasto con il colore limpido e chiaro dei suoi occhi. L'espressione rimane impassibile.

«Perché mi guardi come fossi uno spuntino succulento?»

Sorrido, notando il fastidio e il disgusto che esprime nel parlarmi. Appoggio le mani alla base del suo collo, cogliendolo alla sprovvista. Serra la mascella, i suoi occhi congelano all'istante i miei.

«È che hai delle gemme di ghiaccio al posto degli occhi... le voglio». La serietà del mio tono di voce lo fa inorridire. «E di solito quando voglio qualcosa la ottengo sempre».

Derek tenta di spostarmi le mani, ma oppongo una leggera resistenza che lo fa sospirare esausto.

Scocca la lingua contro la guancia. «Ti aspetti che mi stacchi gli occhi e che te li regali perché sei abituata ad avere ogni cosa su cui si fissano i tuoi capricci?»

Il tono di voce profondo e rauco mi solletica le orecchie.

«Se lo fai sarò la tua strega personale e ti tratterò come il mio piccolo e indifeso cucciolo di ragno».

Non può conoscere la fiaba a cui faccio riferimento. Nessuno le conosce mai, perciò nessuno ne comprende il valore.

Rimuove le mie mani dal suo collo, senza smettere di trafiggermi con quelle iridi ghiacciate.

«Rifiuto l'offerta, grazie mille». Preme il tasto di sblocco e l'ascensore riparte. «Stammi alla larga, non mi parlare e non mi guardare. Non ho bisogno di una pazzoide accanto a me».

Le porte dell'ascensore si aprono e Derek esce rapidamente, come se gli avessi tolto l'ossigeno. Lo guardo fuggire via, con quella giacca di pelle, il portamento elegante, il passo deciso e quella luce oscura che non lo abbandona mai... è tutto troppo allettante per essere lasciato in disparte.

Lo seguo, quale delle mie mosse contorte posso mettere in atto per averlo?

Arrivo nel Quartier Generale 102, apro la porta e all'interno c'è tutto il gruppo al completo, anche la ritardataria. Derek siede sul bordo della finestra, nell'angolo più lontano da tutti. Olivia e Julia sono sedute vicine, mentre Edgar ha il capo appoggiato sul tavolo con il volto nascosto dal cappuccio. Mi siedo accanto a lui.

Frederick entra in aula, accompagnato dall'elegante segretaria di ieri. «Oggi dovrete indagare sulle condizioni degli operai nell'impianto di confezionamento di prodotti alimentari della Food Empower. Voglio un articolo forte, di impatto, e delle prove a supporto di ogni singola parola. Ci sono arrivate molte voci sulle condizioni di lavoro vessatorie».

La voce di Frederick fa svegliare Edgar. Con la solita camminata nervosa, ci illustra il nostro primo compito di gruppo. Almeno questa volta la sua camicia non ha macchie di caffè.

«Ovviamente, anche gli altri gruppi hanno lo stesso compito da svolgere e tenteranno di sabotare il vostro per riuscire a emergere. Dovrete avere una tattica, un piano che possa portare buoni risultati. Se pensate di andare lì e di intervistare gli operai, state già sbagliando tutto. Nessuno di loro rivolgerebbe la parola a un giornalista: rischierebbero di perdere il posto. Dovrete ingegnarvi. Entro fine giornata, voglio del materiale qui davanti a me».

Dopo aver impartito i suoi ordini, esce dall'aula. La segretaria di Frederick prende la parola.

«Avete a disposizione tutte le attrezzature che ci sono in questa stanza, telecamere, computer, macchine fotografiche, microfoni... ogni cosa. Vi consiglio di tenere le informazioni che avete solo per voi e vi ricordo di riferirmi il nome che sceglierete per il vostro gruppo».

Esce anche lei, augurandoci buon lavoro. Julia, la ritardataria, si alza e si posiziona vicino alla lavagnetta di vetro. Prende il pennarello e scrive il nome dell'azienda in alto.

«Idee?» sorride, l'imbarazzo le tinge le guance di rosso.

«Non ditemi che questa qua è in ansia già da ora» sussurro. «Abbiamo già un elemento ansiogeno, due non li posso reggere». Incurvo le labbra in un falso sorriso.

Edgar solleva gli occhi al cielo. «Non iniziare a fare la schizzata».

«A quanto pare oggi vi siete alzati tutti con i coglioni girati» ribatto.

Olivia si volta nella mia direzione. «Potete smettere di litigare?»

«Perdonami cara, ora abbasso il volume così puoi continuare a sentire le...»

Derek sbatte la mano sul tavolo, facendoci irrigidire tutti. Mi fulmina con lo sguardo, intimandomi senza parole di non aggiungere altro.

La tensione fra di noi si potrebbe tagliare con il coltello.

La domanda di Julia ci fa tornare alla realtà. «Vi conoscevate già, voi quattro?»

«Perdonaci, ti abbiamo interrotto. Qual è il tuo piano?» La voce di Derek non è minacciosa, fredda e distaccata come quella che ha usato con me in ascensore. Usa un tono quasi dolce.

Julia arrossisce sotto il suo sguardo. Sospiro, cercando di soffocare l'impulso a seppellirla viva che sento rimbombarmi nella mente.

«Pensavo... le due talpe assieme a Edgar possono andare sul posto e cercare di ottenere qualche informazione generale. Io e Olivia, nel frattempo, iniziamo a documentarci sull'azienda e a impostare il testo da consegnare. Se mi lasciate i vostri numeri, posso creare un gruppo su WhatsApp dove ci possiamo aggiornare costantemente».

È questa la grande idea di Julia, la principessa bionda? Mi trattengo dal riderle in faccia.

«Prendo l'attrezzatura». Edgar si alza per recuperare tutto il necessario e metterlo in un borsone.

Olivia va a sedersi davanti al computer e si mette al lavoro. Derek compila il foglio che Julia gli consegna per i numeri di telefono.

Il modo in cui lo divora con gli occhi mi fa accapponare la pelle. E poi sarei io la psicopatica fissata con lui? Manca poco che gli faccia una radiografia completa. Mi metto appositamente in mezzo a loro due, ottenendo un'occhiataccia dal principe di ghiaccio. Prendo la penna dalle sue mani e scrivo il mio numero accanto al suo.

«C'era spazio anche sotto, perché l'hai scritto attaccato?» La domanda di Derek mi fa sorridere.

«Perché la strega protegge il ragno».

La mia risposta genera una certa perplessità negli altri, ma i nostri occhi non smettono di incendiarsi a vicenda in uno scontro corrosivo. È questo che succede quando una fiamma incontra un pezzo di ghiaccio: entrambi possono uccidere, ma in maniera diversa.

Derek scuote il capo e si allontana, prende la giacca di pelle dalla sedia.

«Come andiamo sul posto? Ho tutta l'attrezzatura da portare» chiede Edgar.

La Big World News non si occupa dei nostri spostamenti, solo quando avremo firmato un contratto potremo usare i mezzi dell'azienda. Derek spiega il tragitto che potremmo fare con i mezzi pubblici, ma Edgar sbianca di colpo, si massaggia il collo e si tortura le labbra.

«Non mi sembra di aver firmato da nessuna parte per fare la bestia da soma». Reagisce con il sarcasmo, le labbra tirate in un sorriso forzato.

C'è qualcosa in lui che non mi è chiaro. Qualcosa che vuole celare, ma che trapela nelle piccole sbavature delle sue espressioni facciali. 'Cosa nascondi, Edgar?'

Tiro fuori le chiavi dalla borsa. «Ho la macchina, usiamola».

Prendo la borsa e mi dirigo verso il parcheggio esterno. Derek ed Edgar mi seguono in religioso silenzio. Frugo nella borsa fino a prendere le chiavi, le premo e i fari dell'auto lampeggiano.

La cosa che mi piace di più della macchina di Tom è che ha un sacco di spazio.

Edgar boccheggia. «Perché hai una BMW a sette posti quando sei da sola?»

«Perché odio stare stretta. A me piace tutto ciò che è grande e spazioso» ammicco nella direzione di Derek.

«Eccola che riattacca» sospira Edgar.

Derek ignora la frecciatina, apre lo sportello e sale in auto. 'Fai pure, principe di ghiaccio'. Mi metto alla guida e allaccio la cintura. 'Perché nessuno dei due sale davanti, accanto a me?' Non so se ridere oppure offendermi per la loro paura. Il posto accanto al guidatore è il più pericoloso, si sa. Soprattutto se alla guida c'è una psicopatica.

«Principe di ghiaccio, vieni davanti».

«Guida e basta».

Lo fisso dallo specchietto retrovisore. «No, mi sento sola. Vieni davanti».

Non vuole avere alcun contatto con me, come se lo spaventassi. Il che fa ridere... come può una strega spaventare un ragno? Edgar sbuffa, stanco della nostra schermaglia, e si sposta sul sedile del passeggero. Non sanno quanto sono capace di dare di matto, quando non ottengo quello che voglio. Metto in moto ed esco dal parcheggio. Una volta arrivati sulla strada principale, accelero e sorpasso chiunque mi sia d'intralcio. Il motore romba sempre più forte.

Edgar si aggrappa alla portiera. «Psicopatica, stai superando i limiti di velocità».

Premo ancora sull'acceleratore, costringendolo a reggersi con entrambe le mani.

«Perché guidi come se stessi giocando a un videogioco da esaltati? Cazzo, vuoi ucciderci?» La paura di Edgar mi fa ridere.

Accelero ancora di più, i clacson in sottofondo e i lamenti dei conducenti non mi sfiorano.

Edgar si volta verso il principe di ghiaccio. «Dille qualcosa, ci stiamo schiantando!»

L'espressione di Derek rimane apatica, il che mi fa imbestialire ancora di più. È come se nulla potesse smuoverlo dal suo stato di costante indifferenza verso il mondo.

«Edgar, tesoro, tieniti forte».

Prende un profondo respiro e si puntella con le mani contro il vano portaoggetti, abbassando la testa. Il rumore dell'acceleratore rimbomba mentre affronto l'ennesimo sorpasso spericolato.

«Sia, i pedoni. Sia, dimmi che hai visto i pedoni». Edgar ha rialzato la testa e ha lo sguardo terrorizzato.

Perché il principe mi ignora? Perché non mi guarda?

«Sia, devi rallentare se non vuoi investirli. Perché tu non vuoi investirli... vero?» La voce di Edgar trema.

Premo sull'acceleratore. Okay, Derek. Vediamo fino a quando vuoi continuare così. A pochissimi metri dalle strisce, il tono freddo del principe congela ogni mia azione.

«Fermati» ordina.

Premo di colpo sul freno, facendo rimbalzare in avanti Edgar e tutto l'equipaggiamento appoggiato sul sedile posteriore. L'auto fa un rumore stridente, mi fermo a pochi centimetri dalla coppia anziana che ci guarda interdetta e spaventata.

Edgar si precipita fuori dall'auto con una mano alla bocca e l'altra sullo stomaco. La portiera si apre, rivelando la figura di un Derek accigliato. Sorrido, finalmente una reazione. Con un cenno mi ordina di scendere, alzo le mani in segno di resa e slaccio la cintura. Esco dalla macchina con il suo sguardo gelido attaccato sulla pelle. Non posso resistere all'idea di vedere la sua rabbia che prende forma.

«Ti ho detto di lasciarmi in pace. Non mi piacciono i tuoi giochetti contorti, lo capisci?»

Il suo sguardo è sempre più infastidito. Si volta e si scusa con la coppia che stava attraversando le strisce pedonali. Perché quando parla con gli altri sembra così educato, mentre se gli rivolgo parola io diventa insofferente? Si gira di nuovo verso di me. Serra la mascella e incrocia le braccia. È lo stesso sguardo che ha Tom quando faccio una cazzata. Si aspetta che io chieda scusa per le mie azioni?

«Che cosa aspetti?»

Edgar sale al posto della guida, non si fida a lasciarmi il volante per il resto del tragitto.

«Scordatelo, se ti fossi spostato davanti come avevo chiesto...»

Lui alza la voce. «Che cosa aspetti?»

Non ammette alternative. I suoi occhi esprimono una freddezza tale da sfiorare il mio animo privo di regole.

Mi volto verso la coppia di anziani. «Vi siete fatti male?»

La signora fa cenno di no con la testa.

«Allora siamo a posto» concludo, aprendo la portiera posteriore.

Le mani di Derek mi fermano, chiude la portiera con forza. «Ti sembrano delle scuse?»

«Ti sembrano feriti?»

«Si chiede scusa solo quando si ferisce qualcuno?»

«Sì».

«Ma chi ti ha insegnato certe cose?» La sua espressione scioccata mi fa sorridere.

Edgar si affaccia dal finestrino. «Potete finire di litigare mentre andiamo? Sapete com'è, siamo in ritardo».

Apro la portiera, spostando la mano di Derek, e salgo in auto. Lui si scusa ulteriormente con i due anziani, che non smettono di guardarci male. Quando penso che stia per mettersi accanto a me, lo vedo fare il giro dell'auto e salire vicino a Edgar.

Scrollo la testa, questa sua presa di distanza mi lascia senza parole. Peccato che io non mi arrenda facilmente: quando mi metto in mente una cosa, o la ottengo o la ottengo. E in questo caso il mio desiderio di vederlo scongelarsi, di veder divampare la rabbia che tratteneva con quelle manette il giorno della terapia di gruppo, sfida ogni logica.

'Sono una strega che farebbe qualsiasi cosa per catturare il ragno'.

E quando arriviamo di fronte alla Food Empower, la mia idea costringe il principe di ghiaccio a rivolgermi anche solo una minima attenzione.

«Non penso che funzionerà».

Ignoro il pessimismo di Edgar e lascio il mio badge identificativo in auto. L'idea che ho avuto è quella di presentarci come forza lavoro. Ho fatto delle ricerche durante il tragitto e ho scoperto che oggi c'è richiesta per delle prestazioni occasionali, dato che l'azienda deve far fronte a un picco di produzione. Quale modo migliore di verificare le condizioni di lavoro se non viverle in prima persona?

«Nomi e cognomi?»

«Derek Hill e Sia Carillo» rispondo.

L'addetto alla sicurezza ci osserva per qualche secondo prima di controllare il registro degli iscritti. Al mio sorriso ammaliante e persuasivo, i suoi occhi sembrano accendersi d'improvviso.

«Non siete segnati... presumo non siate riusciti ad accedere alla registrazione online».

Gioco con i capelli, mentre i suoi occhi sono incollati alla mia scollatura. «Esattamente, la ringraziamo per la sua comprensione. Da che parte dobbiamo andare?»

Trovo così triste e riduttivo il funzionamento della mente maschile: una scollatura, un po' più di pelle scoperta e partono per un viaggio verso isole lontane. Non capirò mai perché basti così poco per attirare la loro attenzione. Un'attenzione che manca al principe di ghiaccio.

L'uomo ci indica il corridoio alla nostra destra e ci consegna dei badge da tenere rigorosamente al collo. Derek non fa commenti, sembra indifferente a ogni cosa... come sempre. Seguiamo il corridoio fino ad arrivare a una zona piena di operai che lavorano ai macchinari per l'imballaggio degli alimenti. Il capannone non lascia entrare la luce solare e l'odore di chiuso impregna le pareti.

«Partite dalla linea numero uno e dalla cinque, hanno bisogno di una mano lì».

Una donna minuta, con una divisa verde, ci indica le postazioni che dovremmo occupare. Derek mi abbandona in mezzo al nulla, dirigendosi verso il quinto macchinario. La signora minuta mi trascina verso il macchinario su cui dovrò lavorare io e nel mentre mi spiega l'insieme di azioni che dovrò compiere.

«Devi prendere questi cestelli e riempirli di funghi. Non metterne più di diciotto, mi raccomando. Poi appoggi i cestelli sul nastro trasportatore».

Il mio cervello cerca di raccogliere più informazioni possibili ma – alla vista di quegli orribili funghi – perdo la concentrazione. La signora mi mette in mano un paio di guanti. L'istinto di vomitarci sopra è altissimo, ma non posso farlo. Se vomito, la copertura salta. E se la copertura salta, siamo fregati. Lancio uno sguardo a Derek e lo trovo completamente a suo agio mentre lavora e allo stesso tempo chiacchiera con un dipendente. Stranamente, ci sa fare.

«Sei sorda, ragazza mia?»

«Scusi?»

«Mi hai ascoltato?»

«Certo, diciotto funghi». Sorrido, indossando i guanti.

Osservo le tre donne davanti a me, che prendono i funghi con disinvoltura. Mi avvicino al macchinario e cerco di imitare le loro azioni, ma la mia espressione schifata dall'odore e dalla consistenza dei funghi le porta a fissarmi come se fossi un'aliena.

«Hai mai lavorato prima? Sembri un pesce fuor d'acqua».

«In che senso?»

Completo il primo cestello dopo quasi cinque minuti di agonia totale.

«Non sembri una ragazza che lavorerebbe in fabbrica. Che cosa ci fai qui?»

Mi sforzo di mascherare la mia difficoltà nel toccare questi cosi molli e puzzolenti. Tiro un sorriso forzato e rivolgo loro uno sguardo agonizzante.

«I miei genitori lavoravano in una fabbrica come questa ma li hanno licenziati ingiustamente, sfruttando un contratto scellerato. Ho mollato gli studi per dare loro una mano e ora sono un po' spaesata...»

La bugia suscita subito un'ondata di compassione nei miei confronti. La capacità di mentire così brillantemente a volte stupisce perfino me stessa. Riesco a farmi venire gli occhi lucidi e a intenerire i loro cuori.

Una di loro mi porge un fazzoletto, avvicinandosi a me per abbracciarmi. Con la coda dell'occhio noto Derek che mi guarda in malo modo, mentre mi abbandono tra le braccia della povera donna che continua a sussurrarmi parole di incoraggiamento. Come mi aspettavo, iniziano entrambe a confidarsi con me. Attivo subito il registratore nella tasca e ascolto con attenzione le loro parole.

«Per chi sta fuori è facile dire che dobbiamo ribellarci, che non dobbiamo firmare contratti capestro come questi... ma evidentemente è gente che non ha mai avuto fame, che non ha figli da nutrire e vestire e mandare a scuola».

Annuisco, mentre finisco di riempire un altro cestello di funghi.

«Nessuno vuole impacchettare funghi per dieci ore al giorno, con una sola, cortissima pausa e per una paga miserevole... ma chi è sull'orlo della miseria lo fa, coglie questa occasione e mette da parte l'orgoglio. Faccio questo io nella speranza che mia figlia faccia altro. Nella speranza che mia figlia riesca a trovare un lavoro che le piaccia e che la appassioni».

«Ma se tutti vi metteste d'accordo per ridurre le ore e per chiedere salari più giusti...»

«Pensi che non ci abbiamo provato?» Ride mentre esegue velocemente il suo lavoro. «La metà di noi è stata licenziata senza alcuno scrupolo. E sai perché? Perché il giorno dopo c'era il doppio dei lavoratori pronti a firmare il contratto, c'è una marea di gente che lavorerebbe per un contratto anche peggiore del nostro. Non è importante se ci ribelliamo, se facciamo sentire la nostra voce... perché finché c'è qualcuno che rischia di morire di fame, la garanzia di trovare un rimpiazzo ce l'hanno sempre. Quelli in alto non si preoccuperanno mai di quelli in basso, perché sanno che non possiamo raggiungerli».

Il suo discorso mi lascia con l'amaro in bocca e con una sensazione di rabbia impotente addosso. Osservo la marea di operai disposti di fronte ai vari macchinari e un brivido mi percorre la schiena. La stanchezza nei loro occhi, la fame nei loro volti e la rassegnazione nei loro gesti. Stringo tra le mani un cestello vuoto.

«Diciotto funghi, giusto?»

Annuiscono. I loro occhi sono fissi sul lavoro che stanno facendo. Nessuna nota quello che sto per fare.

«La vostra voce non la sentono perché sono sordi. Hanno bisogno di un amplificatore».

Il disastro che si verificherà in seguito alla mia folle idea verrà alla luce soltanto quando sarà troppo tardi... Nessuna voce deve essere ignorata. Quando arriviamo a metà turno, io e Derek cogliamo l'occasione della pausa per ritornare in auto da Edgar. Derek è riuscito a girare anche un piccolo video. Non so come sia stato in grado di farlo senza farsi scoprire, ma l'inquadratura è quasi perfetta.

«Vi siete dati da fare. Sicuri di non voler cambiare carriera?»

«Guida e sta' zitto» ribatte Derek, allacciandosi la cintura.

Edgar mi lancia uno sguardo veloce dallo specchietto retrovisore. «Hai fatto la pazza? Mi sembra tutto troppo normale per te».

Sorrido in silenzio. *Nessuna voce deve essere ignorata.*

Capitolo 4

Una leggenda narra di come le ragnatele un tempo simboleggiassero la speranza. La loro forma ipnotica le rendeva sacre e venerate. Nessuno osava spezzare una ragnatela, perché nessuno voleva spezzare la speranza. Tutti si chiedevano attraverso quale sortilegio si producessero strutture così ordinate, armoniose e delicate.

Chi tesseva la speranza con tanta cura?

Quando un giorno il ragno venne allo scoperto, il popolo si rifiutò di credere che il merito di una tale arte fosse di un essere così tenebroso e oscuro. Da quel giorno le ragnatele furono spezzate e abbandonate negli angoli più squallidi.

Si narra che il ragno che tesseva la speranza morì nella solitudine di una condanna ingiusta e superficiale.

La speranza uccisa dal popolo

Derek

«È successa una cosa molto strana...»

Frederick cammina avanti e indietro. Ci scruta come se fossimo gazzelle da sbranare. La sua assistente ci guarda compassionevole dall'angolino in fondo alla stanza. Non sappiamo perché ci abbia convocati di sabato mattina, ma di certo non è per farci i complimenti.

«Ho valutato il lavoro che mi avete consegnato sulla Food Empower e il materiale è buono. Certo, si può fare molto meglio, ma era una buona base di partenza per sviluppare articoli e servizi televisivi interessanti. Ero contento, quasi soddisfatto».

Si ferma e ci squadra dall'alto in basso.

«Ma?» La voce di Edgar rompe il silenzio.

«Ma... stavo caricando la vostra presentazione nella cartella condivisa con i supervisori, e caso vuole che sia identica a quella del terzo gruppo. Qualcuno mi spiega cos'è successo? Perché abbiamo due lavori uguali? O voi avete copiato loro o loro hanno copiato voi, ma dato che loro l'hanno consegnato prima di voi sono incline a credere alla prima ipotesi, ed è ciò che pensano tutti quanti».

Cosa? Lancio uno sguardo veloce a Julia, il suo volto sbianca di colpo. Sia incurva le labbra in un sorriso irritato.

«N-non è possibile, i ragazzi mi hanno consegnato il materiale ieri. Io e Olivia abbiamo preparato la presentazione e l'abbiamo spedita via mail. Non abbiamo copiato nessuno» balbetta Julia.

Frederick la interrompe. «La ritardataria è la vostra capo squadra? Ora capisco tutto».

Il tono di arrogante superiorità di quest'uomo non mi va giù.

«Dato che non ci sono prove certe del vostro furto di materiale, non verrete esclusi dalla selezione, ma poiché l'avete consegnato dopo di loro verrà considerato valido il lavoro della squadra tre. E ovviamente il vostro punteggio per questa prima prova è zero. Cominciamo proprio bene, bravi».

Ci comunica il verdetto finale ed esce dalla stanza, ora piena di tensione.

«Ragazzi, non so davvero come spiegarlo... mi spiace». Julia si tocca i capelli in un fremito d'ansia.

Olivia le mette una mano sulla spalla. «Tranquilla, sarà sicuramente un imbroglio organizzato dall'altro gruppo».

Julia ha gli occhi lucidi, non riesce ad alzare lo sguardo verso di noi. Rimane con il capo rivolto verso il basso e con le mani che le tremano.

Mi alzo e mi avvicino alla sua sedia. «Non starci troppo male, ormai è andata così. Ce ne faremo una ragione».

Annuisce, asciugando una lacrima che le scende lungo la guancia. Il rumore di un applauso mi fa alzare gli occhi al cielo. Sia, con la sua solita espressione da pazza, si avvicina a Julia e inizia ad attaccarla senza darle tregua.

«Avete perso il senno?» Il sorriso demoniaco fa rabbrividire.

Edgar si porta una mano sulla fronte. «Sia, ti prego».

«Il suo unico compito era quello di consegnare la presentazione senza danni e invece cosa fa? Se la fa copiare. Wow, ragazzi. Facciamole i complimenti. Che capo fantastico che abbiamo, davvero un valore aggiunto per la squadra».

Continua ad applaudire, con un'espressione di disprezzo e crudeltà dipinta sul viso.

«Smettila» tuono.

«Smettere cosa? Di dire la verità? Sono incazzata nera. Se non sai neanche tutelare la documentazione, che ci vieni a fare qui?»

«Io... non volevo... sono solo uscita una volta per andare in bagno. Non pensavo che...»

Si abbassa all'altezza di Julia e la incalza da vicino. «Non pensavi. Ecco, lo dici tu stessa. Non pensavi e non pensi. Ora per colpa tua abbiamo una valutazione negativa e partiamo già in salita, con un grosso svantaggio da recuperare. Sei soddisfatta?»

Stringo le mani in un pugno. Questa ragazza è insopportabile nella sua arroganza e nel modo in cui infierisce sui più deboli senza alcuna pietà.

«Sono andata in bagno perché volevo chiamare mia figlia... sono una mamma single che sta dietro a due bambini e cerca di trovare un lavoro stabile, non è facile. Giuro non l'avrei chiamata, ma aveva la febbre e...»

«E hai sacrificato la sicurezza del progetto per fare la mamma». Sia non si lascia commuovere e procede come un carro armato nella sua opera di distruzione. «Detto sinceramente, tesoro, o fai la mamma e ti prendi cura dei tuoi bambini, o ti impegni in un progetto in cui soltanto i migliori in assoluto rimarranno in piedi. Vuoi fare entrambe le cose? Buon per te. Ma non hai il temperamento per riuscire a gestire due cose contemporaneamente, quindi perché penalizzare noi per una tua scelta sbagliata?»

Julia abbassa lo sguardo per mascherare le lacrime.

Questo è troppo.

«Scusate...» Le lacrime le impediscono di parlare. «Esco un attimo... mi dispiace».

Sia incurva le labbra in un sorriso compiaciuto.

La fulmino. «Che razza di problemi hai?»

«Tanti, tesoro».

«Sei contenta adesso?» La rabbia mi scorre rapida nelle vene.

«No, ma almeno mi sono un po' sfogata. Ho detto le cose che voi avete taciuto perché siete stati impietositi dalle sue lacrime, in realtà vi ho tolto un peso. Adesso ci penserà due volte prima di farsi rubare qualcosa».

«Impietositi dalle sue lacrime?» Prendo un profondo respiro. «Tu sei completamente pazza, fuori di testa, priva di ogni logica o di considerazione per chi ti sta intorno».

Non smette di mostrarmi quel sorrisetto prepotente, come se tutto ciò la stesse divertendo. Con le dita gioca con una ciocca di capelli. Avanzo verso di lei con un fastidio pungente che mi solletica le mani.

«Insolente» sibilo a denti stretti.

I nostri corpi sono a qualche centimetro di distanza.

Serro la mascella. «Presuntuosa».

Alza lo sguardo e pianta gli occhi scuri nei miei, come a volermi incoraggiare a continuare. L'oscurità che la abita non lascia spazio ad alcun segno di luce. Incurva l'angolo delle labbra in un ghigno di sfida.

«Viziata» aggiungo.

Olivia e Edgar si mettono in mezzo per allontanarci. Lo sguardo di Edgar mi fa tornare in me. Devo calmarmi, così sto facendo il suo gioco.

«E maleducata» concludo, voltandomi dalla parte opposta.

«Tutto qua?» mormora lei in tono deluso.

Le rivolgo un'occhiata gelida. «Sei solo una principessina del cazzo che tratta tutti quanti di merda».

Il volto di Sia si irrigidisce per la prima volta. Il sorriso scompare e una scintilla le attraversa gli occhi.

«Sono insolente, presuntuosa, viziata e maledettamente maleducata, ma non sono una principessa. Non confondere i reali con gli stregoni, abbiamo discendenze diverse».

Spalanco la bocca allibito. Folle, completamente folle. Non ha una sola rotella a posto.

Olivia si para davanti a me per nascondermi la vista di Sia. «Cerchiamo di calmarci, per favore».

«No, andiamo avanti». Sia si sposta verso di me. «Sono viziata in una maniera che non avete idea e la mia presunzione sfida persino quella di Narciso, figuriamoci la mia insolenza».

«Non credo che Derek volesse dire questo». La voce di Julia ci fa voltare tutti verso di lei.

Stringe tra le mani dei fazzoletti umidi. Gli occhi di Sia si accendono, come se avesse avvistato la sua preda preferita. La guarda con un desiderio folle di abbattere e distruggere.

«Tesoro, questa è la differenza tra me e te. A me piace essere insolente, mi piace avere quello che voglio senza chiedere il permesso a nessuno. Mi piace avere una mente contorta, essere spaventosa». Avanza di un passo verso di lei. «E sai perché? Perché le streghe non impietosiscono chi le guarda, loro lanciano maledizioni che sfidano le leggi della natura».

Julia aggrotta le sopracciglia, confusa.

«Noi non facciamo come le principesse. Voi ammaliate, incantate, intenerite...» Sia prende una ciocca dei suoi capelli tra le dita e inizia a giocarci. «Tutti amano la principessa, la pupilla del popolo, beniamina di ogni cittadino».

Eccola che riparte con le sue assurde storielle.

«E poi ci sono quelle come me, le streghe dannate dal mondo intero per aver stretto dei patti con la natura e per aver ricordato al popolo che il prezzo va sempre pagato. Vedi, le streghe non ammaliano chi le guarda... loro spaventano, terrorizzano e spezzano le torbide catene che legano gli uomini all'ipocrisia».

Avvicina il volto al suo orecchio, sussurrandole qualcosa che noi non riusciamo a sentire. Qualsiasi cosa sia, non sono di certo belle parole. Julia esplode in una crisi di pianto incontrollata. Sembra terrorizzata. Si allontana, fuggendo via dalla stanza come se avesse visto un fantasma.

La rabbia mi ribolle nello stomaco. «Che cazzo le hai detto adesso?»

Alza le spalle. «Quello che avete sentito».

Questo è troppo. Si siede sopra al tavolo, incrociando le gambe con lentezza, come se non avesse appena causato una miriade di problemi. Sposto lo sguardo su Olivia e Edgar, entrambi sembrano in difficoltà, non sanno bene che cosa fare.

Olivia si avvicina a Sia. «Che cosa le hai detto all'orecchio? L'hai insultata?»

«Le tue accuse mi feriscono, tesoro». Le sue gambe dondolano avanti e indietro.

«Vado da lei». Olivia si affretta a uscire per raggiungerla. Punto l'indice contro Sia, pronto a dare sfogo a tutto il ribrezzo che provo nei suoi riguardi.

Edgar mi si piazza davanti. «Cerchiamo di calmarci».

«Io sono molto calma, il principe di ghiaccio però è in difficoltà».

Si diverte?

«Devi smetterla. Smettila di fare la ragazzina psicopatica. Se i tuoi problemi mentali non li hai ancora curati, allora non venire qui a spaventare la gente. Sei così pazza che hai rischiato di investire degli anziani solo perché ti sei infastidita per non aver ricevuto una mia risposta. E ora, come se non bastasse, hai fatto crollare Julia. Devi farti curare, perché in queste condizioni non puoi interagire con delle persone normali né tantomeno lavorarci insieme».

Un silenzio tombale cala in tutta la stanza.

Lei scende dal tavolo, il passo serpeggiante e lo sguardo oscuro. «Tesoro, qui nessuno di noi è guarito. State solo fingendo di essere normali. Quando il popolo vedrà l'altro lato della vostra medaglia, capirete a cosa mi riferisco».

Edgar alza le mani, esausto. «Come non detto, continuate a sbranarvi».

«Il popolo? Tu sei pazza e la tua pazzia non deve ricadere sugli altri».

«E se ti dicessi che l'ho aiutata?»

«Aiutarla? Tu?» Non riesco a trattenere una piccola risata nervosa. «Sei velenosamente egoista. Come può una come te aiutare qualcuno?»

Edgar schiude le labbra, colpito dalla durezza delle mie parole. Sia rimane impassibile, come se si fosse aspettata la mia reazione. 'Devo uscire da qui'. Prendo la giacca sulla sedia e mi volto verso l'uscita.

«Le ho rivelato la sua maledizione. Se è intelligente la userà come il popolo usava la ragnatela prima di maledirla, se è stupida la spezzerà... distruggendo così ogni speranza».

Edgar

Le parole di Sia bloccano Derek davanti alla porta per qualche secondo, come se stesse cercando di trovare una logica nelle sue parole. Poi scuote il capo e varca la soglia.

Cala un silenzio tombale, un silenzio che la mia curiosità decide di spezzare. Dietro la follia di Sia riconosco qualcosa di più profondo e la parola 'maledizione' mi tocca fin troppo da vicino. Voglio capire meglio. Mi siedo accanto a lei.

«Qual è la maledizione di Julia?»

«Sei curioso? Non vorresti sapere la tua invece?»

«Perché maledici la gente?» insisto.

«Perché maledicendo le streghe proteggono chi è degno di essere protetto» mi spiega lei.

Rifletto sulle sue parole, ma non riesco a trovare un collegamento fra la maledizione e la protezione. Quello che mi colpisce però è un altro aspetto. «Perché ti reputi una strega?»

«Ti sembro un'aggraziata principessa?» La sua domanda mi fa sorridere.

«Mi sembri un demone, altro che una principessa». Ma lo dico con una punta di ammirazione.

Lei pare incuriosita dalla mia risposta. Le sorrido in silenzio, senza muovermi, come si fa con gli animali sconosciuti quando si vuole conquistarsi la loro fiducia.

«Non hai paura?» mi chiede quasi stupita.

Rispondo con un'altra domanda. «Tu non hai paura?»

«Di te? Tesoro, tu non sei per niente spaventoso» risponde con aria divertita.

«Perché non mi hai visto bene. Qua stiamo tutti mascherando qualcosa, come hai detto tu prima, facciamo paura in un modo o in un altro». Rilancio con un'ammissione che stupisce un po' anche me. Parlare con lei mi fa desiderare di saperne di più, di condividere una parte del mio inferno. Perché il suo forse è ancora più spaventoso. Mi alzo in piedi, stiro la schiena e mi allontano di qualche passo. Lei mi segue con lo sguardo, sembra colpita dalle mie parole. Per una volta la folle psicopatica è interessata a una conversazione più o meno normale.

«A te cosa fa paura?» chiede.

Mi metto a sistemare l'attrezzatura per prendere tempo. Non sono ancora disposto a fidarmi, almeno non prima che lo faccia lei. «Prima la strega, a te cosa fa paura?»

«Non ero un demone?» mi chiede con un sorrisetto saccente.

«La strega-demone» correggo.

Sorride soddisfatta, come se le avessi fatto un complimento. Scende dal tavolo e raggiunge con calma la lavagnetta, prende il pennarello nero e disegna qualcosa. A un certo punto lascia il pennarello nero per terminare il disegno con quello rosso.

«È questo che ti spaventa?» chiedo perplesso. «Io la trovo molto bella invece, non ha niente di terrificante».

Lei sorride, ma nel suo volto c'è qualcosa che non le avevo mai visto addosso prima d'ora: una profonda tristezza.

«La rosa bianca macchiata dal sangue è la mia più grande paura» sussurra, in una flebile eco che si disperde nella stanza.

Capitolo 5

Nel nostro mondo verità e menzogna si mescolano fin dall'origine dei tempi. Sono la coppia degli antenati. Da sempre gli inetti preferiscono comode bugie alla dura verità. Si illudono con finali immaginari, idealizzati nelle loro menti fino a divenire reali. Lo fanno per non crollare nell'oscura realtà che tanto temono. Evanescente è il mondo fatato in cui gli stolti si rifugiano, pensano in tal modo di poter separare il falso dal vero. Ma la realtà torna sempre a pareggiare i conti.

Quale stupido separa la coppia degli antenati?

Quale stupido crede di poter scambiare menzogna e verità?

La coppia degli antenati

Sia

Lunedì mattina faccio il mio ingresso alla Big World News di pessimo umore. L'idea di rivedere l'insulsa faccia di Julia, che ha vanificato tutto il nostro lavoro, mi fa venire voglia di saltarle alla gola.

«Si è ritirata».

La voce di Edgar mi fa voltare di scatto.

«Di chi parli, Chen?»

«Perché mi chiami per cognome?»

L'ascensore si apre davanti a noi, Edgar mi segue all'interno prima che le porte si chiudano.

«Non ti senti un po' in colpa? Magari si è ritirata per quello che le hai detto...»

Le parole di Edgar mi fanno intuire che si è ritirata Giulietta, la principessa dai capelli biondi. Sorrido al ricordo della sua espressione spaventata nel sentire quello che le ho detto.

«Ridi? Io ti dico che si è ritirata forse per colpa tua e tu che fai? Ridi?»

«Dovrei piangere e disperarmi? Saresti più felice?»

«No, non ho detto questo...»

«E allora lasciami ridere». Tolgo gli occhiali da sole e li infilo nella borsa.

Le porte dell'ascensore si aprono sul corridoio. Oggi abbiamo una lezione teorica, insieme agli altri due gruppi. Sono molto curiosa di vedere chi sono quelli che ci hanno rubato il lavoro. Non ho ancora avuto modo di studiare la concorrenza, li ho intravisti il primo giorno ma nulla di più. Questa sarà un'ottima occasione per cominciare a individuare i loro punti deboli.

Camminiamo lungo il corridoio fino all'aula di ritrovo, varco la soglia e intravedo subito la disposizione delle sedie e i loro colori diversi: il primo gruppo, il nostro, ha quelle rosse; il secondo gruppo quelle azzurre, il terzo quelle verdi. In fondo all'aula è disposta una scrivania rettangolare color legno e un grande schermo attaccato alla parete. Mi metto comoda su una delle sedie rosse, Edgar fa lo stesso. Olivia entra in aula, il suo sguardo si perde da un angolo all'altro finché non ci vede. Si stringe in un cardigan marroncino, mentre avanza verso di noi.

«Dividiamoceli, sarà più facile attaccarli».

Olivia sospira prima di sedersi accanto a me. «Non siamo in guerra, Sia» ribatte, con il suo solito modo di fare candido e innocente.

Il suo sguardo magnetico potrebbe essere un'esca perfetta,

ma lei non lo usa. Si limita ad analizzare, non attacca e non sfrutta il potere che ha per soggiogare chi la guarda.

«Non siamo in guerra, però poi ci rubano i compiti».

Con quegli occhi da cerbiatto analizza gli altri gruppi, lo sa anche lei che non può esserci pace con chi compete per il tuo stesso posto.

Edgar punta il capo verso un biondino seduto nella zona verde. «È stato il terzo gruppo, il loro capo è Hemlich».

«Quel gradasso con la tinta bionda e il ciuffo? Oddio, mi sento umiliata a essere stata copiata da uno così».

Olivia mi rifila una gomitata. «Sia!»

Hemlich, capo del terzo gruppo, ride assieme ai compagni, divertito da chissà quale battuta. Le braccia dietro la nuca e le gambe distese in avanti. Gli occhi azzurri, i capelli di un biondo ormai andato a male e un piercing sulla lingua che ostenta ogni volta che apre bocca. Le ragazze del suo gruppo lo idolatrano, come fosse la mente geniale che le porterà al successo. Leggo la targhetta che hanno affisso di fronte alle sedie: 'Serpeverde'.

«Serpeverde? Sono seri? Da quando siamo a Hogwarts?»

«Sempre meglio delle Stelle cadenti del secondo gruppo» mormora Olivia.

Sposto lo sguardo sull'etichetta affissa dietro le sedie azzurre del secondo gruppo. Mi porto una mano sulla bocca, mordo l'interno della guancia e mi sforzo a trattenermi dal ridere. Si chiamano veramente 'Stelle cadenti'.

«Smettila, ci stanno guardando male tutti» borbotta Edgar a denti stretti.

«Stelle cadenti? Questi già sanno che il loro percorso sarà in discesa. Facevano prima a chiamarsi 'Stelle decadute'».

Olivia boccheggia, si sforza per mascherare il sorriso che le nasce sulle labbra. Il secondo gruppo è guidato da una ragazza mulatta: Tatiana. Tutto di lei esprime grazia ed eleganza: a partire dagli occhi color mandorla, ai lunghi capelli castani che le ricadono sulla schiena. Sorride, mentre si sistema un ciuffo dietro all'orecchio.

La sua presenza è carismatica, degna di un leader affidabile e ragionevole.

«È la beniamina dell'azienda, praticamente è già dentro. Il padre lavora qui e il suo percorso di studi è impeccabile. Penso sia quella di cui ci dobbiamo preoccupare di più» commenta Olivia.

Non riesco a decifrare pienamente il suo animo. Di solito mi basta un solo sguardo per riuscire a capire che tipo di persona ho di fronte. Proprio come mi è bastato uno sguardo per leggere la maledizione di Giulietta, la principessa dagli occhioni dolci.

Le iridi della ragazza dalla bellezza impeccabile mi rendono difficile la lettura della sua maledizione. Ogni essere umano ha una maledizione addosso... eppure, la sua sembra essere mascherata.

«A cosa pensi, psicopatica?»

«Non riesco a leggere la sua maledizione, Chen».

Edgar borbotta qualcosa a bassa voce, si lamenta per il modo in cui lo chiamo, ma i miei occhi sono ancora fissi sulla ragazza dal fascino sofisticato.

L'unico elemento che può smorzare e scombussolare gli equilibri, arriva al momento giusto. Il principe di ghiaccio.

Derek entra in aula, attirando l'attenzione su di sé. La maglietta bianca a mezze maniche mette in risalto il suo addome scolpito, porta un paio di semplici jeans neri abbinati alla giacca. Riesce a congelare lo sguardo di chiunque, anche quello della stella cadente... Tatiana.

Si siede accanto a Olivia, non apre bocca. Ha immobilizzato ogni cosa con la sua entrata e non se ne rende neppure conto.

«Dobbiamo pensare a un nome anche noi. Siamo l'unico gruppo che non l'ha ancora comunicato» riflette Olivia.

«'Meteore'? Sai, giusto per rimanere in tema» propone Edgar.

«Spero sia una battuta».

Edgar e Olivia vanno avanti a battibeccare sul nome del gruppo, lei si appunta alcune idee su un taccuino. Nel frattempo, la mia attenzione converge sull'espressione del principe di ghiaccio, intento ad ascoltare le proposte dei ragazzi sul nome del gruppo. Sa che lo sto osservando, ma non sposta lo sguardo nella mia direzione nemmeno per un attimo.

Dovrebbe scusarsi per l'acidità delle parole che ha usato sabato contro di me, visto che ci tiene tanto alla buona educazione, ma non lo fa. Ignora la mia presenza.

Non c'è cosa che io odi di più dell'essere ignorata. Lui continua a non comprendere fin dove posso arrivare per ottenere ciò che desidero.

Sollevo l'angolo delle labbra. «Giulietta si è ritirata, quindi?»

Le mie parole gli fanno cambiare espressione. I lineamenti appuntiti, la mascella serrata e il gelo che ne contamina le iridi.

Derek sposta lo sguardo sul mio. «Sei soddisfatta?»

«Non sai quanto».

«Perché sei così cattiva? Che bisogno c'è di essere così brusca?»

«Be', è tutto dovuto alla mia maleducazione, al mio essere viziata, alla mia insolenza... com'era? Tutte quelle belle parole che mi hai dedicato con amore». Sorrido, arricciando una ciocca di capelli con le dita.

Il principe di ghiaccio non mostra alcun segno di pentimento, però riesco a leggere un movimento impercettibile dei suoi occhi che esprime il fastidio per le parole crudeli che mi ha rivolto. O forse soltanto per aver mostrato una reazione nei miei confronti.

'Il ghiaccio non accetta imperfezioni nel proprio essere'.

Gli occhi di Derek si puntano nei miei, quasi minacciosi: guai a mostrare il lato oscuro di un cristallo di ghiaccio. La sua corazza non si lascerà mai scalfire, mi dicono quegli occhi. Ma tutto questo non fa che alimentare l'ossessivo desiderio di sbirciare oltre quella barriera.

Il principe nasconde i propri oscuri segreti all'occhio curioso del popolo, seppellendoli all'infinito.

«Ragazzi, create sempre questo clima di tensione, mi sento male» afferma Edgar.

Distoglie lo sguardo, impedendomi di scavare oltre e, nel frattempo, fa il suo ingresso l'uomo che ho visto il giorno delle selezioni. Passa la mano sulla barba e si schiarisce la voce.

«La Big World News ha degli obiettivi che voi dovete raggiungere, uno in particolare sarà al centro della lezione di oggi».

Leggo il nome dalla targhetta che porta sulla camicia bianca: 'Peter'.

La voce rimbomba per tutta la stanza attraverso il microfono. Peter è molto bravo a tenere desta l'attenzione di chi lo ascolta. Si muove, camminando tra i vari gruppi. Mostra delle immagini sullo schermo di fronte a noi, poi grafici e tabelle.

«Queste sono le statistiche degli incidenti aerei al giorno d'oggi. Come potete notare, ogni milione di voli ci sono 1,35 incidenti aerei, ciò equivale a dire che gli incidenti provocano 0,06 morti ogni miliardo di miglia percorse».

Esamina i nostri volti, scruta le reazioni alle sue parole.

«Siete spaventati?»

Tutti fanno cenno di no con il capo. La notizia non è così preoccupante e la statistica è ben lontana dall'essere pericolosa.

«Bene». Proietta una nuova immagine: quella di diversi aerei collassati in mezzo alle fiamme. «Negli incidenti aerei in America perdono la vita oltre diecimila e settecento persone. Rispetto al 2004, c'è stato un incremento del novanta per cento di questi casi e il settantacinque per cento degli aerei prende fuoco nelle fasi di atterraggio».

Nell'aula si leva un mormorio unisono, sussurri quasi impercettibili che commentano la statistica a mezza bocca con i vicini.

«Ripeto la domanda di prima: siete spaventati?»

«Diciamo che mi è passata la voglia di prenotare un viaggio in aereo» scherza Hemlich, i suoi compagni ridono dietro di lui.

Mi sembrano persone stupide e ignoranti. Non posso credere di essere in una posizione inferiore a loro in classifica e soprattutto che ci siamo fatti derubare da questi idioti. Assurdo.

«Eppure, non ho detto nulla di nuovo. Ho riportato le stesse informazioni di prima, ma ho ottenuto un livello di attenzione e una reazione diversi. Nel primo caso, vi ho fornito le statistiche degli incidenti in aereo, il mezzo di trasporto che ha i livelli più bassi di mortalità; nel secondo caso, ho amplificato i dati negativi, accompagnando il tutto con delle immagini che urtano la sensibilità di chi le guarda. Facendo così, ho ottenuto ciò che volevo: la vostra attenzione».

Ci studia attentamente prima di proseguire.

«Dovete cercare di dirigere l'attenzione del pubblico su quello che state comunicando, utilizzando ogni tattica, ogni mezzo possibile e immaginabile. Ribaltate le percentuali, scegliete le parole più crude, sforzatevi di immaginare come coinvolgere il lettore o il cittadino meno interessato».

Le sue parole mi strappano un lieve sorriso. L'idea di travolgere, ribaltare e attirare è nella mia natura. Non c'è cosa che posso fare meglio.

«Avete tempo fino alle cinque di oggi pomeriggio. Presentateci delle notizie nel modo più efficace possibile, poi stabilirò il vincitore insieme ai responsabili delle redazioni giornalistiche del gruppo. Buon lavoro, ragazzi».

Queste sono le ultime parole di Peter prima di lasciarci soli. Lancio uno sguardo agli altri gruppi: hanno già cominciato a discutere sulle possibili idee da presentare. Ognuno di loro vuole mettersi in risalto e farsi notare dai responsabili delle redazioni.

Quale opportunità migliore di lasciare un segno, se non questa?

«Saliamo al nostro piano, non mi fido a lavorare qui». Edgar si alza in piedi, seguito da Olivia e Derek.

Quando li seguo verso l'ascensore, non posso fare a meno di notare il modo in cui gli occhi di Tatiana stanno divorando Derek.

«Dobbiamo trovare il modo di coinvolgerli il più possibile».

Olivia disegna un rettangolo al centro della lavagnetta. Derek è seduto sulla sedia accanto al tavolo centrale, mentre in fondo Edgar accende il computer.

Mi sdraio a pancia in giù sul tavolo, con la testa appoggiata sulle mani.

«Se partiamo così, abbiamo già perso» mormoro.

Olivia alza gli occhi al cielo. Mi osserva, attendendo una spiegazione da parte mia.

«Non dobbiamo coinvolgerli il più possibile, dobbiamo spaventarli, terrorizzarli e incutere in loro un timore che non avevano minimamente previsto. *Coinvolgere?* Non siamo al cinema. Dobbiamo inorridirli».

«Non è troppo?» Edgar si gratta il capo.

Sono completamente spaesati. Non sanno come si crea il terrore, come ci si impossessa dell'anima di chi ti guarda.

«Volete ottenere il massimo? Fidatevi di me».

«Okay, che notizia presentiamo?» sospira Olivia.

«Lui ha parlato di incidenti aerei... dovremmo rimanere sullo stesso tema?»

Alla domanda di Edgar mi metto le mani nei capelli. Il principe di ghiaccio si limita a osservare. Sembra registrare tutto ciò che diciamo, ma la sua freddezza è costante. Scendo dal tavolo per avvicinarmi alla lavagnetta.

«Lui ha trattato un tema attuale che spaventa il venti per cento della popolazione. Non dobbiamo seguire la stessa linea, se vogliamo stupirlo. Quanto ci scommetterete che il terzo gruppo, guidato da Hemlich, presenterà gli incidenti d'auto? Ci metto la mano sul fuoco. Evitiamo opzioni prevedibili, dobbiamo riscattarci dopo aver fatto una pessima figura».

«Cosa proponi allora?»

«Di cosa ha paura l'uomo? Che cosa tutti cercano di evitare a ogni costo?»

«La morte?» chiede Olivia.

«Esatto». Prendo dalle sue mani il pennarello nero. «Dobbiamo trattare una tematica che tocchi la sensibilità di chi ci ascolta, qualcosa che faccia scattare un campanello d'allarme anche nelle menti più apatiche».

Scrivo al centro della lavagnetta la parola chiave: 'morte'.

«Abbiamo il primo ingrediente. Ora ci serve l'attacco finale, la combinazione perfetta».

Le espressioni confuse mi fanno sorridere. Mentre scrivo la parola chiave, sento già la carica di adrenalina scorrere nel mio corpo. Questo è il punto debole di qualsiasi essere umano, nessuno è in grado di restare indifferente.

«No».

La voce inconfondibile di Derek ne è la conferma. Sapevo

che questo argomento avrebbe smosso il suo piccolo cuoricino ghiacciato.

«Ho toccato un tasto dolente? Ops, l'ho fatto apposta» replico, divertita dalla tensione che gli intravedo sul viso.

«Calmiamoci un attimo. Sia, spiega cosa vorresti fare e poi mettiamolo ai voti» propone Olivia.

«Dobbiamo unire i due temi più scottanti, quelli che spaventano e inorridiscono. La morte collegata ai bambini».

«Vuoi usare i bambini per attirare l'attenzione?»

Derek mi osserva come fossi un abominio. L'odio che nutre nei miei confronti ormai è più che evidente, traspare da ogni sua parola e da ogni suo gesto.

«Tesoro, usiamo qualsiasi cosa possibile per attirare l'attenzione. Il compito è questo, e se per i tuoi codici morali è ingiusto, allora penso proprio che tu abbia sbagliato mestiere».

Le mie parole creano un silenzio raggelante.

«E quale sarebbe la tua idea?» La voce profonda di Derek rimbomba per tutta la sala.

Olivia e Edgar ci guardano preoccupati, entrambi prevedono un ennesimo scontro fra noi.

«La mia idea è quella di terrorizzare il pubblico, puntando sulla paura e sul senso di protezione. Tiriamo fuori i casi di bambini rapiti, maltrattati e uccisi; ci sono tantissimi assassini seriali a piede libero. Basterà giocare su questo punto e scacco matto! Usiamo immagini strappalacrime, scriviamo un testo che li faccia rabbrividire e, alla fine, facciamo appello alla sensibilità di tutti. Chiunque si sentirà chiamato in causa... perché? Perché i bambini sono fragili e l'omicidio di un bambino è il crimine più spaventoso che si possa immaginare».

Le mie parole li hanno impressionati, lo vedo dalle occhiate che si scambiano. Edgar si gratta la testa titubante, mentre l'espressione di Olivia è un misto tra l'orrore e la paura di dover ammettere che ho ragione.

«Tu non hai proprio un briciolo di sensibilità». Derek si alza in piedi con un'espressione diversa dall'apatia, finalmente. L'azzurro dei suoi occhi è percorso da un qualcosa di simile alla rabbia... qualcosa che ha imparato a tenere a bada piuttosto bene.

«Sei disumana. Non so se mi faccia più schifo il fatto che tu voglia usare la violenza sui minori per ottenere il tuo momento di gloria, o il fatto che la cosa non ti crei il minimo scrupolo di coscienza».

«Mettiamolo ai voti, Derek Hill».

Mi sposto verso Olivia e Edgar. È chiaro che questa scelta li mette a disagio.

«Cerchiamo qualcos'altro?» chiede Olivia.

«Che cosa? Cosa c'è di abbastanza impressionante e sconvolgente? Avanti, proponete pure... vi ascolto».

Derek sospira pesantemente. Non ha un'alternativa valida da proporre. E siccome io ho il malsano desiderio di vederlo scongelarsi il più presto possibile, sento che rimanere aggrappata a questa idea può, in qualche modo, farmi sbirciare oltre le mura di cinta del suo castello gelato.

«Perfetto, allora proseguiremo con la mia idea».

Olivia, vedendo Derek già pronto a ribattere alle mie parole, lo anticipa per trovare un compromesso.

«Facciamo così: tratteremo l'argomento che hai citato tu, Sia. Ma lo faremo con la giusta sensibilità. Non sfrutteremo questo tema solo per scatenare il panico, ma lo presenteremo per attirare l'attenzione di tutti su una giusta causa».

«E io cos'ho detto, scusa?»

«Siamo d'accordo?» ripete lei, ignorando la mia domanda.

«Per me va bene, inizio a cercare qualche cosa al computer».

Derek mi fulmina ancora per qualche istante prima di volgere lo sguardo verso Olivia e annuire in modo impercettibile. È come se fosse del tutto indifferente alla mia presenza o anche solo alla mia voce. Infatti rimane per tutto il tempo con Olivia a sviluppare il testo.

Mi siedo accanto a Edgar, che è occupato a impostare la veste grafica della presentazione.

«A cosa pensa la tua mente malata?»

«Al perché innesco questo effetto di repulsione nel principe di ghiaccio».

Derek è seduto accanto a Olivia, collaborano in completa sintonia. I suoi lineamenti, prima tesi, ora sono molto più rilassati.

«Forse perché hai appena detto che vuoi strumentalizzare la violenza sui bambini per vincere una competizione?»

«Olivia ha detto la stessa cosa».

«No, lei non l'ha mai detto».

«Chen, ma tu da che parte stai?»

I suoi occhi scuri si spostano su di me per qualche secondo. Si gratta la testa con la mano prima di tornare a concentrarsi sul lavoro.

«Perché mi odia? Anche l'altro giorno... hai sentito che cosa mi ha detto? Maleducata, viziata, insolente».

«Ti hanno offeso le sue parole?»

«Ovvio che no. Mi offende sapere che la sua moralità ferrea con me non la usa, mentre con gli altri è così educato e gentile».

Lo osservo dettare a Olivia il testo da battere al computer. Persino la voce è diversa quando parla con gli altri. È sempre molto controllato, ma con me diventa completamente inespressivo.

Può essere che abbia paura di una fiamma?

«Lo sai che si vede che lo stai guardando come una psicopatica?»

«Lo so, Chen».

«E perché continui?»

Sposto lo sguardo sul suo volto concentrato. Indossa degli occhiali da vista che gli danno un'aria ancora più da nerd.

Un nerd munito di pistola, che maschera il male che lo affligge dietro battute sarcastiche e dispositivi tecnologici. Non mi dimentico di ciò che ho intravisto cinque anni fa in lui.

«Perché lo voglio scongelare. Non ti interessa vedere cosa nasconde? Il segreto del principe di ghiaccio?»

«Onestamente, nella classifica delle cose che mi interessano, questa è abbastanza in basso... di certo molto sotto a ottenere una valutazione positiva». Fa un mezzo sorriso, ma si vede che sta solo cercando di esorcizzare l'ansia.

C'è qualcosa in Edgar che trapela sempre in modo sottile, qualcosa che riesce a tenere a bada ma che vive ancora dentro di lui.

«Fidati di me, supereremo anche i loro standard».

Olivia

Siamo rimasti per tutto il tempo separati, ognuno impegnato nel proprio compito. Dopo aver revisionato il testo insieme a Derek, l'ho mandato a Edgar per l'impaginazione. Adesso stiamo esaminando le immagini che lui e Sia hanno selezionato e la grafica già impostata per la presentazione.

Derek è in piedi accanto alla finestra, con lo sguardo fisso verso la strada. Riesce a mascherare la sua espressione anche quando è sovrappensiero. Da qualsiasi angolatura lo osservi, è sempre lo stesso. Invidio la sua capacità di soffocare qualsiasi emozione e di mantenere il controllo in qualunque situazione.

«Chi la presenta?» chiede Edgar.

«Olivia» afferma Derek, senza esitare.

Giro di scatto la testa verso di lui, e vedo che lo fanno anche gli altri. Sono stupiti da questa proposta, e io più di loro.

Si rivolge a me e dice in tono secco: «Penso che tu sia l'unica in grado di farlo bene, con la giusta sensibilità».

Sia scoppia nella sua solita risata da psicopatica, quella ragazza mi suscita inquietudine. A differenza nostra, lei non si preoccupa di nascondere la sua follia, né tantomeno di causare reazioni violente negli altri. Edgar la fulmina con lo sguardo e lei si ricompone e borbotta: «Che Olivia sia». Cerca di assumere un'espressione tranquilla, ma lo vedo che si sta sforzando.

Edgar estrae dal computer la chiavetta con la presentazione completa, dopo di che scendiamo tutti e quattro nell'aula al piano terra per la valutazione finale. Ripasso il testo della presentazione, lo rileggo fino allo sfinimento. Varchiamo la soglia dell'aula di ritrovo, gli altri gruppi sono già pronti. Mi siedo vicino ai ragazzi. Jack è accanto a me, mi segue da vicino, ma per ora non dice niente, si limita a osservarmi. 'Non lo devo guardare'.

Per fortuna a presentare per primi sono i Serpeverde, il gruppo di Hemlich. Riabbasso gli occhi sui fogli, Jack siede alla mia destra.

In sottofondo sento la voce di Hemlich che dà inizio all'esposizione. Provo a seguire il discorso, voglio capire come si pone e quanto tempo ci mette.

«Avete mai pensato a quanto siamo tranquilli quando andiamo in macchina? Direste lo stesso se foste a conoscenza del fatto che è il mezzo più pericoloso esistente al mondo? No, vero? E dire che mia mamma è capace anche di farsi la ceretta sul sedile del passeggero».

Hemlich, tra una battutina e un'altra, strappa qualche risata e ottiene un cenno di assenso da parte dei responsabili di redazione. Lo ascoltano divertiti dalla sua capacità di sdrammatizzare, ma allo stesso tempo di far riflettere chi lo ascolta.

Peter, il coordinatore di questa prova, invita l'altro gruppo a presentare il proprio lavoro. Tiro un altro sospiro di sollievo, ma intanto Jack mi soffia all'orecchio parole velenose. «Non puoi farcela». Sento dei brividi lungo la schiena, un crampo mi contrae lo stomaco. 'Respira, Olivia'. Scuoto la testa, come per zittirlo.

Tatiana si alza in piedi, solo la sua presenza converge subito l'attenzione di tutti. «Stiamo lentamente uccidendo noi stessi. Abbiamo sette anni prima di arrivare a un punto di non ritorno. Di cosa sto parlando? Del countdown mortale avviato a New York, dove scorre il tempo che ci rimane prima di arrivare alla fine. Un danno irreversibile che contaminerà le nostre vite, quelle dei nostri figli e nipoti e di chi verrà dopo di noi».

Cammina avanti e indietro, attirando con movenze eleganti l'interesse di tutti i presenti. I responsabili delle redazioni prendono nota della sua performance su dei taccuini. Dalle loro espressioni comprendo già che il riscontro è più che positivo.

«E tu vorresti superarla? Nah, lei è molto più di te». Jack

non smette di infilzarmi con avide parole. Il fiato si fa sempre più corto. Mi guardo intorno: come distinguo la realtà dai fantasmi? Sto impazzendo.

Mi porto le mani alle orecchie, sibilo: «Lasciami stare, stavolta non ti ascolterò. Ci tengo troppo a questo lavoro». Lui insiste, la voce sempre più concitata: «Io voglio solo proteggerti. Se ti metti a parlare in pubblico di questi temi raccapriccianti, avrai un crollo davanti a tutti. Non posso permetterlo. Io sono qui per difenderti da tutto e da tutti».

Sono così concentrata a escludere le sue parole da non accorgermi che Peter ha chiamato il nostro gruppo. Cerco di respirare a fondo per controllare il tremore delle mani.

«Primo gruppo?»

Gli occhi sono rivolti verso di noi. Derek sposta la sedia leggermente all'indietro per nascondermi alla vista degli altri, che ci osservano in attesa di una risposta. Cerca di darmi un po' di tempo per riprendermi. Edgar batte il piede sul pavimento, in preda all'agitazione.

Non riesco a smettere di tremare.

«Smettila smettila smettila». Mi tappo le orecchie con le mani. Devo trovare la forza per alzarmi. Ma non ho idea di quello che potrei dire, la mia mente è diventata un foglio bianco.

Sia si alza in piedi con un sorriso teatrale, sistemandosi la pelliccia sulle spalle. È pronta a prendersi la scena.

«Avete figli? Nipoti? Cuginetti o fratellini? I bambini sono così belli, non trovate?»

Uno dei redattori solleva lo sguardo verso di lei. Edgar e Derek si scambiano un'occhiata preoccupata. È chiaro che Sia non seguirà la scaletta che abbiamo concordato.

«Voglio che li immaginiate giocare con i loro amici in tranquillità. Un sabato pomeriggio qualunque, che si trasforma in un possibile caso di violenza, pedofilia e nel peggiore dei casi... assassinio».

Le sue parole attirano inevitabilmente lo sguardo di tutti. Inizia a citare i casi di violenza contro i minori elencando tutte le possibili declinazioni, non solo di abusi evidenti, ma anche di quelli a cui poveri cuccioli possono essere sottoposti e che non vengono mai denunciati. Mette in dubbio anche ciò a cui normalmente i genitori non danno peso: i comportamenti della babysitter, dell'amico di famiglia, dell'insegnante...

Sono tutte figure che – statisticamente – rientrano nella categoria di persone che si rivelano essere le più pericolose. Le immagini degli articoli sui casi di cronaca più controversi innescano una reazione a catena fatta di sospiri e sguardi sconvolti.

Sia parla della violenza fisica e di quella psicologica, semina il dubbio e ricorda l'ingenuità dei bambini, come a volte non riconoscano il pericolo e si lascino coinvolgere in un semplice gioco che deve rimanere segreto.

«Questo è quello che succede, sta succedendo e succederà. I dati parlano chiaro, eppure nessuno pone la giusta sensibilità nel trattare questo tema». Sia lancia un'occhiata divertita verso Derek, ripetendo la frase che lui ha pronunciato prima riferendosi a me. Mi accorgo che, per la prima volta, la sta guardando senza il solito disprezzo. C'è qualcosa di diverso nel suo sguardo.

Si sposta una ciocca di capelli dietro all'orecchio. «Ritengo sia spaventoso che il marcio della nostra società possa contaminare la parte più genuina e limpida, che dovrebbe essere la più protetta. Il nostro è un grido di aiuto nella speranza che ogni bambino trovi sempre un'àncora a cui aggrapparsi».

Frederick, il tutor del nostro gruppo, applaude per primo con un'espressione soddisfatta. Il suo applauso viene poi seguito da quello di tutti gli altri. Sia fa un piccolo inchino teatrale.

«Bene. Direi che ognuno di noi si è fatto un'idea. Vi chiediamo di uscire nell'atrio per permetterci di confrontarci». Peter ci indica la porta.

Mi precipito fuori dall'aula, diretta verso il bagno. Devo liberarmi del peso di questo momento, allontanarmi da Jack e riprendere il controllo sul mio corpo. Mi chiudo in un cubicolo e lascio uscire tutto. Jack non mi ha seguito fino qui, non lo fa mai. Stringo il bordo del water, mentre con la mano libera tiro lo sciacquone. Prendo un profondo sospiro di sollievo.

Esco e mi avvicino ai lavandini per sciacquarmi il viso, poi mi sorreggo al bordo con le mani e chino la testa. Sono stanca, sempre lo stesso ciclo, sempre la stessa soluzione. Vorrei rinchiudermi in una stanza buia e dormire per sempre.

«Devi ucciderlo».

La voce di Sia mi riporta alla realtà. Non mi ero accorta che fosse entrata in bagno. Lascio passare un lungo momento, poi alzo lo sguardo su di lei.

«Che cosa diavolo stai dicendo, Sia?»

Lei non batte ciglio, sembra sapere esattamente quello che dice. Come è possibile che una pazza squilibrata riesca a vedere la realtà che nessuno è mai riuscito a comprendere?

«O lo uccidi o ti uccide».

Provo a difendermi, fingendo di non capire. «Non sono in vena di stare dietro ai tuoi giochetti». Bagno le mani con l'acqua calda e le friziono con il sapone.

«Devi uccidere l'anima della persona che convive con te. Non potete coesistere in un unico corpo».

Distolgo lo sguardo perché non veda quanto mi colpiscono le sue parole. Provo ancora a fingere di non capire. Passo le mani sotto il getto d'acqua.

«Ricominci con la storia delle maledizioni?» Mi sposto di lato, prendo un fazzoletto e mi asciugo le mani, tamponandole.

«Non ho scelto io di pronunciarla. Le streghe me le sussurrano e io ho il compito di riferirle. Però, la tua maledizione è coperta da un'altra voce. E questo significa solo una cosa: che non sei mai guarita».

I miei occhi tornano verso i suoi, come calamitati. Sono così stanca, ma non posso cedere. Fingo da così tanto tempo che non ho più idea di come potrei ammettere la verità con qualcuno, e tantomeno con una psicopatica imprevedibile. «Non è vero. Ho avuto solo un malessere...»

«Hai vomitato» afferma con decisione.

Giro di nuovo gli occhi, alla ricerca di un'impossibile via di fuga. Anche l'idea di fare i pochi passi verso l'uscita del bagno mi sembra superiore alle mie forze.

Per fortuna la porta si apre da sola. Sulla soglia c'è Derek, che ci osserva. Rivolgo a Sia uno sguardo implorante, per chiederle di non ripetere a Derek quello che mi ha appena detto. Lei avanza di qualche passo, avvicinando la bocca al mio orecchio.

«Non puoi sperare di vivere in una guerra pacifica. La pace non implica un nemico egoista e possessivo, un nemico che ti prosciuga e si nutre di te con estrema lentezza. Devi ucciderlo, Olivia. Solo allora saprai la tua maledizione, solo allora comincerai a vivere».

Non riesco a rispondere niente, mi ha colpito troppo a fondo. Deve essere davvero una strega per aver intravisto il caos che maschero da sempre, perfino a me stessa. Abbasso gli occhi, li sento di nuovo pieni di lacrime. Stringo le mani in un pugno per impedire alla piena delle mie emozioni di straripare.

Non posso crollare adesso. Non posso crollare adesso. Non posso crollare adesso.

Sia fa un passo indietro, si volta, sorpassa Derek ed esce dal bagno. Lui si avvicina a me, ma non osa toccarmi. Dice in tono gentile: «Ti ha ferito? Ti ha detto qualcosa di male?»

«No, sto bene» riesco a rispondere piano. «Non preoccuparti, ho avuto soltanto un piccolo malessere».

Annuisce. Almeno lui si accontenta di questa logora spiegazione.

Sia

Un principe guarderà sempre una strega con diffidenza, ce l'ha nel sangue. I suoi antenati condannavano le streghe... e lui non può fare diversamente. Torno nell'aula delle presentazioni e mi siedo accanto a Edgar. Dopo qualche istante ci raggiungono anche Olivia e Derek.

L'attenzione dei componenti degli altri gruppi è rivolta verso di noi. Da come ci guardano, posso capire subito che siamo dei nemici che non avevano considerato. Si sono resi conto che finora ci avevano sottovalutato. Mi produco in uno dei miei sorrisi soddisfatti.

«Strega-demone, sei andata alla grande» mi sussurra Edgar.

«Dici? Il principe di ghiaccio sembra non pensarla così».

Derek non risponde. Si limita a rimanere nel suo, senza degnarmi di mezza parola.

«Sei andata bene, Sia» mormora Olivia.

«Non abituarti. Non ti coprirò per sempre, tesoro mio».

Olivia incurva le labbra in un lieve sorriso. Ha gli occhi ancora leggermente lucidi e maschera lo scompiglio in cui affoga la sua mente. Imbroglia e inganna chiunque la guardi. È diventata una professionista nel celare ogni moto del suo animo.

Intanto Peter ha preso la parola e nella stanza è calato il silenzio.

«È stata una scelta molto dura. Avete lavorato bene e siamo molto orgogliosi di voi. Ci avete stupiti, avete attirato la nostra attenzione... proprio come avevamo richiesto. C'è stato però un gruppo che non ha solo attirato la nostra attenzione, ma ci ha completamente terrorizzato! Siamo rimasti tutti sconvolti dalla scelta del tema e dall'esposizione a dir poco magistrale. Sto parlando del primo gruppo, congratulazioni. Vi siete riscattati dalla scorsa valutazione».

Frederick mi regala un piccolo sorriso pieno d'orgoglio. Gioisco ancora di più nel vedere l'invidia che trabocca dagli sguardi degli altri candidati. Pensavano davvero di poter superare una strega in una prova che aveva lo scopo di terrorizzare il pubblico?

«I risultati saranno affissi in bacheca da domani e le classifiche verranno ovviamente aggiornate, includendo questi punteggi. Buona giornata a tutti».

Peter termina il suo discorso e se ne va insieme agli altri redattori. Con delusione e amarezza, i candidati sconfitti iniziano a uscire dall'aula. Li supero per raggiungere Derek.

«Non mi dici niente?»

«Hai bisogno di un mio complimento? Hai un'autostima così bassa?» dice con il solito tono tagliente.

Cerco di tenere il suo passo, accelerando leggermente.

«Perché con gli altri sei diverso? Devi essere sempre così schivo con me?»

'Se i tuoi antenati mi odiavano, non devi per forza fare lo stesso anche tu'.

All'esterno il gelo mi obbliga a stringermi nella pelliccia. Derek invece è a suo agio con il freddo. La giacca di pelle nera contrasta con la sua pelle candida e con gli occhi di ghiaccio. In questo momento vorrei davvero scostargli dalla fronte le ciocche ribelli con una carezza.

Proprio come ho fatto il primo giorno in cui l'ho visto. Il lupo dal manto bianco accarezzato dalla mano della strega esiliata.

Nella foga di mettere distanza fra noi, Derek urta Tatiana con la spalla, facendola barcollare pericolosamente. Il principe di ghiaccio si appresta a sorreggerla prendendole il braccio. La ragazza dai selvaggi occhi marroni arrossisce sotto il suo sguardo.

«Tutto bene?»

Tatiana è ipnotizzata dagli occhi di Derek. Lo capisco dal modo in cui gli rimane incollata, senza scostarsi da lui.

«S-sì, certo, nulla di grave...»

Gli altri si fermano a guardarli. Non è solo un'impressione mia: c'è una strana aria che mi fa storcere il naso. Sembrano veramente rinchiusi in una bolla incantata, in un mondo tutto loro. Ho una strana sensazione di déjà-vu. È come se questo piccolo incontro fosse già scritto. Dove li ho già visti?

Interrompo il momento magico passando in mezzo ai due corpi. Ottengo un'occhiataccia da parte di Derek e uno sguardo confuso da parte di Tatiana. Mi incammino versò il parcheggio senza voltarmi indietro.

Non riesco a decifrare la maledizione di Tatiana. Non è possibile. Se non riesco a leggere ciò che le streghe preannunciano per lei, non potrò mai trovare i suoi punti deboli.

Come fa a mascherare la sua maledizione? Nessuno può farlo.

Il suono del telefono interrompe i miei pensieri.

«Dimmi, Tom».

Mi siedo in macchina, allaccio la cintura e regolo il sedile.

«Volevo darti una notizia: la Food Empower è sotto inchiesta. I giornalisti li stanno assediando».

«E gli operai?»

Ripasso il rossetto sulle labbra, guardando il mio riflesso nello specchietto.

«Abbiamo fatto come hai chiesto. Hanno firmato il contratto con una delle nostre aziende, sono entusiasti. Hanno già iniziato a lavorare. Vorrebbero sapere chi si nasconde dietro questa iniziativa. Sei sicura di non voler dire nulla?»

La domanda di Tom mi fa sorridere. Ripongo il rossetto al suo posto e accendo il riscaldamento.

«Dovresti saperlo, Tom. Non si rivela il segreto del lieto fine».

Le streghe non svelano i loro incantesimi, anche a costo di essere dannate dal popolo. Perché?

Perché le streghe non osano separare la coppia degli antenati: la menzogna dalla verità.

Capitolo 6

Le fate non toccano il sangue.

Il loro cuore è refrattario al peccato, non si mescolano con le sofferenze degli esseri umani.

Rimangono nella loro magica dimensione, attirando il popolo in una follia mortale.

Una follia in cui le rose sono fatte di petali e le urla sono mascherate da canti cinguettanti.

In una dimensione opposta c'è un'altra figura, un'essenza che non conosce limiti. Non c'è cosa che la strega non farebbe per salvare l'anima a cui il suo cuore è legato.

Nata tra lacrime di sangue e l'odio di folle inferocite, non esita a mischiarsi all'oscurità e a respirare il fumo del peccato. Le mani di una strega hanno il marchio della condanna a cui sono destinate e convivono per tutta la vita con una sentenza indelebile.

Nonostante ciò, le fiabe condannano il mondo della strega: la realtà dove le rose sono fatte di spine e dove echeggiano le urla graffiate dal pianto di un bimbo morente.

La fata e la strega

«Oggi dovrete impegnarvi ancora di più. In palio c'è la possibilità di pubblicare un reportage su una delle riviste di punta del gruppo».

Le parole di Frederick mi allettano subito. 'Non so quale rivista sia, ma devo vincere'. Non posso farmi sfuggire un'occasione come questa. Accavallo le gambe, concentro tutta la mia attenzione sul discorso del nostro relatore. Accanto a me è seduta Olivia.

«La sfida è ardua, dovrete mettere in gioco la capacità di costruire qualcosa dal nulla. Non vi daremo suggerimenti, vi indicheremo soltanto l'obiettivo, a proposito del quale dovrete ricavare qualsiasi notizia possibile. Ovviamente competerete con gli altri due gruppi, perciò dovrete cercare di essere originali e di non riportare le stesse informazioni».

I nostri occhi seguono con attenzione ogni suo passo. Si accarezza la barba con la mano e cammina intorno a noi. Rispetto alle consegne precedenti, è molto vago. Ci stanno lasciando carta bianca.

«Portateci qualcosa di stuzzicante sulla casa di cura Old Matters».

Con un sorriso divertito e quasi sadico esce dall'aula lasciandoci in un silenzio tombale. La Old Matters.

«Dobbiamo ascoltare i pettegolezzi dei vecchietti... che gioia» mormora Edgar.

Olivia si morde le labbra. «L'hanno fatto apposta? Cosa potremo mai dire di una casa di riposo? In più dobbiamo essere originali e non portare gli stessi argomenti del secondo e del terzo gruppo».

Derek rimane in silenzio, seduto in un angolo dell'aula, con lo sguardo rivolto verso la finestra. Non si può capire un pezzo di ghiaccio guardandolo dall'esterno: sembrerà sempre perfetto e impenetrabile.

«Quindi? Sia, hai idee?»

La voce di Olivia mi riporta alla realtà. Serve qualcosa che ci faccia risaltare, proprio come la scorsa volta. Vogliono farci cadere nel banale: è la tipica situazione in cui non c'è nulla da dire, ma 'questa è la stampa, bellezza'. Si cerca un motivo di preoccupazione anche nello scenario più pacifico, la miccia che scatena la guerra, il sassolino che fa precipitare la valanga.

«È una trappola. Non ci verranno mai idee se restiamo chiusi qua dentro, dobbiamo andare a vedere con i nostri occhi».

Mi alzo in piedi, mi infilo la giacca e prendo la borsa.

Edgar impallidisce. «Dobbiamo andare lì? Sarà affollato, è in pieno centro...»

Lo guardo aggrottando la fronte. Batte il piede sul pavimento e fa schioccare le dita della mano. Quando si accorge che lo sto fissando mi rifila un sorriso forzato.

«Lo chiedo per le videocamere... sarà difficile spostarsi con quell'ingombro».

Bugia.

«Secondo te, perché l'assassino ritorna sulla scena del crimine?»

Derek si alza in piedi, si avvicina alle videocamere e comincia a metterle in un borsone con l'aiuto di Olivia.

Edgar mi risponde con tono incerto. «Per nascondere le prove?»

«Un vero assassino ha già pensato a tutto prima di compiere il delitto. Torna sulla scena del crimine solo per trovare l'ispirazione per il delitto successivo».

Olivia corruga la fronte con aria infastidita, Edgar scuote la testa. 'Si abitueranno prima o poi al mio linguaggio?' Tom ci convive e mi capisce senza fare tante storie.

Derek indossa la sua giacca di pelle. «Io vi raggiungo in moto».

Qualcosa mi dice che è rimasto traumatizzato da come ho guidato l'ultima volta. Dirigo il mio sguardo su di lui.

«Spaventato, Hill?»

Mi rivolge un'occhiata gelida. «No, evito soltanto di avere a che fare con una psicopatica».

Esce dalla stanza senza darmi l'occasione di importunarlo ulteriormente. Lascia dietro di sé una scia fatta di spine appuntite. Non riuscirò a stare tranquilla fino a quando non avrò scovato cosa si cela dietro alla sua corazza.

Scendiamo le scale fino al piano terra. Lo seguo fino al parcheggio, dietro di me ci sono Edgar e Olivia. Tiro fuori le chiavi della macchina, apro il portabagagli e faccio spazio ai borsoni. Edgar non mi dà la minima possibilità di toccare il volante, si fionda al posto del guidatore senza consentirmi di aggiungere altro. Olivia si siede accanto a lui per indicargli il percorso da seguire.

«Solo perché ho guidato in modo un pochino spericolato, non vuol dire che non devo più guidare la mia stessa macchina» sbotto, aprendo la portiera del sedile posteriore. Mi siedo e allaccio la cintura.

Edgar mi lancia uno sguardo dallo specchietto. «Un pochino spericolato? Non ti rispondo neanche».

La moto nera di Derek sfreccia davanti a noi, uscendo dal parcheggio. Cattura la mia attenzione in meno di un secondo. Mi chiedo cosa posso fare per avvicinarlo a me.

L'insegna blu 'Old Matters' occupa tutta la facciata dell'edificio. Davanti all'ingresso c'è un piccolo giardino: foglie verdi, fiori dai colori vivaci e panchine gli danno un'aria piacevole. La villa circondata dalla natura sembra un piccolo mondo isolato dal resto della società. C'è un gran viavai di parenti, deve essere l'orario di visita. Olivia sorride, seguo la traiettoria del suo sguardo: c'è un anziano paziente che abbraccia quella che presumo essere sua figlia. Sembra quasi che l'animo della sirenetta, in un posto nascosto come questo, riesca a respirare tranquillamente. Ammira ogni dettaglio: dalle foglie che cadono dagli alberi ai passerotti che saltellano davanti a noi. Edgar nel frattempo registra i primi video della struttura. Il rombo della moto di Derek mi fa voltare. Con un'eleganza quasi imperiale si toglie il casco e lo ripone nel bauletto. Poi si avvicina a noi, sistemandosi i capelli con la mano sinistra.

«Entriamo?» La sua voce profonda fa vibrare l'aria intorno a noi.

Lo seguo cercando di stare al passo, ma lui accelera per lasciarmi indietro. Non mi rivolge neanche un'occhiata. Mi degna di qualche attenzione solo quando lo infastidisco oppure quando importuno qualcuno, suscitando il suo disprezzo.

Nell'atrio fa piacevolmente caldo. Sulla destra c'è il banco della reception, a sinistra si vede un ascensore. Alcuni pazienti sono seduti sui divanetti accanto alle finestre. Alle pareti sono appese grandi scene di paesaggi naturali. Quando mi volto, noto che anche il gruppo delle Stelle cadenti, guidato da Tatiana, ha avuto la nostra stessa idea. Sono di fronte a noi, pronti con le videocamere in mano.

'C'era da aspettarselo: una leader carismatica e astuta come lei non poteva fare altrimenti'.

Ci saluta in modo cordiale, rivolgendo un tenero sorriso a Derek. Il volto del principe di ghiaccio rimane impassibile e questo mi riempie di gioia. Gli occhi di Derek sono apatici come sempre. Si concentra sui quadri e ignora la presenza del gruppo avversario.

Il mio sorriso si spegne quando noto, con disappunto, due occhi fissi su di me. Nonostante io la stia ignorando, i suoi passi si avvicinano pericolosamente.

«Giochiamoci la carta dell'abbandono, impietosisce chiunque» propongo.

Con lo sguardo cerco qualche possibile via di fuga, un corridoio in cui imboscarmi e sfuggire dagli occhi curiosi di una *sciamana*.

«Abbandono? Da parte dei figli nei confronti dei genitori?» Olivia annota su un taccuino le mie parole.

«Sì, intervistiamo quell'anziano alla finestra. Guarda gli altri parenti con gli occhi lucidi e scommetto che nessuno viene mai a fargli visita. Edgar cerca di registrare qualche espressione addolorata, magari piangente, e poi scatta qualche immagine della struttura in generale. Olivia, voglio delle domande strappalacrime, usa la tua empatia».

'Si sta avvicinando'. Faccio qualche passo indietro. Devo seminarla. 'Lo sapevo, dovevo mettermi una parrucca. Così sono troppo riconoscibile...'

Sbatto la schiena contro qualcuno. Mi volto di scatto: due iridi color ghiaccio mi fissano impassibili. «Dove stai andando?»

Non vedevo l'ora di avere questi magnetici occhi azzurri puntati su di me, ma adesso è il momento sbagliato. Perché ho il bastone di una sciamana a intralciarmi il passo.

Sollevo l'angolo delle labbra in un sorriso malizioso. «Derek, non dirmi che temi di sentire la mia mancanza. Occupati di ottenere il consenso alla registrazione da parte del nonnino e della struttura. Sono sicura che saprai convincerli».

Gli accarezzo la spalla, cercando di deviare la sua attenzione.

«Devo fare una chiamata importante, ci vediamo dopo» aggiungo, con un occhiolino veloce. Aggrotta le sopracciglia in un'espressione confusa.

Non lascio a nessuno il tempo di chiedere altro e mi incammino rapidamente verso il corridoio opposto. Alle mie spalle continua a riecheggiare un rumore di passi. Entro nella prima stanza che trovo e la aspetto.

È impossibile sfuggirle per sempre.

Uno sciamano non esiterebbe a usare la magia del sangue per riuscire a localizzare una strega. La maniglia ruota e la porta si apre.

«Pensavo fossi un miraggio».

Mi osserva per qualche istante con aria stupita, poi si avvicina. Mi allontano e chiudo la porta della stanza. Quando prova ad accarezzarmi i capelli mi sposto di scatto.

«Che cosa vuoi?» domando a denti stretti.

Conosco già la risposta: vuole la stessa cosa da anni, ormai.

«Sei venuta, finalmente. È al piano di sopra».

Il profumo della *rosa* inonda la stanza, togliendomi il fiato.

Maschero il disagio con una fragorosa risata, anche se so che è un diversivo inutile.

«Sono qui per altri motivi. Non per quello che credi tu».

Le piccole particelle di profumo tossico invadono le mie narici. Mantengo un'espressione impassibile, mentre l'aria che respiro lentamente si macchia dei malefici della *strega più potente*.

«Non puoi dire sul serio, Sia».

La divisa da infermiera le calza a pennello. Ha un viso severo incorniciato da un caschetto di capelli castani, temperato dall'altruismo che traspare nel suo sguardo. 'Ha proprio l'aria da sciamana del villaggio'. Ha qualche ruga in più rispetto all'ultima volta in cui l'ho vista e continua a manifestare un fastidioso affetto nei miei riguardi.

«Ti hanno promossa, sei capo infermiera ora. Non ti sei offesa perché non ti ho fatto le mie congratulazioni, vero?»

Sospira. «Il *suo* stato sta peggiorando, ti pentirai se non vie...»

Sollevo il palmo della mano, bloccandola prima che possa aggiungere altro. Ormai perfino le pareti si sono sporcate della sua essenza... 'ed è bastato solo parlare di lei'.

Non ho intenzione di sorbirmi la solita ramanzina, né ora né mai. Il gelo che incombe è sufficiente a farle capire che non può né deve aggiungere altro.

«Non ti permettere». Il fastidio mi fa formicolare le braccia. Avanzo, facendola indietreggiare fino al muro.

Stringo gli occhi. «Non è ancora morta? Ma quanto ci mette? Sto facendo il conto alla rovescia nell'attesa del grande giorno in cui potrò festeggiare».

L'infermiera Jessy abbassa lo sguardo a terra.

Non riesce a reggere la crudeltà delle mie parole. L'avevo già avvisata: 'lo sciamano non può competere con una strega'. Credevo di averglielo spiegato anni fa, eppure insiste nel voler sistemare i cocci di un vaso rotto.

Distolgo lo sguardo dal suo viso, mi sposto e apro la porta della stanza. Non riesco a tollerare l'odore che ha invaso questo spazio. Potrei vomitare.

«Hai scelto il *suo* stesso settore...»

Ignoro la voce che prova inutilmente a richiamarmi. Varco la soglia che si affaccia sul corridoio, cercando di assumere un'espressione neutrale dopo questo faticoso conflitto.

«... è *tua madre*, sarebbe fiera di te».

Stringo i pugni con forza. Mi volto verso di lei. Faccio un sorriso radioso, l'opposto della rabbia che mi sta divampando dentro.

«Anch'io sarei fiera di lei, se solo morisse nel modo più atroce possibile».

Sul suo viso da sciamana guaritrice si dipinge un'espressione inorridita.

Mi conficco le unghie nel palmo della mano. «Mi raccomando, riferiscile queste parole... con tanto affetto dalla sua amata figlia».

Mi volto, incamminandomi verso l'atrio. Nella mia testa continuano a rimbalzare le sue parole e quello sporco profumo mi impedisce di prendere fiato. È una tortura infinita, una condanna incisa nella linea del mio destino.

'Basta pronunciare il suo nome e tutto torna a macchiarsi di sangue'. L'odore tossico di una rosa sporca è impresso su di me in modo indelebile. Mi fermo e provo a respirare con calma. I ragazzi non possono vedermi così. *Nessuno può vedermi così.*

Svolto l'angolo e in lontananza scorgo i ragazzi intenti a intervistare il nonnino nell'atrio. Edgar tiene la videocamera in posizione mentre Olivia è seduta accanto a lui e gli parla. Derek è in piedi vicino alla finestra, osserva la scena con il solito distacco. Mi avvicino lentamente e mi siedo su uno sgabello a poca distanza. 'Devo tornare a respirare normalmente'.

Non sento più la rabbia, non provo dolore né amarezza. Sento solo il peso della condanna che mi porto addosso. Guardo con odio le linee delle mie mani, su cui è inciso il percorso del mio destino. Non ho scampo da questa dannazione, dopotutto, 'nessuno può sfuggire alle maledizioni'.

Lo so bene.

«Che cosa sono quelle?»

Il gelo della sua voce mi regala una pausa puramente temporanea dal profumo oscuro dei petali bianchi.

Alzo i palmi verso di lui. «Mani, principe di ghiaccio. Non le hai mai viste?»

La battuta non lo fa ridere, anzi. Si avvicina, prende la mia mano nella sua e rivolge il palmo verso l'alto. 'Questo era l'ultimo modo in cui volevo essere toccata da te'. Tento di toglierla, ma la sua presa è forte.

«Cicatrici» sussurra.

Il modo in cui le sue labbra pronunciano questa parola è così delicato da sembrare bella. È come se temesse di farle sanguinare. Le dita di Derek, a contatto con la mia pelle, placano il fuoco corrosivo che mi divora.

Riesco finalmente a togliere la mano. «Non sei mai caduto da piccolo?»

Mi osserva con circospezione. Un principe sa sempre quando attaccare una strega: è come se intuisse la pericolosità dei pensieri che graffiano le pareti di un animo come il mio.

Decide di cambiare argomento. «Dove sei stata?»

«A fare una chiamata. Ti sono mancata? Possiamo recuperare...» sorrido con malizia.

Non reagisce alla provocazione. Si appoggia al bancone e volta lo sguardo verso Olivia. Mi rimane accanto, non fugge e non insiste nel chiedere spiegazioni. Chiudo gli occhi per godere di questa fragile tregua.

Durante il viaggio di ritorno l'effetto del ghiaccio di Derek scompare e la mia mente torna ad affollarsi di urla.

Le linee sulle mie mani sono implacabili. Ho tentato più volte di ribellarmi, di cancellare questa condanna. Ma il destino prima o poi ti raggiunge sempre. Ho cercato di rimuovere queste linee persino con il fuoco. Ricordo ancora l'odore di bruciato e l'orrore di Tom quel giorno... il giorno in cui ho capito di non poter polverizzare la maledizione, neanche immergendo le mani nelle fiamme del camino.

Per chiunque ero una pazza: 'chi si brucerebbe le mani per rimuovere le linee della vita?'

Eppure non è bastato. 'Lei, il profumo della rosa bianca macchiata dal sangue, non smetteva di soffocarmi'.

«Strega-demone, sei stranamente taciturna».

Chiudo le mani a pugno per nascondere le cicatrici.

«Chen, pensa a guidare» ribatto.

Olivia mi lancia uno sguardo dallo specchietto. Le mando un bacio con fare teatrale, ottenendo la reazione desiderata: gli occhi da cerbiatto si staccano da me.

Quando arriviamo al nostro quartier generale Edgar carica il file sul computer.

«Ottime domande, Olivia» ammetto mentre riguardo la registrazione.

«Sono abbastanza *strappalacrime*?»

«Abbastanza, sì».

Incurva le labbra in un lieve sorriso. Sento gli occhi del principe di ghiaccio su di me: è da quando ha visto le cicatrici che non smette di osservarmi. È come se la condanna marchiata sulle mie mani l'avesse stregato. È possibile che sia l'innato desiderio di un principe di trovare *il lieto fine*?

E se anche lui riuscisse a sentire l'odore della rosa macchiata dal sangue? *Impossibile.*

Edgar si dondola sulla sedia con aria sognante. «Mandato. Speriamo di vincere, sarebbe una figata vedere il nostro video nei notiziari e l'articolo sulla rivista».

Olivia sembra più dubbiosa. «Magari. Chissà cos'avranno portato gli altri gruppi...»

«Tatiana mi preoccupa, è molto intelligente e ha un sacco di contatti. Può avere un asso nella manica e sorprenderci tutti» ammette Edgar.

Devo ancora inquadrare Tatiana. Deve avere anche lei una condanna, una maledizione nascosta agli occhi di tutti. Deve per forza celare qualcosa.

Il suono del telefono mi impedisce di ascoltare la canzone dei Queen alla radio. Lo metto in modalità silenziosa, senza perdere di vista la strada. Sarà Tom con l'ennesima raccomandazione dopo lo scontro di ieri.

Ho saltato l'incontro con Melissa, la psicoterapeuta, e non gli è andato proprio giù. Non mi ha lasciato neanche parlare, ha cominciato a ricordarmi gli effetti benefici delle sedute. Io di benefico non vedo proprio nulla... l'unica cosa che quella donna mi permette di fare è parlare. Parlo per ore e ore, senza freni.

Eppure non ha mai trovato una terapia efficace. Non è mai riuscita a bloccare le grida di dolore che le ho riferito di sentire, non è mai riuscita a fermare l'emorragia dei pensieri che mi massacra.

Solo per un istante, ieri, ho sentito il caos rallentare. C'è stata una tregua. Niente grida, niente minacce, niente condanne. Ho sentito il freddo gelare la mia mano a contatto con le dita di Derek. Da lì è partito un soffio glaciale che ha rallentato la corsa folle della giostra infernale.

Se solo diventasse il mio ragno, potrei riuscire a congelare per sempre il sangue da cui sono nata. Non accadrà, non succederà che il principe aiuti la strega maledetta. Non è nella sua indole. Eppure ieri inconsciamente l'ha fatto. Per un breve attimo ha dato sollievo a una strega condannata dal reame che lui stesso comanda.

Parcheggio la macchina davanti agli uffici della BWN e scendo. La moto di Derek è accostata accanto al muretto. Varco la soglia. Oggi scopriremo chi ha vinto la competizione di ieri sulla casa di cura. Davanti alla bacheca nell'atrio principale c'è già un gruppo di persone che parlano animatamente. Presumo che ci sia scritto il vincitore, con l'articolo allegato. Tento di farmi spazio, ma vengo investita da un'ondata di occhiate invadenti. Le voci si arrestano di colpo.

Ho una brutta sensazione. Il modo in cui mi osservano è diverso dal solito. Davanti a me si crea un vuoto che mi permette di avanzare verso la bacheca. Alzo lo sguardo verso l'articolo.

«La figlia della *regina di cuori* è tra noi. La famosa stella della BWN, Ilenia Linnon, è scomparsa dalla scena anni fa, senza dare alcuna spiegazione. Noi abbiamo scoperto dove si rifugia la giornalista che ha fatto la storia di questa compagnia. La *regina di cuori* si trova in una casa di cura, la Old Matters. Purtroppo non ci è stato possibile capire quali siano le sue condizioni di salute per motivi di privacy, ma le mandiamo il nostro più sincero augurio, nella speranza che possa tornare in salute il più presto possibile».

Le cicatrici nelle mie mani pulsano dalla voglia di soffocare chiunque abbia osato scrivere questo scempio. Il profumo della 'rosa bianca macchiata dal sangue' torna a regnare in ogni particella d'aria. Mi manca il fiato e il cuore sembra volermi uscire dal petto.

«E nel frattempo siamo lieti di avere fra noi la *figlia della regina di cuori*».

Leggo la firma di chi ha redatto l'articolo. Mi incammino verso il quartier generale del gruppo in questione. Lo sguardo dei presenti non smette di trapassarmi, sento tutto il peso della loro curiosità morbosa e del loro stupore. 'Di nuovo quel fastidioso odore'.

Individuo subito la chioma scintillante della beniamina dell'azienda. Tatiana è seduta a un tavolo con lo sguardo fisso sul suo telefono. In un gesto istintivo, le mie mani afferrano i suoi capelli. I suoi compagni ci circondano allarmati. Gli occhi le diventano lucidi per il dolore. Non si aspettava di certo questo, ma è stata lei a nominare la figlia della regina di cuori.

«Sei pazza! Lasciami!» grida.

Sorrido quando vedo il dolore che riesco a provocare: mi basta stringere un po' di più per sentirla gridare.

«Chi ti ha dato il diritto? Chi ti ha dato il permesso di farlo?» sibilo a denti stretti.

Tenta di liberarsi dalla presa. «Sei pazza?»

«Oh, non hai la minima idea. Sono completamente folle».

Do un altro strattone ai capelli, costringendola ad accovacciarsi a terra.

«Ho soltanto lodato tua madre, non ho detto nulla di male su di lei, né su di te. Non capisco...»

Le strattono i capelli nuovamente e le grida di dolore invadono la stanza. I suoi amici tentano di fermarmi, ma non mi lascio intimidire. Capiscono che se si avvicinano troppo le farò ancora più male. Alcuni tirano fuori i telefoni per registrare la scena. Avvicino il volto al suo, tenendo salda la presa.

«Sto cominciando a capire chi sei. Vedo la tua maledizione, *piccola fata*» mormoro.

È una fata refrattaria al peccato: non si sporca con il sangue e non commette crimini. Ecco perché non riuscivo a leggerla. 'Lei è il nemico mortale delle streghe'. All'improvviso una figura si interpone fra noi. Il principe di ghiaccio mi prende il polso e mi costringe a lasciare la presa. Ha gli occhi colmi di rimprovero. Tento di girargli intorno, ma lui mi trattiene e fa scudo col suo corpo alla fatina scintillante.

«Lasciami».

«Torna in te, le stai facendo male».

Rido di fronte all'assurdità delle sue parole. 'Le sto facendo male? Io le sto facendo male?' Che cosa mi aspettavo? Un principe per sua natura è predestinato a proteggere la fata. Non riuscirà mai a vedere il male che causa, perché sarà troppo preso dall'apparenza.

«Pensavo potessi essere diverso dai tuoi discendenti, principe di ghiaccio».

Derek allenta la presa, assicurandosi che io rimanga a debita distanza da Tatiana. La fatina, nel frattempo, viene consolata e protetta dal suo popolo. I compagni la circondano con preoccupazione. E mi lanciano sguardi di odio.

Stendo l'indice verso di lei, scansandomi da Derek. «Non pensare di poter scampare alla punizione o di poter impietosire il mio cuore. Hai di fronte una strega che hai fatto incazzare a morte». Mi dirigo verso la porta.

«Hai scatenato la figlia della regina di cuori e ora sono cazzi tuoi, *piccola fata*».

Capitolo 7

Abitiamo un mondo in cui l'uomo egoisticamente intrappola gli animali in gabbie d'oro e convince se stesso di essere nel giusto, di aiutare creature indifese.

Appende le loro teste ai muri per alimentare il suo insulso ego da sterminatore.

Ingabbia chi è libero per non sentirsi rinchiuso in qualcosa da cui non può sfuggire.

Se si focalizzasse sulla prigione mondana in cui è obbligato a vivere, sentirebbe l'inutilità della sua esistenza colare perfino dai cieli.

Per questo si diverte a sterminare e a uccidere. Cattura creature libere di volare in alto senza avvelenare l'aria, libere di nuotare negli oceani senza contaminare i mari, libere di sfrecciare per le foreste senza massacrare le piante.

Condanne mondane

Sia

«Hanno usato la furbizia, hanno capito quale genere di informazioni attirano di più... anche a costo di sfruttare il prossimo. Il che è moralmente sbagliato, ma sappiamo tutti che non lavoriamo certo per un ente benefico. Questo è un mondo competitivo, bisogna farsi largo con le unghie e con i denti e loro l'hanno fatto senza esitare». Frederick commenta l'azione di Tatiana, lodandone l'astuzia fine ed elegante.

I miei pensieri si attorcigliano intorno a mille diverse idee per vendicare il torto che mi è stato inflitto. Accavallo le gambe e incrocio le braccia al petto. 'Non posso credere di essere stata sfruttata così'. È abominevole e disgustoso, una bassezza tipica di una fata. Prendo un respiro profondo. 'Devo controllarmi'. Vorrei ripagarla con la sua stessa moneta, e senza un principe che venga a salvarla. Derek è corso subito in suo aiuto, senza neppure considerare altri punti di vista. Ora siede nel solito angolino dell'aula come nulla fosse. Dovrei sapere che un principe, per sua natura, tenderà sempre a difendere una fata. E so che il suo sangue gli dice di dubitare della mia stirpe, ma non riesco a non provare amarezza. Non mi aspettavo che il popolo prendesse le mie difese, d'altronde, da quando il popolo aiuta la strega? 'Ma per un attimo... ci ho sperato'.

«Il gruppo di Tatiana è primo in classifica, quello di Hemlich non scherza e voi siete in ballo. L'unico punto che avete portato a casa è stato quello nella presentazione sulla violenza minorile. Bisogna rimboccarsi le maniche, ragazzi miei, o sarete l'ultima ruota del carro».

Il suo sguardo si ferma su di me. 'Cos'ha da fissare così tanto?' Mi accorgo solo ora che anche Olivia e Edgar mi stanno studiando con preoccupazione. Quando sono entrata nel nostro quartier generale nessuno di loro ha osato dire niente. Olivia ha provato a chiedermi come stavo, ma io ero troppo presa ad architettare la fine della fatina per poterle rispondere.

«Cercate di riscattarvi con questo compito: in città ha aperto un nuovo zoo, dovete cercare di darci qualche notizia succosa. Avrete un ostacolo in più: a competere contro di voi non saranno solo gli altri due gruppi, ma anche giornalisti di altre testate e gruppi concorrenti. Qui fuori troverete un pulmino che vi scorterà fin lì. Non deludetemi e ricordate quello che vi ho detto: dovete aggrapparvi con i denti alle notizie... costi quel che costi».

Finalmente questo insopportabile monologo è finito. Mi alzo in piedi.

«Sia, mi raccomando a te... *figlia della regina di cuori*».

Di nuovo.

Nascondo le mani nelle tasche della giacca, tiro le labbra in un sorriso forzato e celo faticosamente il mio fastidio. Frederick ha lo sguardo di chi ha assaggiato il tocco della regina di cuori: lo noto da come mi guarda... ha subìto il fascino della rosa bianca. Gli volto le spalle e mi affretto a uscire dalla stanza prima di scoppiare.

Scendo le scale frettolosamente. 'Ho bisogno di aria'. Mi porto una mano al collo e lo massaggio piano. Vedo l'articolo di Tatiana dappertutto. Gli impiegati che incontro mentre scendo parlano alle mie spalle, le loro espressioni sono cariche di incredulità e stupore. Stringo le mani a pugno. Arrivo all'esterno, chiudo gli occhi. Inspiro ed espiro, sforzandomi di calmarmi.

Una mano sulla spalla mi fa aprire gli occhi. *Edgar.* «Sei famosa, strega-demone».

«Hanno appena realizzato che sono la figlia di una delle figure carismatiche che hanno reso popolare l'azienda. È fama, ma per un motivo che non mi appaga».

So da come mi guarda che non comprende il perché della mia reazione, nessuno di loro può capire. Agli occhi di tutti Tatiana ha solo scritto un articolo su una star dell'azienda. Niente di più.

I ragazzi degli altri due gruppi mi lanciano occhiate diffidenti, alcune piene di disprezzo. Scommetto che da qualche parte c'è anche lei, *la fatina.*

Aver toccato la loro amata beniamina mi rende la cattiva della storia. 'Il popolo è sempre stato stupido'.

Olivia si piazza davanti a me, come a proteggermi. Tenta di distrarmi, mi fa domande sui temi che potremmo trattare.

Stringo gli occhi in due fessure. «Olivia, mi stai facendo da balia?»

Il freddo la costringe a portarsi le braccia al petto nel vano tentativo di scaldarsi. L'attesa di questo dannato pulmino è più lunga del previsto e qui fuori ci sono solo persone che non esitano a giudicarmi.

«Sto parlando di quello che ci aspetta, Sia. Vuoi salire in classifica? Io sì».

«Certo che voglio, e lo faremo. Però sembra che tu stia cercando di distrarmi».

«Da cosa? Dal tentativo di far rotolare Tatiana giù dalle scale? No, perché mai? Dopotutto l'hai solo trascinata per i capelli in mezzo all'aula... nulla di minaccioso».

Il tono di velata ironia mi fa sorridere. Per un animo come il suo, che calibra ogni emozione nella paura di sbilanciarsi, vedere le azioni di una strega che non conosce confini può essere destabilizzante.

«Non ho neanche iniziato, tieniti pronta se vuoi assistere».

Scorgo il pulmino dell'azienda arrivare dalla strada. Quando saliamo a bordo il gruppo di Tatiana si impossessa dei primi posti. I suoi compagni la circondano, impedendomi di avvicinarmi a lei. Scuoto la testa con disappunto, mentre li supero diretta verso i posti centrali. Dietro di me salgono Edgar e Derek. Edgar si siede di fronte a me, mentre Derek viene chiamato a gran voce dalle ragazze del gruppo di Tatiana. Lo supplicano di sedersi vicino a lei, che arrossisce di colpo. Pensavo che il principe di ghiaccio non avrebbe mai accettato una proposta simile. Invece, succede l'imprevedibile. Si ferma e si siede nel posto accanto alla fatina, scatenando un coro di gridolini.

Schiudo le labbra, sorpresa.

'Chi l'avrebbe mai detto che il destino di una fata e un principe fosse così forte da concretizzarsi con tanta facilità?' Una strega per riuscire ad avvicinarsi a lui deve abbattere mille barriere... una fata ha solo bisogno di scuotere leggermente le ali e chiunque sentirà la necessità di esaudire ogni suo desiderio.

Il posto accanto a me viene occupato da Olivia.

«Vuoi ascoltare un po' di musica?» chiede, mentre mi porge un auricolare.

Scuoto la testa. «Sto bene, piccola Olivia».

«Sicura? Questa mi sembra la quiete prima della tempesta».

'E non immagini che tempesta'.

Accendo il telefono che avevo silenziato in macchina. Solo ora mi rendo conto che Tom, con le sue mille chiamate, voleva avvisarmi proprio di questo. L'ho ignorato, pensando alla solita ramanzina. I suoi messaggi mi strappano un sorriso.

'Non l'hai uccisa, vero? Dimmi che non l'hai picchiata davanti a tutti...'

Più scorro, più il mio sorriso si allarga. Sembra che abbia studiato i piani contorti che architetto quando qualcuno osa sfidarmi.

'Non puoi soffocarla né buttarla giù da qualche dirupo. Non puoi neanche legarla da qualche parte a testa in giù... non pensare minimamente di usarla come bersaglio per le freccette!'

Salto la lunga sfilza di messaggi fino ad arrivare all'ultimo.

'Sia, ti prego almeno di questo. Se fai qualcosa, fallo di nascosto. Non fare niente di eclatante per caricare il tuo ego. Come faccio poi a trovare un avvocato che possa difenderti? Fammi sapere in quale centrale di polizia ti devo raggiungere. Tom'.

Assurdo. Gli mando un messaggio e lo avviso che non ho fatto nulla di ciò che temeva.

'Sto bene, ci sentiamo stasera'.

Infilo il telefono nella tasca della giacca. Qualsiasi pazzia io faccia, Tom s'impunta a rimanere al mio fianco. Non c'è modo di convincerlo a lasciarmi. Forse in qualche occasione gli ho dato modo di credere in una possibile guarigione, per quanto lontana.

Tom è fiducioso: pensa che per una persona avvelenata come me sia comunque possibile trovare un antidoto. Non c'è cura per chi nasce con una condanna marchiata nell'anima, segnata nelle mani. Conosce bene il mio destino. Teme che io possa soffrire la solitudine, anche se dovrebbe sapere benissimo che una strega è nata per stare sola. Se rimane accanto a me, finirà per accettare la *maledizione del goblin* e il suo destino potrebbe cambiare. Dovrebbe seguire la strada del cavaliere reale, e invece rimane accanto a una strega maledetta dal popolo. Se continua così, per lui non ci sarà nessun aiuto e la maledizione del goblin inizierà a contaminarlo.

Olivia, accanto a me, ha lo sguardo perso nel vuoto. Ha le unghie piantate nei palmi e sembra quasi che non respiri: le pupille sono dilatate, le labbra socchiuse e il volto pallido.

Le sfioro la mano. «Sei pronta a intervistare gli animali?»

Sbatte le palpebre un paio di volte, fa qualche respiro profondo. «Oh certo». Con una mano si porta una ciocca di capelli dietro l'orecchio. Il colorito della sua pelle torna roseo.

'Dove stava precipitando la tua mente, Olivia?'

Mi sporgo verso il sedile davanti, con la mano picchietto la spalla di Edgar. Toglie le cuffiette dalle orecchie e si volta. «Chen, voglio dei primi piani delle giraffe».

«Strega-demone, dobbiamo alzare il livello... non sotterrarci come gli struzzi».

«Sottovaluti gli struzzi, hanno una vita più interessante della nostra».

Gli schiamazzi dei ragazzi davanti diventano sempre più rumorosi, ma ciò che mi dà più fastidio è Derek, assorto in una fitta conversazione con Tatiana. Cosa non darei per capire quello che si stanno dicendo. 'Con me non è mai stato così'.

«Derek è veramente seduto con la concorrenza? Wow, ragazzi. Ottimo inizio» mormora Edgar.

Sospiro. «Un principe e una fata si attirano per natura. È istintivo per un reale proteggere una creatura fatta di luce».

«A volte mi sembra che abiti in un mondo a parte e che parli una lingua incomprensibile» ammette Olivia.

La prima volta che li ho visti insieme, quando Derek l'ha aiutata a rialzarsi dopo averla spinta per sbaglio, avevo già intuito qualcosa. Intorno a loro sembra esserci un'aura di purezza, qualcosa che nelle fiabe ha sempre avuto il nome di *destino*. La fata e il principe sono portati ad aiutarsi a vicenda, per loro è naturale avvicinarsi.

Fuori dallo zoo è pieno di bambini entusiasti che corrono in giro con i loro zainetti e di giornalisti già sul piede di guerra. Superiamo il cancello d'ingresso e mostriamo i nostri pass. Ci consegnano alcune mappe per orientarci. Lo spazio è molto verde, il canto degli uccelli si mescola ai versi degli altri animali. Gli altri gruppi si addentrano veloci nel parco, io sospiro. Dobbiamo inventarci qualcosa di eclatante e non sarà affatto facile con tutte queste persone in mezzo ai piedi.

Derek è ancora con Tatiana. Sono appartati in un angolo e parlano di chissà cosa. 'Come fa quella fata ad abbattere i muri di ghiaccio che per me sono impenetrabili?' Distolgo lo sguardo infastidita. Edgar accende la videocamera e registra qualche panoramica, insistendo sulla felicità dei bambini. Olivia si precipita verso la coda di giornalisti in fila per raccogliere un'intervista del direttore generale.

Rimango da sola in mezzo allo zoo, mi incammino perlustrando le gabbie degli animali. Mi fermo di fronte a un animale in particolare, che intercetta subito il mio sguardo. L'aggressività della sua natura capta l'oscurità della mia. Il re degli animali, il leone, si avvicina a passo lento in tutta la sua maestosità. In mezzo alle urla di sottofondo, riesco a sentire il dolore di un animo selvaggio e libero che viene segregato da un popolo crudele.

Un bambino trascina la madre accanto a me. «Mamma, mamma! Guarda, il leone non si sta nascondendo come prima, è qui davanti!»

Le sue urla attirano anche quelle di tutti gli altri piccoletti. In men che non si dica, la recinzione del leone viene circondata da bambini e mamme, cominciano a scattare sempre più flash.

'Che felicità si prova nel prosciugare un essere libero?' E non uno qualunque, ma il re della giungla. Come fanno a esultare di fronte alla tristezza che traspira da quello sguardo un tempo fiero e indomito?

La tristezza negli occhi del leone mi spinge a fare un passo avanti. Avvicino la mano al vetro che ci separa, il leone china la testa di fronte a me. Accarezzo il vetro con il desiderio di spezzarlo e di toccare con mano la chioma di un animale così bello. Dai presenti si alza un mormorio di stupore.

«Mi dispiace... tanto» sussurro.

Mi sembra che il leone mi guardi con riconoscenza. Come se sapesse che c'è qualcuno che ha riconosciuto la sua sofferenza, qualcuno che non sorvola sul dolore solo perché lo ritiene un essere mostruoso e senza umanità.

'Non sei solo, mio bel leoncino'.

Come se avesse udito questo pensiero, il leone sprigiona un ruggito che esprime tutta l'angoscia della sua natura selvaggia. Ogni cosa trema dinnanzi alla forza di una creatura così ferocemente bella.

Nessuno coglie l'urlo di ribellione della creatura selvatica, per gli spettatori quel ruggito è solo un temporaneo divertimento. Qualcosa di evanescente che va fotografato, ripreso e poi accuratamente dimenticato. Sposto la mano dal vetro e con un sorriso invito il leone a ritirarsi nella sua tana.

Ora che ha ricevuto il conforto di una strega, ora che qualcuno ha sentito il suo urlo e l'ha compreso, ritorna più leggero nella piccola tana nascosta dalla curiosità invadente dei suoi carcerieri. Un coro di disappunto si innalza tra i presenti. Noto solo adesso che Edgar è qui e che ha ripreso tutto.

Un bambino mi punta l'indice contro. «Tu sei quella che ha chiamato il leone! Fallo ancora!»

Mi abbasso alla sua altezza. I capelli mi ricadono sulle spalle. «Non si può forzare la natura, piccolo mostriciattolo».

«Ma tu l'hai chiamato...»

La maledizione dei bambini è quella più facile da leggere. Non sono in grado di nascondere la loro natura, la mostrano senza alcun timore.

«Io l'ho solo ascoltato. Ricordati che la natura va ascoltata e non domata, *piccolo golem*».

Il golem non ha astuzia né intelligenza. È destinato a eseguire gli ordini di un capo molto furbo. Non ha una propria strada da seguire, è un mero esecutore di ordini superiori. La madre lo chiama e lui corre lontano da me.

«Hai finito di spaventare i bambini?» La voce di Olivia mi fa voltare verso destra.

La trovo intenta a sistemare gli appunti sul suo taccuino. Ha legato i capelli, lasciando scoperto il collo.

«Ho solo risposto al piccolo golem».

«Ancora questa lingua sconosciuta, chi sarebbe il golem? Il bambino?»

Annuisco, con un'ultima occhiata al piccolo che segue la madre. Ci sediamo sulla panchina di fronte alle gabbie, lontana dagli occhi dei passanti. Edgar fa ancora qualche ripresa con la videocamera. Quando la punta verso di me, assumo una posa teatrale. Lui fa una faccia schifata, strappandomi un sorriso.

Appoggio la schiena. «Hai intervistato il direttore?»

«Sì, penso che potremmo inserire qualche passaggio dell'intervista nel video. Ha detto di aver messo in piedi questo zoo in onore del padre che è morto anni fa».

Uccide creature viventi per onorare la morte di un'altra creatura.

«Il padre, da quello che ho capito, era un amante degli animali e della natura. Così lui ha voluto prendersi cura di loro e ricordare il padre con questo gesto».

«È assurdo. Non sta onorando il padre, lo sta facendo rivoltare nella tomba...»

Olivia aggrotta le sopracciglia, perplessa. Le indico alcune delle gabbie intorno a noi.

«L'ipocrisia dell'uomo è quella di voler a tutti i costi dominare e non ha neanche il coraggio di ammetterlo, si nasconde dietro alla convinzione di curare qualcosa di fragile. Ma la natura non è fragile, la natura segue le sue regole... senza inganni o imbrogli».

Le scimmie hanno perso la loro tipica vivacità, sono stanche di esibirsi di fronte a un pubblico irrispettoso. La giraffa tenta di immaginare un cielo diverso da quello che vede ogni giorno, un cielo in cui l'aria non è contaminata dalle voci incessanti e dagli scatti delle macchine fotografiche, ma piena del rumore del vento che scuote gli alberi.

«È triste, lo so» sospira Olivia.

«Siamo noi quelli tristi, non loro. Ci guardano e ridono... pensano a quanto siamo insulsi, prima li catturiamo e poi ci impietosiamo, prima li uccidiamo e poi lottiamo contro la loro estinzione. Un nemico come l'uomo è la peggiore condanna».

Il direttore ha insistito per offrire il pranzo ai giornalisti e a noi tirocinanti nel ristorante dello zoo. Mi disgusta il modo in cui tenta di comprare l'approvazione di chi dovrà riportare ai cittadini il suo operato. È un *domatore*, uno di quelli che legava al guinzaglio i draghi e li vendeva al prezzo più alto. Tutto per la fama e per la ricchezza. Quando mi siedo accanto a Olivia cala un silenzio tombale. Tutti i ragazzi mi fissano con sospetto, chissà quale sarà l'ultima voce che gira su di me. Nella fila di fronte a me c'è Edgar. Il principe di ghiaccio è accanto a Tatiana, i due sembrano aver trovato una loro sintonia. Olivia mi ha detto che lui l'ha aiutata nell'intervista con il direttore.

Arrivano i camerieri a distribuire piatti di stufato fumante. Derek taglia la carne con lo sguardo basso, non sa di avere addosso l'attenzione di tutte le ragazze. Tiro fuori dalla borsa un panino e una bibita in lattina e sposto il piatto che ho davanti.

«Non è di suo gradimento?» La voce del cameriere attira l'attenzione dei presenti su di me.

«No».

Olivia mi tira un piccolo calcio. Intorno a noi cala il silenzio. Tutti gli occhi traboccano di pregiudizio: 'la schizzinosa maleducata che non mangia ciò che le viene offerto'.

«Non mi piace. Sono obbligata a mangiarlo?»

Il cameriere arrossisce imbarazzato. «No, certo. Lo porto via allora... c'è qualcos'altro che desidera?»

«No, vorrei solo poter mangiare il mio panino».

Concludo questa inutile conversazione e il cameriere se ne va con il mio piatto in mano. Bevo un po' della mia bibita e mi metto a sbocconcellare il panino, sperando che tutti tornino a farsi gli affari propri.

«Siamo in un ristorante e lei cosa fa? Mangia un panino che ha portato da casa, mettendoci tutti in imbarazzo... per cosa? Per attirare l'attenzione, come fa sempre».

Mastico e deglutisco velocemente. Ignoro i commenti in sottofondo. Faccio finta di non udire, finché uno di loro non azzarda un po' troppo.

E chi se non il *giullare di corte*, Hemlich.

«I gusti della figlia della regina di cuori sono molto strani. È per questo che ora tua madre è rinchiusa in un ospedale in segreto? Che cosa nasconde la tua famiglia? Avete ucciso qualcuno?»

Il profumo della rosa macchiata dal sangue invade lentamente lo spazio. Appoggio il panino, mi porto una mano alle labbra in preda alla nausea. *Non respiro.* Olivia si allarma, mi accarezza la schiena con delicatezza. Edgar si alza dal tavolo, stringe tra le mani una bottiglia di birra. Si avvicina a Hemlich e con nonchalance gliela versa in testa. Gli altri si immobilizzano, sbalorditi. I lineamenti di Edgar sono rigidi e il suo sguardo è una voragine che inghiotte il giullare. Applaudo, spezzando il silenzio che si è creato.

«Non ridi più?» sibila Edgar.

Hemlich si alza in piedi, i suoi amici gli intimano di calmarsi. Un cameriere si avvicina a noi.

«Tutto bene, ragazzi?»

«Oh, sì. Per sbaglio sono caduto e gli ho versato la birra addosso, tutto a posto... capita». Il sorriso di Edgar stempera la tensione. Hemlich è costretto ad annuire con le guance rosse di rabbia, mentre cerca di asciugarsi con un fazzoletto.

Abbiamo ancora tutti gli occhi addosso. L'unico a non mostrare alcuna reazione è Derek, che mangia indisturbato. Edgar torna a sedersi, gli rivolgo un piccolo sorriso. Lui ricambia.

«Sai Hemlich, sei un giullare di corte piuttosto curioso. Chi ti dice che l'unica a essere stata rinchiusa in un ospedale sia lei... non sai fino a dove posso spingermi e non credo che ti convenga scoprirlo».

Mi alzo in piedi, faccio il giro del tavolo e mi avvicino a lui. Con le labbra a qualche centimetro dalle sue orecchie, gli sussurro la maledizione.

«Sei condannato a vivere nel gioco eterno. Un mondo dove sei così abituato ad attirare l'attenzione facendo ridere gli altri, che anche quando vorrai essere serio, nessuno riuscirà a crederti. Sei condannato a fare ridere sempre. Perfino la sofferenza che subirai sarà fonte di divertimento per chi ti guarda».

«Che cazzo spari? Sei pazza!» sbotta con le guance in fiamme.

Sa che la maledizione corrisponde al vero perché gli è successo, hanno già riso delle sue sofferenze. Questo è il destino di chi vive delle reazioni altrui, alla costante ricerca della loro approvazione.

«Inizierai a vendere te stesso e tutte le tue emozioni per riuscire a essere apprezzato almeno un poco, mentre a nessuno importerà di te. Morirai per questo, *giullare di corte*».

Sbarra gli occhi e spalanca la bocca. Sulla mia bocca splende un sorriso compiaciuto.

Si alza in piedi e punta un dito contro. «Sei completamente fuori! Ma che cazzo... pazza! È una pazza».

«Oh, non immagini quanto. Sono *completamente folle*, piccolo giullarino».

Mi volto ed esco dal ristorante. Li lascio in balìa del caos più totale, il solito disordine generato dalle maledizioni. 'Ho perso anche l'appetito... oggi è una giornata proprio da cancellare'. Mi siedo su un gradino vicino all'entrata, lontano da tutti. La porta del ristorante si apre, Olivia mi appare davanti con il mio cappotto in mano. Si siede accanto a me, mi appoggia il cappotto sulle spalle e rimane in silenzio. Come se in qualche modo capisse la difficoltà che provo nel respirare quest'aria, un'aria macchiata dall'odore della strega più potente. Come al solito, il *suo* profumo si dissolve con una lentezza atroce.

«Ho spaccato?» mormoro.

«L'hai terrorizzato» replica con un sorriso.

Di solito dopo aver pronunciato una maledizione sono divertita dalla reazione spaventata di chi la subisce. Questa volta però c'è un'altra sensazione che occupa la mia mente. Il principe di ghiaccio non ha avuto nessuna reazione. 'Allora, davvero non ha interesse per una strega'. Il piccolo e impercettibile spiraglio che avevo percepito quando ha visto le cicatrici era solo un'illusione, non era reale. Per un breve momento aveva congelato le voci che contaminano i miei pensieri e speravo tanto che potesse farlo di nuovo, che potesse cambiare la strada che il suo sangue gli indicava.

'Che stupida sono stata'.

Ho sperato che un cristallo di ghiaccio, scolpito nella perfezione, potesse incastrarsi con una ragnatela, nata dai tormenti di un ragno.

È arrivato il momento di ritornare in azienda. Saliamo sul pulmino, mantenendo gli stessi posti dell'andata. Quando raggiungo il mio trovo Olivia addormentata sul sedile. La sposto leggermente per riuscire a sedermi. Vedo che al mio posto c'è il panino che non ho finito di mangiare nel ristorante. È accuratamente avvolto in un tovagliolino di carta e sopra c'è un post-it azzurro.

'Mangia invece di maledire, strega dai gusti raffinati'.

Accanto al panino c'è una bibita nuova, identica a quella che avevo iniziato prima di essere interrotta. Sono confusa: Edgar non mi chiama 'strega dai gusti raffinati', potrebbe essere Olivia... oppure *lui.* Lo cerco con lo sguardo. Derek sta ascoltando con attenzione Tatiana. È impossibile che sia lui. Ne ho la certezza quando noto che nella borsa di Olivia c'è la stessa bibita che ha preso per me. Mi è tornata la fame e divoro velocemente tutto quanto.

Durante il tragitto non posso fare a meno di ammirare la perfezione della calligrafia con cui Olivia ha scritto il mio biglietto. 'Come fa a essere così equilibrata?' Le lettere sono tracciate con cura, seguono linee morbide e ordinate. Scrive molto a mano, sarà per questo che ha acquisito uno stile così preciso. Le mille doti nascoste di questa ragazza mi stupiscono. Giocherello ancora un po' con il post-it, poi lo infilo nella tasca del cappotto.

Quando arriviamo in azienda, ciascun gruppo raggiunge il proprio quartier generale per sistemare il materiale. Mi preparo mentalmente a subire sguardi indiscreti degli impiegati. Quello stupido articolo sarà affisso sui muri ancora per giorni. 'Chissà fino a quando'. Quando entro nell'edificio, però, noto che le pareti sono vuote, non c'è più traccia di quei fogli maledetti.

Raggiungo i ragazzi nell'aula del nostro gruppo al piano superiore. Li trovo intenti a confrontarsi sul lavoro che Edgar ha montato e che insiste a non farmi vedere. Dice che è una sorpresa e che è sicuro che vinceremo. La sua fiducia mi lascia interdetta. 'Da dove gli viene?'

«Sapete che fine hanno fatto gli articoli di Tatiana?» azzardo.

Edgar ipotizza che siano stati rimossi dai responsabili delle redazioni. La sua affermazione non mi convince, ma decido di lasciare stare. Almeno posso scrollarmi di dosso questo strazio. Olivia sistema il materiale negli armadi. Derek ignora la mia presenza. Non ho neanche il tempo di lamentarmi del suo atteggiamento schivo e freddo perché subito lascia la stanza, passandomi accanto senza degnarmi di uno sguardo.

Sbuffo. «Perché mi schifa così tanto?»

«Non è vero, Sia» ribatte Olivia.

Mi siedo sul tavolo al centro della stanza, mentre aspetto che Edgar finisca di caricare il file segreto che nessuno, a parte Derek, può vedere.

«È permesso?» La voce della fatina mi lascia interdetta.

«Ma tu guarda chi si è degnato di venirci a trovare». Scendo dal tavolo e mi avvicino a lei.

Tatiana rimane accanto alla porta con un'espressione quasi dispiaciuta. Non comprendo il perché di questo strano cambiamento: oggi per tutto il giorno i suoi occhi mi hanno guardato con paura e con rabbia, non con dispiacere o vergogna. Eppure la piccola fata comincia a chiedere scusa, dice di essersi lasciata trascinare dal desiderio di farsi notare, per non deludere le aspettative dei genitori. Io sono incredula: una fata che chiede scusa a una strega per averla linciata pubblicamente? 'Non succede. Non può succedere'.

Le fate non fanno così. Lo so per certo, c'è qualcosa che mi sfugge. Interrompo il suo sproloquio con una raffica di domande secche.

«Stai registrando? Qual è il tuo scopo? Chi ti manda?»

Mi guardo intorno. Oltre a Edgar e a Olivia, che ci guardano un po' preoccupati, non c'è nessun altro.

«Nessuno, Sia. O meglio... qualcuno che mi ha fatto ragionare con pazienza c'è. Derek per tutto il giorno ha cercato di farmi vedere le cose dal tuo punto di vista e poi ha rimosso personalmente tutti gli articoli che avevano appeso. Così io...»

Non le lascio il tempo di concludere. Corro fuori, verso le scale. Nella foga travolgo due o tre stagisti prima di uscire dall'edificio.

Vedo che Derek si sta allontanando a bordo della moto. Senza pensarci, mi butto di fronte a lui. Lo obbligo a sterzare con violenza. Ho il fiato corto, devo piegarmi in due per recuperare il ritmo del respiro.

Lui solleva la visiera, permettendomi di guardarlo negli occhi. Traboccano di rimprovero.

«Vuoi morire?» La sua voce è tagliente, scorbutica come sempre.

«Perché hai tolto gli articoli dai muri dell'azienda e hai convinto la fatina a chiedermi scusa?»

Dovrebbe suonare come una semplice domanda, ma il tono che mi esce è quasi accusatorio. Sono ancora sconvolta dal fatto che una strega sia stata protetta in modo contorto da un principe. È una cosa inaudita, non riesco a raccapezzarmi.

«Mi andava, non posso?»

Schiudo le labbra, sempre più stupita. Una folata di vento mi scompiglia i capelli. La pioggia inizia a picchiettare sull'asfalto.

«Ti andava? Che cazzo di risposta è? Non puoi cavartela così. Mi tratti come se fossi un abominio da evitare a tutti i costi, mi fai credere per tutto il giorno che non te ne frega niente, ti comporti da principe di ghiaccio – e questo lo capisco perché sono una strega –, ma poi scopro che hai fatto queste cose per me. Ho bisogno di capire. Le mie maledizioni non spiegano quello che è successo».

Mi guarda in silenzio. Ho vuotato completamente il sacco: tutti i miei pensieri contorti si sono riversati davanti a lui. La pioggia mi bagna i vestiti.

«Copriti che piove». Si rimette la visiera, nascondendo i suoi occhi. *Ecco, ci risiamo.* Riparte lasciandomi con mille dubbi. Passandomi accanto rallenta. «Strega dai gusti raffinati» sussurra. *Queste parole.* Mi supera, lasciandomi addosso una strana sensazione. *Non è possibile.* Tiro fuori il post-it azzurro che ho ancora in tasca e un brivido mi percorre la schiena. La calligrafia perfetta è del principe di ghiaccio, non di Olivia. E questo vuol dire che per la prima volta un principe sta sfidando le regole delle fiabe.

Forse... non mi odia.

Capitolo 8

Narrate ai posteri della rassegnazione di un condannato a morte, di una persona la cui speranza viene macellata da un giudizio inappellabile. Il popolo condanna e strappa i cuori in un atto di feroce giustizia.

Quella che ai loro occhi è l'eradicazione di un male irreparabile, in realtà altro non è che la mera esibizione degli istinti più violenti e brutali della natura umana.

La folla gioisce di fronte alla testa del ghigliottinato e respira l'aria impregnata del suo sangue.

Un popolo che giustizia si dimentica che verrà a sua volta giustiziato.

Narrate ai posteri della rassegnazione di un condannato a morte.

Il condannato a morte

Sia

Il video sullo zoo vincitore è il nostro. Edgar mi ha ripresa di nascosto quando ero davanti alla gabbia del leone e anche mentre parlavo con Olivia. Ha usato questi spezzoni per montare un video che alludesse al contrasto tra la felicità dei visitatori dello zoo e la tristezza degli animali rinchiusi nelle gabbie. Ne è uscito un pezzo originale e ben costruito che ha ottenuto l'approvazione dei responsabili delle redazioni. Edgar sorride compiaciuto. Mi avvicino a lui trascinando la sedia.

«Perché non mi hai avvisata?» sussurro a denti stretti.

«Perché non mi avresti mai permesso di usare la tua immagine e le tue parole sorprendentemente dolci».

Non faccio in tempo a lamentarmi che Frederick riprende a parlare. È soddisfatto di avere, forse per la prima volta, un gruppo agguerrito e tenace.

«State recuperando, voglio che continuiate così. Per prima cosa abbiamo bisogno di un team leader, non potete stare senza un capo».

Olivia scuote la testa, non reggerebbe mai una pressione del genere. Edgar si rifiuta anche solo di prendere in considerazione l'idea.

Frederick indica me e Derek. «Una delle due talpe. Avete un membro in meno rispetto agli altri gruppi e per questo potrete avere un capo che aiuta la talpa, ma allo stesso tempo coordina tutto quanto» aggiunge Frederick.

So chi è il candidato perfetto, una figura che riuscirebbe a regolare la tensione e forse anche a scongelarsi un po'.

Alzo la mano. «Propongo Derek Hill».

Olivia e Edgar mi seguono senza esitare, voterebbero chiunque pur di non essere loro i prescelti. Derek, seduto nel solito angolo vicino alla finestra, mi fulmina con lo sguardo.

«Bene... siamo tutti d'accordo allora».

Non risponde, si limita a sospirare pesantemente. Da quando ho scoperto che la 'strega dai gusti raffinati' è una sua idea, non ho smesso di stuzzicarlo.

«Come riconoscimento per aver concluso questo compito con il massimo dei voti, abbiamo deciso di affidarvi un'importante missione...»

Frederick ci fissa con un sorriso stampato sul volto.

«Intervisterete i Sanchez negli uffici del loro gruppo in occasione di una grossa acquisizione, sappiamo che non ci deluderete e che coglierete l'occasione per farvi notare».

I Sanchez sono una famiglia di imprenditori che compare spesso in televisione e sui giornali. Le aziende del loro gruppo si occupano delle attività più svariate e non c'è settore in cui non abbiano le mani in pasta.

Frederick continua: «È richiesto un abbigliamento elegante, alla fine dell'intervista potrete partecipare alla serata di celebrazione nel ristorante interno. Naturalmente non sarete gli unici a poterli incontrare, avrete massimo quindici minuti a disposizione e dovrete ricavarne più informazioni possibili».

Olivia prende nota nel taccuino, picchiettando con ansia il piede sul pavimento. Il mio umore è l'opposto del suo: fremo dalla voglia di brillare e di mettermi in mostra. Non appena Frederick esce dall'aula, do sfogo a tutto l'entusiasmo che ho cercato di trattenere.

«Questa è un'occasione d'oro, dobbiamo sfruttarla al massimo. L'intervista ci darà moltissima visibilità. Sarà un ottimo modo per arrivare alla selezione finale».

Olivia non riesce a trattenere un moto di pessimismo: «Se non faremo una brutta figura...»

«Ma non siete entusiasti?»

In effetti non mi sembra proprio. Derek ha ripreso la sua espressione apatica. Non riesco a comprendere come faccia a mascherare ogni emozione con tanta facilità.

Mi avvicino a lui. «Mi raccomando, principe di ghiaccio: vestiti elegante».

«Smettila di guardarmi così».

Faccio un piccolo sorriso. «Così come?» Appoggio la mano sulla sua spalla.

Lui si ritrae di scatto. «Come se volessi mangiarmi».

Sorrido divertita. «Be', io non mangio chiunque... si sa che sono una 'strega dai gusti raffinati'».

I ragazzi ci osservano incuriositi. La mia frecciatina viene deviata immediatamente. Derek si alza in piedi e cambia argomento.

«Dobbiamo fare delle ricerche. Non possiamo andare impreparati, dobbiamo conoscere a fondo la storia e le attività del gruppo».

Edgar ubbidisce subito, si sposta al computer e comincia a indagare. Olivia annota ogni informazione utile nel suo taccuino.

Io insisto sul tema dell'abbigliamento. «Come vi vestirete? Vi voglio al massimo».

«Sia, ti sembra il momento di pensare ai vestiti?» La domanda di Olivia mi fa alzare gli occhi al cielo.

«È sempre il momento di pensare ai vestiti».

Derek si avvicina alla lavagnetta di vetro, prende il pennarello nero e scrive le domande principali da porre ai Sanchez. Ricevo l'ennesima conferma: il post-it è suo. La calligrafia ha un che di imperiale, una scrittura che richiama quella degli antichi principi. Sono così affascinata dalla perfezione dei caratteri che non mi rendo conto subito delle oscene domande che sta scrivendo. La noia mi fa sbadigliare. Storco il naso.

«Dobbiamo stringere amicizia? Cos'è, una chat su Tinder?»

Edgar si gratta la testa, confuso. «Cos'hanno che non va queste domande?»

Sono troppo morbide. Il nostro scopo non è ripetere informazioni prevedibili e già note.

Prendo il pennarello in mano e cancello la prima domanda. «A chi importa che cosa si aspettano da questa nuova collaborazione? Chiediamo, piuttosto... con chi non vorrebbero mai lavorare».

«Creerebbe solo casini...» mormora Olivia.

«E noi dobbiamo crearli, farli scannare tra loro e suscitare scandalo».

Le espressioni dei miei compagni mi strappano una risata involontaria.

Derek mi toglie il pennarello dalle mani. «Dobbiamo fare un'intervista, non raccogliere denunce».

«Principe di ghiaccio, nessuno ci denuncerà. Faremo delle domande così sottili e ben cucinate che non si renderanno neanche conto del loro contenuto ingannevole. Lo capiranno dalla reazione del popolo inferocito».

Derek annuisce leggermente, dandomi il via libera per modificare le domande a mio piacimento. Con il sorriso sulle labbra, trasformo parole di buon augurio in *impercettibili trappole pungenti.*

Indosso il vestitino nero che ho comprato la scorsa estate. Il pizzo e lo spacco sulle gambe lo rendono uno dei miei abiti preferiti in assoluto. Poi infilo i tacchi a spillo, il rumore della serratura mi fa voltare di scatto.

Sento la voce di Tom. «Sia, ti ho portato i documenti che mi hai chiesto».

I suoi passi si avvicinano fino alla soglia della mia camera. Si appoggia allo stipite della porta. Allenta la cravatta al collo. «Hai bisogno di un passaggio?»

«No, porto la macchina. Prenditi la serata libera, Tommy».

Passo il rossetto rosso sulle labbra. Adoro i colori forti, mi danno un senso di pace e di forza incommensurabile.

«Devi andare da Melissa».

«Non ho fatto niente di male. Mi sono comportata bene, perché dovrei andarci?»

Melissa, la psicoterapeuta, è come una cartina tornasole. Grazie a lei, Tom riesce a comprendere se sto bene o male, se mento o se dico la verità. È l'unica che ha l'intelligenza di cogliere i miei segnali, pur non conoscendo le fiabe a cui mi riferisco. Non che questo sia mai servito a migliorare la situazione.

«Perché hai saltato due intere settimane e non solo... sai anche tu che *il momento si avvicina*».

Chiudo il rossetto, lo ripongo nella borsa e mi volto verso di lui. I lineamenti tesi, la postura rigida e lo sguardo attento. Quella prospettiva spaventa sempre più lui che me... 'forse perché lo sto contaminando?'

«Andrò da Melissa, prima o poi. Prenditi una vacanza, anzi dai le dimissioni. Ti pagherò il doppio... cosa ne dici?»

«No, Sia. Non mi muoverò da qui. Starò accanto a te, fino alla fine».

Accettare la condanna del goblin e rifiutare l'onore di un cavaliere... *che pazzia.* Non mi spiego il perché del suo attaccamento nei confronti di una psicopatica senza possibilità di cura. È come affezionarsi a un cucciolo che morirà nel giro di poche ore, *inutile*.

Sospiro. «Farà solo più male».

«Smettila, non parlare come se... non parlare come se...» balbetta.

È in difficoltà perché sa che ho ragione. L'ironia della sorte vuole che sia il malato in punto di morte a confortare le persone che gli stanno intorno.

Indosso il soprabito e prendo la borsa. «Come se *stessi morendo*? Ci vediamo domani, Tom».

Lo supero ed esco di casa. Mi dirigo verso l'auto parcheggiata nel vialetto. La vibrazione del telefono mi segnala l'arrivo di un messaggio. È da parte di Tom. 'Non stai morendo e non morirai'. Quell'uomo è assurdo: è stato assolto dalla maledizione di una strega, eppure insiste nel voler essere condannato. È lui a dover andare da Melissa, non io.

Salgo in macchina e imposto il navigatore con l'indirizzo dell'azienda dei Sanchez. Il tragitto è rapido. Storco il naso quando noto l'infinità di macchine in fila per essere identificate dalla sicurezza. Vedo la moto di Derek che sfreccia nella colonna, viene identificata al cancello e passa all'interno. Lo raggiungo anche io con una serie di manovre piuttosto illegali, prendendomi gli insulti di tutti quelli che sto costringendo a spostarsi, ma riesco finalmente a entrare.

«Volevi morire, strega-demone?»

Mi giro verso destra: Edgar ha i capelli tirati all'indietro con il gel e un completo nero che gli dà un'aria molto professionale.

«Chen, tutto a posto? Ti vedo agitato».

Ha un borsone con le attrezzature e le videocamere per l'intervista.

«Ah davvero? C'era una pazza che continuava a suonare e a rischiare tamponamenti a catena per passare per prima. Ti dice qualcosa?»

Alzo le mani. «Ops, perdonami. Giuro, nulla di personale».

«Pazza, psicopatica... non hai neanche riconosciuto il tuo stesso compagno di squadra».

«Ho riconosciuto solo il capo, guardalo lì... in tutta la maestosità di un principe».

Indico Derek mentre sistema la moto, incurante degli sguardi curiosi e pieni di desiderio di tutte le ragazze che gli passano accanto. Mi affretto a raggiungerlo, da vicino riesco ad apprezzare meglio la bellezza dei suoi lineamenti. Intravedo una camicia bianca sotto un cappotto nero dalla linea regale.

«Maestosamente bello» sussurro a pochi centimetri da lui.

Gli occhi di Derek si limitano a sfiorarmi. Non fa commenti sul fantastico abito che indosso.

«Olivia è già dentro. Ci sta aspettando» mormora incamminandosi verso l'edificio.

«Agli ordini». Lo seguo, cercando di tenere il suo stesso passo.

I nostri gomiti si sfiorano e questo basta a farlo allontanare da me. Edgar, che ci segue, ride divertito dalla scena.

«Non trattarmi come se fossi un dolce al cioccolato».

«Tu sei il dolce alla vaniglia, Derek. Il cioccolato con te non c'entra nulla».

«Ma che dici? Hai un vocabolario tutto tuo» borbotta freddamente.

«Il vocabolario dei pazzi» mormora Edgar.

Ignoro le frecciatine inutili e mi concentro sull'obiettivo principale: scongelare l'armatura di Derek.

«Posso usare qualsiasi vocabolario... tu dimmi solo quale».

Il sospiro del principe di ghiaccio allarga il mio sorriso. Adoro vederlo inorridire davanti alla mia sfacciataggine.

L'interno dell'azienda dei Sanchez è uno spazio lussuoso, arredato con mobili di design e quadri di pregio. Nel salone dedicato alla cerimonia di oggi ci sono avvocati, imprenditori e personaggi di spicco della politica che sorseggiano un drink in attesa dei padroni di casa. Olivia ci raggiunge mentre facciamo la coda al guardaroba. Per la prima volta il vestito che indossa attira l'attenzione. È color oro e scivola sul suo corpo snello in modo perfetto. I capelli sono raccolti in un'acconciatura professionale. Ha il collo scoperto e le labbra dipinte di rosa scuro.

Mi avvicino a lei. «Sei particolarmente carina, piccola Olivia».

Arrossisce. Copre la scollatura con la giacca, come se si vergognasse del proprio corpo. Magari il piccolo aiuto di una strega riuscirà a farla stare meglio.

«Togliamo le giacche? Fa caldo» porgo il soprabito all'impiegato che ci accoglie cordialmente.

Edgar e Derek mi imitano, Olivia tentenna per qualche istante prima di fare lo stesso. Vedo che alcuni ragazzi accanto a un tavolo d'appoggio poco lontano da noi la divorano con lo sguardo.

Olivia tiene le braccia incrociate al petto. «Ho già ritirato le nostre credenziali. Appena ci chiamano, entriamo per fare l'intervista».

Qualche minuto dopo un addetto alla sicurezza chiama i nostri nomi ad alta voce.

«Olivia Leed, Derek Hill, Edgar Chen e Sia Carillo... prego, seguitemi».

Ci conduce verso la sala conferenze, dove i Sanchez hanno appena concluso un'intervista. Olivia mostra alla guardia di sicurezza le nostre credenziali. Prima di entrare mettiamo al collo i badge identificativi della Big World News.

I famosi Sanchez siedono dietro a un lungo tavolo. Sono in sei e davanti a ciascuno di loro c'è un microfono. Chiacchierano e ignorano la nostra presenza anche quando prendiamo posto di fronte a loro. Grazie alle ricerche fatte questa mattina riconosco il signor Sanchez, è quello al centro. Al suo fianco ci sono l'avvocato di fiducia e il figlio, che è più o meno nostro coetaneo.

Edgar sistema le videocamere, attiva il microfono e l'auricolare. Olivia tiene in mano il foglio con le domande modificate da me: con un viso angelico come il suo non potranno destare il minimo sospetto.

Derek si avvicina a lei. «Te la senti? Sei ancora in tempo se vuoi fare cambio».

«Se la sente, se la deve sentire» affermo.

Le lancio un lungo sguardo d'intesa. Lei annuisce, prende un bel respiro e afferra il microfono in mano.

«Se per voi va bene... io inizierei». L'esile voce di Olivia si perde nel brusio, la ignorano come se non contasse nulla.

'Mi stanno facendo innervosire più del dovuto'. Prima che io possa agire, Derek sbatte il pugno sul tavolo, con forza. A quel punto gli occhi dei Sanchez si focalizzano su di noi.

«Grazie per l'attenzione. Olivia, prego». Derek le fa cenno di iniziare.

Sorrido meravigliata dall'imperiale eleganza del principe. Olivia procede come da programma. Le domande non vengono interpretate come pericolose: i Sanchez rispondono beffardi, senza mai un accenno di incertezza. Noto con piacere che Olivia comincia a prenderci gusto.

«State dicendo quindi che non vi preoccupa l'opinione dei detrattori, e che i traguardi raggiunti dalla vostra famiglia sarebbero stati raggiunti anche senza il favore del pubblico... dico bene?»

Il tono innocuo e angelico nasconde alla perfezione l'insidia della domanda. Olivia riesce a far sanguinare in modo lento il nemico, senza che se ne renda conto.

«Certo, il nostro impero nasce dall'impegno e dal duro lavoro... ovviamente l'opinione del pubblico ci interessa, ma quando ci poniamo un obiettivo lo perseguiamo con le nostre forze».

«Quindi la creazione di un impero, rafforzato dalla nuova acquisizione di oggi, dipende soltanto dalla vostra famiglia? Il pubblico non ha influito e non influirà... giusto?»

«Esatto» annuisce in modo distratto il signor Sanchez.

L'avvocato ridacchia con la donna seduta accanto a lui. Deve aver sottovalutato Olivia: dopotutto siamo solo dei ragazzini che fanno domande scontate, quali danni potremmo fare?

'Ecco perché Frederick ci ha mandato'. Sapeva che ci avrebbero sottovalutato. Ci ha usati come un perfetto cavallo di Troia. L'obiettivo è raggiunto e il materiale è ottimo. Le risposte saranno montate in modo da far risaltare la natura di un re che si dimentica del voto del popolo. Terminata l'intervista, veniamo scortati verso il salone dove stanno servendo dolci e bevande. Ci sono molte celebrità ed è pieno di fotografi che scattano incessantemente.

Derek si allontana per rispondere al telefono.

«Come hanno fatto a non cogliere l'importanza delle domande? Pensavo mi avrebbero subito bloccata...» I dubbi di Olivia mi fanno sorridere.

«Dai a una farfalla del veleno e vedrai tanti fiori morire» sussurro.

Edgar tiene la videocamera tra le mani, e riguarda i filmati. Olivia si avvicina e li osserva con attenzione.

«Ora dobbiamo solo montare il video finale e trovare un titolo attraente» mormora lui.

Solo ora mi rendo conto di aver dimenticato il telefono nel soprabito, rischio che Tom avvisi la polizia se non mi trova per troppo tempo. Mi avvio verso l'uscita, dove c'è lo stesso addetto di prima. Con la stessa cordialità con cui ci ha accolti all'inizio, mi porta subito quello che richiedo.

Lo ringrazio con un sorriso. Mi volto per tornare dagli altri, ma c'è qualcosa che attira la mia attenzione. La voce di Derek. 'Con chi sta parlando?' Seguo il suono della sua voce fino ad arrivare a uno sgabuzzino con la porta socchiusa. Quello che vedo mi lascia a bocca aperta: c'è un ragazzo che lo tiene per il bavero. Mi nascondo dietro un angolo per non farmi notare, ma osservo ogni dettaglio. Il ragazzo ha i capelli corvini, tirati indietro con il gel. Indossa un completo elegante e sembra convinto della propria importanza, deve essere qualcuno che Derek a quanto pare ha fatto incazzare parecchio. 'Perché sembra intenzionato a non difendersi?'

Tiro fuori il telefono e registro ogni cosa senza farmi vedere.

«Le teste di merda riappaiono sempre, vero? Cosa c'è, i secondini ti hanno tagliato la lingua?»

Derek non risponde.

«Ora ti caghi sotto? Non fare il santarellino e parla! Fammi vedere il mostro di cinque anni fa, quello che mi *ha quasi ucciso*».

Nonostante le gravi accuse, Derek non fiata, si limita a osservarlo con uno sguardo vacuo.

«Ti faccio rispondere io». Il ragazzo dai capelli corvini sferra un pugno in faccia a Derek.

Rimango sconvolta dalla sua impassibilità: non mostra alcun segno di dolore e questo non fa altro che aumentare l'ira del ragazzo, che sferra un altro colpo e poi un altro ancora. Cerca una reazione, ma non ottiene niente.

Derek ha un labbro sanguinante, ma questo non sembra sufficiente a placare l'ira del suo aggressore. Il principe di ghiaccio potrebbe difendersi benissimo, eppure sembra voler ricevere ogni colpo quasi con rassegnazione. Il suo occhio destro si sta gonfiando, ha preso un colorito violaceo.

Il ragazzo lo colpisce con un calcio all'addome, costringendolo a piegarsi a terra. «Rispondi, cazzo! Lo so che sei ancora malato, quelli come te non guariscono mai... perché siete dei mostri!»

Il sospiro di dolore di Derek infrange l'aria. *Reagisci.* Il ragazzo sta cercando di raggiungere qualcosa in Derek, qualcosa che a quanto pare cela dietro alla corazza ghiacciata. C'è qualcosa che tiene a bada e pur di non farlo trapelare è pronto a sanguinare sul pavimento.

«Sappi che ci sono andato piano, testa di cazzo».

Queste sono le sue ultime parole, poi lo scavalca ed esce nel corridoio come nulla fosse. Io mi ritraggo dietro l'angolo e torno verso il guardaroba, come se volessi depositare la giacca. Termino la registrazione premendo il pulsante rosso del telefono, poi lo rimetto nella tasca. Torno verso lo sgabuzzino e vedo Derek rialzarsi con difficoltà e trascinarsi barcollando verso l'uscita. Lo seguo in silenzio, curiosa di vedere quanto riesce a trattenere tutto ciò che prova. 'Un minimo di emozione, paura o rabbia, lo dovrà pur mostrare'. Si avvicina al punto in cui ha lasciato la moto, presumo che voglia scappare da qualche parte. Non penso che nello stato in cui è ridotto rientrerebbe in sala sotto agli occhi di centinaia di giornalisti.

Mi affretto a raggiungere l'auto, seguo la sua moto lentamente. Il telefono squilla, rispondo senza perdere di vista la strada.

«Dimmi, Olivia».

«Dove sei? Anche Derek è scomparso...» La voce è preoccupata.

«Derek mi sta dando un passaggio. Ho la nausea e non riesco a guidare, mi sta portando a casa. Voi continuate pure la serata» mento.

Fortunatamente Olivia non insiste, si limita a dirmi di scriverle una volta arrivata a casa. Nel mentre, Derek ha accostato di fronte a un piccolo bar isolato. Accosto a mia volta, rimanendo a debita distanza dalla moto che ha lasciato ferma di fronte a un muretto. Neanche due minuti dopo esce con un sacchettino di plastica in mano. Sale in sella e riparte. Lo seguo, stando attenta a non farmi vedere. Guida fino ad arrivare ai piedi di un ponte. Parcheggia ed esce con il sacchetto di plastica in mano, sale i gradini e si dirige verso il centro del fiume che attraversa la città. Dal sacchetto tira fuori una bottiglia, la apre e comincia a bere.

Poco dopo sale sulla balaustra di ferro, sedendosi con le gambe a penzoloni nel vuoto. Vedo che nel sacchetto ci sono altre bottiglie, la mano di Derek ne sta già cercando una. Il vento gli scompiglia i capelli, ma lui sembra non percepire il freddo che lo circonda. Finita la seconda bottiglia, apre la terza.

Picchietto il volante. «E così è questo che fai quando non vuoi scoppiare, principe di ghiaccio».

Soffoca ogni sensazione che potrebbe alterare la temperatura della sua corazza. Non urla, non grida, non picchia, non piange. Vive in uno stato di sedazione mentale, preferisce il coma alla vita, il silenzio al caos. Apre l'ultima bottiglia. Anche da ubriaco ha un autocontrollo tale che non riesco a leggergli gli occhi. Ha la stessa espressione imperturbabile di sempre. L'unica differenza è lo stato del suo volto: i lividi sparsi dappertutto e il labbro che non smette di sanguinare.

Quando tenta di scendere dalla sbarra su cui è seduto inciampa e cade. Non ha equilibrio. 'Vuole guidare in quello stato?' Scendo dall'auto, dirigendomi verso di lui. Quando cerca di raggiungere la moto, rischia di cadere a terra. Lo sorreggo con un braccio, ma lui sembra non percepire la mia presenza.

«Non puoi guidare in questo stato, andiamo in macchina».

Mi sforzo di trascinarlo verso l'auto, passandomi il suo braccio sopra le spalle. Apro la portiera e con difficoltà lo depongo sul sedile del passeggero. Gli occhi di Derek si chiudono, sospira profondamente. Gli allaccio la cintura, il suo profumo mi invade le narici, il suo volto è a pochi centimetri dal mio. 'Quando mai potrò essergli di nuovo così vicino?' Sento già il suo freddo 'Non mi toccare' rimbombarmi nelle orecchie. Resisto alla tentazione e mi limito a guidare verso casa. Lui dorme per tutto il tempo, come se nel sonno riuscisse a trovare un po' di pace, un rifugio sicuro in cui abbassare ogni difesa. Quando parcheggio e lo sveglio, borbotta qualcosa di incomprensibile. Barcolla, lo reggo per la vita e con grande fatica riesco a trascinarlo verso l'interno. Derek si sorregge alle pareti, liberandomi dal suo peso. Mi volto per chiudere la porta di casa ma nel buio mi cadono le chiavi e ci metto un po' a ritrovarle a tentoni sul pavimento. Quando mi rialzo, Derek è sparito. Comincio a cercarlo in cucina, in bagno, in salotto, nello sgabuzzino, nelle stanze degli ospiti e persino fuori, nel giardino. *Ma dov'è finito...*

Proprio quando penso che si sia dissolto nell'aria, lo trovo sdraiato sul letto della mia camera, con il viso appoggiato al cuscino. Tiro un piccolo sospiro di sollievo.

«Non immaginavo certo così la nostra prima volta, principe di ghiaccio» mormoro.

Sento i respiri di Derek incrinare il silenzio corrotto di questa antica villa. Probabilmente è l'unico che riesce a dormire in un luogo maledetto come questo. Forse perché, da principe qual è, sa congelare le maledizioni. È immune alle grida che macchiano ogni oggetto intorno a noi.

Chiudo la porta e lo lascio riposare. Faccio una doccia veloce e mi infilo il pigiama. Derek è ancora nel mondo dei sogni, il volto è ricoperto di sangue incrostato. Prendo del ghiaccio dalla cucina e la cassetta dei farmaci dal bagno, poi torno in camera. Mi siedo accanto a lui e comincio a tamponare le ferite con garze sterili imbevute di disinfettante. Sussulta quando gli sfioro il viso. Medico il labbro, cercando di fermare il flusso di sangue.

«Perché non ti sei difeso?» sussurro.

Applico un cerotto sul labbro. Quando appoggio la busta del ghiaccio sul lato dell'occhio gonfio, Derek apre le palpebre. Il suo sguardo vaga senza meta per la stanza.

«È finita?» chiede a bassa voce.

«Cosa?»

Si inumidisce le labbra secche. «La sofferenza... è finita?»

È ancora ubriaco, non mi riconosce. La sua domanda mi fa capire che, qualsiasi cosa sia quella che lo tormenta, non ha mai smesso di lacerarlo. Ha una ferita aperta che non riesco a medicare, perché congela chiunque tenti di avvicinarsi.

«Ti aiuto io, permettimelo e non dovrai più avere a che fare con la sofferenza».

Premo dolcemente la busta di ghiaccio sul suo viso. Lui sospira in un sussulto di dolore.

«Non c'è rimedio per quelli *come me*» biascica.

La sua voce trasuda senso di colpa, la colpa di un principe che nasconde i peccati al popolo per non essere destituito.

«E come sono quelli come te?»

Colgo questo momento prezioso per superare la sua barriera e sfiorare il suo segreto.

«*Sporchi di sangue*» ammette.

Lo dice con la stessa amarezza con cui un *condannato a morte* confessa i suoi crimini. Mi è stata solo narrata la rassegnazione di un condannato a morte, non l'ho mai vista dal vivo. Eppure, ora la vedo e la sento. Un principe sporco di sangue che congela la sua sentenza per riuscire a non essere ghigliottinato.

«Anch'io sono sporca di sangue, Derek» sussurro, certa che non mi stia sentendo.

Gli occhi del principe di ghiaccio si richiudono lentamente, è vinto dal peso di una condanna che incombe sul suo cuore ghiacciato.

«Accetta di essere il mio ragno e nessuno potrà più farti del male. Accetta di essere il mio ragno e nessun popolo oserà condannarti. Mi basta un sì, principe di ghiaccio, e ridurrò in poltiglia ogni tuo male, perseguiterò con mille maledizioni chiunque penserà di spodestarti. Distruggerò chi ti ha fatto sanguinare».

Derek sposta lo sguardo su di me: l'azzurro delle sue iridi incontra l'oscurità delle mie. Leggo la tentazione di accettare la proposta di una strega. Eppure, non ricevo alcuna risposta. Di colpo cade in un sonno profondo.

«La proposta sarà sempre valida, principe di ghiaccio...»

Apro gli occhi di scatto per il rumore di porte sbattute. La luce del giorno illumina le pareti. Mi ci vuole qualche secondo per rendermi conto che qualcuno sta tentando di evadere dal rifugio dove l'ho accolto.

«Prego, non c'è di che» mormoro assonnata, alzandomi lentamente dal divano. Ho la schiena tutta indolenzita.

Derek sta tentando di aprire il portone d'ingresso, ma non conosce la combinazione. Mi avvicino a lui. Evita il mio sguardo quasi con paura.

«Non vuoi sapere cos'è successo ieri?»

Ignora la mia presenza. Non risponde nemmeno.

«Tesoro, sembri una ragazza che si sveglia nel letto del cattivo ragazzo dopo una sbronza colossale. Tutto a posto?»

Si sposta verso il corridoio. Lo seguo, cercando di comprendere il perché di questa freddezza nei confronti di qualcuno che l'ha solamente aiutato. 'Forse perché quel qualcuno sono io?'

«Stai andando verso la cucina. L'uscita non è lì» dico divertita.

Si volta di scatto verso di me. L'occhio è molto migliorato e i lividi si stanno riducendo. Si vede che è stato picchiato, ma ha sicuramente un aspetto più presentabile.

«Dov'è l'uscita?»

«Tutto qua? Non puoi uscire dal covo di una strega senza il suo consenso».

Il sorriso sulle mie labbra sembra infastidirlo. Non capisco se sia vergogna per essersi svegliato nel mio letto oppure qualcos'altro. Fruga nelle tasche dei jeans.

«Cerchi questo?» Gli mostro il suo cellulare.

Quando tenta di prenderlo faccio un passo indietro. Scuoto la testa. C'è stanchezza nei suoi occhi e anche qualcos'altro che però non mi permette di decifrare. È come se avesse paura di me, di quanto io possa aver visto.

«Che cosa vuoi?»

«Che cosa voglio? Non lo so, magari non essere ignorata dopo che ho impedito che guidassi da ubriaco e che ti schiantassi da qualche parte. Oppure un minimo di considerazione visto che sei crollato nel mio letto e che ti ho medicato le ferite».

«Come hai fatto a trovarmi al ponte?» Un principe non smetterà mai di sospettare della strega.

«Stavo tornando a casa e ho visto un pazzo che barcollava» mento.

Sembra rasserenato dal fatto che non abbia visto la scena precedente, quando il ragazzo dai capelli corvini lo ha picchiato. Eppure non si fida del tutto. Se fosse stato qualcun altro, l'avrebbe di sicuro ringraziato.

«E mi sarei buttato nel tuo letto?»

«Derek, non ti volevo scopare da ubriaco. Stai tranquillo» rido.

Si avvicina a me, spingendomi contro la parete. Mi sposta una ciocca di capelli dietro l'orecchio, un lieve brivido mi attraversa quando le dita di Derek mi sfiorano il collo. Si abbassa per sussurrarmi qualcosa e io trattengo il fiato. Sento le catene attorno al mio cuore congelarsi al tocco del principe e questo mi dà sollievo.

«Non dirlo a nessuno, 'strega dai gusti raffinati'» sussurra con dolcezza.

Mi accorgo troppo tardi che mi ha sfilato il telefono dalle mani. Si allontana, creando un vortice di vuoto intorno a me. Mi porto una mano al petto, cercando di mascherare il dolore che sento quando le catene ricominciano a stringere.

Derek non si accorge di nulla, s'incammina verso l'uscita. Non ho le forze per trattenerlo. Prendo il telefono e con il comando automatico sblocco la porta. Poi mi sdraio sul pavimento e cerco di fare dei respiri profondi.

«Non lo farò mai più, so cosa mi aspetta. Non dovete stringere così forte...»

Proprio come una *possessiva ghigliottina di amore.*

Capitolo 9

Esistono persone fuori posto, tasselli ingombranti che vagano alla ricerca di un luogo dove fermarsi. Vivono tutta la vita con l'idea di essere semplici spettatori, personaggi secondari senza luce e privi di voce. Elementi sacrificabili per il bene comune.

Attendono la fine della scena per potersi spegnere.

Si sa che il mondo apprezza solo i personaggi principali e che gli eroi delle favole vengono incorniciati, ricordati per l'eternità come trionfatori.

Chi ricorda i contorni di una storia? Il passaggio delle figure sgraziate sullo sfondo? Il sussurro di una persona senza luce?

Nessuno.

Personaggi fuori posto

Edgar

Dopo i complimenti per il taglio che siamo riusciti a dare all'intervista ai Sanchez, Frederick ci ha appena annunciato il nuovo compito: documentare le conseguenze di un attentato terroristico nel centro della città. Vogliono metterci alla prova nell'arena più pericolosa. Stringo la cintura di sicurezza in un fremito d'ansia. So che dovrei mostrare più tranquillità, dovrei dissociarmi dagli incubi che mi tormentano. Eppure, più ci avviciniamo alla zona in pericolo più i dettagli di quel giorno maledetto mi si affollano intorno.

Sia stringe il volante, emozionata. «Non vedo l'ora! Un compito come questo è un grande colpo di fortuna».

Per me, invece, è uno di quelli che più temevo e non pensavo sarebbe arrivato così in fretta.

«Non sarà pericoloso? Insomma, andare sulla scena di un attentato e registrare il terrore, la paura...» Olivia è preoccupata.

Quando sento l'urlo delle sirene e il vociare di una folla spaventata comprendo che non posso più scappare. 'Avrei dovuto fingere un malore?' Forse sarebbe stato più astuto da parte mia nascondermi da un mostro che ha le stesse sembianze di quello che mi uccide ogni notte. Adesso però è troppo tardi.

«Okay, dobbiamo riprendere tutto. La disperazione della gente, la polizia che cerca di ristabilire l'ordine e se saremo fortunati... anche gli attentatori». Sia scende dall'auto carica di energia come un fulmine.

L'unico a rimanere immobile sono io: sto ancora stringendo la cintura di sicurezza. La mia mente è preda di un vortice di follia. L'ambulanza carica i corpi inermi di vittime innocenti, tra urla e grida di dolore che stonano con la freddezza distante del cielo. Le strisce gialle segnalano il limite della zona proibita, riservata ai giornalisti e agli operatori sanitari. L'odore del sangue è potente e risveglia tutti i miei demoni.

Un rumore ritmico mi desta temporaneamente dall'inferno in cui sono precipitato. È Derek che bussa al finestrino dell'auto. Abbasso il vetro e lui mi analizza attentamente con la sua solita freddezza distaccata.

«Faccio io, rimani in auto e non scendere» sentenzia.

«Ce la faccio...»

«No. Non ce la fai... non ora, stai tremando e sei pallido come un cadavere».

«Parli tu? Hai lividi dappertutto e un occhio nero» ribatto.

Cerco di lottare contro la paura attaccando Derek. Mi sforzo di sganciare la cintura, l'unica cosa che mi tiene legato a una bolla di salvezza.

«Stai qua, facciamo veloce» afferma lui deciso, distogliendo lo sguardo.

Prende le mie attrezzature e si allontana, mormorando qualcosa alle ragazze. Poi mostra il tesserino ai poliziotti e supera le linee gialle.

Cerco di respirare a fondo. Devo calmarmi, ho il cuore che batte all'impazzata, come se cercasse di sfuggire a un corpo in cui si agitano mille demoni. Inspiro dal naso ed espiro dalle labbra. Seguo i consigli dei terapisti a cui mi hanno affidato.

'Quando lo senti tornare, prendi fiato e cerca di ricordare cos'è reale e cosa non lo è'.

Ripeto mentalmente queste parole in un vano tentativo di sopravvivenza.

«Non è reale... non è reale».

Mentre stringo con prepotenza le mani, le unghie mi perforano i palmi. Mi sento annegare.

«Edgar... Edgar fa male...»

Spalanco gli occhi di scatto. È la sua voce... è uno scherzo? Non può essere vero.

Mi porto le mani tra i capelli, cercando di ristabilire un equilibrio ormai irraggiungibile.

«Non è reale» ripeto con insistenza.

«Edgar... sto sanguinando, fratellone?»

«Basta, basta, basta. Non ce la faccio, basta».

Supplico i demoni di smetterla di giocare a scacchi con i miei ricordi. Hanno già vinto: ripetono lo scacco matto ogni maledetta notte. Li imploro di risparmiarmi almeno durante il giorno. Ma è inutile supplicare i demoni, loro non fanno favori.

«Eveline... Eveline, sei tu?» mormoro con gli occhi sbarrati.

Il grido di Eveline non si placa. Sento il petto squarciarsi al suono del suo pianto, come se avessi addosso un sortilegio. Il proiettile che ho cucito nel petto preme in profondità, con violenza. Gemo dal dolore, sentendo quanto è vicino al cuore.

«Fratellone... fratellone, aiutami» sussurra la voce di Eveline.

Slaccio la cintura di scatto, scendo dall'auto con una mano sul petto e il viso stravolto dalla paura. Il fiato corto mi impedisce di stare in piedi, sono piegato in due. Grazie al badge che ho al collo, sorpasso la linea gialla e nessuno dei poliziotti mi ferma. Seguo la voce di Eveline, ipnotizzato.

«Sto... sto morendo, vero?» Eveline piange.

Il respiro diventa sempre più affannoso, il dolore al petto e la sensazione di panico prendono il sopravvento in ogni centimetro della mia mente. Sento di non avere alcun controllo, potrei sprofondare da un momento all'altro.

«No, no, non di nuovo» mormoro ormai in preda al panico.

Un grido di dolore si espande intorno a me, sono le urla di una vittima. Provengono da un vicolo in fondo alla strada. Il pianto di Eveline si mescola alla realtà: la mia mente mi fa credere che lei stia agonizzando da qualche parte con un proiettile incastrato nel torace. Corro verso il vicolo, intercetto la figura di un uomo che cerca di scavalcare il muretto. Tiro fuori la pistola dalla tasca dei jeans.

La punto contro di lui.

Alza le mani. «Ehi... amico, stiamo calmi, okay? Cosa fai? Metti giù quell'arma».

Tenta di avanzare delle scuse patetiche. Sparo senza esitazione, puntando alla gamba destra ma la manco di poco. Si immobilizza e si inginocchia a terra con le mani tremanti. Carico la pistola e mi preparo a sparare di nuovo, questa volta non lo devo mancare.

«Uccidete senza pietà, solo per spargere terrore. Invocate il nome di un Dio che neanche conoscete e sperate per comprarvi un paradiso. Quello che avrete è solo un inferno glaciale, fatto di urla e di sangue. Tutti gli innocenti che avete ucciso, tutte le persone a cui avete strappato la vita... vi perseguiteranno all'infinito».

L'uomo trema come una foglia, mentre il suo volto assume un colorito sempre più pallido. 'Non ha via di scampo'. Mi avvicino, mi chino su di lui e rivedo nel suo volto lo stesso assassino che ha colpito Eveline.

«Fratellone, fa male... fa tanto male».

Più lo guardo, più sento la rabbia ardere con violenza. Gli tiro i capelli con forza, le urla che emette non bastano a cancellare quelle di Eveline. Non bastano a coprirle. *A zittirle.*

«Aiutami... Eddie, aiutami».

Scocco un pugno feroce che gli deforma il viso. Il sangue mi copre le mani, non provo dolore... percepisco solo la vendetta.

«Eddie, non voglio morire. Sto morendo?»

Con un grido pieno d'odio, gli stringo il collo con forza. Annaspa, le labbra gli diventano blu e con le mani tenta inutilmente di bloccarmi. Gli occhi vagano all'indietro, sento il suo corpo smettere di agitarsi. Mollo la presa di scatto. 'Non può morire così facilmente'.

Tossisce ripetutamente e si trascina lontano da quello che – ai suoi occhi – è un pazzo fuori controllo. Un pazzo che tenta di ucciderlo.

«Chen? Sei tu che hai... wow, che colpo di scena». La voce di Sia si aggiunge alle grida di dolore del terrorista steso a terra. Mi rivolge un sorriso soddisfatto, come se la stessi rendendo orgogliosa.

Si appoggia al muretto e osserva compiaciuta la scena di violenza. Subito dopo accorrono anche gli altri. Olivia si porta una mano alla bocca e controlla che nessuno degli agenti ci abbia visti. Derek comincia ad avanzare lentamente verso di me.

«Non avvicinarti, Derek» lo ammonisco, alzandomi in piedi.

«Cerca di ragionare... quell'uomo non ti ha fatto nulla, non è il colpevole».

Rido. «Non è il colpevole? Stava scappando via e io l'ho visto. Non sai quanto ho desiderato questo momento. Ogni notte faccio lo stesso incubo e ogni notte finisce sempre con uno di loro che spara a mia sorella. E sai qual è la cosa più straziante? È che ogni fottuta volta... lasciano vivo me».

Stringo con sicurezza la pistola, la punto contro il corpo dell'attentatore. È disteso a terra, non si muove più.

«Io vi chiedo di uccidermi, di togliere la vita a me e non a lei... e voi cosa fate? La ammazzate senza il minimo ritegno.

Ma la cosa che fa ancora più schifo... è che dopo averla uccisa, non vi degnate di togliermi la vita. Non completate il vostro lavoro. Mi lasciate lì: con le mani macchiate di sangue e con un dolore nel petto che non si placherà mai».

Con la coda dell'occhio vedo che Derek sta allungando una mano. Con uno scatto veloce, sparo contro la videocamera. Si paralizzano tutti quanti. La stessa mano che qualche anno fa era riuscita a bloccarmi ora è sospesa in aria in un gesto di rassegnazione. Derek fa un passo indietro.

«Ho imparato a usare una pistola. Non sei stato tu a dirmi di farlo? Ho una mira perfetta, ora».

La videocamera è completamente andata.

«Sono fiera di te, Chen. Fagli vedere che 'un drago non si può domare...'» Sia pronuncia queste parole con uno strano sorriso.

Non comprendo ciò che dice, ma vedo che è l'unica – a differenza degli altri – a capire la rabbia che sento. Carico la pistola e la punto alla testa dell'assassino che mi guarda spaventato.

«Io... stavo passando di qui e mi sono ritrovato in mezzo alla sparatoria, è per quello che sono corso via. Non ho sparato addosso a nessuno... non so neanche di cosa stai parlando».

«Non sai di cosa sto parlando?» Avvicino la pistola al suo volto.

Supplica con lo sguardo l'intervento di qualcuno dei ragazzi. La barba mal curata, gli occhi rossi e i denti rovinati. Uno strafatto che distrugge tutto ciò che ha intorno con leggerezza, senza pensare.

«Sto parlando della paura che si prova quando si è in fin di vita, quella che senti adesso. Mi riferisco al sangue che cola dal tuo viso, che macchia i vestiti e che invade le tue narici. Senti quest'odore? Io ogni notte sogno la stessa scena e mi sveglio con le mani macchiate da un sangue che nessuno vede. Nonostante mi faccia un centinaio di docce, vedo il rosso incrostato tra le unghie. Lo sporco di una vita che mi è scivolata fra le mani».

I ragazzi chiamano spaventati il mio nome, c'è qualcosa che si muove in sottofondo. Ma l'odio che nutro mi impedisce di distogliere l'attenzione dagli occhi dell'assassino.

«Edgar, spostati! Spostati, subito!» urla Derek.

Ignoro ogni stimolo esterno e punto la pistola contro la tempia dell'uomo prosciugato a terra. Mi guarda, supplicando pietà e compassione.

«Le suppliche non servono, vi ho scongiurati anch'io... vi ho pregati di non colpirla. Eppure, l'avete fatto. Avete macchiato di sangue una bambina di cinque anni che non aveva commesso alcun peccato. Le avete riversato addosso l'odio delle vostre insulse guerre. Le avete rubato la voce e strappato l'anima. Avete riso delle mie preghiere».

Perfino Sia ora mi sta chiamando: non riesco a sentire quel che dice, è tutto così distante. È come sprofondare in un pozzo senza fine: continuo a cadere, senza mai toccare il fondo. Mentono quando dicono che, toccando il fondo, si può solo risalire. Non esiste fondo per il dolore. Non esiste fine all'oscurità.

Le voci dei ragazzi sembrano flebili sussurri che provengono dall'esterno di un pozzo, echi dispersi che non riesco a decifrare. Alle spalle c'è una strana luce che mi acceca. Mi volto, un'auto nera con i fari accesi sta avanzando contro di me. Non è intenzionata a fermarsi, sembra volermi travolgere. Ogni percezione esterna si attutisce fino a scomparire. Sorrido. Non sento né l'istinto né la voglia di lottare, di spostarmi o di ribellarmi. Chiudo gli occhi. Lascio che questo momento di silenzio ricucia la ferita che ho seppellito con paura e con vergogna.

'Se sto fermo, finirà tutto presto. Se sto fermo, rimedierò a ogni cosa'.

Questo silenzio è piacevole, riesco a essere immune ai ricordi, immune a me stesso. Perfino i demoni che brindavano allegri sulle cicatrici del mio cuore si fermano e si ammutoliscono. Si cancellano i segni dell'errore del fato. In silenzio e senza farsi notare.

'Sono pronto'.

Il quadro senza autore, il fiore senza spazio, il gemello di troppo e l'animale in estinzione. Il primo non avrà un nome, sarà considerato l'ennesimo esemplare di un lavoro lasciato a metà. Il secondo verrà strappato da un giardino in cui non c'è posto per lui. Il terzo, il gemello di troppo, sarà il peso di una madre, il fardello che deciderà di uccidere per salvare il figlio in salute. L'animale in estinzione, invece, verrà cacciato da qualsiasi essere vivente, troppo antico e strano per appartenere a qualche gruppo.

«Sono pronto...» sussurro.

Per la prima volta persino il dolore concorda con me.

«Spostati! Eddie, spostati!!» L'urlo della voce di Eveline mi arriva dritto al cuore.

Eveline?

«Eddie! Cosa stai facendo? Spostati, veloce!» grida in un pianto di ribellione contro la mia resa.

Si rifiuta di accettare la mia sconfitta. Sento le lacrime scorrere sul viso e un urlo di rivolta risvegliarmi di getto. Gli stimoli esterni ritornano in un lampo: mi ritrovo steso per terra con il profumo di Eveline addosso. Sbatto le palpebre velocemente.

«Sei pazzo! Cosa volevi fare? Sei pazzo, rispondi!»

Olivia?

Mi metto a sedere, cercando di analizzare e di percepire ciò che mi circonda. Solo ora noto l'auto che stava per travolgermi sfrecciare lontana inseguita dalla polizia. 'Erano gli attentatori?' Allora l'uomo di prima...

Sposto lo sguardo e lo vedo fuggire lontano, corre a più non posso.

Le mani di Olivia stringono con forza il colletto della mia camicia. Mi fissa con occhi lucidi e un'espressione furiosa. 'Perché piange?'

«Sei rimasto fermo! Ci hai sentiti e sei rimasto fermo. Volevi morire??»

«Eveline non me l'ha permesso» mormoro a bassa voce, con lo sguardo rivolto verso la pistola che ho in mano. «Io sarei morto con piacere».

Olivia stringe con più forza il colletto e una lacrima le percorre la guancia.

«Andiamo via. Olivia, lascialo andare... forza». Derek prende per il braccio Olivia e la costringe a lasciare la presa. Lo sguardo di Derek per una volta è colmo di empatia, come se avesse già provato questa via. E ne ho conferma quando, guardandomi, mormora: «Non funziona, purtroppo. Non è quella la soluzione».

Dopo queste parole, accompagna Olivia in auto. La tiene per le spalle. Lei è visibilmente scossa, più degli altri, e non capisco il perché.

«Non so chi sia Eveline... ma non è stata lei a salvarti. È stata la *sirena* con la sua voce magnetica».

Il commento di Sia è incomprensibile. Non riesco a decifrare le sue parole, come sempre. Sorride quando mi vede confuso. Mi alzo in piedi.

«Ho visto la maledizione che nascondi. Sei un *drago legato*, non riuscirai a liberarti da quelle catene facilmente. Eppure, oggi ti sei salvato grazie a una *sirena*. Chi l'avrebbe mai detto che la piccola Olivia fosse una sirenetta? Ha usato il suo grido e il suo corpo per spostarti da lì... mai vista così tanta rabbia in lei».

Continua a parlare in modo ambiguo, mentre io sono ancora fermo alle sue prime parole. 'Olivia ha usato il suo corpo e la sua voce per spostarmi?' È stata lei, non Eveline?

«Non è possibile... ho sentito il pianto di Eveline» replico, mentre osservo la pistola che ho in mano.

«Hai sentito il pianto di Olivia. Ti ha salvato la sirenetta».

'Le lacrime che mi bagnavano il volto erano di Olivia? Il grido di rabbia era di Olivia?'

Torniamo verso l'auto. La ribellione di Eveline è stata percepita da quegli occhi color miele, dall'esile figura che siede accanto a me sul sedile con sguardo perso verso il finestrino. Le guance arrossate e le spalle ancora tremanti. Non mi spiego tante cose: il perché abbia rischiato la vita per salvarmi, il perché Eveline l'abbia scelta e il motivo della paura che ho intravisto nei suoi occhi quando mi ha trascinato via. Guardava me, ma allo stesso tempo era da tutt'altra parte.

Non appena arriviamo al parcheggio dell'azienda, scende dall'auto quasi con ribrezzo e corre verso i bagni con una mano sulle labbra. La strega-demone mi fissa.

«Cosa aspetti a seguirla?»

«Perché dovrei?»

«Perché penso proprio che sia così sconvolta a causa tua».

Forse ha ragione. Forse è in quello stato per via di ciò che ha visto... eppure, non la capisco. Perché si è messa in mezzo? 'Perché Eveline l'avrebbe scelta?'

Mentre queste domande mi torturano, mi ritrovo a camminare verso i bagni femminili. Sto per entrare, ma poi sento uno strano suono e mi fermo davanti alla porta.

Un ruggito di vita persa, un rantolo di speranza agonizzante. Un corpo che rifiuta se stesso. È questo quello che sento: Olivia che vomita e che geme dal dolore. Poi il rumore dello sciacquone e quello del rubinetto.

Sbircio dalla porta socchiusa: sta cancellando le lacrime dal volto e ogni minimo segno di ciò che – fino a pochi istanti fa – la obbligava a rifiutare la sua stessa essenza.

Assume la solita aria professionale, si tocca le guance per qualche istante prima di voltarsi. Quando esce, rimango nascosto e la seguo a distanza di qualche passo. La osservo con un'attenzione e con una curiosità che non avevo mai avuto prima nei suoi confronti.

'Voglio capire il perché Eveline l'ha scelta'.

Ha una camminata tranquilla, apparentemente priva di qualsiasi difficoltà. Mentre esce dall'azienda, le cade la sciarpa rossa. Non se ne rende conto, continua a camminare indifferente. Prendo tra le mani la soffice stoffa con cui si copre il collo. Faccio qualche passo in avanti nel tentativo di consegnarle l'oggetto perduto.

Non faccio in tempo: fra noi si interpone una massa di impiegati diretti all'interno. Ricomincio a seguirla, adesso è più distante. Olivia cammina per le strade della città, si perde a osservare piccoli dettagli. Lo fa in continuazione: al semaforo alza gli occhi e osserva gli uccelli sui rami di un albero, si ferma davanti alla vetrina di un negozio di antiquariato per ammirare gli oggetti esposti.

Stringo tra le mani la sciarpa: 'potrei riconsegnargliela ora che è ferma e che non c'è nessuno'. Ma quando la vedo incamminarsi verso una zona abbandonata mi prende un sospetto. Non capisco dove si stia dirigendo, finché non leggo il cartello.

Il cimitero della città.

Una coppia di anziani la saluta con gioia. Rimango fermo in disparte per non farmi notare. Chiacchierano per qualche minuto, poi si accommiata per dirigersi verso il fioraio accanto all'ingresso.

«I soliti?»

Annuisce. «I soliti».

Da quando è uscita dal bagno dell'azienda, sorride e maschera l'oscurità di ciò che ho intravisto e sentito. Il fioraio le porge con un sorriso un mazzo di tulipani blu. Olivia lo ringrazia e con la sicurezza dell'abitudine si incammina verso l'interno, fino a una piccola tomba ricoperta di tulipani blu.

«Oggi ho ricordato il suono... era da tanto che non lo sentivo».

Mormora questa frase, apparentemente insensata. Cerco di trovare un filo logico, per questo mi avvicino di qualche passo, nascondendomi dietro un albero. Con estrema fatica riesco a leggere l'iscrizione sulla lapide.

JACK, DECEDUTO IN UN INCIDENTE STRADALE,
AMICO, FIDANZATO E FIGLIO AMATO.

Olivia è seduta e accarezza dolcemente la lapide.

«Oggi ho ricordato il suono di un'auto che si schianta...» ripete.

Ancora una volta, riesco a percepire il dolore che maschera, riesco a respirarlo nell'aria. Non mi è estraneo. Inizio a comprendere... *forse*. L'immagine si fa più nitida.

«Ho ricordato il suono della fine del tuo respiro. E non smetto di pensare al fatto che quel giorno» sospira con voce incrinata dal senso di colpa «*sarei dovuta morire anch'io*».

Capitolo 10

Nelle fiabe non si dice che il lieto fine è destinato solo a pochi. Non viene mostrato lo stato d'animo di chi paga il prezzo di quel finale, si festeggia la vittoria dei protagonisti e si copre con egoismo l'amara tristezza di chi non ha nulla di cui gioire.

L'amore trionfa, la coppia si sposa 'e vissero per sempre felici e contenti'.

C'è chi viene escluso da questo finale, c'è chi continua ad avere il dolore che scorre nelle vene.

Ma come spiegare a un popolo succube dell'*happy ending* che l'amore per i vincitori non è la soluzione, non è serenità, *non è lieto fine*?

Happy ending

Edgar

«Edgar, Edgar… svegliati».

Sbarro gli occhi, con il fiato mozzo. Sono in un bagno di sudore, ho le braccia tese e contratte. Sbatto le palpebre e cerco di riemergere dal buio in cui stavo cadendo. Inspiro profondamente, scosso da mille tremori. Le dita intrecciate al lenzuolo e la mente frastornata da urla disumane.

Mamma mi fissa preoccupata, seduta sul bordo del letto. «Non possiamo andare avanti così. Guarda come sei ridotto...» Allunga la mano nel tentativo di accarezzarmi i capelli. Mi scosto ancor prima che riesca a sfiorarmi.

Non sopporto quello sguardo pieno di compassione e lei non sopporta il modo in cui mi disintegro con facilità.

Mi alzo in piedi. «Sto bene».

Mi dirigo verso il bagno con il suo sguardo addosso. Evito quegli occhi pieni di rimprovero, conscio del fatto che non potrà mai comprendere questa condanna. Non ho intenzione di spiegargliela, sporcandola con quello che la mia mente mi proietta davanti agli occhi. Lei che ha i corretti meccanismi di difesa, lei che supera le disgrazie e le trasforma in luci di speranza per il futuro.

«Ti aspettiamo di sotto».

Faccio scorrere l'acqua della doccia senza darle una risposta. Sotto il getto d'acqua calda osservo il colore del sangue scivolarmi dalle mani. 'Ogni mattina è la stessa storia'. Ormai non mi impressiono più. Ricordo come i primi giorni urlassi dalla paura: vedevo del sangue che nessuno vedeva ed ero l'unico che sentiva le mani colme di un denso liquido rossastro. Passavo intere mattinate a strofinarmi la pelle fino a farmi male, tentavo di rimuovere la prova di un crimine.

Osservo il mio riflesso allo specchio: non è cambiato niente. Non si evade dall'ergastolo di un animo consumato. Non c'è fuga possibile dalla propria mente.

Il respiro è tornato normale, le mani non mi tremano più e il sangue ha smesso di colarmi dalle dita. Ora posso scendere di sotto.

«Ti ho lasciato la colazione sul piatto. Ho fatto i pancake».

Ciò che vedo non mi stupisce affatto: Bill, la sanguisuga, seduto a capotavola mentre sorseggia del caffè. Ignoro le buone maniere e mi siedo in silenzio. Mamma si volta verso il frigo e Bill si schiarisce la voce, imbarazzato.

«Tua madre mi ha detto che stai andando bene alla Big World News».

Addento una brioche, mi riempio la bocca per non dovergli rispondere.

«Oh sì, sta andando proprio bene. Speriamo lo prendano, dopo la valutazione finale». Mamma mi versa del succo di arancia nel bicchiere.

«Di sicuro! È un osso duro Edgar, può andare solo bene».

Mi fa ridere il modo insulso in cui tenta di comprare la mia approvazione. Se solo tenesse la bocca chiusa, sarei molto più felice. 'Lui e i suoi miliardi di dollari'. È abituato ad avere un'infinità di impiegati ai suoi ordini. Non comprendo proprio cosa ci veda la mamma in lui, se non l'esagerata autostima e la spavalderia con la quale ostenta la propria ricchezza.

«Senti, Edgar, stasera stavamo pensando di andare tutti insieme a cena fuori».

Continuo a mangiare, con lo sguardo fisso sul piatto. I loro tentativi puntano sempre all'*happy ending.*

«Tua madre e io pensavamo di festeggiare la laurea di tuo fratello... Michael ne sarebbe molto felice».

Michael. Ecco qual è il punto.

«Non capisco» mormoro.

Mamma si siede accanto a me. «Cosa c'è da capire? Ti passiamo a prendere noi davanti all'azienda, vero Bill?»

«Certamente. Sarebbe bello festeggiare tutti insieme, ci saranno gli amici di Michael che non vedono l'ora di conoscerti».

Il teatrino che mettono su fa ridere. Trattengo a stento una risata nervosa. Mamma si acciglia.

«Scusate, io non vorrei ridere... ma tutto ciò è folle. Non posso partecipare a un lieto fine, stono completamente. Volete fare la famiglia felice, fatela. Non ve lo vieta nessuno. Perché mi tenete in conto?»

«Che domande sono, Edgar! Sei mio figlio...»

«*Ero*» la correggo.

Una scintilla di delusione le invade gli occhi. Mi alzo in piedi, sazio della solita mattinata piena di ipocrisia.

«Vi ho già chiesto di lasciarmi in pace. Non voglio far parte di questa cosa, di questa *famiglia.* Mamma, tu sei liberissima di crearti una seconda casa. Anzi, vai a vivere con lui se ci tieni. Ma non ti aspettare che io faccia lo stesso, non sopporterei un'esistenza fatta di menzogne. E non sono il figlio che speri, Michael ti darà sicuramente più soddisfazioni. E ora, con permesso, devo proprio andare».

Le parole di conforto di Bill non tardano ad arrivare. Cerca di sostenere la donna disperata che non comprende quale errore abbia commesso per meritarsi un tale disprezzo. 'Come può sperare che accetti?'

Il suono del telefono interrompe i miei pensieri. Esco dalla cucina, prendo la giacca e apro la porta. Rispondo, portando il telefono all'orecchio.

«Chen, sei in ritardo. Per caso sei morto? Frederick ci ha già dato il nuovo compito e siamo sulla strada per andare a risolverlo, visto che nell'ultimo abbiamo presentato il nulla più totale. Sai com'è, un pazzo ieri ha sparato alla videocamera con tutti i contenuti».

Lancio uno sguardo all'orologio. L'incubo e il teatrino di stamattina hanno prosciugato il tempo e non mi sono accorto dell'orario. Mi affaccio sul ciglio della strada, dovrò prendere un taxi.

«Dove state andando? Vi raggiungo».

Non faccio in tempo a terminare la frase che la macchina ingombrante di Sia accosta, frenando di colpo davanti a me. Apro la portiera del passeggero e salgo.

«Buongiorno, fiorellino. Allaccia la cintura, sono parecchio carica questa mattina».

Ubbidisco. «Come hai...»

«Scoperto dove abiti? Tesoro, per chi mi hai presa?» Passa con il rosso, scatenando una sfilza di insulti da parte di tutti quelli che sorpassa con nonchalance.

Non canticchia nessuna canzone, serra le labbra in un'espressione rigida e picchietta il volante con le dita. È folle, non ha regole. Perfino ieri è stata l'unica a incoraggiarmi ad andare avanti. Come se vedesse e sentisse ciò che mi divora, come se anche lei potesse comprendere.

«Non sono una stalker. Conosco l'indirizzo di tutti voi, ho

fatto una fotografia ai documenti d'iscrizione della segreteria. Smettila di guardarmi così».

Mi acciglio. «Ma non è illegale?»

«Non vedo dove sia il problema. Mi vuoi denunciare?» replica con un sorriso.

Scuoto la testa. «Tu sei pazza».

La follia di Sia è capace di distrarmi da ogni pensiero. Osserva gli altri, scavando e rivoltando qualsiasi dettaglio compromettente. Preferisce dipingere visioni distorte, piuttosto che quadri già visti.

«Ti aggiorno: Frederick si è incazzato perché siamo scesi in classifica e perché abbiamo rovinato la videocamera della compagnia. Perciò dobbiamo rimboccarci le maniche e impegnarci il doppio. Apri il bauletto, ci sono i fogli con il compito di oggi».

Faccio come dice. Prendo i fogli e leggo con attenzione, senza tralasciare il minimo dettaglio. Dobbiamo registrare una corsa automobilistica e mandare il materiale entro stasera. Ecco il perché di questo traffico. È un grande evento per la città.

Arriviamo nel punto di ritrovo e Sia riesce a trovare parcheggio soltanto soffiandolo a un altro guidatore.

«Maleducata! Era occupato!» urla l'uomo non appena scendiamo dall'auto.

«Ops, mi perdoni. Vuole che mi sposti?» Sia assume un'espressione mortificata.

«Be', direi. C'ero prima io» balbetta lui, già meno sicuro di sé davanti alla sua bellezza e al suo strano comportamento.

Sia incurva le labbra in un sadico sorriso prima di rivolgergli parole cariche d'odio.

«Ma che spreco... un uomo della tua età che grida a una ragazza per un misero parcheggio. Non sai che pene ti aspettano, *usurpatore dei deboli*».

Come sempre, chiunque subisca le strane parole di Sia, o come le chiama lei, 'le maledizioni', cade in uno stato di sbalordimento. È come se veramente riuscisse a leggere nell'anima delle persone. Si volta e mi fa segno di seguirla verso l'ingresso.

«Leggi le carte? Come fai a dire queste cose, da dove le prendi?»

Mi fulmina con lo sguardo mentre saliamo le scale verso il punto d'incontro.

«Non mi paragonare a uno di quei perdenti, ti prego. Sono maledizioni, Chen. Nulla a che fare con le carte» risponde, visibilmente risentita dalle mie parole.

Poi nei suoi occhi si accende una scintilla da predatore. Capisco subito qual è la causa scatenante: Derek. Siede tra gli spalti e guarda verso la pista con aria annoiata. I capelli bianchi, il viso pallido e gli occhi azzurri attirano lo sguardo di qualsiasi ragazza. Una di quelle sedute all'estremità della fila prende coraggio e si avvicina a lui, peccato che una psicopatica di mia conoscenza le rovini completamente i piani.

«Scusa, è occupato?» chiede timidamente, indicando il sedile vuoto accanto a Derek.

Derek posa gli occhi su di lei per qualche secondo, facendola arrossire e costringendola a distogliere lo sguardo.

«Ecco per-perché da qui si vede meglio... ho visto che sei d-da solo e quindi...» balbetta imbarazzata dal silenzio di Derek.

Più la guarda, più lei sembra sprofondare in uno stato di trance.

«Sai dove mi hanno detto che c'è una vista pazzesca, tesoro? In prima fila, lì davanti! Non è stupendo?»

Sia non poteva che fare il suo ingresso come un elefante in una cristalleria. Sorride quando nota la povera ragazza ancora più in crisi di prima. Nel frattempo mi siedo e sistemo l'attrezzatura per registrare la corsa.

«Ecco, s-sì... scusate, non sapevo foste insieme».

«Sei perdonata. La strada è questa, buona visione». Sia le sorride sorniona.

Con imbarazzo e vergogna, la ragazza scende fino alla prima fila e si siede accanto a un gruppo di tifosi. Soddisfatta del suo operato, Sia si mette accanto a Derek.

«Sono guariti i lividi, principe di ghiaccio?»

«Non è affar tuo».

«Oh, così mi offendi. Dopo *quella notte* ancora ti vergogni?» Alza la voce di proposito.

Quella notte? Derek serra la mascella e la fulmina con lo sguardo. Sembrano coinvolti in qualcosa, qualche segreto con cui lei lo punzecchia in continuazione. In effetti dopo la serata dai Sanchez sono spariti entrambi in modo sospetto.

«Allora? Quando la ripetiamo *una notte come quella*?»

«Hai intenzione di andare avanti così tutti i giorni?»

«Non lo so... forse sì o forse no. Dipende da tante cose» ammicca maliziosamente, giocherellando con una ciocca di capelli.

Derek sospira, stanco di avere attorno una mina esplosiva che sembra non volerlo lasciare in pace. Ancora non ho capito perché è così fissata con Derek, potrebbe facilmente avere qualunque ragazzo. Si fissa con ciò che non può avere, dice che vuole 'scongelarlo e vedere cosa nasconde dietro alla corazza del principe di ghiaccio'.

Derek punta lo sguardo sulla pista, ignorando il modo in cui Sia lo divora con gli occhi. In quell'istante ci raggiunge Olivia. 'La ragazza che Eveline ha scelto'.

«Scusate il ritardo, sono dovuta passare a casa». Si siede accanto a Sia.

«Tranquilla, Chen è quello più in ritardo di tutti. Non si è svegliato per non sorbirsi la sgridata di Frederick, l'ho preso e portato qui come un sacco di patate. Vero, Chen?»

Olivia abbozza un sorriso di circostanza, prima di distogliere lo sguardo. Ha un leggero filo di trucco ed è avvolta da un cappotto color crema che stringe a sé come fosse la sua corazza.

'Quel giorno *sarei dovuta morire anch'io*'.

Sento il rimbombo delle sue parole invadermi la mente. Più la guardo e più noto i piccoli dettagli a cui prima non facevo caso: il modo in cui smette di sorridere quando nessuno la guarda, il modo in cui stringe le mani a pugno fino a farsi male e la bravura con la quale maschera qualsiasi disordine interiore. Ricordo la prima volta che la vidi, cinque anni fa: era un cumulo di chiodi appuntiti e sparpagliati. Ora non è guarita, non lo è mai stata. Sta fingendo, come tutti noi. E dire che dall'esterno ha ingannato chiunque.

Anzi no, *forse non chiunque*.

«Dicono che oggi siano tutti pronti a rischiare la vita. Chen, preparato a riprendere qualche schianto?» Il divertimento di Sia è l'opposto dell'umore di Olivia.

Annuisco. «Pronto. Chi intervisterà il vincitore?»

«Olivia» afferma Sia senza esitazione.

Olivia strabuzza gli occhi. «Io... n-non penso di essere adatta. Fallo pure tu».

«Sirenetta, non stiamo giocando. È una competizione, devi farti notare».

Olivia ammutolisce di fronte all'insistenza di Sia. Non si oppone, nasconde il lieve tremore delle mani infilandole nelle tasche.

«Se non te la senti, lo faccio io. Non sei obbligata, Olivia». La voce di Derek spezza il silenzio.

«Oh, andiamo. È solo un'intervista. Non le possiamo parare il culo per sempre. Vero, sirenetta?»

Derek ribatte in tono tagliente: «Sia, smettila».

«Di fare cosa? Di dire la verità? Mi dispiace, ma non posso. Se un giorno Frederick la manda a fare un'intervista da sola, pensi che le riserveranno un trattamento di favore? No, non lo faranno. Per questo le conviene mettere da parte ogni cosa, *ogni voce*».

È come se Sia sapesse qualcosa che nessuno di noi ha notato. Olivia non ribatte, rimane con lo sguardo incastrato a terra, mentre chissà quali pensieri le invadono la mente.

«Se non se la sente, non lo fa. Non siamo un gruppo che forza il prossimo o mette gli altri a disagio. Olivia, se non vuoi farlo, nessuno ti obbliga. Stai tranquilla». Derek sposta lo sguardo su di lei.

Quando si tratta di Olivia, anche il principe di ghiaccio ha un'attenzione diversa. La guarda con più delicatezza, come se, a stringerla un po' di più, si potesse spezzare. L'unica a non avere questi riguardi è Sia: più Olivia rischia di farsi male, più lei la sprona a rompersi.

«Lo farò. Ha ragione Sia». Olivia sorride con la solita professionalità grazie alla quale inganna l'occhio di chi la guarda.

Il rombo dei motori attira la nostra attenzione. Distolgo lo sguardo da Olivia, cercando l'inquadratura adatta per la ripresa. Le auto da corsa cominciano a sfrecciare a una velocità sempre maggiore.

«Chen, zoom sulla venti e sulla dodici. Sento che stanno per fornirci il materiale più succulento della giornata». Sia si lecca il labbro inferiore, eccitata.

Le auto si scontrano e si urtano con violenza. Le urla dei tifosi invadono l'aria. I piloti che Sia ha nominato stanno gareggiando all'ultimo sangue. Sfrecciano davanti a noi, scatenando cori di tifosi appassionati e in preda all'emozione.

Sia si alza in piedi per vedere meglio il testa a testa finale. Olivia, invece, è impallidita e ha cominciato a tremare.

'Oggi ho ricordato il suono di un'auto che si schianta'.

L'immagine della tomba piena di tulipani mi ritorna in mente. Il modo in cui cercava un contatto con la terra, con il silenzio di un morto, contraddice la sanità mentale che vuole far trasparire. Eppure, non urla e non chiede aiuto, rimane bloccata su quella sedia con sguardo fisso sullo scontro furioso tra le auto. Respira affannosamente.

Quando Derek le lancia un'occhiata, Olivia maschera le sue emozioni con un'espressione falsamente serena. Non appena si accerta che non la sta più guardando, torna ad avere l'aria di chi soffoca senza emettere rumore.

Una delle due auto si ribalta a terra, girando su se stessa fino a fermarsi in una nuvola di fumo. L'attenzione di tutti è rivolta alla scena: i soccorritori si fiondano immediatamente sulla pista. Tra boati e urla di incoraggiamento, c'è chi esulta per la vittoria del proprio favorito e chi invece si dispera per la perdita della macchina su cui aveva scommesso.

«Chen, punta sulla famiglia del pilota dell'auto che si è schiantata. Stanno entrando in pista adesso, li vedi? Riprendi le loro lacrime, veloce». Con la solita delicatezza che la caratterizza, Sia mi indica la direzione con la mano.

«Smettila di fare così. Non è rispettoso».

«Smetti di fare cosa, *principe di ghiaccio*? Di lavorare?»

Quando distolgo lo sguardo dall'ennesima lite tra Sia e Derek, mi accorgo che Olivia sta correndo verso i bagni con una mano sulla bocca. *Di nuovo.* Ha lasciato la borsa sulla sedia, è un vizio quello di abbandonare gli oggetti in giro? Ho ancora la sciarpa rossa appesa in camera mia.

Premo sul pulsante per terminare la registrazione. Sia e Derek sono troppo occupati in una guerra di supremazia per accorgersi di tutto il resto. Raggiungo Olivia per portarle la borsa. La intercetto mentre esce dai bagni con l'espressione stanca e consumata, cammina a stento verso il parcheggio. Non capisco dove sia diretta, finché non la vedo sedere su una panchina lontana dagli occhi dei presenti. Prende dei profondi respiri, a occhi chiusi: è come se stesse cercando di rimanere aggrappata alla realtà. 'La conosco quella sensazione'.

Nasconde il volto dietro alla folta chioma castana che le ricade sulla fronte. Le sue nocche sbiancano per la forza con cui stringe il bordo della panchina.

'E non smetto di pensare al fatto che quel giorno *sarei dovuta morire anch'io*'.

È questo quello che Eveline ha visto. Un'autodistruzione tenace quanto la mia, con effetti diversi ma con le stesse apparenze ingannevoli.

'Mi chiedo quanto sanguini dietro ai sorrisi'.

«Hai dimenticato la borsa di sopra».

Il suono della mia voce basta a farle assumere in un nanosecondo quell'illusoria serenità che non le appartiene. Mi siedo all'estremità della panchina e appoggio la borsa in mezzo a noi.

«Grazie, arrivo subito. Ho avuto un forte capogiro, sto cercando di riprendermi».

Annuisco in silenzio. Dev'essere abituata a usare scuse del genere con chi la circonda, a spremersi in solitudine e a ingannare chi la guarda.

«Sali pure, vi raggiungo tra un attimo». Nasconde le mani all'interno del cappotto. Teme che io possa notare il loro tremore.

«Salgo con te».

Inarca un sopracciglio, stupita. Sento i suoi occhi addosso, tenta di comprendere il perché di quest'insistenza. Ci vuole giusto un attimo prima che si insospettisca.

«Mi hai vista?» Il tono è rigido, accusatorio.

«Sì, ti ho vista. Sei seduta accanto a me, come faccio a non vederti?»

Analizza con attenzione il mio sguardo. I lineamenti diventano tesi, serra le labbra con irritazione.

«Mi hai vista? Hai visto quello che ho fatto *in bagno*?» continua.

«Cosa avresti fatto *in bagno*? Ti sembro un maniaco che si interessa a queste cose?» Incrocio le gambe sotto il suo sguardo indagatore.

«Non prendermi in giro. Non voglio la tua compassione né quella di nessun altro».

«È questo che si dice a chi ti riporta la borsa? L'etichetta oggigiorno è proprio cambiata».

Sposta gli occhi sulla borsa che ho messo in mezzo a noi. Tace per qualche secondo, come se riflettesse sulle mie parole. Eppure, non mostra dispiacere... anzi.

«A-anche tu non mi hai ringraziata... *l'altro giorno*».

Avvicino il volto al suo. Olivia indietreggia, visibilmente confusa.

«È per questo che ora mi tratti così e mi accusi di spiare la gente in bagno? Perché non ti ho ringraziata? Ora torna tutto». Incurvo le labbra in un lieve sorriso.

Si sposta più lontano da me, verso l'estremità opposta della panchina. Io mi avvicino ancora.

«Non ringraziare per una borsa è diverso dal non ringraziare per averti salvato... *sei rimasto fermo come un idiota*».

Le ultime parole sono un lieve sussurro che si disperde nell'aria.

«Dici?» La osservo, inclinando la testa di lato.

Riesco a sentire l'agitazione che la invade quando si accorge di non potersi più spostare.

«Dico. E ora per favore... ti sposti?»

«No, mi piacciono le tue accuse».

«Sei pazzo?» ribatte, strappandomi un sorriso.

Distoglie lo sguardo, l'intensità dei miei occhi la mette in imbarazzo. Per un secondo riesco a vederle le mani: non tremano più, hanno un colorito normale e non stringono nessun oggetto con furia.

«Il pazzo ti aspetta di sopra. Sali, mi raccomando».

Mi alzo e mi incammino verso l'interno, certo del fatto che qualsiasi cosa fosse... un po' dev'essersi alleviata o almeno spezzata. *Solo un po'.*

Scorgo in lontananza la figura di Sia che intervista i vincitori, con Derek che la riprende al posto mio. Ha fatto una scenata perché Derek non aiutasse Olivia e ora è lei a prendere il suo posto senza battere ciglio. Chissà quanto devono aver litigato per riuscire a non scannarsi in pubblico. Sento la presenza di Olivia accanto a me. Quando mi volto, la trovo intenta a osservare con sguardo perso l'intervista che non è riuscita a fare. Sia, una volta terminato il lavoro, si avvicina a noi. Le accarezza il capo con una dolcezza che stupisce sia me che Derek.

«Sarà per la prossima volta, *piccola sirenetta*».

«Mi dispiace...»

«Allora offrimi da bere!»

Olivia accetta, imbarazzata dall'esuberanza di Sia che la trascina verso i parcheggi, in totale estasi all'idea di potersi scatenare. Ovviamente coglie l'occasione per incastrare il suo amato principe di ghiaccio.

«Venite anche voi. Stasera ci divertiamo un po'» sentenzia.

Derek la liquida in mezzo secondo. «Non ci sarò, non aspettatemi».

Il principe di ghiaccio sale in sella alla moto, sempre tallonato da Sia. Vanno avanti a battibeccare all'infinito, sembrano non stancarsi mai.

Olivia, nel frattempo, li guarda con un sorriso: è come se la loro follia riuscisse a distrarla temporaneamente da ciò che più la terrorizza. Quando si accorge del mio sguardo, cambia subito espressione.

«Cosa?» chiede sulla difensiva.

«Nulla, volevo solo fissarti... com'era? Ah, *come un maniaco.* Ti dà fastidio?»

La ragazza dagli occhi color miele è senza dubbio un personaggio tagliato fuori dal finale felice, un *happy ending* che getta mille ombre sui dolori di chi non ha luce.

Proprio come me.

Capitolo 11

I reali custodiscono i segreti di famiglia con orgoglio. Sono disposti a uccidere pur di non far trapelare le loro imperfezioni. Coprono gli scandali con sorrisi e bugie per apparire perfettamente puri di fronte al popolo. La servitù è l'unica testimone della follia di un reale, del disperato tentativo di mascherare qualsiasi macchia di sangue.

Si narra che nessun reale mostri i propri punti deboli, neanche al proprio amato. Mentono, nascondono e seppelliscono la loro vulnerabilità perché temono un possibile attacco.

Bugie reali

Edgar

Il bar che Sia ha scelto non ha l'aria di un posto alla mano. È un locale da privilegiati, arredato con alte sedie color argento e piccoli tavolini. La musica classica in sottofondo e le morbide luci gli conferiscono ancor di più un'aria raffinata. Scorgo la chioma scura di Olivia in un angolo in fondo. I capelli, leggermente mossi, le scivolano lungo la schiena, mentre tamburella con le dita sul bordo del bicchiere. Indossa un dolcevita bordeaux e jeans neri a vita alta. Mi avvicino.

La saluto mentre mi accomodo accanto a lei.

Fa un piccolo e impercettibile cenno con il capo, prima di abbassare lo sguardo a terra. Si tortura il labbro inferiore con i denti.

«S-senti... io vorrei mettere in chiaro una cosa».

Il cameriere appoggia un cocktail sul nostro tavolo. Gli chiedo di portarmi lo stesso e lui annuisce, poi si allontana in fretta. Olivia si ammutolisce fino a quando non torniamo a essere soli.

La guardo con insistenza. «Ti ascolto».

«Ecco... io non volevo essere scortese».

Il suono del mio telefono la interrompe. È mamma. Silenzio la chiamata. Insiste affinché io vada a quella stupida cena di famiglia per festeggiare i traguardi di Michael. Un incubo.

«Non rispondi?»

«Non è importante. Che stavi dicendo?»

Beve qualche sorso del suo drink prima di parlare. «Non volevo essere scortese oggi». Si scosta una ciocca di capelli portandola dietro l'orecchio. «È che non mi piace quando si supera *quella linea*».

Mentre parla non mi guarda, fissa il tavolo per tutto il tempo.

«Quale linea?»

Parla per frasi spezzate, come se avesse paura di dire troppo.

«Quella parte di te che non vuoi far vedere, ce l'hanno tutti. C'è chi la nasconde meglio di altri. Io odio quando qualcuno la vede».

Beve un altro sorso. Olivia sembra un puzzle scomposto, un puzzle i cui pezzi sono difficili da decifrare, da intercettare. Un enigma che perfino lei stessa non vuole risolvere.

«E avevo paura che tu l'avessi vista, perciò mi sono arrabbiata».

«Non l'ho oltrepassata, *la tua linea*».

Annuisce. Il suo volto si rasserena, ma si sta ancora torturando le dita per l'imbarazzo.

«Ti sembro una pazza?» domanda con le guance leggermente arrossate. «Queste cose le dice solo una pazza. Lo penserai di sicuro, non dovrei dirle ad alta voce. Dimentica ciò che ti ho detto, dimentica tutto...»

Beve il drink in un fremito d'ansia. Cerca con lo sguardo la figura di qualcuno, probabilmente Sia. Stranamente la strega è in ritardo.

«Non sei pazza, Olivia. Non vuoi che la gente oltrepassi il confine, non è strano... è normale. Anch'io ho un mio confine, una linea» la rassicuro, permettendole di prendere fiato.

Lo sguardo di Olivia si sposta su di me, finalmente. «Anche *tu*?» ripete con dolce sorpresa.

Annuisco in silenzio.

Per la prima volta, gli occhi color miele non temono i miei. L'incanto che traspare dalle sue iridi mi lascia perplesso: 'come può la dolcezza sposare il dolore?' È quello che vedo in Olivia: un campo di battaglia su ci si scontrano amore e odio, uno sterminio infinito che maschera con eleganza e naturalezza. Dev'essere stancante per lei. È per questo che non vuole che nessuno superi la linea, perché 'teme che scombussolerebbe gli equilibri di una lotta senza fine'.

«Cosa mi sono persa? Dov'è il principe di ghiaccio, Chen?»

La voce di Sia dissolve il momento di intimità che si era appena creato. Si siede in mezzo a noi e ci osserva incuriosita, pronta a stuzzicarci.

«Non sono il segretario di Derek» ribatto.

Sia sorride. «Oh, qualcuno è irritato. È perché vi ho interrotti?» Gioca con una ciocca di capelli.

«N-non ci hai interrotti, non stavamo facendo nulla» afferma Olivia. Intanto il cameriere porta il mio drink, e Sia fa la sua ordinazione.

Naturalmente non si accontenta delle spiegazioni di Olivia. Affila le frecciatine e le lancia senza pietà, l'unico modo per fermarla è distogliere la sua attenzione con qualcosa che la interessi particolarmente.

«Derek non verrà».

Sposta lo sguardo su di me. Indossa un top nero che le lascia scoperto l'ombelico e dei pantaloni di pelle che le fasciano i fianchi.

«Perché?»

«Non è evidente? Non vuole avere nulla a che fare con noi, con te in particolare. È nel *suo mondo*».

«Be', si dà il caso che *il suo mondo* mi affascini parecchio... perciò sono determinata a fare qualsiasi cosa». Si inumidisce le labbra.

Il cameriere appoggia il drink di Sia sul tavolo, e quando alza lo sguardo su di lei i suoi occhi si illuminano d'improvviso. Si allontana in fretta, sembra emozionato. Sia non se ne stupisce.

Un signore in giacca e cravatta, accompagnato da altri impiegati, avanza verso di noi. 'Ma cosa succede?'

«Li conosci?» sussurra Olivia.

«Sono *vecchi amici*».

L'uomo prende parola. «Sia, che emozione! Perché non ci hai avvisati, avremmo preparato qualcosina in più».

«Non volevo scombussolarvi troppo. Ve l'avevo detto che sarei tornata. Come procedono gli affari?»

«Vanno benissimo, abbiamo consegnato il rapporto a Tom la settimana scorsa. Non ti preoccupare, la *tua* catena va avanti».

'La tua catena?'

Sia sorseggia dalla cannuccia un po' del suo drink. La naturalezza con cui accoglie queste attenzioni mi lascia sbalordito. Si sa che non è una ragazza che si imbarazza di fronte agli altri, ma questi uomini hanno l'aria di volersi prostrare ai suoi piedi.

«Quale catena?» mormoro.

Sia anticipa i camerieri che stanno per rispondere. «Nessuna».

Il direttore riprende la parola.

«Vorresti deliziarci come l'ultima volta? Ormai è tradizione».

«Sì, ti prego. Da quel giorno, i clienti vengono qui nella speranza di sentirti di nuovo. Pensano che tu sia una nostra dipendente».

«Ti rovinerò la serata» lo ammonisce Sia.

Nonostante questo strano avvertimento, nessuno di loro cambia idea. Non so cosa debba fare Sia ma, a quanto pare, le ultime volte deve averli stregati.

Senza aggiungere altro, si dirige sul piccolo palco al centro del locale. Io e Olivia osserviamo incuriositi la scena: c'è chi, tra il pubblico, sembra riconoscerla immediatamente.

«Deve cantare?» azzarda Olivia.

«Non penso, quello non è un microfono... è un violino».

Sia lo impugna con delicatezza. Appoggia la testa di lato, tenendo l'asticella con la mano. Individua con lo sguardo le nostre figure e ci rifila un piccolo e sadico sorriso. È come se ci volesse avvisare, *godetevi lo spettacolo*. D'improvviso il suo volto assume un'aria seria, rigida e a tratti sofferente. Un'espressione che non le ho mai visto. Chiude gli occhi. Per qualche secondo, il silenzio si impossessa del locale.

Una straziante e lenta melodia comincia a squarciare cicatrici nascoste, a spaccare tagli in via di guarigione e a liberare urla soffocate dai sensi di colpa. Ne ho la certezza quando perfino l'elegante copertura di Olivia trema: le note del violino stanno oltrepassando qualsiasi confine, *qualsiasi linea.*

*

È solo quando la strega usa la magia delle lacrime
che il mondo si ricorda della sua sofferenza,
del sangue che non smette di colarle dal cuore.
È in quell'istante che il popolo
si sente in colpa per averla messa al rogo,
per averla linciata,
frustata
e massacrata per anni.
Il peso del dolore di una strega
lascia sempre un'amara e sconvolgente paura addosso.
Perché quando una strega piange,
rivendica
la morte di tutte le sue antenate,
di tutte le donne bruciate dalla follia umana.
Ed è per questo che,
tra una nota e un'altra,

l'uomo riesce a sentire le urla,
le suppliche
e le grida infiammate
di cuori inceneriti.

Lentamente l'arco del violino smette di muoversi.
La melodia scompare in un sussurro di atroce dolenza seppellita in profondità,
lontana dall'occhio umano.
E il popolo si sveglia dall'incantesimo,
al confine tra la realtà e l'incubo di un istante.

Uno in particolare rimane appeso a quella straziante e malinconica melodia:
il principe di ghiaccio si è lasciato sfuggire qualcosa di prezioso,
qualcosa per cui gli stregoni venderebbero i cuori dei propri cari.
Una rara e inestimabile
lacrima di ghiaccio
al cospetto delle urla e del dolore che la strega ha mostrato.

*

Sia

È stato un istante, un frammento di secondo... eppure, era lui. L'ho visto sulla soglia, paralizzato dalla melodia del violino, una lacrima gli percorreva la guancia con lentezza. Un principe di ghiaccio che piange per le sofferenze di una strega è qualcosa di inestimabile, che sfida le regole della natura e dei tempi antichi. Non si è mai visto niente di simile. Appena ha notato il mio sguardo, non ha esitato ad allontanarsi, a uscire dal locale e fuggire lontano.

«Derek! Fermati!»

Rincorro la sua ombra. Ostacolata dalla folla, vengo spinta a destra e a sinistra. Mi faccio largo fra i passanti, con lo sguardo fisso dietro alla sua sagoma. Il freddo mi penetra fin dentro le ossa. 'Ci sono quasi... è vicino... eccolo!' Gli afferro il braccio, con il fiato corto. Si volta verso di me. 'Non è lui'. Rimango paralizzata in mezzo alle strisce pedonali, mentre un viavai di pedoni si affretta ad attraversare. Il ragazzo che ho fermato mi lancia uno sguardo confuso prima di scostarsi e andarsene via.

'Possibile sia stata tutta un'illusione? Possibile che non ci sia mai stato Derek al locale?'

Mentre cerco di prendere fiato, i brividi mi percorrono la pelle e le gambe tremano incessantemente. Attorno a me non c'è nessuno che somigli a lui. Nessuno dalle sembianze reali. Il rumore dei clacson invade l'aria gelida, i fari delle auto mi accecano e mi costringono a chiudere gli occhi. Solo ora mi accorgo che il semaforo è diventato rosso. Non faccio in tempo a spostarmi che un'auto mi taglia la strada, la forza con cui ha spostato l'aria attorno a me mi spinge all'indietro. Chiudo gli occhi, trattenendo il fiato. Una presa forte mi strattona via. Mi trascina sul marciapiede. Sento il tocco gelido delle sue dita sulla pelle, un contatto elettrizzante.

«Cosa ti salta in mente?» Il suo tono di voce ha la solita arroganza.

Sorrido. Non posso fare a meno di gioire. Non era un sogno, ho visto bene: c'era veramente Derek ad ascoltarmi. E ora, anche se mi guarda con odio, non posso che essere felice. Dissimula la preoccupazione con l'aggressività. È qualcosa che non ho mai visto in un principe, qualcosa di *contraddittoriamente bello*. Automaticamente, quasi per istinto, alzo la mano per avvicinarla alla sua guancia. Lui spalanca gli occhi e si ritrae di scatto.

«Non vuoi proprio capire. È inutile parlare con te» sibila con irritazione.

«Oh, io capisco fin troppo bene. Nascondi più di quello che pensavo. La tua lacrima è al sicuro con me, *principe di ghiaccio*».

«Pensi veramente che fossi lì... *per te*?» Quasi ride.

«Certo, ho mandato la posizione del locale a ciascuno di voi...»

«Io stavo tornando a casa, la direzione è questa». Indica la strada con un sorrisetto di disprezzo. «Non sono entrato nel locale, né lo avrei fatto. Non perdo tempo con *cose così*».

Cose così?

«Perché menti?»

I passanti ci lanciano delle occhiate incuriosite. Due ragazzi che urlano per strada non passano di certo inosservati.

«Sei tu che menti a te stessa. Svegliati dal mondo delle fiabe, streghetta. È fastidioso e infantile». Lo sguardo è truce.

Mi avvicino a lui di qualche passo. «Sai cos'è fastidioso? Il modo in cui evadi in continuazione da te stesso».

«Cosa fai? Mi analizzi, adesso?» Ride, inclinando la testa di lato. «Le tue regole contorte ti fanno credere di essere in diritto di giudicare il prossimo, usando quelle stupide e raccapriccianti fiabette. Noiosa, psicopatica e *maledettamente infantile*».

È questo che c'è oltre alla corazza*? Infinito odio per una strega?* Mi lascia in mezzo alla strada con una sensazione di vuoto addosso. Un ragno sa sempre come ferire la strega, *sa sempre come ucciderla e avvelenarla.* E se il ragno è un principe di ghiaccio, allora la strega rischierà di morire congelata. Mi convinco a tornare indietro.

«Cos'hai detto?» urla in quell'attimo la voce di Derek.

Mi volto di scatto e vedo che ha il telefono all'orecchio e un'espressione devastata. Chiude la chiamata, si getta in mezzo alla strada scrutando le macchine a una a una. 'Sta cercando un taxi?'

«È tardi, non passerà nessun taxi». Alzo la voce per farmi sentire.

Lui mi ignora, allunga il braccio verso un'auto che sfreccia senza considerarlo minimamente. La disperazione che gli leggo negli occhi è pura tempesta. Sembra sull'orlo di scoppiare. Nonostante le sue parole dure, sento il dovere di aiutarlo. Mi affretto a raggiungere l'interno del locale. Dopotutto è questo che fa una strega con il ragno: lo difende anche a costo di essere punta.

La temperatura interna mi scalda per qualche secondo. Il direttore si accorge della mia presenza, si avvicina.

Prendo la giacca dall'appendiabiti all'ingresso. «Avvisa i ragazzi che sono tornata a casa».

Annuisce. «Certamente, Sia. È stato un piacere riaverti qui» mi congeda, prendendomi la borsa.

Mi dirigo a passo svelto verso la macchina, tirando fuori le chiavi. Salgo a bordo ed esco dal parcheggio. Trovo Derek ancora sul ciglio della strada, che tenta disperatamente di fermare qualsiasi mezzo di passaggio. Accosto accanto al marciapiede, il suo volto si illumina per un piccolo istante. Apre la portiera e, quando si accorge che la sua salvezza sono io, arretra.

«Non penso tu possa fare lo schizzinoso, principe di ghiaccio. Ah, scusa, le mie fiabette sono infantili. Non è così?»

Derek tentenna: si guarda intorno con la speranza di poter trovare qualche altra auto disposta a scortarlo nel bel mezzo della notte. Canticchio allegramente per farlo irritare ancora di più.

«Penso proprio che andrò a casa, non è un bene rimanere in giro fino a quest'ora».

Metto in moto e faccio finta di volermi allontanare, ottenendo la reazione desiderata. Derek appoggia le mani sulla portiera. Mi fermo per lasciarlo salire in auto.

«Prego, fai come se fossi a casa tua» borbotto, mentre si allaccia la cintura.

«L'ospedale psichiatrico Ovest» dice con voce spezzata.

Capisco dai lineamenti tesi e dalla mascella serrata che non è in vena di scherzi. Il motivo per il quale è preoccupato dev'essere uno dei suoi punti deboli nascosti. Se è disposto a tollerare la mia presenza, allora *questa cosa* è veramente il tallone d'Achille del principe di ghiaccio.

Ne ho la conferma quando arriviamo nei pressi dell'ospedale. Non mi dà neanche tempo di parcheggiare, apre la portiera ed esce, fiondandosi all'interno della struttura. Esco dalla macchina e lo seguo, accelerando il passo il più possibile. Le infermiere lo riconoscono all'istante.

«Da quanto? Cos'è successo?» La voce di Derek trema.

«Da venti minuti. Era tutto tranquillo...» L'infermiera cammina accanto a Derek lungo il corridoio. «Penso che il compagno di stanza l'abbia infastidito o toccato».

«Finn?»

«No, uno nuovo».

Il discorso è incomprensibile. Li seguo fino ad arrivare di fronte a una stanza dalla quale provengono urla di dolore.

Quando sbircio oltre la porta, ciò che vedo mi lascia di stucco. È questo il suo tallone d'Achille?

«Hey, Tayler... sono io, Derek».

Il principe di ghiaccio tiene le mani in alto, in segno di pace. In un angolo c'è un ragazzo rannicchiato con una siringa in mano. Trema incessantemente e balbetta piccole frasi incomprensibili. I suoi occhi passano da una figura a un'altra, come fosse sotto minaccia.

Le infermiere che lo circondano fanno un passo indietro. Derek prende il controllo della situazione.

«Tayler, mi sto avvicinando a te. Va bene?» La dolcezza con cui parla fa annuire il ragazzo.

A piccoli passi, il principe di ghiaccio congela qualsiasi demone stia lottando nella mente di quel ragazzo. Tayler non si mette sulla difensiva, gli permette di avvicinarsi e di sedersi accanto a lui. Derek maschera ogni preoccupazione e paura con uno smagliante sorriso.

«Ti sei spaventato?» sussurra premurosamente.

Tayler non risponde: si limita a guardare con rabbia le infermiere. Ha i capelli biondi e il volto marcato da segni di stanchezza, gli occhi scuri sono il contrario di quelli di Derek... eppure, hanno la stessa intensità. Ha l'aspetto di un ragazzo della nostra stessa età, se non di qualche anno più grande. Non è un bambino. È un adulto che indossa una camicia azzurra, una di quelle tristi vesti ospedaliere. Non smette di tremare e di puntare l'ago contro il personale sanitario. Derek tenta di avvicinarsi, ma Tayler gli graffia il braccio con la siringa. I presenti hanno un sussulto di paura. Tayler stesso si inquieta di fronte al sangue del principe di ghiaccio.

«Colpa mia, non ti ho avvisato che mi stavo avvicinando». Derek sorride con tranquillità, i suoi occhi trasmettono un amore incondizionato. «Che ne dici se mi avvicino ora? Posso?»

Non mostra alcun segno di sofferenza, eppure il taglio sembra essere piuttosto profondo e doloroso.

«S-s-sì».

Derek si avvicina ancora e chiede con dolce premura il permesso di accarezzarlo. Tayler, dopo infinite carezze, si rilassa leggermente. Non molla, però, la siringa che ha in mano: la tiene stretta tra le dita, come fosse la sua unica salvezza, l'unica difesa. Non riesco a comprendere quale sia la minaccia che vede, quale sia lo spirito che lo spaventa. Quello che vedo è Derek che – con una mano insanguinata – abbraccia Tayler e gli accarezza i capelli. Gli sussurra parole di conforto, pillole di dolcezza che sembrano avere l'effetto desiderato.

«Va tutto bene, tuo fratello è qui». Derek gli accarezza la schiena con la mano sana.

'Tuo fratello'. Sono fratelli, quindi? Tayler è l'altro discendente reale, un discendente nascosto dall'occhio del popolo.

Il principe di ghiaccio fa segno alle infermiere di agire. Colgono l'occasione per iniettargli un calmante che lo fa subito addormentare tra le braccia del fratello. Derek lo tiene stretto a sé e con delicatezza gli rimuove la siringa dalle mani. Tutta questa premura in un principe di ghiaccio non l'avevo mai vista. 'Non avevo mai visto un reale essere gentile'.

«Povero ragazzo, una dopo l'altra. Non riuscirà più a vivere finché rimarrà aggrappato a questi fardelli».

Due anziane signore con la camicia dell'ospedale bisbigliano senza ritegno nel corridoio. Sembrano capire ciò che è successo, come se avessero già visto questa scena infinite volte.

«Dev'essere un angelo. *Chiunque al suo posto avrebbe perso il senno*».

Tayler non è il tallone d'Achille, è molto peggio. Per questo lo nasconde a tutti, perché quel ragazzo sedato rappresenta 'la crepa nella sua corazza ghiacciata'.

Capitolo 12

La rabbia di un principe non può essere placata in alcun modo: cosparge di sangue qualsiasi animo. Non teme il caos, si nutre di odio e di risentimento. Si narra che un giorno un principe in collera uccise tutti i suoi sudditi, era convinto fossero traditori e cospirassero contro il trono.

Mai avvicinare un principe che arde di rabbia funesta.

La collera di un principe

Sia

Quando si trova un'impercettibile crepa in una corazza ghiacciata, ci si aggrappa a essa con forza e con tenacia. Ed è esattamente quello che faccio in questo momento. Ieri notte, dopo aver accompagnato Derek all'ospedale, sono tornata a casa con la mente agitata da mille pensieri. Il principe di ghiaccio non ha più fatto caso alla mia presenza, ha passato tutto il tempo abbracciato al fratello. Non sa che l'ho seguito, non sa che ho visto quando è stato trafitto con un ago. Pensa che io mi sia limitata ad accompagnarlo lì. Per questo mi ritrovo ora di fronte all'ospedale con un mazzo di fiori in mano. Ho intenzione di rimanere aggrappata alla crepa che ho intravisto, è l'unica possibilità che ho per scalfire il muro di ghiaccio.

«Cerca qualcuno?»

Vengo fermata da un'infermiera nel corridoio. Non ricordo dove sia di preciso la stanza di ieri, quella in cui Derek si è fiondato ciecamente.

«Sto cercando la stanza di Tayler...»

«Tayler?»

«Hill, Tayler Hill» specifico.

Uno scintillio di sospetto compare nel suo sguardo, ma io cerco di distrarla con qualche bugia, convincendola a indicarmi il piano e la stanza in cui devo andare. Le mura di questo ospedale sono orripilanti, hanno un colore grigiastro, spento e senza vita. Mi si stringe il cuore a camminare tra questi corridoi angusti. Alcuni pazienti mi guardano con curiosità, altri con strano interesse. Sembra che qui si conoscano tutti quanti: una presenza nuova li insospettisce. Arrivo di fronte alla stessa stanza di ieri, la porta è aperta e mi consente di sbirciare l'interno facilmente. Ci sono due lettini occupati e in uno di questi sta dormendo Tayler, il fratello di Derek. Del principe di ghiaccio non c'è alcuna traccia: sembra essersi dissolto nel nulla. Al suo posto c'è una donna dai capelli grigiastri e dalla candida pelle bianca. È seduta accanto a Tayler, gli accarezza i capelli con dolcezza e premura. 'La stessa dolcezza di Derek ieri notte'. Non riesco a decifrarne il volto da questa angolazione, perciò busso alla porta.

«Sì?»

Avanzo di un passo. «Salve, ho portato dei fiori per Tayler».

Segue un breve istante di silenzio. La donna si volta verso di me, ora riesco a osservare meglio i suoi tratti. Rimango spiazzata dalla bellezza dei suoi occhi azzurri, lucenti come rari diamanti e intensi come un mare in tempesta.

«Prego, accomodati pure. Conosci Tayler? Sei del centro sociale?»

La voce esprime una gentilezza solare. Ha un'eleganza d'altri tempi. La fronte e le guance sono percorse da un lieve reticolo di rughe. Il maglioncino blu che indossa richiama la tonalità chiara delle sue iridi, mentre i capelli sono raccolti in un'acconciatura graziosa.

«No, sono un'amica di Derek».

«Derek?» ripete con stupore, quasi avessi sbagliato a pronunciare questo nome.

«Studiamo insieme, siamo nello stesso gruppo. Sono passata a prenderlo in macchina per andare a una lezione».

Rimane spiazzata dalle mie parole. Per occupare il silenzio, appoggio i fiori che ho portato sul davanzale.

«Ti ha detto di Tayler?»

Il carattere chiuso e freddo di Derek rende impossibile pensare che abbia potuto parlare con qualcuno di un fatto così privato. Comprendo il suo stupore e quasi mi rasserenо all'idea di non essere l'unica a non riuscire a leggerlo. Non faccio in tempo a rispondere che sua maestà il principe irrompe nella stanza.

«Esci di qui».

I lineamenti sono serrati in un'espressione di tensione e rabbia.

«Io sto bene, grazie, e tu?» ironizzo.

Attraversa lo spazio che ci separa fino ad arrivarmi di fronte. La prima cosa che noto è la stanchezza che lo marchia in profondità. La mano che ieri era stata trafitta dall'ago ora è accuratamente fasciata.

«Vattene, adesso».

Non mi dà tempo di rispondere e prende il mio braccio e con prepotenza, trascinandomi verso l'uscita.

«È così che ringrazi chi ti ha dato un passaggio ieri notte nel bel mezzo del nulla?»

Questa frase non lo colpisce neanche di striscio, ma basta per far intervenire la donna dagli incantevoli occhi azzurri.

«L'hai portato tu qui? Dio, quanto ti sono grata. Io non sono riuscita a venire fino a stamattina, ti ringrazio tanto. Non oso immaginare cosa sarebbe successo se Derek non fosse riuscito ad arrivare in tempo».

Derek mi fulmina con lo sguardo: sa quali carte sto giocando e non ho minimamente paura ad ammetterlo. Farò di tutto per riuscire a capirlo fino in fondo.

«Derek, non essere scortese. Falla sedere e offrile una tazza di tè. Ti sta aiutando, non fare il maleducato».

Questa donna deve avere un forte ascendente su di lui. Lo stesso tipo di ascendente che una regina ha su un principe.

«Mamma, fidati, non è come pensi» ribatte gelidamente Derek.

Lo sapevo. È sua madre, è la regina. D'altronde ha negli occhi la stessa maestosa bellezza del principe di ghiaccio. Eppure, non mi capacito del fatto che abbiano caratteri così differenti. La gelida diffidenza con cui Derek si mostra è l'opposto della dolce sensibilità con cui la madre mi tratta.

«Non ho intenzione di ripeterlo due volte, Derek».

Un principe non può disobbedire alla regina: Derek molla la presa sul mio braccio con uno sguardo di disprezzo. Si allontana verso il tavolino e con grande riluttanza obbedisce alla madre. Il rancore che nutre per me ora è aumentato. Forse ho peggiorato le cose... eppure, sento che l'odio nei miei confronti non può svanire se non spingo un po' le gelide pareti dietro cui si nasconde.

«Vuoi un tè? Del caffè?» La mamma di Derek mi circonda di attenzioni e di affetto.

Sorrido. «Nulla, grazie, ho già fatto colazione...»

Derek mi interrompe bruscamente. «E allora perché sei qui?»

Rivolgo lo sguardo verso di lui. «Per venirti a prendere. Sono qui in macchina, ti ho portato anche il cambio».

«Prendo un taxi, sai com'è... a quest'ora ci sono di sicuro» ribatte in tono aspro. «E per quanto riguarda il cambio, io non indosso vestiti altrui».

Sorrido e maschero il fastidio che provo nel vederlo ostacolare ogni tentativo di avvicinamento. Pensavo di essere in qualche modo vicina a fargli calare la maschera e invece ha rialzato le barricate.

«Devi scusarlo, non sa come trattare chi gli mostra un po' di gentilezza. Accetterà il tuo passaggio con piacere» sentenzia la regina.

Tayler mormora qualcosa nel sonno, Derek si avvicina immediatamente al fratello e gli accarezza la fronte con premura. Non ho capito quale sia l'entità del disturbo di Tayler, ma presumo sia altamente tossico. 'Uno spirito maligno che danza nei suoi ricordi'.

«Si dovrebbe svegliare tra un'oretta, rimarrò io qui. Vai in azienda con la tua amica».

«Non è una mia amica...»

«Mi chiamo Sia, non mi sono presentata prima» interrompo i tentativi di Derek di neutralizzarmi.

La donna sorride quando sente il mio nome. Mi rendo conto solo ora di quanto è strano il suo sguardo. È fuorviante. Non riesco a leggere l'animo dagli occhi, come se fossero in qualche modo spenti. Eppure, la candida bontà del suo spirito traspare come una luce accecante.

«È un piacere. Io sono Lorel, la mamma di Derek e Tayler. Mi spiace non poterti ringraziare abbastanza per quello che hai fatto... vorrei potermi sdebitare in qualche modo».

«Non c'è bisogno, perché non ha fatto un bel niente» commenta il principe.

Colgo l'occasione al volo. Con astuzia le propongo qualcosa che mi permetterà di entrare nel regno di ghiaccio da cui Derek mi tiene tanto lontana.

«Una cena! Ultimamente passo troppo tempo da sola».

«Oh, certo. Sarebbe un piacere, noi ceniamo qui con Tayler per non lasciarlo solo. Sarebbe un problema per te?»

«Assolutamente no, porto qualcosa d'asporto con me».

Derek sospira, serra la mascella come a volersi trattenere dal buttarmi fuori. «Abbiamo cose più importanti a cui pensare, mamma».

«Direi che possiamo sopravvivere a una cena, e poi voglio davvero conoscere una rara amica di mio figlio. Non vorrai impedirmelo?»

«Non voglio impedirti niente, è che non mi sembra necessario. Abbiamo abbastanza a cui badare». Derek sembra riferirsi a qualcosa che non so, qualcosa che fa cadere la regina in un silenzio totale.

Cerco di comprendere a cosa sia dovuto questo silenzio e solo ora mi rendo conto del perché gli occhi della regina sono spenti: c'è un bastone per ipovedenti appoggiato al muro. È cieca.

«Il fatto che io non veda non vuol dire che non possa godere della presenza di un'amica di mio figlio. Il discorso si chiude qui. Sia, mi spiace non poter cucinare qualcosa per te».

«Non è affatto un problema, anzi mi trovo più comoda con l'asporto... ho tante allergie e intolleranze. Ci penso io a ordinare per stasera».

L'entusiasmo della regina è palese. Derek, invece, mi trafigge con occhi di fuoco. Sorrido di fronte alla gioia della regina. Forse è la prima volta in cui Derek permette a qualcuno di conoscere la propria famiglia?

«Se succede qualcosa, chiamami subito. Ho avvisato anche le infermiere».

«Andate, forza, non voglio farvi fare tardi. Ci vediamo stasera, Sia». La dolce voce della regina mi accarezza le orecchie.

«A stasera».

Esco dalla stanza con aria soddisfatta. Di questo passo Derek non potrà evitarmi, dovrà permettermi per forza di superare la sua barriera. 'Riuscirò a comprendere il perché di quella crepa'. Aggiunge qualche raccomandazione alla madre, prima di deporre un lieve bacio sulla fronte al fratello dormiente. Poi mi raggiunge e con riluttanza si incammina verso il portone esterno. Le infermiere che incrocia nel corridoio lo salutano gentili. Un principe ha questo potere. L'aria gelida dell'esterno mi fa rabbrividire all'istante.

«Non verrai stasera, e non metterai mai più piede qui».

'Come non detto'.

«Col cazzo».

Mi dirigo verso l'auto che ho parcheggiato, ma Derek non mi segue. «In macchina ci sono dei vestiti puliti. Li ho fatti preparare apposta per te, sali».

«Qualsiasi cosa tu abbia in mente è un no. Non ho intenzione di mettermi i tuoi vestiti, né di vederti a casa mia o in ospedale. Stai fuori da tutto questo».

Pronuncia con asprezza queste parole, prima di voltarsi e darmi le spalle. Si incammina verso la strada principale, scruta con attenzione in cerca di un taxi di passaggio. Mi lascia sbalordita questa enorme tenacia nel voler mantenere le distanze da me, nonostante io lo stia aiutando.

«Ma che problemi hai? Ti sono venuta a prendere e ti ho anche dato un passaggio ieri sera. E cosa ottengo? Solo acidità».

«Devi lasciarmi stare. Non c'è nulla in me che possa soddisfare i tuoi desideri psicopatici».

È tornato a essere freddo e arrogante. Non capisco, davvero. Tratta la regina come tale, con rispetto e devozione, e il principe malato con una premura che non credevo immaginabile.

«Questo lascialo dedurre a me».

Si volta verso di me. «Perché insisti? Lo trovi divertente, eccitante? Dimmi qual è il malsano meccanismo che ti spinge a voler scavare nel nostro dolore?»

Le sue accuse mi fanno sorridere. Sono insulse e superficiali: una strega non potrebbe mai permettersi di esultare di fronte al dolore, non è questo che facciamo.

«Pensi sia questo il motivo?»

Ride. «Quale altro potrebbe essere *per una pazza come te*?»

È ingiusto il modo in cui svilisce l'aiuto che una strega dà al proprio ragno.

Non potrebbe capire. Non potrebbe mai farlo: è un principe che odia le streghe, che maschera qualsiasi punto debole di fronte alla discendenza nemica. È stato un errore del fato quello di mostrarmi la crepa della sua corazza ghiacciata. Non doveva succedere e se ne pente, se ne pente con amarezza. In quell'istante arriva un taxi che si ferma accanto a noi. Derek mi passa accanto con gelida indifferenza.

Prima di salire a bordo si volta verso di me e con fermezza pronuncia queste parole: «Un'ultima cosa. Nessuno dovrà mai sapere di Tayler».

Poi scompare dalla mia visuale, lasciandomi con mille domande in sospeso. È questo che fa un principe che non vuole avere i propri segreti sulla bocca del popolo. Non sa che io non lo tradirei mai. Non sa neanche di essere il mio ragno, non comprende la rarità del ruolo privilegiato che riveste. Più lo guardo e più comprendo che il suo essere *coperto di sangue* deriva da un qualcosa di profondamente oscuro. Non posso che essere attratta da una sofferenza che supera i confini del ragionevole, una sofferenza taciuta e sepolta per non creare scandali.

«La proposta varrà sempre, principe di ghiaccio...» mormoro, ricordando l'offerta che gli ho fatto.

Gli basterà dire di sì, gli basterà accettare l'aiuto di una strega e sarà sollevato dalla condanna che tanto teme.

Le porte dell'ascensore si aprono. Percorro il corridoio fino ad arrivare al quartier generale della mia squadra. Apro la porta, Edgar e Olivia sono di fronte ai computer. Derek è seduto accanto alla finestra, con lo sguardo perso in chissà quale pensiero. Ha la capacità di isolarsi senza permettere a nessuno di entrare, o anche solo di sbirciare ciò che lo assilla. L'espressione stanca non riesce a macchiare la sua bellezza. Il corpo supplica riposo ma la mente si rifiuta di dargli pace.

«La violinista magica». Edgar gioca con la sedia girevole.

Olivia si volta di scatto, sorride. «Sei stata fantastica ieri, non sapevo suonassi...»

Chiudo la porta alle mie spalle. «Uno dei miei tanti talenti».

Tolgo la giacca e la appoggio sul tavolo. Mentre Olivia sistema gli appunti sul suo taccuino, Edgar non riesce a scollarle gli occhi di dosso. Tra i due c'è la stessa sintonia di ieri. Un drago e una sirena sono una delle combinazioni più rare che si possano mai vedere. Entrambe queste figure nella mitologia sono considerate malefiche e nefaste, insieme possono sprigionare un potere che neanche immaginano.

«Derek, stai sanguinando. Cosa ti è successo?» chiede Olivia.

Osservo il braccio di Derek: la fascia è macchiata di rosso, forse sono saltati i punti.

Lui nasconde la ferita dietro la schiena. «Nulla».

Sminuisce e maschera il dolore di fronte agli altri. Apro la borsa e prendo la medicazione che ho portato stamattina apposta per lui. Sapevo si sarebbe trascurato, così mi sono portata avanti.

«Ha fatto il principe, come sempre. Questo ti succede a salvare un gatto che non vuole essere toccato. Ho portato la medicazione, Derek». Mi avvicino sotto il suo sguardo vigile e attento.

«Derek che si preoccupa degli animali indifesi?» ripete Edgar con una nota di incredulità.

Mi siedo di fronte al principe di ghiaccio. Non posso fare a meno di notare il suo moto di repulsione. Ogni centimetro del suo corpo mi urla di stargli lontano.

«Stavo parcheggiando e l'ho visto mentre stringeva il gattino tra le braccia e lo portava verso il marciapiede. Vero, Derek?»

Le iridi cristalline di Derek si incastrano nelle mie. È come se cercasse di mandarmi via con la sola forza di volontà.

«Vero» mormora a denti stretti.

Non può smentirmi perché non vuole rivelare la verità. Per questo non si ritrae quando rimuovo con delicatezza la fascia sul braccio. Si limita a fissarmi in silenzio. La fascia è incrostata di sangue, la pulisco lentamente, aiutandomi con entrambe le mani. Lui non mostra alcun tipo di reazione.

«Ti sei perso la melodia di Sia ieri. È stata veramente toccante, ho avuto i brividi per tutto il tempo» commenta Olivia.

Inumidisco la garza con il disinfettante prima di passarla sulla ferita. Sento il respiro di Derek gelarmi la fronte. A questa distanza ravvicinata annego ancora di più nella tempesta che solo lui è capace di generare. Sussulta leggermente quando passo la garza nel punto aperto. Mi fermo.

«Devi farla vedere a qualcuno, si è riaperta».

Non risponde. Si limita a scrutarmi: è come se volesse accertarsi delle mie buone intenzioni, del fatto che io voglia aiutarlo senza ottenere nulla in cambio. Serra la mascella quando premo sul punto più dolente.

«Quella melodia ci ha lasciati spiazzati. Era malinconia pura...» riflette Edgar.

«È fatta apposta. Strega perfino i principi» mormoro, con

lo sguardo concentrato sulla ferita mentre continuo a disinfettarla.

Lo sguardo di Derek mi brucia la pelle, sa che sto parlando della sua lacrima di ghiaccio, di quel miraggio evanescente. *La lacrima di un reale.* Il suo profumo inebria l'aria che mi circonda, rendendomi difficile ogni movimento. Non devo permettere alle mie catene di agitarsi, devo mantenere la calma.

«Il direttore ha pianto nel sentirla» ricorda Olivia.

«Il *Notturno* di Chopin fa quest'effetto. Fu in grado di ammaliare perfino l'animo torbido di un nazista, che liberò una donna ebrea quando la sentì suonare».

Natalia Karp si salvò grazie a questa melodia e riuscì ad ammorbidire l'animo del nazista che la teneva imprigionata. Il potere dell'urlo delle streghe.

«Ci credo, mi sono venuti i brividi...» continua Edgar.

Appoggio una garza pulita sulla ferita e avvolgo una fasciatura nuova attorno al braccio di Derek, stando attenta a non stringere troppo. Taglio il pezzo che avanza con la forbice prima di rimettere ogni cosa al suo posto. Come previsto non mi ringrazia neanche, sposta il braccio lontano da me e si volta verso la finestra.

«Derek, la prossima volta devi sentirla».

Olivia tenta ancora di coinvolgere il principe di ghiaccio. Io mi volto e torno al mio posto, distante dal ragazzo in grado di congelare le catene che mi stringono il cuore.

«*Forse*» mormora, bloccandomi completamente.

Edgar e Olivia si guardano altrettanto sorpresi. Non ha negato, non ha chiuso la porta né mi ha bandita con disgusto. Ha lasciato una possibilità accesa, una tra mille. Avrebbe potuto facilmente ignorare la domanda, proprio come fa sempre, e invece ha risposto.

«Forse? Devi, non sai cosa ti perdi». Olivia tenta di espugnare la freddezza di Derek. Per me è già abbastanza questo piccolo spiraglio di luce. Sorrido, mentre mi siedo al mio posto. 'Forse c'è un po' di speranza'.

Frederick apre la porta ed entra in aula. Indossa una camicia bianca e un paio di pantaloni neri, tiene tra le mani un tablet. Avanza fino ad arrivare davanti alla lavagna, poi si volta e legge il compito di oggi. Stavolta ci aspetta una prova individuale, dovremo scrivere un articolo e consegnarlo al termine della giornata. Ci spedisce via mail le tracce tra cui scegliere.

«Mi raccomando, siate puntuali. Buon lavoro» ci augura, uscendo.

Mi avvicino al computer nella postazione accanto a Olivia. Ciascuno di noi inizia a lavorare al proprio articolo senza proferire parola. Lancio di tanto in tanto qualche sguardo a Derek. Scrive senza sosta, vuole terminare il compito il più in fretta possibile. Gli unici momenti in cui si ferma sono quelli in cui cerca di alleviare il dolore al braccio. Olivia si propone di scrivere al posto suo, ma lui rifiuta con fermezza.

Edgar scuote la testa. «Non si farà mai aiutare da nessuno».

È vero, lui non permette a nessuno di entrare nel suo mondo. Però quel 'forse' continua a girarmi in testa. 'Allora c'è una vaga possibilità che non mi disprezzi a vita?' Le mie speranze vengono infrante a fine giornata. Derek riceve una chiamata che lo costringe a uscire per qualche minuto. 'Tayler sta male? Cosa sarà successo?' Derek spalanca la porta, le sue iridi sono un mare in tempesta.

Si precipita davanti a me. «Che cazzo ti è saltato in mente di fare?»

Derek sbatte il palmo sul mio tavolo, facendo sobbalzare Olivia per la paura. Non c'è alcun segno di umanità in quello sguardo pieno d'astio. Non capisco il perché di tutta questa rabbia, nessuno di noi lo comprende. Edgar si alza, raggiungendoci preoccupato.

«Fare cosa?» chiedo.

Derek ride di fronte alla mia evidente confusione. «Fare cosa? Mostrare pietà verso un povero ragazzo con la madre cieca e il fratello in un ospedale psichiatrico? È questo quello che hai pensato quando hai pagato le cure in arretrato che avevo lasciato indietro? Volevi fare l'eroina compassionevole con la tua ricchezza schifosa?»

Alza il tono della voce, congelando qualsiasi tentativo di risposta. La rabbia lo acceca, la sua maestosità viene sostituita da pura collera.

«Lasciateci soli» chiedo.

«Sì, lasciate che la miliardaria spieghi al povero sventurato l'opera di carità che non le è stata richiesta».

La ferocia con la quale mi trafigge basta a spaventare i ragazzi, si rifiutano entrambi di lasciarmi da sola con un Derek in pieno delirio. Io però insisto: so molto bene quanto ci tenga il principe di ghiaccio a non svelare il tallone d'Achille che tiene nascosto. «Va tutto bene, ragazzi» sorrido. Edgar e Olivia escono con aria preoccupata.

Derek si mette a ridere, il suo volto è oscurato da un'ombra che lo rende quasi terrificante.

«Che cosa c'è? Ora vuoi proteggere la mia privacy?»

«Che tu ci creda o meno, ti sto solo aiutando. Non ho fatto nessuna opera di carità».

«Oh, andiamo, ammettilo. È questo che diverte un animo *sporco come il tuo*, la sofferenza altrui ti affascina a tal punto da volerla possedere. Vuoi vedermi prostrato ai tuoi piedi? Devo essere riconoscente per quest'opera di bontà divina?» dice con un sorriso crudele.

Prendo un profondo respiro. «Non è un'opera di bontà divina. Cazzo, Derek... ma ti ascolti quando parli? Non sai accettare l'aiuto altrui perché pensi sempre che ci sia qualche fregatura dietro. Ieri sera ho pagato i mesi arretrati, e allora? Ho sentito due pazienti dire che se si fosse accumulato anche questo mese, avrebbero dovuto dimettere Tayler con la forza».

«E quindi hai pensato di metterti in mezzo?» Si china con prepotenza su di me, stringe il bordo del tavolo con le dita. Le nocche diventano bianche.

Non mi lascio intimidire dalla sua furia.

Lo guardo negli occhi, a un centimetro dal suo viso, senza alcun segno di paura. «Sì, l'ho fatto. Ho pagato i tre mesi che ti trascinavi dietro. E allora?»

Solo una pazza sfiderebbe un principe in collera ed è proprio per questo che lo faccio.

La sua espressione si fa ancora più spaventosa. «*E allora?* Sai che non potrò mai ripagare questo debito, per questo speri di comprarti la mia gratitudine. La tua presunzione mi dà la nausea. Ho fatto male ad accettare quel passaggio ieri, non avrei mai dovuto permetterti di vedere anche solo l'ombra della mia famiglia».

Le sue parole mi feriscono. Il sorriso che cerco di mantenere s'incrina e lui lo nota subito, sfruttando il mio momento di debolezza per colpirmi a fondo.

«L'arroganza che ostenti ti lascerà sola, è la tua maledizione...»

Mi alzo dalla sedia. «Smettila».

«Finirai per crogiolarti nel tuo stesso dolore, sempre che tu non lo stia già facendo. E non c'è alcun modo per fermare la corruzione in cui sei caduta».

Alzo la voce. «Smettila, Derek!»

«Perché? Ti spaventa? C'è qualcosa che spaventa un animo presuntuoso come il tuo?» Sorride in modo agghiacciante.

«Credi a quello che vuoi. Le streghe non abbandonano i ragni in difficoltà, non devi ripagare proprio niente. Non mi conosci affatto e non ti permetto di parlarmi in questo modo. Sarai anche un principe, ma non osare metterti contro a una strega».

Gli giro le spalle, prendo la borsa e avanzo verso la porta con i nervi a fior di pelle. Un forte tonfo mi paralizza completamente. Mi volto di scatto e vedo che la sua ferita si è riaperta e alcune gocce di sangue stanno colando sul ripiano. 'Ha appena colpito il tavolo... con un pugno?' Ha addirittura lasciato un segno nel punto d'impatto. Trattengo il fiato, il cuore comincia ad accelerare. Il volto di Derek non tradisce nessun segno di dolore, eppure la sua mano assume un colorito bluastro. Sento i brividi lungo la schiena.

Edgar spalanca la porta, seguito da Olivia. Si paralizzano alla vista del braccio insanguinato di Derek. Incurante di tutto, lui va verso la porta senza rivolgermi il minimo sguardo. È così che si manifesta la rabbia di un principe: è un'esplosione di sangue e di violenza. L'imperturbabilità con cui affrontava ogni evento è collassata di fronte alla gentilezza di una strega, qualcosa che non riesce a capire. L'astio e la diffidenza scorrono nelle sue vene e non permette a nessuno di aiutarlo, di vedere le fragilità che cela con tanto impegno.

Nel silenzio di un popolo spaventato, Derek pronuncia la sua sentenza.

«Non ti voglio vedere *mai più*».

Capitolo 13

Per quanto possano impegnarsi, i buoni non riusciranno mai a comprendere il dolore che si cela nella cattiveria dei loro avversari. La maledizione li separa e li porta a lottare su fronti opposti, destinandoli a essere eternamente nemici.

D'altronde come può un animo candido sporcarsi dei crimini di un condannato?

Il bianco non si macchia di sangue.

Esisterà sempre una barriera che impedirà ai due mondi di incontrarsi: i buoni vinceranno in ogni storia e i cattivi rimarranno tali nella loro oscura follia.

Mondi distanti

Sia

«È la prima volta che ti vedo così presa da qualcuno. Che cosa ti incuriosisce di lui, Sia?»

Attorciglio i capelli tra le dita. Nella mia mente continuano a rincorrersi pensieri confusi, incessanti, che vorticano intorno alla furia del principe scatenata contro di me. Mi dondolo sulla sedia.

«Non lo so, ha una corazza inespugnabile che nasconde ogni

segreto, ogni oscuro peccato. Ho una voglia tremenda di leggere ciò che un animo come il suo nasconde, non mi è mai capitato prima un principe di ghiaccio».

Melissa annota sul taccuino le mie parole. «Quindi è pura curiosità la tua?»

Scrive rapidamente, quasi cercasse un modo di analizzare un mondo di cui non comprende le regole. Sono anni che ci prova: tenta di orientarsi nella mente di una strega e, pur sapendo che è un labirinto colmo di vicoli ciechi e sabbie mobili di dolore, non si tira indietro.

«Ha gli occhi che sembrano cristalli ghiacciati. Non immagina il potere che esercita con un solo sguardo».

Con le mani tratteggio la forma dei suoi occhi, quelli che finora mi hanno dedicato solo odio e diffidenza, quelli che contengono lacrime trattenute per pudore e per la condanna della sua stirpe. Iridi lucenti e allo stesso tempo consumate. Non ho mai visto una tale rarità.

«Non puoi obbligare una persona a essere tua, né puoi imporle di donare a te i segreti più intimi che cela. Non pensi?»

«Penso che lui sia il mio ragno».

Melissa smette di scrivere. Si sistema gli occhiali sul naso e mi osserva: studia ogni piccolo movimento e glielo concedo. Ormai so che per lei rappresento una sfida che non vuole perdere, il compito irrisolto che non la fa dormire la notte, l'ago nel pagliaio.

«La strega protegge il ragno fino alla fine, anche a costo di essere punta e uccisa da lui...» Fa una breve pausa prima di proseguire. «Giusto?»

Applaudo. «Non hai più bisogno di spiegazioni. Promossa».

«Sei un mondo di cui sto imparando le regole, ho promesso a me stessa di aiutarti e lo farò fino alla fine. Studierò la tua lingua e arriverò a comprendere gli ingranaggi di una strega».

I lunghi capelli biondi le ricadono sulle spalle e i braccialetti che hai ai polsi tintinnano nel silenzio della stanza. È tipico di una *mediatrice* cercare di trovare la strada fra i meandri tortuosi di menti inesplorate.

«Mi darai una mano? Voglio trovare un modo per riuscire nel mio intento». Accavallo le gambe.

«Rubare gli occhi di ghiaccio di un ragazzo? Non riesco ancora a capire fino in fondo questo tuo strano interesse nei suoi confronti, ma pare che tu abbia intravisto qualcosa di simile a te, che in qualche modo ti attira».

«Taglia corto, mediatrice».

Ha lo sguardo perso tra i suoi fogli.

«Tu non sei venuta qui per la psicoterapia, ma per avere un aiuto a risolvere questo dilemma. E se ci tieni così tanto da rivolgerti a me, mi chiedo se questo interesse non celi più di quanto sembra».

«Traduci in modo che io possa comprendere?»

Sorride divertita dalla mia impazienza. «Tom sa di questa tua fissazione?»

«Tom? Sa lo stretto necessario. Allora? Come faccio ad avvicinarmi a lui senza scatenare la furia di un reale?»

Sfruttare le doti di una mediatrice è la via più rapida per riuscire a raggiungere il mio obiettivo. Visto che Tom mi rimprovera per i continui appuntamenti saltati, ho deciso di prendere due piccioni con una fava. Si sa che le mediatrici hanno unito i popoli più ostili fungendo da ponte tra eterni nemici.

«Come si chiama questo ragazzo?»

«Ti basta sapere che è un principe di ghiaccio» affermo.

Non l'ho più visto da quel giorno. Aver pagato per le cure arretrate di suo fratello l'ha reso ostile e ancor più diffidente nei miei confronti. Ha saltato il tirocinio per una settimana e, da quanto ho sentito, ha comunicato alla segreteria che per problemi personali preferisce cambiare gruppo. Non pensavo che dargli una mano potesse portarlo a tanto.

'Non ti voglio vedere *mai più*'.

È questo quello che succede quando una strega osa aiutare un principe? La condanna all'eterna disgrazia e diffida del suo aiuto, lo percepisce come una presa in giro. I reali sono strani, hanno un modo tutto loro di vedere le cose.

«Che cosa lo ha spinto ad allontanarsi da te?»

«Non lo so, è questo che non comprendo. Io l'ho solo aiutato e lui si è sentito offeso, tradito e quasi pugnalato nel suo orgoglio».

Rivedo in un lampo quello sguardo stravolto dall'ira. Non avrei mai creduto che un gesto di aiuto potesse scatenare un tale inferno.

«Può essere che un gesto che noi consideriamo una gentilezza venga frainteso dal prossimo. Non siamo fatti tutti allo stesso modo: c'è chi vede in un fiore una fonte di veleno e c'è chi invece ne apprezza i petali colorati».

«Ho pagato le cure arretrate del fratello, impedendo la dimissione forzata. Come può vedere del veleno in questo gesto? Ho solo protetto il mio ragno» sottolineo.

Lo sguardo della mediatrice si fa gentile: mi osserva come fossi una bambina piccola a cui deve insegnare a camminare. È una sua prerogativa leggere le menti e io per lei sono la mente più intricata tra tutte, quella che la affascina a tal punto da farle provare empatia.

«Probabilmente questo tasto per lui era particolarmente sensibile e non voleva fosse toccato da altri senza il suo consenso». Notando la mia espressione confusa, cerca di spiegarsi meglio: «Immagina se qualcuno provasse a cambiare il finale di una tua fiaba perché a suo avviso era troppo triste».

«Chi oserebbe cambiare il finale di una fiaba? Nessuno può farlo» scatto immediatamente.

Melissa sorride compiaciuta. Ora comprendo.

«Si è sentito così? Come se avessi toccato qualcosa che non si può maneggiare senza il suo consenso, giusto?» ragiono.

«Giusto».

«E cosa posso fare? Non posso tornare indietro».

Riflette per qualche secondo prima di rispondermi. Il suo sguardo tradisce la sorpresa davanti alla mia premura per un reale, non ho mai mostrato interesse nel farmi comprendere dagli altri. Non è mai stato un mio obiettivo quello di interagire con altre persone e provare a entrare nel loro mondo.

«Hai provato a chiedere scusa?»

Rido di fronte a questa folle proposta. Chiedere scusa basterebbe a placare la gelida ostilità che nutre verso di me?

«Grazie per il tentativo, mediatrice. Non penso che la rabbia di un reale si possa spegnere con una parola».

«Provaci, non ci perdi nulla. Dopotutto è il tuo ragno, o sbaglio?»

I suoi occhi analizzano i miei con attenzione. So a cosa pensa, immagino perfettamente che cosa c'è scritto nei suoi appunti: distacco emotivo, apatia, difficoltà nel comprendere gli altri, uso di un linguaggio personale che esclude chiunque non sappia interpretarlo, una bomba a orologeria in grado di superare i confini oltre cui un umano non si spingerebbe mai.

Melissa torna ad aggiungere chissà quale teoria agli appunti che ha preso. La sua curiosità verso i meccanismi della mia mente è il motivo per cui le ho permesso di studiarmi. Non perché penso che possa comprendere i suoi ingranaggi impazziti e consumati, ma perché so che le mediatrici come lei amano gli animi più oscuri e torbidi.

«Hai avuto qualche altro episodio?» chiede.

So a cosa si riferisce: lei e Tom ne sono ossessionati. Pensano veramente di poter lavare una pietra che appartiene alla terra, ignorano il fatto che per sua stessa natura tenderà a sporcarsi all'infinito. Non c'è soluzione per gli scherzi della natura. Sono fatti apposta per essere d'impiccio.

Il telefono che ho appoggiato sul tavolo s'illumina, è un messaggio da Olivia. Mi basta leggere le prime due parole per cancellare qualsiasi altro pensiero. Mi alzo in piedi, prendo la giacca e la borsa.

«Dove stai andando? Non abbiamo finito!»

Indosso la giacca. «Io ho finito. Proverò anche con il tuo modo, non so se funzionerà».

Non tenta di fermarmi perché sa già che è una missione impossibile: apprezzo il fatto che comprenda che una strega non si può controllare né domare. Con tono di chi prova un affetto quasi materno, tenta di ammonirmi.

«Devi tornare in tempo, sai che si avvicina...»

«Tornerò in tempo. Di' a Tom che sono stata brava, altrimenti è capace di farmi ramanzine all'infinito». Sono già alla porta.

«Lo fa perché ti vuole bene, Sia. E anch'io te ne voglio...» sussurra in un lieve sospiro rassegnato.

Faccio finta di non sentire queste sue parole. Li avevo ammoniti entrambi: cedendo all'empatia per una strega ormai condannata finiranno per logorare il loro animo invano.

All'esterno dello studio di Melissa trovo un'auto con uno degli uomini di Tom che mi aspetta. «Dove andiamo, signorina Sia?» domanda, mentre mi apre la portiera dell'auto con deferenza. Tom è assurdo. Sa che si sta avvicinando e incrementa le guardie di sicurezza. 'Che cavaliere reale stupido e insistente'. Non riuscirò mai a capire perché insista nello stare al servizio di una strega, rischiando di macchiarsi e di mutare in goblin.

«All'aeroporto».

Mi siedo all'interno, allacciando la cintura.

«Non vorrei contraddirla, ma Tom ha...»

«E allora non mi contraddire. Andiamo all'aeroporto e basta, ho un lavoro di gruppo a cui devo partecipare per forza e non sarai tu a impedirmelo. Sono stata chiara?»

L'uomo china il capo, imbarazzato. «Certo, signorina Sia».

Sa già che Tom si infurierà: sono sfuggita alle sue direttive già troppe volte. Purtroppo, non posso mancare a questa occasione. La gita aziendale in Montana era già in programma da mesi, ma non avevo intenzione di partecipare. Ero pronta a rinchiudermi in casa come succede sempre in questo periodo dell'anno, ma il principe di ghiaccio è tornato. E io non ho intenzione di perdere quest'opportunità. Devo provare a seguire il consiglio della mediatrice. Se è davvero come dice lei, mi basterà una parola per riuscire a riacquistare almeno lo sguardo del ragno nei confronti della sua strega.

Non avrò pace fino a quando non sarò riuscita nel mio intento.

«Hai intenzione di rovinare sempre tutto?»

Michael irrompe in camera mia con prepotenza. Il figlio esemplare, il ragazzo prodigio, il sogno di ogni madre. I capelli sono tirati indietro, indossa un completo elegante e porta al polso l'orologio costoso che gli ha comprato suo padre. Non potrebbe contrastare di più con il disordine che mi circonda. I suoi voti non scendono mai al di sotto dell'eccellenza e gli infiniti premi che ha vinto invadono ogni angolo della casa.

«Non rispondi? Ora sei anche codardo! Fai piangere mamma in questo modo, non ti vergogni?»

Ripongo gli ultimi vestiti in valigia, ignorando le sue accuse. A volte quando lo guardo non posso fare altro che pensare all'assurdo gioco del destino: sembra che lui sia l'esperimento riuscito e io il tentativo fallito.

«Da quando la chiami mamma?»

«Da quando ama papà, cosa che tu non fai. Sei irrispettoso, continui a ostacolarli. Perché sei così contrario alla felicità? Che cosa ti porta ad aggrapparti alla disperazione?»

«Lo chiedi perché non lo comprendi o perché ti disgusta?» Chiudo la valigia, la sposto dal letto e l'appoggio a terra. Indosso la giacca, mentre Michael continua imperterrito con la ramanzina da figlio perfetto. Nella sua ottica sono il male che dev'essere estirpato per far funzionare la famiglia da pubblicità delle merendine a cui si sente appartenere. In effetti sono l'unico tassello fuori posto dentro questo quadro perfetto.

«Fai sempre così. Da quando siamo piccoli tu non ci hai mai neanche provato. Papà ha pazientato tanto con te, eppure non smetti di guardarci come se fossimo degli estranei che tentano di rubarti chissà cosa».

«Avrei dovuto fingere e lasciarmi comprare dalla vostra ricchezza, giusto? Avrei dovuto trasferirmi nella vostra lussuosa villa e venire a lavorare nell'azienda di tuo padre, in cui avrei avuto vita facile e cene lussuose ogni giorno. In effetti sono stato proprio uno stupido, mi sono rinchiuso nel piccolo appartamento in cui sono cresciuto e ho rifiutato il vostro denaro».

«E perché? A quale scopo?»

Michael non comprende, non può comprendere. I buoni non possono provare empatia per quelli come me, non hanno i mezzi né le capacità per farlo. Ogni volta che lo guardo, vedo solo il suo finale felice. Nessuna ombra, nessuna goccia di sangue e nessuno spirito che lo tormenta.

Sarò sempre la sbavatura in un quadro di pace naturale.

«Non c'è uno scopo. Il dolore non ha scopo né fine. Quello che non puoi comprendere, ignoralo come hai sempre fatto. Non posso smettere di esistere, ci ho già provato ma non sono riuscito a porre fine a quest'esistenza. Cercherò di sporcare il meno possibile la tua strada, tu in cambio non giudicare la mia. Sarò anche corrotto dalla cattiveria, dall'arroganza e dall'egoismo di un dolore troppo profondo, ma non ho certo scelto io questo destino».

Gli passo davanti, trascinando la valigia dietro di me. Sento i suoi passi seguirmi per il corridoio. Quando arrivo nel salotto, gli occhi di mamma si colmano di lacrime che lei cerca di reprimere. Il peso di aver generato un essere corrotto da un male che non riesce a estirpare le grava sulle spalle.

«Hai preso tutto? Mi chiami quando atterrate?» chiede con premura.

Bill appoggia la mano sulla spalla di mamma, come a volerla rassicurare. «Dal Minnesota al Montana, vedi di divertirti un po' e di approfittare di questa gita per cambiare aria. Sono sicuro che ti farà bene».

Il modo in cui Bill mi guarda denuncia il disappunto che nutre nel vedermi scolpire sempre più in profondità un atroce dolore nel corpo della donna che ama. Mamma mi guarda con occhi colmi di un affetto che non sono in grado di ricambiare.

«Ora sei pure un codardo! Fai piangere mamma in questo modo, non ti vergogni?»

Sorrido quando vedo Michael avvicinarsi a mamma per consolarla, come se fossi una condanna troppo pesante da sopportare. È il modo in cui mi hanno sempre guardato, in cui hanno respinto il dolore a cui appartengo, che mi porta a rifiutarli. Esco dalla porta di una casa a cui ormai non appartengo più e mi dirigo verso il primo taxi libero.

Frederick sta per fare l'appello e ancora non c'è traccia di Sia. Degli altri gruppi non manca nessuno, è qui perfino Derek che da una settimana salta gli incontri. Olivia sta provando a chiamarla invano. Quella pazza aveva comunicato che non sarebbe venuta, il viaggio aziendale non era di suo interesse. Ora d'improvviso cambia idea e fa aspettare tutti quanti, rischiando di farci perdere l'aereo. Derek è appoggiato a una sbarra in un angolo e osserva gli aerei che decollano con aria assente. Tatiana si avvicina a lui con aria imbarazzata: è da prima che le sue amichette tentano di spronarla a parlargli.

«Hai saputo anche tu che vuole cambiare gruppo?» mormoro.

Olivia tiene il telefono attaccato all'orecchio mentre con lo sguardo cerca la figura di Sia tra la folla. «Derek? Sì, non pensavo Sia l'avesse fatto incazzare a tal punto. Spero si possa risolvere il tutto con questo viaggio».

«Non penso sia dell'umore per risolvere. E, conoscendo Sia, non farà che peggiorare le cose...»

Ovviamente, parli del diavolo e spuntano le corna. Sia compare con un paio di pantaloni di pelle rossi e con un top nero leggero. A coprirla c'è solo un cappotto di stoffa sottile. Sorride quando nota il modo in cui la guardano tutti. Ripassa il rossetto rosso sulle labbra, sistema i capelli sulle spalle e si avvicina. I suoi occhi cercano con insistenza una sola figura: Derek.

«Avevo paura non venissi... dov'è la tua valigia?» chiede Olivia con tono preoccupato.

Lei si attorciglia i capelli con le dita. «Oh, l'ho dimenticata. Mi presterai qualcosa, non è un problema. Vero?» dice in tono suadente.

Frederick inizia a fare l'appello e man mano segna le presenze. Sia ha davvero portato con sé solo una piccola borsa in cui ha il telefono e il portafogli: nient'altro. Scuoto la testa. *Assurdo.* Questo mi fa capire quanto la scelta di piombare qua sia stata fatta in modo del tutto irrazionale e impulsivo.

«Sia Carillo, Edgar Chen...»

«Presente» rispondiamo in coro.

Olivia mi lancia un'occhiata d'intesa: so a cosa pensa, alla catastrofe che Sia riuscirà a provocare. È disposta a tutto pur di ottenere ciò che vuole.

«Non lo vedo da nessuna parte... siete sicuri che sia qui?» Sia esamina con attenzione ogni ragazzo nelle vicinanze.

Mi volto verso il punto in cui era Derek fino a pochi minuti fa, ma non lo trovo più. La quantità di persone in questo corridoio mi rende difficile localizzarlo. Si sarà nascosto tra la folla, non vedo più né lui né Tatiana.

«Derek Hill».

Segue un piccolo istante di silenzio.

«Presente». La voce di Derek fa scattare lo sguardo di Sia come una molla.

È la prima volta che entrambi si ritrovano nello stesso posto dopo il loro epico scontro. Quella terrificante giornata è ancora impressa nella mia mente: ho dovuto pulire con uno straccio le macchie di sangue sul tavolo. Si era anche formata una piccola infossatura nel metallo, mi ha messo i brividi.

«Bene, ci siamo tutti. Rispettate i posti a sedere, come vi ho già detto abbiamo prenotato un pulmino che dall'aeroporto di arrivo ci porterà fino all'hotel. Se dovesse esserci qualche problema, contattatemi».

Frederick assieme agli altri due tutor si incammina verso la zona di controllo.

«Non stai dando di matto. È tutto okay, strega-demone?»

La mia domanda risveglia Sia dallo stato di trance in cui era precipitata. Fissa la figura di Derek da dietro e non azzarda mosse avventate, lo osserva e basta. Io e Olivia la guardiamo preoccupati. Non si può prevedere ciò che farà una mente come la sua, non puoi decifrare Sia, puoi solo sperare che non faccia troppi casini.

Mi sorride. «Tutto okay. Qualcuno mi ha detto come fare per scongelare la barriera del principe, devo trovare il momento giusto. Fino ad allora...»

«Fino ad allora eviterai di metterci nei guai, giusto?» chiede Olivia.

Seguiamo lentamente la fila per il controllo dei passaporti. Derek è circondato dalle ragazze del gruppo delle Stelle cadenti, fra cui spicca Tatiana. Sembrano volerlo portare dalla loro parte: Tatiana non lo molla neanche un secondo e lui non la respinge.

«Non faccio promesse che non posso mantenere, posso dire che non me ne andrò finché non avrò fatto quadrare i conti». Lo sguardo di Sia incombe sull'esile corpo di quella che lei chiama *fatina*.

Nei suoi occhi si legge un odio profondo verso la ragazza che tenta di entrare nelle grazie di Derek. Qualunque cosa accadrà durante questo viaggio, sento che non sarà nulla di buono.

Capitolo 14

C'era una volta un fiore che non riusciva a farsi cogliere da nessuno. I suoi compagni venivano raccolti, ma lui no. Era condannato a vivere sentendosi sempre escluso, intrappolato in un terreno che ormai gli stava stretto. Così chiese a un albero se il suo aspetto fosse raccapricciante e disgustoso, l'albero rispose che non aveva nulla di sbagliato e che, anzi, era il più bello dei fiori.

Allora perché era costretto a trascorrere inverni, primavere, estati e autunni da solo?

Perché nessun umano osava coglierne la bellezza?

L'albero non rispose. Si limitò a cambiare argomento e a confortare con vane parole il piccolo fiore. Passarono giorni, stagioni, mesi e anni. L'albero era diventato anziano, ormai quasi secco. Gli umani reputarono giusto tagliarlo, ucciderlo. Per quanto il fiore avesse provato a opporsi, nessuno sentiva la sua voce.

«Mi stai lasciando anche tu? Perché prendono te e non me? Albero, rispondimi, ti prego!»

Le urla del fiore non raggiunsero gli umani, ma l'albero lo ascoltò e pronunciò le sue ultime parole prima di venire reciso definitivamente.

«Caro fiore, ti chiederanno di morire quando vuoi vivere e di vivere quando vuoi morire. Il ciclo vitale non risponde alla nostra volontà, eppure l'uomo pensa di poterne dominare l'infinità».

Quelle parole rimasero talmente impresse nella mente del fiore, che smise di cercare una risposta. Aveva finalmente capito: il dilemma che lo tormentava si era dissolto. E quando stava imparando a vivere, venne strappato via da terra con la forza.

Il fiore che voleva morire

Olivia

L'hotel prenotato per il viaggio aziendale è un quattro stelle. La hall è vasta ed elegante, ideale per accogliere dirigenti e funzionari di alto livello. Al piano superiore c'è una sala riunioni perfettamente accessoriata. I tutor ci smistano nelle rispettive camere. Io e Sia siamo insieme, Edgar e Derek pure. Prima di lasciarci liberi, ci guidano verso la sala riunioni.

Mi avvicino a Sia, trascinandomi dietro la mia valigia blu. Mi metto accanto a lei, mentre tutti gli altri ragazzi si siedono dietro di noi, riempiendo i posti.

«Sei sicura di non volerti fermare a comprare qualcosa, più tardi?»

Sospira con lo sguardo perso tra la folla. «Olivia, sembri soffrire più tu di me la mancanza della mia valigia».

Mi acciglio. «Non è questo, è che ti comporti in modo avventato. Non ci hai pensato due volte prima di catapultarti qui. Non avevi detto di non aver intenzione di venire perché ti annoiava?»

Dalla sua piccola borsa tira fuori un mini-cannocchiale. «Mi sono ricreduta». Lo punta su tutti i presenti. 'Ma cosa sta cercando di fare?'

«Metti giù quell'aggeggio, è imbarazzante!» sibilo. Lei scuote la testa, un sorriso divertito le aleggia sul viso.

I tutor fanno la loro entrata, mentre i ragazzi continuano a riempire le sedie uno dietro all'altro. Sia scruta tutti attraverso la sua lente. E tutto questo per far cosa? 'Per cercare Derek?' Lo squillo del telefono mi distoglie da questi pensieri.

Rispondo, portandolo all'orecchio. «Puoi dire a quella pazza di smetterla di mettersi in imbarazzo con quel cannocchiale da trincea? Non siamo in guerra». La voce di Edgar mi fa sorridere. Sia deve averlo sentito, alza il dito medio e lo punta dietro di noi. Glielo abbasso immediatamente, con le guance arrossate per l'imbarazzo. Lei mi prende il telefono dalle mani. «Dove sei? Hai visto Derek per caso?» chiede in tono quasi disperato.

«Siamo entrambi nelle file in alto. Non c'era spazio di sotto...»

Alziamo entrambe lo sguardo. La chioma bianca di Derek spicca in mezzo alla monotonia generale. Ha una mano appoggiata sotto al mento e lo sguardo perso in chissà quale pensiero. È impossibile decifrarlo. Edgar si sporge, alza il dito medio e ricambia il gesto di Sia.

Per mia fortuna Frederick inizia a parlare, attirando l'attenzione di tutti, persino quella di Sia, che ripone subito il cannocchiale nella borsa.

«Vi abbiamo riuniti qui per presentarvi il lavoro che dovrete svolgere in questo viaggio, perché questa non è una semplice vacanza. Vi chiederemo di realizzare dei reportage e non dovrete prenderli alla leggera. Qui dovrete fare completamente da soli: non c'è l'azienda alle vostre spalle, ci siete solo voi con le vostre capacità».

Tiro fuori dalla borsa il taccuino e una penna, mi appunto ogni cosa che potrà esserci utile.

«Il centro città è occupato da una manifestazione, sul posto ci sono già parecchie stazioni televisive e testate giornalistiche. Il caso ha attirato l'occhio di tutto il Paese, sta facendo il giro del web anche all'estero. Alcuni di voi saranno già informati, ma per chi non sa di cosa sto parlando... questo è il caso del dottor Turner».

Frederick illustra la situazione tramite diapositive proiettate sullo schermo di fronte a noi. Una massa indistinta di cittadini è riunita nelle strade della città con cartelloni e manifesti.

«Lottano per liberare il dottor Turner dalle accuse per cui è detenuto, gli è stata persino ritirata la licenza per esercitare la professione medica».

Una ragazza in prima fila alza la mano. «Di cosa l'hanno accusato?»

Questo caso è fondamentale per salire in classifica. Tutti vorranno prendere il massimo dei voti, hanno espressioni concentrate e determinate. Anche Hemlich, che in genere sottovaluta ogni situazione, prende appunti diligentemente.

Frederick ci mostra una nuova diapositiva. «L'hanno accusato di aver salvato una ragazza in punto di morte».

Si innalza un mormorio di stupore in tutta la sala. Tutti i presenti bisbigliano tra loro, si chiedono come questo possa essere motivo di reclusione.

«Questa ragazza soffre di sclerosi multipla, una malattia neurodegenerativa. Ha firmato un documento che le consente di non essere rianimata in caso di arresto cardiaco. È una situazione che mette alla prova l'etica personale di ciascuno, soprattutto di questo medico, che non ha esitato a rianimarla pur conoscendo la volontà della paziente».

Ora si spiega lo scalpore intorno a questo caso. Il dottor Turner ha salvato una ragazza che non voleva essere salvata. *Come me.* Abbasso lo sguardo, cerco di contenere le mie emozioni, ma non faccio in tempo perché Jack non esita ad attaccarmi. Con la sua mano gelida mi accarezza il collo. Mi scosto, cercando di non darlo a vedere. Forti brividi mi percorrono la schiena.

«Bene, ora voglio che ciascun gruppo faccia un reportage. Potrete usare l'attrezzatura che abbiamo disposto in fondo alla sala, il lavoro è da consegnare entro domani pomeriggio. Quello che sarà valutato come il migliore verrà pubblicato sulle testate online dell'azienda e farà salire il gruppo in classifica. State attenti, mi raccomando: i manifestanti possono essere aggressivi. Buon lavoro e non deludeteci».

I tutor escono dall'aula, lasciandoci in balìa di mille pensieri. I ragazzi si radunano nei rispettivi gruppi e cominciano a organizzare le loro mosse. C'è chi si affretta a prendere l'attrezzatura migliore e chi inizia a distribuire i vari ruoli. Dai mormorii che sento, i piani che hanno sono molto simili: riprendere la manifestazione e fare un lavoro che sostenga la liberazione del medico.

«Edgar e Derek stanno prendendo l'attrezzatura. Dovremo spostarci in pullman oppure con il taxi». Sia si mette il cappotto, pronta a lottare per le informazioni che ci serviranno.

Io controbatto: «I pullman saranno bloccati dai manifestanti. Ci conviene fare una breve riunione prima, dobbiamo chiarirci bene l'obiettivo del reportage».

Sia annuisce. «Buona idea, sirenetta. Chiama gli altri».

Faccio cenno con la mano ai ragazzi di raggiungerci. Si avvicinano a noi, Derek si appoggia alla parete mentre Edgar lascia a terra il borsone con le videocamere e alza lo sguardo su di me. «Allora? Che si fa? Gli altri stanno già partendo...»

Sia interviene: «Calma, draghetto. Prima di tutto: cosa vogliamo trasmettere con il reportage?»

Cosa vogliamo trasmettere? Questa è una guerra etica e morale, non penso ci siano molte persone disposte a lottare per il diritto di morte. D'altronde... *chi mai potrebbe comprenderlo?*

«Penso che il dottore sia un eroe per tutti i cittadini, ma il mostro più grande per la ragazza» commenta Edgar. Punto gli occhi su di lui, sul ragazzo che indossa sempre felpe giganti e cappelli che gli coprono la fronte. «Se ha fatto bene o male è discutibile. Ha salvato una vita che chiedeva di non essere salvata e ciò per me è allo stesso livello di chi uccide chi non ha chiesto di morire» aggiunge.

'Lui... lo capisce'. Capisce il desiderio di chi non vuole vivere. Nei miei occhi ci sono tutto il mio stupore e la mia ammirazione per le sue parole.

Edgar arrossisce sotto al mio sguardo, si gratta la nuca imbarazzato. «Derek?» chiede. Derek ha lo sguardo fisso sullo schermo dove è proiettata la foto della ragazza.

«Non c'è cosa peggiore. Tornare in vita dopo aver desiderato di morire è la più ardua condanna».

Poche parole bastano per farmi comprendere che anche lui

la pensa come noi. Sia ha le labbra incurvate in un leggero sorriso, forse è sollevata all'idea di sapere che anche un animo nobile come quello di Derek condivide la sua opinione. Osservo l'immagine della ragazza. Sento che Sia borbotta: «Quelli sporchi di sangue, quelli che hanno desiderato morire e che sono stati riportati in vita con forza e contro la loro volontà, solo queste persone potranno comprendere il punto di vista di un 'fiore che supplica di morire'». La sento soltanto io, ma come al solito non comprendo fino in fondo le sue parole.

Sia riprende a parlare. «Non difenderemo una sola parte, a seconda di un parere soggettivo o di un'esperienza personale, porteremo entrambi i punti di vista. Registriamo sia la ribellione, sia le condizioni che hanno spinto quella ragazza a firmare il documento. Si concentrano tutti sul dottore da salvare, ma nessuno di loro pensa a cosa abbia sopportato una ragazza per desiderare di smettere di vivere».

Annuisco alle sue parole. Come mi aspettavo, nessuno dei due gruppi riflette un secondo sulle circostanze che hanno spinto la ragazza ad arrivare a una tale conclusione. Sono tutti presi dal voler raggiungere la mandria inferocita davanti alla stazione di polizia.

«Andiamo prima in ospedale, possiamo intervistare la famiglia della ragazza e anche il personale sanitario che conosce l'entità della sua malattia» aggiunge Sia.

«E la ribellione? Non la registriamo?» chiede Edgar.

«Sì, lo faremo dopo essere stati in ospedale. Scommetto che ora le strade saranno affollate, ci conviene aspettare piuttosto che trovarci bloccati nel traffico».

Derek prende il borsone con l'attrezzatura, se la carica sulle spalle e si dirige verso l'uscita senza proferire parola. Edgar alza gli occhi al cielo e lo segue. Sia sospira, mentre s'incammina verso l'uscita.

La raggiungo, tiene lo sguardo fisso su di lui. «Non ho ancora capito esattamente cosa sia successo tra di voi. Insomma, non vuole neanche guardarti in faccia e a stento respira la tua stessa aria».

Il freddo dell'esterno mi obbliga a mettermi immediatamente la giacca. Nel frattempo, noto che Derek ferma due taxi per strada. Edgar sale con lui nel primo e Sia scuote la testa con disappunto prima di avvicinarsi al secondo.

«Non c'è modo di capire *la genesi di un odio così arcano*» mormora.

Il tassista ci chiede la destinazione, gli porgo il foglietto con l'indirizzo dell'ospedale.

Mi volto verso Sia. «Odio? Non penso ti odi, certo non vi siete mai tollerati più di tanto: tu lo stuzzichi di continuo, fin dal primo giorno, e lui non fa altro che allontanarsi sempre di più. Proprio quando pensavo che aveste iniziato a trovare un qualche equilibrio, vi siete allontanati ancora di più. Non capisco...»

«Non c'è niente da capire. I principi ce l'hanno nel sangue l'odio per le streghe».

Rimane a guardare fuori dal finestrino, l'espressione indecifrabile con un leggero velo di tristezza e sconforto negli occhi. Sospiro. 'Come posso aiutarla?' Sia ha una facciata che mostra agli altri, superba e contorta, mentre in realtà nasconde un cuore vulnerabile e pieno di solitudine.

Scendo dal taxi e attendo Sia. Ha insistito per pagare, ma non mi fido dello sguardo ambiguo che ha rifilato al tassista. Finalmente esce dall'auto, si avvicina a me sorridente.

Mi acciglio. «Che cosa gli hai fatto?»

«Ciò che una strega fa agli animi che peccano».

Sospiro. «Lo prenderò come un: ho pagato il tassista e l'ho ringraziato».

«Se ti fa stare più tranquilla». Alza le spalle, mentre con lo sguardo cerca tra la folla i ragazzi. Individuo il cappellino di Edgar e alzo il braccio verso di lui, che quando mi vede ci fa cenno con la mano di seguirli all'interno. L'ospedale è una struttura d'eccellenza, con tecnologie all'avanguardia. Il complesso all'esterno è fatto di grandi vetrate e nel parco antistante si scorgono diverse fontane. Di fronte all'ingresso non ci sono molti giornalisti, e i pochi presenti si limitano a fare delle semplici inquadrature. Derek entra per chiedere informazioni. Nel mentre ci sediamo su una panchina a pochi passi dall'ingresso. Edgar appoggia l'attrezzatura, massaggiandosi la spalla e il collo.

«Chi farà l'intervista?» chiede.

Sposto lo sguardo su Sia. «Penso che Sia...»

Lei scuote la testa. «Io non posso farlo. Servi tu, hai la giusta sensibilità. Dovrai parlare con i genitori della ragazza, con il tuo tatto, la tua empatia e il conforto che saprai dare. L'unica che può farlo senza risultare forzata, patetica o di troppo... sei tu, *sirenetta*».

Le sue parole sono come una carezza. Lei sa quanto è difficile per me, quante insicurezze cova la mia anima e quali scenari proietta la mia mente. Eppure, si fida. Abbasso lo sguardo e annuisco. 'Ci voglio provare'.

«Non ce la farai» sussurra Jack al mio orecchio, paralizzandomi di nuovo. Stringo le mani in un pugno. 'Lo devo ignorare, lo devo ignorare'. Prendo un profondo respiro e alzo gli occhi, Edgar mi guarda con una scintilla negli occhi che trasmette calore. Mi porta a desiderare di guardarli di più. Sorride, come a volermi incoraggiare.

Derek ci raggiunge. «Ho il consenso del personale, hanno contattato la famiglia della ragazza. Ci concedono lo studio medico in fondo al corridoio per l'intervista».

«Hai addirittura convinto le infermiere a prestarti lo studio medico? Ti avevo sottovalutato, Derek» commenta Edgar, mentre si carica in spalla il borsone con l'attrezzatura.

Derek lo aiuta, prende un altro borsone e si dirige all'interno. Stranamente Sia si tiene qualche passo indietro rispetto a lui. 'Avrà capito che deve dargli tempo?' Scuoto la testa, non è il momento di pensarci ora. Devo ripassare. Tiro fuori il taccuino con gli appunti e lo rileggo mentre li seguo. Sia rallenta il passo e cammina alla mia stessa velocità, come se volesse accertarsi che io stia bene. Peccato che oltre a lei, ho Jack che non mi permette di respirare. È attaccato a me, a ogni passo e a ogni sospiro.

Entriamo nello studio medico che ci hanno indicato, all'ingresso c'è una sala d'attesa con due divani e un tavolino basso. Edgar sistema la videocamera, mentre Sia lo aiuta con le luci. Derek si allontana per qualche secondo per poi ricomparire insieme ai genitori della ragazza.

«Prego, accomodatevi» li invita con un sorriso gentile, poi si chiude la porta alle spalle. La stanchezza sui loro volti sembra essersi sedimentata, hanno l'aria di chi ha la vita prosciugata e ha alzato la bandiera bianca sulle mura del suo castello. La resa di due genitori, l'affanno, il dolore e il peso che trascinano a ogni respiro. 'Sento tutto questo'.

Mi siedo davanti a loro, con il taccuino dove ho appuntato le domande tra le mani.

Jack mi tocca la spalla. «Non ce la farai». Prendo un profondo respiro, alzo lo sguardo verso la videocamera e incontro lo sguardo di Edgar. Sorrido. 'Posso farcela'.

Prendo fiato. «Se c'è qualche domanda che considerate indiscreta, sentitevi liberi di non rispondere. Volevo farvi sapere che vi sono vicina, tutti noi vi siamo vicini. Non posso immaginare come ci si senta, però posso dire che condivido il vostro dolore».

Sia solleva gli angoli della bocca in un sorriso vittorioso e questo basta a darmi una spinta in più.

La madre della ragazza prende parola con voce tremante. «Ci giudicano tutti: pensano a come sia possibile che due genitori accettino il desiderio di morte della figlia. Ci reputano pazzi, incoscienti, poco lucidi. Alcuni ci accusano di maltrattamento, altri dicono che abbiamo influenzato le idee di nostra figlia... che l'abbiamo obbligata a firmare».

Il marito, seduto accanto a lei, le prende la mano con dolcezza.

«Nessuno può capire cosa si provi nel vedere la propria figlia spegnersi lentamente. Ogni muscolo si blocca, a partire dai più piccoli fino ad arrivare a quelli più grandi. Si atrofizza ogni suo movimento, il corpo teso come la corda di un violino arrugginita. La vedi lamentarsi dal dolore, rantolare a occhi chiusi, supplicare di porre fine allo strazio. Odia la sua stessa vita, vuole solo poter chiudere gli occhi senza sentire un dolore atroce». Fa una breve pausa in cui cerca di controllare le emozioni. «L'abbiamo obbligata a vivere per cinque anni. Cinque anni in cui ci chiedeva di lasciarla andare e noi egoisticamente non lo permettevamo. Abbiamo provato di tutto, ignorando i suoi pianti e sedando le fitte di dolore che la notte non le permettevano di chiudere occhio».

La madre sorride amaramente, mentre una lacrima le percorre la guancia. «Sì, siamo arrivati a sedare nostra figlia per non sentirla piangere. Abbiamo abusato della nostra autorità, del nostro affetto. Stavamo consumando lei e allo stesso tempo noi stessi».

Edgar riprende ogni singola parola, Derek ascolta attentamente senza distogliere l'attenzione, come fa spesso. Perfino Sia è completamente coinvolta.

«È stata rianimata e intubata ormai così tante volte in questi anni. Eravamo talmente desiderosi di tenerla ancora accanto a noi, che non ci siamo minimamente preoccupati del fatto che a ogni rianimazione in più il suo corpo si sbriciolava. Un infermiere nel rianimarla con il massaggio cardiopolmonare le ha spaccato le costole: il suo corpo è diventato più debole e, di conseguenza, non ha retto una tale pressione».

Parlano facendo lunghe pause. Il racconto è troppo doloroso per una sola persona e così se lo dividono in due.

«Questo mese ha firmato il documento, pregandoci di non interferire. Non ce l'ho fatta a chiederle di lottare ancora per noi. Non ce l'ho più fatta: era troppo anche per me. Proprio in quei giorni è stata intubata nuovamente: non respirava più...» La madre stringe la gonna tra le dita. «È rimasta in uno stato di incoscienza finché un attacco cardiaco non l'ha devastata completamente».

«Ed è stato a quel punto che il medico, pur sapendo del documento che Ylenia aveva firmato, ha agito d'istinto e per l'ennesima volta...» Il padre non riesce a completare la frase, soffocato dalle lacrime.

Si sentono dei mostri, degli esseri che non hanno il diritto di amare. Il loro crimine per la società è quello di non aver lottato abbastanza, di non aver calpestato ulteriormente la figlia. Nessuno vuole pensare all'altro lato della medaglia. *Perché?*

Perché è più facile credere che il buono salva le vite, piuttosto che ammettere che il buono le vite può anche lasciarle andare.

Perché è più facile lottare per ciò che brilla e per l'intensità della vita, piuttosto che per l'oscurità di un dolore che anela all'oblio.

«Ylenia è fortunata» mormoro, attirando i loro sguardi su di me. «C'è chi non capisce che un calvario come il suo è insostenibile e fino all'ultimo lotta in un vicolo cieco. Ylenia è fortunata e sono sicura che vi è grata per questo. Accettare la morte così come si accetta la vita... vi fa onore».

Gli occhi del padre sono ancora pieni di lacrime, ma il suo respiro sembra più libero. 'Proprio come quando un prigioniero viene affrancato dalle sue catene'. Il peso scavava sempre più in profondità nei loro cuori e ora cessa di farli sanguinare. La madre si sforza di sorridere in un gesto di gratitudine.

Sia si porta una mano sulle labbra, come se stesse cercando di trattenere un conato di vomito. Mi acciglio, tento di mantenere un'espressione impassibile. «Questo odore... la rosa bianca...» mormora. La fisso preoccupata. Ha l'espressione cupa, i lineamenti tesi e le labbra serrate in una linea rigida. Si porta una mano al collo e impallidisce di colpo. Prima che io possa dire qualsiasi cosa, esce dalla stanza di corsa. Io e Edgar ci scambiamo un'occhiata d'intesa: lui la segue immediatamente. 'Cosa le sarà preso?'

Edgar

Sia si ferma in fondo al corridoio, vicino a un ufficio amministrativo. La porta è aperta, ma sembra deserto. La strega-demone prende dei profondi respiri, come se le mancasse l'aria. Tiene una mano al collo mentre con l'altra si sostiene al muro.

Mi avvicino, le tocco la spalla e il suo sguardo mi congela. Ha la fronte imperlata di sudore.

«C'è odore di sangue...» sussurra a denti stretti.

«Aspetta qui, chiamo un'infermiera».

Annuisce debolmente. Giro l'angolo e proseguo nel corridoio, ma non trovo nessuno. Quando mi volto verso Sia, noto che accanto a lei c'è Derek. Si scanneranno senza pietà oppure scateneranno una tragedia. Mi avvicino a loro.

«Hai intenzione di ignorarmi a vita? Il tuo odio è così grande?»

Lui non le risponde. Si avvicina al tavolo dell'ufficio, prende dei documenti e li compila. Penso siano i consensi per le riprese audiovisive. Sembra ignorare il malessere di Sia, oppure è lei a non volerlo dare a vedere.

«Non pensavo che ti avrei ferito. Lo rifarei altre mille volte, non mi pento».

Resto dietro l'angolo e li osservo senza interromperli. Derek gira il foglio e lo compila da entrambi i lati. Il volto impassibile e l'espressione indecifrabile. Sia appoggia la schiena al muro, il suo viso è ancora esangue.

«Vuoi davvero andare avanti così? Non che prima impazzissi per me, ma ora sei distante anni luce. Mi chiedo se ho davvero scongelato l'odio arcano nei confronti di una strega».

Un'infermiera compare in fondo al corridoio ed entra nell'ufficio. Aspetta che Derek le consegni i fogli compilati. Lei prende una penna da un cassetto e mette una sigla. Lo guarda con interesse, ma Derek non se ne rende neanche conto. Sia si avvicina a loro con fatica. 'Cosa fa?' Mi acciglio.

«Posso vederla?» chiede, indicando la penna tra le mani dell'infermiera.

L'infermiera la guarda con sospetto, prima di porgerle la penna. È una stilografica con il pennino appuntito. Sia ci gioca, ruotandola tra le dita. Maschera il suo dolore con un sorriso. «Me la regali?»

«Non posso lasciargliela, mi spiace».

«Oh, andiamo. Se te lo chiede lui? Scommetto che cambieresti idea».

Le guance dell'infermiera si tingono di rosso per l'imbarazzo. Derek chiude il fascicolo che ha in mano con forza.

«Tenga, la ringrazio» dice consegnandole i documenti firmati.

L'infermiera si allontana e Derek punta lo sguardo su Sia per la prima volta dopo settimane. Per la prima volta dopo *quel giorno*.

«Finché non sarò in grado ripagarti, continuerò a odiarti. Non sopporto di avere debiti e tu me ne hai imposto uno enorme con la solita leggerezza e prepotenza della classe agiata a cui appartieni».

Il suo tono trasuda sdegno e freddezza.

«Fai come preferisci, ma non esiterò a usare i miei soldi ancora per te. Hai intenzione di rimanere indebitato a vita con una strega dalla ricchezza infinita?»

Le loro voci risuonano nel corridoio, di questo passo si faranno cacciare via.

«Perché? Perché sono lo stupido ragno di una tua insulsa fantasia?» Derek ride, per poi ritornare serio in meno di un secondo. «Sei completamente fuori di testa? Non voglio niente di tuo, né la pietà né la misericordia. Nulla».

Olivia si avvicina, accigliata dalle loro urla, portandosi una mano tra i capelli.

«Devi solo starmi lontana, te e la tua ricchezza infinita. Non ti voglio tra i piedi!» Derek sputa queste parole con odio e diffidenza.

Sia non batte ciglio, al contrario sembra voler comprendere e tradurre l'odio di Derek nella lingua delle sue fiabe. La tensione schiaccia ogni cosa.

«È così allora, sei destinato a odiarmi per sempre. Va bene». Con apatico distacco, si volta dandoci le spalle.

Non è divertita né annoiata. Non ha lo sguardo sadico che si porta sempre appresso, ma un qualcosa di spento, di marcio. Non è offesa, eppure il tono di voce è in qualche modo spezzato.

«Non smetterò di essere ciò che odi. Qualcuno mi ha detto di provare a chiederti scusa, ma si vede che non ha compreso l'entità del tuo rancore. Non basterebbe un'insulsa parola a spezzarlo, *principe di ghiaccio*».

Poi si allontana, scomparendo dalla nostra visuale. Olivia la segue preoccupata e insieme percorrono il corridoio. Derek non mostra alcun segno di pentimento. L'indifferenza con cui reagisce mi lascia perplesso. Entra nello studio medico dove abbiamo registrato l'intervista e dopo qualche secondo esce con il borsone dell'attrezzatura. Senza proferire parola si dirige verso l'uscita, così... come nulla fosse. Lo seguo dentro al taxi che ci aspetta per scortarci in hotel. Il silenzio regna sovrano per tutto il tragitto, in pochi minuti arriviamo nel centro della città, nel cuore delle proteste. Scendo dall'auto e prendo la videocamera, inquadrando un'intera ondata di cittadini che gridano inni di solidarietà. Alcuni tengono tra le mani cartelloni, altri striscioni con parole di conforto per il dottor Turner. Olivia ci raggiunge subito, ma accanto a lei non c'è Sia.

«Sia ha detto di continuare da soli. Preferisce tornare in hotel...» spiega.

Anche lei ha notato che l'umore di Sia sembra subire delle variazioni strane, diverse dal solito. Derek non batte ciglio, si dirige verso un punto sopraelevato con l'altra videocamera in mano per riprendere la manifestazione. 'Non lo capisco'.

«Questa cosa non finirà bene» mormora Olivia.

Trema per il freddo, si passa le mani sulle braccia per scaldarsi. Tolgo la giacca e gliel'appoggio sulle spalle.

«Non ammalarti» sussurro.

Lei rimane incantata da questo piccolo gesto, le sue guance diventano rosse. Olivia è così: affascinata dai dettagli e dalle azioni che normalmente passano inosservate. Le basta poco per sorridere, per rallegrarsi, e quando lo fa il suo volto acquista una luce tutta sua. Faccio qualche scatto sulla folla e fra la gente noto i ragazzi degli altri gruppi. Aveva ragione Sia, sono rimasti qui per tutto il tempo a riprendere la manifestazione. A volte mi chiedo come faccia a leggere così bene le menti altrui. Dev'essere un dono speciale che possiede dalla nascita, o qualcosa del genere. Usa le favole per decifrare chi la circonda.

Mi volto verso Olivia. «Aspettami qui».

Mi avvicino a Derek, intento a riprendere il gruppo di ragazzi che agitano cartelli di protesta. Quando si accorge che mi sono posizionato accanto a lui, mi rivolge uno sguardo annoiato.

«Pensi veramente che Sia meriti tutto questo odio?»

«Sì, lo penso».

Dovrei essere sorpreso dalla sua freddezza, eppure mi ci sto abituando. È gelido con chiunque, ma con lei di più. Come se in un certo senso ne avesse paura. Un animo senza regole, ribelle e infuocato come quello della strega-demone può incutere timore in quelli come Derek. Ma non pensavo potesse disprezzarla a tal punto.

«Quanto sai di Sia?»

«Pensa a registrare, invece di psicanalizzarmi».

«Posso fare due cose contemporaneamente, sai?» dico.

Lancio uno sguardo a Olivia, sta intervistando un manifestante e si appunta le risposte nel piccolo bloc notes che si porta sempre dietro. Le mie labbra si distendono in un sorriso di loro spontanea volontà.

«Tipo tenere d'occhio Olivia e infastidire me?» domanda con sprezzante ironia.

Osserva la folla con una freddezza gelida, come se lo disgustasse dal profondo del cuore.

«Ha ragione Sia a chiamarti 'principe di ghiaccio'. Tratti tutti con diffidenza, come se non meritassero di respirare la tua stessa aria e sei freddo con chiunque non ti aggradi».

«Ora inizi a sparare stronzate anche tu?»

«Non capisco il perché di un tale odio. Cosa ti ha fatto? Cosa ne sai di Sia per sentirti in diritto di detestarla così profondamente?»

Derek non risponde.

Terminiamo la registrazione e torniamo all'hotel con il taxi. Olivia si siede davanti, Derek e io nei posti dietro. Proprio quando penso che si sia dimenticato della domanda che gli avevo posto, mormora un sussurro leggero.

«Sia... potrebbe farmi piangere e io non posso permetterlo».

Rivolgo lo sguardo verso di lui. Ha la testa appoggiata al finestrino e gli occhi chiusi. «Perché?» domando.

Sospira. «Perché crollerebbe tutto, Edgar».

Poi si chiude in un silenzio profondo, con la mente ingarbugliata in chissà quale pensiero.

Torniamo in camera senza più parlare. Dopo la doccia, si addormenta sul letto e io finisco di montare il lavoro al computer, prima di scendere al ristorante per la cena.

L'ambiente è lussuoso, decorato nei toni del bianco e dell'oro. I tavoli sono occupati da gruppi di cinque o tre persone, gli altri candidati sono già seduti. Derek prende posto in un tavolo in disparte, nell'angolo vicino all'uscita, e viene subito raggiunto dalle ragazze degli altri gruppi, fra le quali ovviamente c'è Tatiana. Si siede davanti a lui e mangiano insieme, come fossero una coppia ufficiale. Lei è l'unica a non venire allontanata, Derek non le riserva la diffidenza con cui è solito trattare Sia.

Vedo Olivia, è seduta a un piccolo tavolo con lo sguardo perso nel menù che tiene tra le dita. Mi siedo davanti a lei. «Sei da sola?»

Non c'è Sia. 'Starà male?' In ospedale non sembrava molto in forma e poi le parole di Derek, anche se non l'ha dato a vedere, devono averla ferita.

«Sia è stanca, ha detto di non voler cenare. L'ho lasciata dormire, anche se non sono molto tranquilla. Sembrava senza energie. Non lo so, è strano».

Annuisco, condivido i suoi stessi dubbi.

I tutor fanno la loro entrata, attirando l'attenzione di ognuno di noi. Dopo un piccolo discorso di incoraggiamento per i nostri lavori e un applauso generale, si dirigono verso il fondo del ristorante, dove c'è un tavolo dedicato a loro.

Hemlich si alza in piedi, guarda prima me e Olivia e poi gli altri tavoli. «La pazza che fa profezie e che picchia la gente non c'è? Le è passata la fame o sta sterminando qualcun altro?»

I suoi amichetti ridono a questa squallida battuta. Lo fulmino con lo sguardo. Lui e il suo gruppo di idioti riescono a fare gli scimmioni solo quando non c'è Sia, di fronte a lei non osano dire nulla.

«Lasciali perdere» mormora Olivia.

«Ah, ho capito. Non mangia dove mangiamo noi, la signorina usufruisce del servizio in camera. Dopotutto... è figlia di una pazza».

Le risate vengono interrotte da un tonfo improvviso. Derek si è alzato in piedi di scatto, rovesciando la sedia, e guarda i ragazzi con tale astio che in meno di un secondo si ammutoliscono. Lui non proferisce parola, congela Hemlich con uno sguardo che trabocca disprezzo. La tensione incombe su tutta la sala. Poi, Derek si volta e se ne va, lasciando il suo piatto a metà. Tatiana rimprovera Hemlich per aver rovinato la serata.

«Hai visto che sguardo aveva? Sembrava volermi uccidere, è pazzo pure lui?» replica lui.

Olivia sospira. «Non lo so, ma posso dire che è più intelligente di te. Sai prendere in giro solo alle spalle, sei così codardo?»

Con eleganza e tranquillità, lo zittisce. I ragazzi degli altri gruppi la fissano con un po' troppa insistenza, così batto le mani un paio di volte per attirare la loro attenzione. Abbassano lo sguardo quando notano la serietà con cui li fisso. 'Una mandria di imbecilli'.

Apro la porta della camera. Derek è a letto. Mi dà le spalle, si isola completamente. Non ha neanche finito di mangiare per difenderla, ma allo stesso tempo... continua a ferirla.

'Perché crollerebbe tutto, Edgar'.

Dalle sue parole trasudava una profonda paura. Sia potrebbe far crollare il muro di Derek e lui la disprezza per questo. So cosa vuol dire tenere saldo un muro, impiegare anni a costruirlo e avere paura che qualcuno possa distruggerlo, rendendo vani tutti i tuoi sforzi. Anche lui, come me, ha una battaglia interna che lo divora. 'Forse non sono... l'unico mostro, l'unico essere marcio ed escluso dall'*happy ending*'. Sospiro. Qualsiasi cosa Derek stia tenendo nascosta, deve terrorizzarlo a tal punto da congelare chiunque si avvicini. E Sia è un pericolo per lui. Apro la valigia per prendere il pigiama ma la porta viene spalancata di colpo. *Olivia?* Trema con le lacrime agli occhi, ha le mani e i vestiti coperti di sangue. Il terrore del suo viso mi paralizza. Non riesce a proferire parola, ha il fiato mozzo. Derek si volta di scatto, spalanca gli occhi quando la vede.

«Che cosa succede?» Mi avvicino a lei, preoccupato.

«D-dovete seguirmi...» riesce a bisbigliare. Io e Derek la seguiamo nella sua camera. Non avrei mai pensato di trovare qualcosa di simile, *un quadro struggente e sanguinario*. L'odore mi invade le narici. Sul pavimento della stanza ci sono orme di sangue che proseguono fino al balcone, situato dietro una tenda. Olivia chiude velocemente la porta alle nostre spalle: se qualcuno vedesse questo scempio, sarebbe la fine. Derek avanza e sposta la tenda, l'odore del sangue si fa più intenso e ciò che vedo mi paralizza. Sia è seduta sul parapetto del balcone in una camicia da notte bianca, in mano stringe una penna stilografica che gronda gocce di sangue. Dondola le gambe nel vuoto. Ha le braccia graffiate, il rossetto sbavato e i capelli in disordine. 'Si è trafitta da sola?' Gli occhi sono assenti, vuoti. Le lacrime che le scorrono sulle guance contrastano con l'impassibilità del suo sguardo. Comincio a tremare. Sembra reduce da un'estenuante lotta che soltanto lei conosce.

«Sia?» Derek per la prima volta pronuncia il suo nome senza alcun astio.

Lei sorride in modo tetro. «Oh, cercate lei?» Barcolla pericolosamente, rischia di perdere l'equilibrio. Derek le si avvicina.

Sia solleva una mano. «Non ti avvicinare. La ragazza che cercate ora non c'è, ci sono solo io».

'Ci sono solo io?' Ma che vuol dire? Olivia mi spiega che ha cominciato a risponderle in quel modo già da un po' e che quando ha tentato di avvicinarsi a lei si è tagliata le braccia con la stilografica.

«Olivia, prendi la cassetta del pronto soccorso» sussurro.

«È inutile che cerchiate di salvarla. È già morta, è solo un corpo che cammina in attesa del verdetto finale». Sia solleva la stilografica e la pianta con forza, ripetutamente, nella ferita già aperta. «Vedete? Non fa male perché questa ragazza è già morta. Non è divertente? Può solo sanguinare».

Spalanco la bocca, Olivia si porta una mano sugli occhi mentre Sia ride delle nostre espressioni scioccate. Rimango spiazzato dalla crudeltà con cui si tortura da sola. La quantità di sangue che sta perdendo non la turba nemmeno un po'. Anzi sembra quasi che la faccia sentire meglio.

«Sì, è molto divertente» Derek l'asseconda, parlando in tono calmo. Non è spaventato, o almeno non lo lascia vedere. È come se fosse abituato a queste situazioni.

Derek si siede a terra sotto il suo sguardo attento. «Ti va di mostrarmi quella penna? Le stilografiche mi piacciono molto».

Sia scende dal parapetto, si avvicina a lui e gli si siede accanto. «Ah sì?» Lo guarda con diffidenza, come se sapesse che da un momento all'altro potrebbe essere intrappolata. Prende il braccio di Derek e lo scopre, ne tocca la pelle quasi incantata.

Alza lo sguardo su di lui e inclina la testa di lato. «Non hai paura?» Con la penna stilografica gli traccia linee immaginarie sul braccio.

«Non so chi sei, come faccio ad avere paura?»

Non capisco come faccia Derek ad affrontare la situazione con tanto sangue freddo. Olivia è più confusa di me, appoggia la cassetta del pronto soccorso sul tavolino del balcone e aspetta che Derek ci dica cosa fare.

Sia ride divertita. «Già, hai ragione... Io sono 'la rosa bianca', tu chi sei?»

«Il principe di ghiaccio».

«I principi non li ho mai sopportati, non capisco il perché *lei* ti abbia tanto a cuore. Forse è per i tuoi occhi, anche a me piacciono tanto».

Parla con un distacco quasi spaventoso: si dissocia da se stessa, come se fosse un'altra persona. Ha lo stesso aspetto di Sia, ma una luce diversa, una luce più sporca. E ne ho la conferma quando graffia con la stilografica il braccio di Derek. Lo guarda, aspetta una sua reazione, ma Derek non mostra nulla. Le sorride con gentilezza. Olivia avanza preoccupata, ma io la fermo immediatamente.

«Lascia che sia lui a gestirla. Se ci intromettessimo, rischieremmo di spaventarla» sussurro.

Lui annuisce. In quell'istante il suono di un telefono attira la mia attenzione. Viene dalla borsa di Sia. Sarà Tom? L'uomo che vuole sempre sapere dove si trova e se sta combinando qualche guaio?

Mi allontano di qualche passo e recupero il cellulare. Sia non dà segno di avermi notato. «Pronto?» Con lo sguardo fisso verso quella scena da film dell'orrore, ascolto la voce dall'altro capo del telefono.

«Pronto? Chi sei? Dov'è Sia?»

«Sono un suo compagno...»

«Me la puoi passare?» Il tono è preoccupato. Olivia si avvicina a me, io non perdo d'occhio Sia. È intenta ad ammirare le piccole gocce di sangue che fuoriescono dai graffi sul braccio di Derek. Lui non mostra alcun segno di paura, né di dolore. Lascia che Sia, o meglio 'la rosa bianca', giochi a suo piacere.

«Ora... non sta molto bene. Posso sapere chi sei?»

Tom comprende subito a cosa io mi riferisco. «È lei? *La rosa bianca?* Dovete sedarla subito, nella sua borsa dovrebbe esserci una siringa. La porta sempre con sé per sicurezza. La farà addormentare in pochi secondi. Io sto arrivando. Sarò lì il prima possibile».

Evidentemente quello che sta succedendo qui non è una novità per Tom. Sia dev'essere talmente abituata a convivere con questo demone al punto da portare sempre con sé un sedativo.

Olivia prende la borsa di Sia e fruga fino a trovare una piccola siringa da dieci ml.

«Non dovete farle capire che la volete sedare. È capace di farsi del male per fermarvi: non fatevi ingannare, è molto astuta. Sto arrivando, per favore... *non permettetele di farsi del male*».

«Dobbiamo... sedarla?» Olivia osserva con tristezza la siringa.

«Devono essere abituati a farlo in queste situazioni. Te la senti?»

Annuisce, togliendo il cappuccio dell'ago. Ci avviciniamo al balcone, Sia è ancora seduta con Derek. Non si sono rivolti parola per quasi un mese e adesso chiacchierano come nulla fosse. Il principe di ghiaccio la ascolta con attenzione e risponde alle sue domande contorte. I graffi che Sia gli ha procurato gocciolano di sangue, ma questo non sembra preoccuparlo. La penna stilografica è ancora tra le sue mani, ma la sua attenzione è rivolta al principe di ghiaccio. 'Come se fosse il suo giocattolo'.

«Ora capisco perché è attratta da te. *Tu puoi congelarle*».

«Congelare cosa?» il tono dolce di Derek la distrae.

«Le catene, non lo sai? Sia ha delle catene che le stringono il cuore, imbrattate dal sangue di una rosa bianca. È stato furbo da parte sua tentare di congelarle con te... ma tanto non funziona perché io arrivo comunque...»

Le parole le rimangono sospese in bocca, bloccate in un sospiro di dolore e in un grido di ribellione. Gli occhi si riempiono di rabbia, trapassano Derek con la furia di chi è stato tradito. Olivia è riuscita ad avvicinarsi da dietro e, senza far rumore, le ha iniettato il sedativo nel braccio. Sia si affloscia a terra, ma Derek la sorregge. La prende tra le braccia con delicatezza e la porta fino al letto.

«Dobbiamo medicarle le braccia, ha perso troppo sangue. Avete chiamato un medico? Quei tagli avranno bisogno di punti».

Olivia tenta di fermare il sangue con le garze, mentre io preparo il disinfettante. Derek le toglie la stilografica dalle mani. La guarda con un'espressione desolata.

«Sta arrivando il famoso Tom, sembra sapere della condizione di Sia. È stato lui a dirci dove trovare la siringa per sedarla. A quanto pare... Sia se la porta sempre dietro» spiego.

Olivia singhiozza. «Si porta dietro un sedativo... le ragazze della nostra età hanno le borse piene di trucchi, invece lei... invece lei...» Una lacrima le percorre la guancia.

Osservo il corpo inerme di Sia. Chi l'avrebbe mai detto che la strega nascondesse dentro di sé tutto questo dolore, tutto questo male. Mi torna in mente il giorno in cui le ho chiesto quale fosse la sua più grande paura.

'La rosa bianca macchiata dal sangue è la mia più grande paura'.

«Nessuno di noi si aspettava questo. Siamo abituati a considerarla forte, senza paure... e non... *così*». Olivia si asciuga una lacrima che le percorre il volto.

Derek le scosta una ciocca di capelli dalla guancia, le accarezza la fronte con delicatezza. «Quindi è questo il tuo fardello, Sia?»

Capitolo 15

Quando vi chiederanno del dolore più atroce sulla faccia della Terra, narrate loro la storia della madre che partorì un bimbo morto.

Diede alla luce un neonato freddo e muto. Al posto del pianto vitale di un bambino, quel giorno si udirono solamente le urla di una madre che aveva in grembo una vita già consumata.

Pregò i cieli, le nuvole, la Terra e il sole... ma nessuno riuscì a riportare in vita il figlio. Cercarono di spiegarle che era già morto da tempo, che in quei nove mesi non aveva custodito una vita ma l'essenza della morte stessa.

Eppure lei ne percepiva il calore, sentiva la forza di un leone crescere sempre di più.

«Suo figlio adesso è un angelo in cielo, signora» le disse la dottoressa, sperando di calmarla.

«Distruggerà il cielo con lo stesso fuoco con cui mi è stato bruciato il cuore».

Questa risposta arrivò dritto all'anima del bambino e – come un richiamo naturale – egli incendiò i cieli in nome di un dolore che sentiva ardergli lo spirito. Così venne condannato ed esiliato per sempre dal paradiso.

Lo chiamano Lucifero, l'angelo maledetto... l'angelo che ha dato alla luce il dolore più grande sulla faccia della Terra.

Lucifero

Sia

Sono morta tante volte.

Non fa così paura come dicono. Penso che l'uomo tema la morte solo perché la associa all'ignoto.

'Farà male? Proverò dolore?' si chiede.

È convinto che morire sia il male peggiore, ignora l'esistenza di un dolore dalle radici intricate in nodi di pianti e grida di fuoco... ignora la storia di Lucifero. Se scoprisse che morire non fa male, non lotterebbe per vivere. Purtroppo, l'istinto di sopravvivenza è radicato nella natura umana da tempi immemorabili. Immaginate un mondo in cui non esista istinto di sopravvivenza, un mondo in cui vada bene morire, non ci sia bisogno di lottare, di farsi la guerra, di dichiararsi nemici mortali. Non c'è bisogno di aggrapparsi alla vita con le unghie, basta chiudere gli occhi e cadere nell'oblio di una realtà calda e allo stesso tempo fredda. D'altronde quanto mai può essere spaventoso dormire? Perché sì, la morte è questo: un sonno eterno che non trova antidoto nei farmaci.

Chiunque ci sia all'origine di tutto, ha fatto in modo che la morte sia temuta dall'uomo e che sia vista come una sconfitta. In realtà è il male minore.

Vivere è sentire ogni urlo di un'anima in pena. Vivere è faticoso, vivere è il dolore che mi spaventa. E questo non tutti lo comprendono. Può capirlo solo chi sconta una condanna.

Sono morta tante volte.

E tante volte sono risorta. Ho pregato affinché il mio animo rimanesse spento, ma il destino mi ha negato tale piacere. 'Non hai ancora finito di scontare la tua pena, strega'.

E anche questa volta... risorgo.

«Ti sei svegliata? Senti dolore? Che cosa fai? Non ti puoi alzare».

Tom? Stropiccio gli occhi con la mano.

«O sto avendo un'allucinazione o veramente sei venuto fino a qui come una sanguisuga, Tom» mormoro con la voce rauca e impastata dal sonno.

Siede a bordo letto, con una mano appoggiata sulle mie gambe. «Bel modo di ringraziare, dolce come sempre».

Un forte dolore alle braccia mi costringe a guardarle. Sono fasciate. Questo vuol dire solo una cosa... *che lei è passata.* La rosa bianca si è divertita ma, a quanto pare, non è riuscita nel suo intento. Il dolore mi brucia la pelle.

Tom mi spiega che ha fatto venire un medico apposta per mettermi dei punti e che ha lasciato delle pastiglie per il dolore. Osservo confusa la stanza d'albergo: com'è possibile che sia venuto fino qui? E dov'è Olivia?

Mi dà una mano a mettermi seduta. «Sei salva grazie ai tuoi compagni, hanno risposto al telefono e ho dato loro delle indicazioni per aiutarti. Sono venuto qui subito».

I miei compagni? La cosa peggiore del risveglio è non ricordarsi nulla di cosa sia successo. Cerco di ignorare il dolore lancinante ma è così forte che devo chiudere gli occhi e respirare. Olivia entra con un vassoio pieno di cibo. Quando mi vede seduta si affretta a sorridere per nascondere la preoccupazione.

Appoggia il vassoio sul comodino, si china davanti a me. «Come stai? Hai fame? Ti ho portato la colazione». Con estrema premura apre le confezioni ancora sigillate e spalma della marmellata sulle fette biscottate. È lei che ha chiamato Tom?

Sospiro. «L'hai conosciuta, vero? Dalla tua espressione deduco di sì». Mi sfugge un gemito quando tento di spostare le braccia. 'Ma quanto in profondità ha tagliato questa volta?' «Quella puttana e i suoi stupidi graffi».

Mi avvicina la fetta biscottata alla mano. «Parli così del tuo alter ego?»

Addento e comincio a masticare. «Cosa dovrei dire? 'Ma che bello, è venuta a farmi visita una dolce fanciulla, che birichina mi ha tagliato le vene delle braccia... acciderbolina, che caos'».

Tom scuote la testa. Mi guarda con la solita aria di rimprovero mentre divoro le fette che Olivia mi prepara.

«Signori e signore, Sia Carillo è di nuovo tra noi». La sirenetta sorride. Ha delle occhiaie profonde e l'aria di chi non ha chiuso occhio, eppure cela ogni cosa sotto un sorriso innocente.

La camicia da notte che indosso è macchiata di sangue. Le piace proprio, adora lasciare graffi, sangue e dolore. La rosa bianca non si smentisce mai.

«Tommy puoi andare, ci vediamo a casa. Olivia, mi accompagni in bagno? Devo togliere questa camicia, ha l'odore di quella psicopatica».

«Tu non vai da nessuna parte, ti porto a casa. Non torni con i tuoi compagni in questo stato».

Rido. «E chi lo ha deciso?»

Tom sospira esasperato dalla mia testardaggine. Il sorriso che gli rifilo lo infastidisce ancora di più. Cerca di convincermi con discorsi senza senso, per poi arrendersi al mio volere.

Olivia interviene, tentando di rassicurarlo. «La controllo io e se c'è qualcosa che non va, ti chiamo».

Tom annuisce. «Grazie Olivia».

Tento di alzarmi dal letto per cambiarmi i vestiti. Tra poco dovremo riunirci tutti nella hall dell'albergo per tornare in aeroporto e di certo io non posso presentarmi così. Olivia mi sorregge fino al bagno. Chiudo la porta a chiave mentre lascio scorrere l'acqua del lavandino per alcuni minuti. Sento la porta della camera sbattere: Tom se ne sarà andato, finalmente. Quando osservo il mio riflesso allo specchio, la vedo che mi sorride soddisfatta.

«Stronza di merda» mormoro con disprezzo.

I tagli che mi ha inflitto mi fanno sentire le braccia così pesanti e doloranti che fatico perfino a chiudere il rubinetto. Ha tagliato profondamente, questo vuol dire che qualcuno ha tentato di fermarla. Quando si sente minacciata, fa male a me, non ad altri. Sa che in questo modo chiunque si ferma, sa che *ha in me il migliore ostaggio.*

«Tutto bene, Sia?» Olivia è già preoccupata.

Smetto di guardare il mio riflesso allo specchio e inizio a cambiarmi. «Tutto a meraviglia».

Il dolore che sento a ogni movimento è un'atroce tortura. Tom mi ha portato un cambio, sapendo quello che avrebbe trovato. Ogni volta che succede, i miei vestiti si macchiano di sangue.

Mi cambio con estrema fatica, coprendo tutte le medicazioni di modo da non insospettire nessuno. Metto un filo di fondotinta per mascherare le occhiaie: ho l'aspetto prosciugato, non posso spiegare a nessuno questa situazione... *insomma, come farei?*

Esco dal bagno. Le macchie di sangue che c'erano sul pavimento ora non ci sono più. Le lenzuola sporche di sangue sono ammucchiate in un angolo per la donna delle pulizie, tutto il resto è in perfetto ordine. «Hai sistemato tutto? Ti piace mettere le cose a posto».

«Diciamo che aiuta a distrarmi. Stai bene? Vuoi mangiare ancora qualcosa?»

Prendo la borsa, ma quando allungo il braccio non riesco a trattenere una smorfia. «Sono a posto, scendiamo di sotto o perderemo la navetta per l'aeroporto».

Olivia mi appoggia la giacca sulle spalle, prende la sua valigia e mi sorregge con un braccio. Sorrido, prima di incamminarci verso gli ascensori. Chissà quali raccomandazioni le avrà fatto Tom. 'Esagera sempre, lui'.

Entriamo in ascensore, Olivia preme il tasto zero e le porte si chiudono. «Chi mi ha vista ieri?» Mi dà fastidio non ricordare nulla.

«Intendi... chi ha visto la rosa bianca?»

«Si è addirittura presentata, la psicopatica. Quanto la odio».

Olivia ride divertita dal modo in cui ne parlo. Osservo il mio riflesso allo specchio. 'Cazzo, sono ridotta veramente male'. Prendo il rossetto dalla borsa e lo ripasso sulle labbra.

«Quando sono salita, dopo la cena, l'ho trovata sul parapetto. Ho tentato di fermarla, ma ha iniziato a farsi del male con la stilografica. Poi ho chiamato Edgar e Derek perché non sapevo come fermarti e loro mi hanno aiutata. Edgar ha risposto al telefono e ha dato le istruzioni a Tom per venire fin qui».

«Non è morto d'ansia, il draghetto? Strano».

Cerco di ignorare il fatto che anche Derek l'abbia vista: non succede nulla di buono quando un principe incontra la rosa bianca. *Mai.*

«Derek è quello che ci ha parlato di più».

Finisco per sbavare il rossetto, sporcandomi l'angolo della bocca. Lo correggo con le dita.

«Che cosa si sono detti?»

«Non lo so. Nessuno di noi lo sa, stavo prendendo la cassetta del pronto soccorso e Edgar era al telefono con Tom. So solo che si è seduta con lui e sembrava a suo agio, lo chiamava principe di ghiaccio... proprio come fai tu».

Annuisco in silenzio. *Un incubo.* Le porte dell'ascensore si aprono sull'atrio dove sono riuniti tutti i gruppi. Raggiungiamo il punto di ritrovo sotto lo sguardo curioso dei presenti.

«Perché? Non dovevano parlarsi?» sussurra.

«Ci sono cose che non devono succedere, sirenetta».

Come spiegare a un'anima candida come lei che esiste una punizione per il principe che si affeziona alla rosa bianca? È già successo in passato e il mondo intero è stato punito per quel legame.

«Ma guarda... ti sei svegliata, bella addormentata? Ti hanno portato la colazione a letto?» La voce di Hemlich mi fa voltare verso il suo gruppo di idioti. Olivia mi trascina, senza darmi modo o tempo di rispondere. Ci sediamo lontane da loro, su un divanetto d'angolo, ma questo non basta. Hemlich avanza verso di me, alza la voce di modo che tutti lo sentano.

«Certo che i servizi dovrebbero essere uguali per tutti. Non solo cena in camera come una regina, ma anche la colazione. Cosa c'è? Non vuoi mescolarti a noi comuni mortali?»

Distolgo lo sguardo dal giullare. 'Mi chiedo cosa abbia detto la rosa bianca a Derek'. Non posso permetterle di rivelare troppo, non sopporterei un'altra cicatrice addosso. Sono già abbastanza quelle che porto. Essere punita anche per questo sarebbe un peso che non posso sobbarcarmi.

«Solo perché tua madre ha fatto la storia della Big World News, non vuol dire che hai il diritto di snobbare tutti quanti in questo modo. Principessina del cazzo».

Olivia scuote la testa. «Non rispondere, Sia».

Mi alzo in piedi, stanca delle sue continue frecciatine. «Che cosa hai detto?»

Avanzo verso di lui e allungo la mano sulla sua guancia fino ad accarezzarla. Le fitte al braccio si fanno sentire, ma non posso permettermi di mostrarmi fragile davanti a tutti. Hemlich si acciglia confuso. I giullari tendono a superare il limite se non li si rimette subito al loro posto. Li trovo così tristi: esseri che ricercano l'approvazione altrui a qualunque costo.

«Hai detto per caso che sono una *principessina*?» Il disgusto che provo trasuda da ogni mia parola.

Cala un silenzio profondo. Olivia si alza in piedi, mi raggiunge preoccupata, mentre accarezzo con un sorriso sadico il collo di Hemlich. Le mie dita iniziano a premere con forza ai due lati del suo pomo d'Adamo. Ignoro il dolore al braccio e stringo con tutte le mie forze. Lui impallidisce, non si aspettava questa mossa né il dolore che sta provando.

«Ripeto, come mi hai chiamato?» dico ridendo, divertita dal colore che sta assumendo la sua pelle.

Concentro tutte le forze che riesco a racimolare per fare in modo che le mie dita gli affondino nel collo, per provocare il massimo del dolore, poi lascio la presa di scatto.

Hemlich fa un passo indietro, tossendo, con l'espressione stravolta.

«Sei pazza? Hai veramente esagerato» dice uno degli amichetti di Hemlich.

«Tu dici? Ho solo risposto alle sue parole».

I candidati dei tre gruppi si riuniscono intorno a noi: mi guardano come se fossi appena evasa da un manicomio criminale.

«No, lo hai quasi soffocato. Non hai solo risposto alle sue parole, gli hai fatto del male» insiste l'avvocato del giullarino.

«Anche lui mi ha fatto del male. È mio diritto decidere in che modo rispondere, se mi viene arrecato un danno. Vero, Olivia?»

La sirenetta si porta una mano fra i capelli in completo imbarazzo.

«Io direi di chiuderla qui, Sia». Olivia guarda con preoccupazione il volto del giullare.

Io fingo di darle retta e mi rivolgo a Hemlich con un'aria fintamente dispiaciuta. «Scusami tanto, è che a volte ho qualche rotella fuori posto e oggi sono particolarmente incazzata. Non volevo mica ucciderti, non è per nulla divertente».

Con un falso sorriso gli sistemo la camicia spiegazzata. Mi guarda con il terrore negli occhi, mentre recupera fiato. Si massaggia il collo tossendo. «Sei pazza...»

Inclino la testa di lato. «Dici? Sei stato tu a offendermi per primo. Mi hai chiamato principessina, insomma... che schifo! Ti sembro una principessa?»

Il tono serio con cui affronto questo argomento continua a seminare dubbi sulla mia sanità mentale. Non puoi dare della principessa a una strega. Due mondi, due stirpi e due storie completamente differenti.

Sospiro. «Ah, non potete capire. Andiamocene, Olivia, non mi sto più divertendo e inizio a sentirmi stanca. Parlare con dei deficienti mi prosciuga le energie».

Mi volto, dando loro le spalle, e proprio quando sto per raggiungere il divanetto dove eravamo sedute, sento un atroce dolore provenire dal braccio fasciato. Hemlich me lo sta stringendo, ignaro dei punti freschi che chiudono una ferita profonda. Faccio una smorfia e serro la mascella per non dimostrare quanto sto soffrendo.

«Dimmi, giullare».

«Non mi chiamare così. Sei patetica, ci guardi come se sapessi tutto di noi. Sappiamo come sei entrata qui, non certo con un test d'ammissione!»

«Puoi lasciarmi andare il braccio?» Ignoro le sue accuse colme d'invidia.

Sta stringendo con tanta forza che non riesco a muovere il braccio, cerco di soffocare il dolore che sento ma i punti bruciano sotto la mia pelle. All'improvviso Hemlich viene scaraventato a terra con forza. Il sollievo mi permette di riprendere fiato. Un attimo dopo mi rendo conto che a colpirlo con un pugno è stato proprio il principe di ghiaccio.

Derek.

«Cosa state facendo? Vi sembra il caso di comportarvi in

questo modo?» Tatiana interviene, aiutando Hemlich ad alzarsi da terra. Ha il labbro che sanguina e lo sguardo stravolto fisso sul principe di ghiaccio.

Edgar appare magicamente accanto a Derek. «Dillo ai tuoi amici, non a noi».

Poco fa non erano qui, lo potrei giurare... eppure, sono comparsi nel momento del bisogno. Penso che questa magia inizi per O e termini con Livia. La sirenetta sorride soddisfatta, ha lo sguardo compiaciuto. Sbuffo infastidita da questa situazione. Da quando il principe di ghiaccio prende le mie difese? È l'influenza della rosa bianca? È di sicuro lei. Derek mi osserva con preoccupazione. Ha uno sguardo che non sopporto: solo perché ha visto la rosa bianca, si comporta diversamente. Solo perché l'ha conosciuta. 'Che cosa gli ha detto per fargli superare la diffidenza che nutriva verso di me?'

Quando sta per avvicinarsi a me, mi sposto verso il divanetto, ignorandolo con una freddezza che lascia tutti di stucco.

Edgar si siede accanto a me. «Sei impazzita? Il tuo amato principe di ghiaccio stava cercando di fare un passo verso di te e tu l'hai allontanato?»

«Draghetto, mi hanno detto che ieri non sei svenuto. Congratulazioni».

«Be', ho mantenuto il sangue freddo. Gli uomini fanno questo» replica con un sorriso.

Lo guardo con attenzione: non è spaventato, non prova pietà né commiserazione. È strano, ma sembra che ai suoi occhi io sia la stessa di sempre. Non mi tratta in modo diverso, fa le sue solite battute ironiche.

I tutor fanno il loro ingresso nell'atrio, iniziano a fare l'appello per accertarsi che siamo tutti presenti per il ritorno. Con la coda dell'occhio noto Derek parlare con Olivia.

Sposto lo sguardo verso terra. «Ti è piaciuto il mio alter ego?»

«Per niente, quella è più pazza di te».

Faccio una piccola smorfia. «Dici? Le piace impressionare gli altri».

Alzo leggermente la mano quando sento il mio nome. Sento

il braccio pulsare dolorosamente. Credo che mi stia venendo la febbre. *Come al solito.*

Edgar si alza in piedi, mi porge la mano e mi aiuta ad alzarmi. «Preferisco te, *strega-demone*».

Nonostante io lo prenda in giro per l'ansia in cui vive costantemente, ammetto che avere un drago accanto – anche se incatenato – fa il suo effetto. Il calore che sprigiona dà una certa sicurezza, una sorta di conforto.

Usciamo e saliamo sulla navetta. Derek viene preso in ostaggio da Tatiana e dal suo gruppo di amiche. È da quando ha aggredito Hemlich che sento il suo sguardo addosso. È come se volesse comunicarmi qualcosa, ma non voglio avere conferma del fatto che la rosa bianca ha stregato anche lui.

Edgar si siede nei posti davanti, mentre Olivia si mette accanto a me. Mi porge delle merendine con tanto di bevande energetiche.

«Mi hai presa per una bambina piccola?»

«Mangia, sono gli ordini di Tom».

Sospiro. «Quell'uomo è stressante». Apro una merendina al cioccolato.

«Dici? A me sembra che lui si preoccupi tanto per te, non pensi che sia una cosa bella? Avere qualcuno che è disposto a raggiungerti ovunque...»

«Non sono io quella persona per Tom. Ha una famiglia, dei figli e una moglie. Si ostina a includermi in un mondo in cui non ho spazio».

È la verità. Tom non lo sa, non lo vede... ma io sì. Ha tentato più volte di portarmi in mezzo alla sua famiglia, ma non nota la diffidenza con cui mi guardano. Quando mi invitò per la prima volta a una gita, finì che litigarono per colpa mia. La moglie di Tom apprezza il fatto che lui mi abbia così tanto a cuore, ma non vuole che io sia d'intralcio nelle priorità dei suoi affetti. Non la biasimo. Rischia di mettere prima me dei suoi veri figli. Per questo rifiuto le sue cortesie, magari se io lo trattassi con disprezzo lui scomparirebbe e potrebbe continuare a vivere come un cavaliere reale. Così i suoi figli potrebbero vivere a corte senza essere banditi dall'impero, *senza diventare i figli di un goblin.*

«Ti vuole bene. Ci ho parlato durante la notte, all'inizio pensavo fosse tuo padre... poi ci ha detto che tuo padre non c'è. Al che ho realizzato di non sapere davvero niente di te». Il tono che usa è sincero, triste e malinconico.

È come se si sentisse in colpa per il mio dolore, il che è assurdo. Perché le sirene tendono a empatizzare così tanto? Lo fanno da sempre: prendono il dolore dei marinai e lo trasformano in un dolce canto immortale.

«Non c'è molto da sapere su di me e quel poco che c'è non ne vale la pena. Se potessi, lo dimenticherei. Se avessi una bella storia la racconterei all'infinito. Sai che adoro le storie, se non racconto la mia vuol dire che fa davvero schifo e che non ha una morale sensata. *E io odio le storie senza senso*».

Olivia mi ascolta con attenzione, come se stesse cercando di mettere a posto dei tasselli dispersi.

«La rosa bianca ti ha detto qualcosa? Perché mi guardi come fossi un cucciolo sperduto da proteggere?»

La osservo attentamente: voglio capire quante persone ha stregato quella stronza. Se anche Olivia è sotto al suo effetto, avrà macchiato il canto di una sirena con il dolore di una rosa irta di spine.

«Non ti guardo come fossi un cucciolo da proteggere, Sia. È che il dolore che porti dentro mi affascina. Vorrei poterlo leggere, proprio come tu leggi il mio... ma non ho quel dono. Quindi non mi resta che guardarti e ascoltarti, aspetterò che sia tu a raccontarmelo».

Le sue parole mi colgono di sorpresa. È sincera. Non sta mentendo. Non è la rosa bianca che parla, è solo Olivia.

«Potresti aspettare inutilmente».

«Va bene».

«Ti macchierà» l'avverto.

«Okay».

«Farà male».

Alza le spalle. «Sopporterò».

«Da quando sei una sirenetta così audace?»

Nota che sto tremando, probabilmente mi verrà la febbre.

«Da quando ho incontrato una strega prepotente». Mi copre con la sua giacca.

Le medicine che ho preso stamattina mi fanno venire sonno. Quando prendiamo posto sull'aereo sono praticamente uno zombie. Olivia sposta la mia testa sulla sua spalla. Non riesco a rimanere sveglia e non appena chiudo gli occhi cado in un sonno profondo. L'unica cosa che sento è l'empatia di una sirena che cerca di tessere le note del mio dolore, tenta di formare la melodia per spezzare le catene di una strega condannata dalla nascita.

Tom mi sorregge fino all'interno della casa. L'ho trovato davanti all'azienda, pronto per portarmi via con la sua macchina. Ha programmato ogni cosa: visita dal dottore, Melissa, la cena e chi ne ha più ne metta.

«Sei ossessionato da me? Non è che ti sei innamorato?»

«Smettila di parlare a vanvera e stai attenta al gradino!»

Saliamo lentamente le scale verso la mia camera. Mi sento bruciare, vorrei soltanto chiudere gli occhi in un bagno ghiacciato. Non riesco a muovere le braccia per il dolore, i punti devono essere saltati.

Tom mi tocca la fronte. «Ma tu scotti! Cosa ti avevo detto?! Dannazione, Sia». Quando mi vede barcollare mi prende in braccio. Appoggio la testa sulla sua spalla, completamente inerme. Sento un materasso sotto di me. 'Sono sul mio letto'. Dopo qualche minuto entra un medico con una valigetta nera. Si siede accanto a me e si infila i guanti. Toglie le medicazioni precedenti, facendomi sussultare per il dolore. Stringo i denti, mentre Tom rimane in piedi e mi guarda impotente. Il medico si volta verso di lui e gli dice qualcosa che non riesco a sentire. È tutto così distante: l'unica cosa che percepisco è la preoccupazione di Tom nel vedermi di nuovo in questo stato. Ogni volta per lui è come una pugnalata, non riesce ad accettare il fatto che io sia una rosa che sanguina. Eppure, per me è semplice: ho una mente diversa, affronto la debolezza cercando di evadere e dal nulla riesco a evocare suoni e fiabe antiche. Sento le palpebre pesanti, guardo un'ultima volta Tom e scorgo nei suoi occhi il luccichio delle lacrime. Che stupido.

'Te l'avevo detto di non affezionarti a me'.

L'odore del cibo mi fa aprire gli occhi. *Cos'è?* Tom sa che mangio solo cibo d'asporto o panini preconfezionati. Sento delle risate provenire dal piano di sotto. Lancio uno sguardo all'orologio sul comodino: segna le diciotto e trenta. 'Quanto ho dormito esattamente?' Sposto l'attenzione sulle mie braccia, sono state fasciate nuovamente e sulla mano ho un ago collegato a una flebo. Mi metto a sedere con fatica, mi gira la testa. Prendo un respiro profondo, prima di staccare la flebo e alzarmi in piedi. Cammino piano piano fino a uscire dalla stanza, scendo le scale e arrivo in cucina. Aggrotto la fronte: cosa ci fa Derek ai fornelli? E soprattutto: chi cazzo l'ha fatto entrare qui?

«Hai scambiato casa mia per la cucina di *Masterchef*, principe di ghiaccio?» sospiro.

Lui gira lo sguardo verso di me, mentre affetta delle verdure sul ripiano di legno. Il forno è acceso. «Buongiorno, ho preparato la cena. Stai bene? Passata la febbre?» Mi lancia un'occhiata veloce.

«Ripeto: hai scambiato casa mia per la cucina di...»

«No, volevo proprio venire da te» precisa.

È una presa in giro?

«Cioè... dimmi se ho capito bene: prima mi ignori, poi mi dici chiaramente che mi odi e che non puoi minimamente sopportare la mia vista e ora cosa fai? Gordon Ramsey in cucina?»

Non risponde.

«Derek, ho usato la tua carta di credito per pagare...» Edgar entra in cucina con due sacchetti di plastica pieni di provviste. Mi sorride. «Oh, buongiorno strega-demone».

Non faccio in tempo a parlare che Olivia lo segue con altri due sacchetti. «Ti abbiamo svegliata?» La sirenetta inizia a sistemare la spesa nel frigorifero come se fosse a casa sua.

Scuoto la testa. «Prego, fate pure». Un attimo dopo Tom fa

il suo ingresso con l'aria dell'assassino sulla scena del crimine. Chi mai poteva esserci dietro a quest'enorme cazzata?

«Non arrabbiarti, mi sembrava carino invitarli. L'idea è stata di Derek. Hanno fatto tutto loro». Tom li guarda con aria soddisfatta.

'L'idea è stata di Derek'. Come dovrei prenderla, esattamente? La rosa bianca ha fatto il suo effetto sul principe di ghiaccio e ora si comporta in maniera diversa con me. Non è qui a cucinare per Sia, ma per lei, per il mostro che ha visto in me. 'E questo mi ferisce'.

Gli lancio un lungo sguardo. «Bell'idea, sai che non mangio il cibo che cucinano gli altri».

«Lo so, infatti Edgar e Olivia ti hanno preso il tuo panino preferito». Tom ha pianificato tutto quanto.

Derek continua a cucinare indisturbato, mi dà le spalle e non mi permette di guardarlo negli occhi. Sono sicura che sia qui per lei, chissà cosa gli avrà detto per portarlo a venire qui da me. La rabbia che sento mi fa risalire in camera senza aggiungere altro. Mentre passo davanti a Tom, lo fulmino con lo sguardo, in modo che capisca quanto tutto questo non sia di mio gradimento.

Quando arrivo di sopra tiro fuori il libro delle fiabe dal comodino e mi siedo sul letto. Lo apro, sfogliando pagina per pagina con attenzione. Dev'esserci per forza scritto qual è l'effetto della rosa bianca su un principe: sono sicura che Derek stia dimostrando tutti i sintomi di un tale sortilegio. Altrimenti, come si spiegherebbe questo improvviso cambio di direzione? E se la maledizione si fosse già attivata? Non può essere.

«Sei arrabbiata per la mia presenza?»

Riconosco immediatamente la voce. Non faccio in tempo a chiudere il libro che Derek si è già seduto sul letto accanto a me. Il profumo che sprigiona invade la stanza.

«Perché sei qui?» Chiudo il libro prima che possa leggerlo.

«Perché ero preoccupato».

Quest'improvvisa sincerità mi dà fastidio.

«Perché? Tu mi odi».

Derek sorride, il che mi irrita ancora di più.

«Senti, mi stai infastidendo...»

«Non ti agitare, sono stato scortese e crudele con te. Lo ammetto, okay?» Sembra voler affrontare la situazione un pezzo per volta, come se fossi una bomba a orologeria.

«E quindi ora che *l'hai conosciuta*, hai improvvisamente cambiato idea?» Stringo con ansia il bordo del libro.

Osservo con attenzione le sue labbra, ho paura di come potrebbe rispondere. So che sicuramente è stata lei, *la rosa bianca*. Non c'è altro motivo per il suo comportamento.

«La rosa bianca, dici?» Sussulto quando sento quel nome. «L'idea che mi sono fatto è sempre la stessa, *Sia*».

È la prima volta che mi chiama per nome, o meglio: è la prima volta che il mio nome esce dalle sue labbra con un tono che non sia denigratorio. Il che mi porta a volerlo sentire di nuovo. La dolcezza con cui l'ha pronunciato sembra ripulirlo da ogni peccato. 'Il potere di un principe è così vasto'.

«La rosa bianca non ha cambiato il tuo modo di vedermi? Olivia mi ha detto che ti ha parlato».

«Vuoi sapere cosa mi ha detto? Ti farebbe stare più tranquilla?»

È come se stesse cercando di comprendermi. Il che è strano: non è il trattamento a cui sono abituata. La confusione mi porta ad annuire, senza aggiungere altro.

«Solo se risponderai a una mia domanda».

«Okay».

«Perché non mangi il cibo che cucinano gli altri? Lo hai detto a Tom, prima, ma lo avevo già notato».

Non pensavo che gli interessasse questo dettaglio.

«Perché da piccola una persona ha tentato di uccidermi, avvelenandomi il cibo» ammetto senza battere ciglio.

La sua espressione rimane imperturbabile: la maschera di un reale non mostra segni di stupore, un po' come se fosse una possibilità che aveva previsto. Nonostante ciò, sembra che questo dato lo aiuti a costruire un quadro più completo.

«Ora tocca a te. Che cosa ti ha detto la rosa bianca?»

«Che sono il principe di ghiaccio».

Annuisco. Non è niente di nuovo.

«Che ho dei begli occhi» aggiunge.

Le iridi di ghiaccio non passano di certo inosservate. Anche questo non è un segreto, gli ho sempre detto di volere i suoi occhi. Anche adesso ho il desiderio di osservarli all'infinito.

«E che io posso congelare *le tue catene*».

Scacco matto.

Non è l'effetto della rosa bianca ad aver cambiato l'atteggiamento di un principe ostile a una strega, ma è la sua magnanima natura reale a essersi accesa per il nemico. Eppure, non ho mai letto di un principe che senta il desiderio di aiutare una strega.

«E vuoi farlo?»

«Se non è illegale» scherza.

Sono confusa: questo è del tutto impossibile. L'astio ancestrale di due stirpi nemiche che si spegne così? Da quando? Rimango incantata dalla perfezione dei suoi lineamenti: ha la pelle candida e gli occhi sembrano gemme perdute in un oceano antico, le labbra rosee sono un tocco di dolcezza in un viso regale.

«Non hai paura?» chiedo con evidente confusione.

Derek, per qualche motivo, sorride divertito. «Non so chi sei, come faccio ad avere paura?»

È così che ci si sente quando un principe rivolge il suo sguardo su di te? Dovrebbe rimanere nel suo impero incantato, con le sue guardie pronte a proteggerlo, e invece è seduto sul letto nella dimora oscura di una strega.

«Sono una strega che non controlla i propri demoni, è pericoloso sai. Potrei ucciderti, ferirti e farti sanguinare».

I miei tentativi di metterlo in guardia sembrano essere del tutto inutili. Si alza in piedi, diretto verso la porta.

«Sono già morto, mi hanno ferito molte volte e sanguino di continuo. Non è niente di nuovo, *Sia*».

Capitolo 16

C'era una volta una cantante lirica capace d'incantare teatri interi con il potere della sua voce. Raggiungeva animi torbidi e cuori nell'ombra, era di conforto per ogni essere umano, come una piccola carezza che permetteva loro di trovare pace. La famiglia della ragazza, però, disprezzava questo suo dono, perché non considerava il canto un vero lavoro, e riteneva le sue esibizioni un disonore.

Questo le dicevano ogni volta che la ragazza cantava per loro.

Non riusciva a toccarli così come toccava gli altri, e la sua famiglia denigrava e scherniva il dono che in molti le invidiavano.

Così un giorno la ragazza chiese alla madre: «Mamma, che cosa devo fare per non meritarmi il vostro disprezzo?»

La madre la guardò con insofferenza. Le spiegò per l'ennesima volta che, finché rimaneva attaccata a una vana passione, nessuno l'avrebbe mai presa sul serio e nessuno l'avrebbe amata.

«Cosa potresti mai darci, da grande? Tua sorella sposerà un uomo ricco e ci comprerà della terra. Tuo fratello ha aperto un'azienda e dividerà con noi i suoi profitti». Il padre elencava con smisurato orgoglio i guadagni che gli avrebbero portato gli altri figli.

«E tu? Che cosa ci potrai mai dare con il canto?» Rideva divertito dall'espressione della figlia.

In quel momento nella stanza cominciò a scorrere il sangue. La figlia che amava cantare, capace di raggiungere note alte come i monti, la figlia che narrava, tramite le melodie, storie lontane sepolte dal tempo... quella figlia aveva in mano il dono per i suoi genitori.

Con un sorriso sul volto cadde a terra.

Si narra che la cantante lirica abbia offerto loro le sue stesse corde vocali, strappandosi così la vita.

La cantante lirica

Edgar

«Stai facendo la scelta giusta». Bill accarezza la schiena di mamma.

Non si convince. Continua a guardarmi con gli occhi lucidi, come se mi stessero strappando via da lei. Michael prende le valigie e le sposta davanti alla porta: ha sempre sognato questo momento, il fatidico giorno in cui il pezzo di troppo del puzzle viene buttato via.

«Edgar, ti ho lasciato nel frigo dei piatti già pronti, e ho fatto la spesa... passerò ugualmente ogni giorno per accertarmi che tu abbia tutto il necessario». Mamma si tortura le dita con ansia.

So che i sensi di colpa la divorano, ha lottato fino all'ultimo per cercare di starmi accanto e darmi del tempo. Voleva che in qualche modo io vedessi Bill e Michael come una nuova famiglia, un nuovo lieto fine. Proprio come ha fatto lei. Bill e Michael, però, non fanno parte del mio mondo, non riesco a sopportarne la presenza e non capisco neanche il perché lei sia così affascinata da un uomo che mette in mostra la sua ricchezza a ogni occasione. Hanno iniziato così: prima le hanno chiesto di restare da loro per una notte, poi nei weekend, e a poco a poco hanno convinto il suo cuore che questa piccola casa contiene troppo dolore. Come biasimarli? È vero. Questa casa contiene troppo dolore, ci soffoco, ma non ho il coraggio di lasciarla andare. Per me rappresenta l'unico luogo in cui si sente ancora il profumo di Eveline.

Alle pareti ci sono tacche che segnano le nostre altezze, le annotavamo insieme ogni mese, e i corridoi sono solcati dal passaggio di infiniti giochi a nascondino. Come potrei minimamente pensare di voltare le spalle all'unico ricordo vivo che ho? La nostalgia mi perseguiterebbe e finirei per impazzire.

Michael sospira. «Non morirà, è grande abbastanza». Mi guarda con fastidio, per lui non merito queste attenzioni, per lui sono solo un mostro che calpesta il cuore di una madre. Ora che ha la carta mancante alla sua mano, la madre che non ha mai avuto, non permette a nessuno di toccarla.

Bill appoggia una mano sulla spalla di mamma. «Dobbiamo andare, la macchina è qui sotto».

Lei annuisce, alza lo sguardo per incontrare il mio e mi guarda come se fossi un oggetto rotto che non si riesce a riparare. L'espressione piena di sensi di colpa e di scuse mai pronunciate.

Tiro le labbra in un sorriso forzato. «Non farli aspettare».

Eveline avrebbe voluto questo, avrebbe voluto vederla felice. E la sua felicità non coincide con una casa spezzata dal dolore, con un figlio che urla la notte e che si sveglia di soprassalto, con una pistola che non può essere toccata e con uno spirito che non vuole abbandonare il presente.

«Allora io vado...» Si avvicina e mi stringe in un forte abbraccio. Rimane ferma per qualche minuto. Si aggrappa alle mie spalle e respira il mio profumo come a volerlo imprimere dentro di sé. Le accarezzo la schiena.

Bill si schiarisce la voce. «Dobbiamo andare, cara».

Lei si stacca da me e con gli occhi lucidi mi guarda un'ultima volta. Esibisco il sorriso più raggiante che possiedo, l'accompagno alla porta e le assicuro nuovamente che sto bene. Bill le appoggia la mano sulla schiena e insieme varcano la soglia ed escono. Più lei si allontana, più il mio sorriso si spegne, e dentro di me si allarga lo squarcio di una ferita mai rimarginata. Chiudo la porta con lo stesso silenzio di un mostro condannato alla solitudine. Non poteva finire diversamente. Lo sapevo, sapevo sarebbe arrivato questo giorno. Ormai la presenza di mamma era evanescente: qualche giorno sì, qualche giorno no. Il peso di un silenzio troppo profondo mi pervade la mente. L'ombra che mi marchia da quando si è spezzata ogni cosa riappare come un tuono a ciel sereno e mi costringe ad accasciarmi a terra con un dolore lancinante al petto. Tutto quello che sento si riduce a un fischio fastidioso alle orecchie e all'ossigeno che fugge via dai miei polmoni spezzandomi il fiato. Resto fermo, accasciato e gemente, incapace di respirare e di camminare. Gli occhi sbarrati, il fiato corto e le mani premute sulle orecchie. È così che ci si sente quando le uniche ombre che ti accompagnano sono quelle delle tue paure.

I miei occhi mi proiettano macchie di sangue sulle mani. Una sentenza che si ripete finché il criminale non viene catturato. È sempre lo stesso scenario: una lenta morte che incombe su un'anima esiliata.

Apro la portiera dell'auto e scendo. Alzo lo sguardo verso l'insegna. È questo il posto? Tiro fuori il telefono dalla tasca dei jeans e controllo l'indirizzo che ci ha mandato Frederick sul gruppo, il luogo dove dovremo raccogliere le prossime interviste. Coincide. Questa è l'azienda di Bill. Un altro dei fulgidi esempi di successo che la Big World News vuole documentare, magari trovando qualche elemento di scandalo per offrire un brivido in più al proprio pubblico.

«Sei strano, draghetto» commenta Sia con sospetto.

Derek e Olivia ci raggiungono subito dopo. Davanti all'ingresso c'è un viavai di persone in giacca e cravatta, tra cui numerosi giornalisti e paparazzi. Sistemo il borsone con le videocamere sulla schiena. Sia mi fissa con lo sguardo che usa sempre quando tenta di leggerti dentro.

«Sono sempre strano per te, Sia. Entriamo? Prima finiamo e prima ce ne potremo andare via da qui».

Non le do modo di analizzarmi ulteriormente, mi incammino verso l'ingresso dove due uomini della sicurezza controllano le identità dei presenti. Mostro il badge identificativo ed entro. I ragazzi mi seguono. L'ampio salone d'ingresso è costellato da tavolini intorno ai quali si radunano gruppetti di politici e uomini d'affari con le loro giovani accompagnatrici. Questo posto mi dà il voltastomaco. Mi porto una mano al collo e slaccio i primi bottoni della camicia. C'è troppa gente. Derek mi prende il borsone dalla spalla e si allontana verso il fondo della stanza, come se avesse intuito il mio disagio. Lo seguo, apro il borsone e lo aiuto a montare la videocamera. Olivia e Sia si mettono davanti a noi, appoggiandosi a un tavolino libero. Ci sono giornalisti ovunque. Sistemo la videocamera, pronto a riprendere le interviste per poi andarmene il prima possibile.

Derek guarda l'orologio. «Tra cinque minuti dovrebbe toccare a noi, il signor Westorn e il figlio ci concederanno un'intervista».

Sia si guarda attorno annoiata: non dovrebbe essere qui, è sgattaiolata fuori di casa perché, a quanto dice, si sentiva imprigionata. I tagli sulle braccia non sono ancora guariti, ma la giacca di pelle li copre completamente. Si attorciglia i capelli, mentre studia i presenti come fossero cavie nel suo laboratorio.

Olivia tira fuori il taccuino dalla borsa. «Ci dividiamo le interviste? Vuoi parlare con il signor Westorn o con il figlio Michael?»

In mezzo a tutto questo sfarzo, la semplicità di Olivia riesce ad attenuare l'agitazione che mi divora. Indossa un maglione bordeaux e un paio di jeans neri. Scrive sul taccuino le domande e cerca di memorizzarle a bassa voce, è una delle poche ragazze a non essere ammaliata dalla sfrontata ricchezza dei Westorn. Gli altri sono tutti emozionati all'idea di essere qui, di poter intervistare un pezzo grosso del mondo dell'economia americana. Io invece mi chiedo come sia possibile idolatrare qualcuno di cui non si conosce nulla. Fino a qualche ora fa gli attacchi di panico mi impedivano persino di stare in piedi e ora sono qui a intervistare un uomo che mi ha sempre considerato troppo marcio per poter far parte del suo bel quadro.

«Tu non stai bene» mormora Derek a bassa voce.

Alzo gli occhi al cielo. «Hai vinto il premio sensitivo dell'anno, vai pure a ritirarlo alla cassa».

«Fai così? Ironizzi su quello che ti fa stare male? Wow, molto maturo» sussurra.

Gli è bastato uno sguardo per capirlo. Derek è maledettamente attento a ogni dettaglio, anche il più insignificante. Lui e Sia hanno questo in comune: entrambi scavano nelle persone e traggono le loro conclusioni. Solo che Sia ci gioca, punzecchia e racconta favole; Derek crea un'affilata scheggia di ghiaccio con cui trapassare le sue vittime.

Michael si avvicina al nostro gruppo, assieme all'orda di avvocati che lo segue sempre. Mi guarda con un sorriso compiaciuto, sembra che la mia presenza qui sia una soddisfazione personale per lui.

Olivia attira la sua attenzione: «Avrei qualche domanda da farle, se non è un disturbo».

Punto la videocamera su di lui, ignoro l'espressione strafottente e mi attengo al semplice compito per cui sono venuto. Michael si vanta dell'azienda del padre in un monologo senza fine, si autoelogia con una presunzione che non ha pari.

«E menomale che non me lo sono beccata io 'sto psicopatico, mi sarei già buttata dall'ultimo piano» mormora Sia, strappandomi un piccolo sorriso.

L'intervista si conclude abbastanza velocemente, Olivia lo ringrazia e Michael coglie l'occasione per sfoderare il biglietto da visita. La sua solita mossa.

«Questo è il mio numero di telefono» dice, porgendoglielo con un sorriso ammiccante.

Olivia stringe le mani per il nervosismo.

«Cosa c'è? Non lo vuoi?» insiste Michael con un sorriso beffardo.

Lei allunga la mano e abbassa lo sguardo imbarazzata.

Chiudo la videocamera. «Dallo anche a me».

Michael serra la mascella. «Scusa?»

«Dallo anche a me. Forza, sto aspettando». Tendo la mano

aperta. «Il fatto è che noi siamo venuti per lavorare. Non capisco perché stai dando il numero di telefono a una ragazza che ti ha intervistato e non a me, che sono un suo collega. Lo fai perché pensi di avere il diritto di farti avanti, visto che è una ragazza? O perché vorresti essere ricontattato per un'altra intervista? In tal caso, dovresti lasciare il numero all'azienda».

Cala un gelo totale, gli avvocati che lo circondano si ammutoliscono. Prendo il biglietto dalle mani di Olivia e lo rimetto nel taschino del completo di Michael. Sento un applauso di sottofondo e quando giro lo sguardo noto che viene da Sia, che mi osserva con un sorriso soddisfatto. Faccio per voltarmi, ma Michael mi ferma.

«C'è una sorpresa stasera. Non te la perdere, Edgar». Il suo sorriso mi infastidisce, stringo la videocamera tra le mani.

Sia interviene, stuzzicata dalla curiosità. «Vi conoscete?»

«Non ve l'ha detto?» Cerco di reprimere la rabbia che ribolle nelle mie vene. «Siamo fratellastri. Si dice così, giusto?»

Immediatamente, gli sguardi dei presenti si puntano su di me. La voce si diffonde di bocca in bocca, piccole lame affilate che tagliano la mia immagine e la dissezionano minuziosamente. Olivia schiude le labbra, quasi potessi cambiare forma davanti ai suoi occhi. Abbasso lo sguardo di lato.

«Qui abbiamo finito, la ringraziamo per il tempo che ci ha dedicato». Derek mi sposta con il braccio e si mette davanti a me. Mi allontano diretto all'uscita. Hemlich e i suoi amici iniziano già ad accusarmi. Sento commenti del tipo: «Ecco un altro raccomandato, ma sono tutti così in quel gruppo?»

Sento dei passi alle mie spalle, alzo gli occhi e nel riflesso delle vetrate vedo Olivia. E più si avvicina, più il fiato mi manca. Osservo le mie mani con ansia: tremano di nuovo, preannunciano il sangue che finirà col coprirle, come succede sempre. Perché ora? Perché l'ombra mi perseguita anche qui?

Non faccio in tempo a trovare una risposta che cala un buio completo, il palco viene illuminato da un riflettore e tutti gli sguardi convergono verso lo stesso punto. Mamma e Bill vengono ripresi da migliaia di videocamere. Si crea un coro di sorpresa attorno alle loro figure: Bill s'inginocchia emozionato, tiene tra le mani una scatolina di velluto con un anello. Michael lo sapeva, lo sapeva fin dall'inizio. È a questo che si riferiva prima, la sorpresa di cui parlava. Non è passato neanche un giorno da quando lei è uscita da casa, eppure sembra ancora più distante di prima. Emozionata e con le lacrime agli occhi, accetta sotto l'applauso dei presenti la proposta di matrimonio. Proprio come in un film a lieto fine.

E io non appartengo a nessun finale, a nessuna felicità.

Mentre un coro di esclamazioni gioiose riempie il grande atrio, l'ombra mi inghiotte ancora di più. Non sento i suoni né le parole; il silenzio assordante torna a perforarmi i timpani sotto forma di un fischio invadente. La condanna dell'esiliato ricompare.

'Ti stanno lasciando tutti'.

Il dolore al petto comincia a svegliarsi di nuovo con violenza. Olivia si avvicina, mi sta parlando ma non riesco a sentirla. Vorrei spiegarle che le parole muoiono prima di arrivare a me, che l'ombra a cui appartengo sta gelosamente marchiando il mio corpo. Tiro un sospiro di dolore quando sento il mio stomaco che si torce. È come se il mio corpo si stesse rifiutando di essere vivo: i miei stessi organi sono in rivolta contro di me. Cado in ginocchio, il tonfo attira l'attenzione dei presenti. Mi fissano tutti, spaventati da un male che non riescono a vedere. 'Non guardatemi, non guardatemi'.

Non possono comprendere ciò che non vedono, perciò studiano i sintomi come fossi una specie rara e sconosciuta. Sento la mano di Olivia accarezzarmi la schiena e la paura mi invade. Non voglio inghiottirla, non voglio macchiarla. È già successo, ho sporcato una persona con l'ombra che mi portavo appresso e non voglio farlo di nuovo.

«Stammi lontana!» urlo, facendola sobbalzare.

Indietreggio, con il fiato corto. Olivia è ferita dalle mie parole, Derek e Sia mi guardano con preoccupazione. Tutta la gioia che si era creata è stata inquinata dall'ombra che non fa altro che corrompere qualsiasi cosa attorno a me. Le mani non smettono di tremare, le osservo paralizzato dal torbido sangue che le copre.

«Edgar...»

Alzo lo sguardo verso l'unica voce che riesco a percepire. Mamma mi guarda con un'espressione spaventata, si avvicina a me come fossi un animale in gabbia sul punto di aggredire qualcuno. A piccoli passi, lentamente mi porge la sua mano.

Macchierai anche lei.

L'ombra inizia a proiettare ciò che non riesco a controllare. Copro le orecchie con le mani, irrigidendomi di scatto.

'Non vedi che ha la sua felicità, guarda l'anello che indossa'.

Ansimo e tremo. Lo sguardo terrorizzato dei presenti mi infilza, riesco a vedere soltanto la paura di una folla che non comprende ciò che non vede e che disprezza il dolore che non sanguina. Bill la ferma, prendendola per il braccio. Le sussurra qualcosa che la fa retrocedere.

'Ti stanno giudicando. Ti giudica perfino tua madre'.

Mi porto una mano sul petto, gemendo per il dolore. Sento la testa esplodere per le mille voci che si susseguono senza pietà.

'È tutta colpa tua. Tutta colpa tua'.

Lancio un ultimo sguardo verso mamma prima di correre all'esterno, affamato d'aria. L'ombra avvolge i pensieri e fa strage delle mie emozioni. Proprio come un pianista impazzito preme, senza controllo e con sadica soddisfazione, i tasti che più bruciano, quelli che più fanno male.

A ogni tasto, una nota di sangue si cosparge sulle mie dita. A ogni tasto, il dolore al petto si propaga. A ogni tasto, il respiro si blocca.

La voce di Sia interrompe i miei pensieri. «Riesci a guidare in questo stato?»

Mi allontano da lei, senza darle modo di avvicinarsi. Se è arrivata fino a qui, vuol dire che gli altri ci raggiungeranno a breve. E io non voglio vedere quegli sguardi... non voglio vedere nessuno.

«Tranquillo. Non voglio pretendere di guarirti con qualche parola, né ho la presunzione di possedere la cura per le tue ombre. Se neanche le corde vocali di una cantante lirica hanno funzionato, non c'è niente che tu possa fare. Ti ho prenotato un taxi, ti porterà a casa. Cerca di non impazzire».

Si volta e se ne va senza aggiungere altro. Ha parlato delle ombre, come se le potesse vedere realmente attorno a me. Non ha tentato di dissezionarmi. Il taxi di cui ha parlato arriva immediatamente. Salgo e gli porgo l'indirizzo di casa mentre tento di riprendere il controllo di me stesso.

«Vuole andare all'ospedale? Non mi sembra stia tanto bene». Ho la fronte sudata, il fiatone e il viso cadaverico, non sono certo l'immagine di una persona sana. Faccio cenno di no, senza distogliere lo sguardo dal finestrino. L'ultima cosa che vedo nello specchietto prima di chiudere gli occhi, è Olivia sul ciglio della strada che osserva il taxi allontanarsi. Tiene la mano appoggiata al petto, la stessa mano che prima ho allontanato con violenza.

Quando arrivo di fronte alla porta di casa, mi accorgo che la serratura è stata forzata e che la porta è aperta. Varco la soglia con il cuore in gola e ciò che vedo mi raggela il sangue nelle vene. A malapena sono riuscito a tenere a bada il casino della mia mente, non può aggiungersi anche lui.

Chiudo le mani in un pugno. «Esci subito».

«Edgar, fammi spiegare. Sono venuto soltanto perché...»

La mia risata amara lo interrompe. «Perché hai bisogno di soldi??»

Inspiro profondamente. Il fastidio e la rabbia mi scorrono nelle vene, mi bruciano i polmoni e invadono ogni centimetro della mia pelle.

«Sai, papà, non ho mai chiesto tanto alla vita. Davvero, ero quel tipo di bambino a cui bastava stare tranquillo per essere felice. Mi bastava questo. Non volevo i giocattoli, non volevo le macchinine. Volevo solo stare tranquillo». Faccio una piccola pausa. «Chiedevo tanto?»

Papà si gratta la testa, traballa verso di me. «Ascolta, lo so che hai sofferto molto per la separazione, ma è una cosa che succede. Ora sei adulto, lavori e hai una vita. Non puoi aiutare il tuo vecchio?»

Gli occhi arrossati da una dipendenza che lo consuma, spenti da un bisogno che non riesce a tenere a bada. La giacca sporca, le scarpe bucate, la folta barba incolta, i denti ingialliti e l'alito che sa di alcool.

Perché... perché...

Sfrega i palmi delle mani in un gesto di supplica. «Solo per questa volta, ti chiedo solo qualcosina. Va bene qualsiasi cifra. Quello che hai».

Come può un padre essere così assente ma allo stesso tempo così incombente? Come può continuare a macchiarmi, a ricordarmi del male che mi ha fatto? Come può un padre affogare nella dipendenza, abbandonando la ragione?

Appoggia la mano sulla mia spalla. «Non fare il timido. Sai che io ci sono sempre per te, ho bisogno di qualcosa per rimettermi in sesto. Prometto che sarà l'ultima volta. Non ti disturberò più, anzi... ti inviterò a cena».

'Come può un padre...'

«Allora? Non vorrai voltarmi le spalle?»

'Come può un padre come lui... '

Una lacrima mi percorre la guancia. Papà si acciglia, sembra rendersi conto solo ora di quanto io sia distrutto. Osserva con stupore la lacrima che segna la sofferenza di cui non è mai stato testimone.

'... esistere?'

«Tutto bene, figliolo?»

«Mi chiedi perché piango?» Cancello le mie stesse lacrime con freddezza.

Papà è dipendente dal gioco d'azzardo da quando Eveline è morta. Ha iniziato a porre ogni sua speranza nel gioco, cercando così di sopprimere la sofferenza. Con sfrontato egoismo, ha abbandonato tutto: il lavoro, la casa, la ragione, la mamma e me. Mi andava bene che lasciasse il lavoro, avrei potuto lavorare io. Mi andava bene che lasciasse la casa, sarei andato io a trovarlo ovunque lui si trovasse. Mi andava bene che lasciasse la mamma, se non l'amava più. L'avrei amata io.

'Ma perché abbandonare me? Che male gli avevo fatto?'

Sposto la sua mano dalla mia spalla. «Vieni qui a chiedermi dei soldi nel pieno dell'astinenza, come se quelli che ti mando ogni mese non bastassero. In più non mi consideri minimamente, finché non hai bisogno di altri soldi. Non mi aspetto che tu ti ricordi il giorno del mio compleanno o che ti complimenti con me per il lavoro... Mi basta che non mi guardi come fossi una fottuta banca da cui prelevare».

Alzo il tono di voce in preda alla rabbia, all'amarezza e alla delusione. Lui abbassa gli occhi a terra.

«Non capisco come tu possa ignorare in questo modo la sofferenza del tuo stesso sangue. Guardami». Lo obbligo ad alzare lo sguardo su di me. «Ho attacchi di panico almeno tre volte al giorno, vivo con delle ombre attaccate al cuore e ho un proiettile nel petto che non smette di sanguinare».

«Io...»

«Sai che la notte non smetto di urlare? Mi sveglio e penso di essere in quel maledetto centro commerciale in cui ci hai portati, sento costantemente il sangue di Eveline scorrermi sulle dita. Sai che non riesco a dormire se non ho la pistola sotto al cuscino? Ho paura che qualcuno possa strapparmi via la vita. Sai che sento la voce di Eveline? Mi chiede dove tu sia e io le mento sempre. Le dico che sei al lavoro, perché dirle che sei piegato al volere di una macchinetta, al valore dei soldi... la farebbe soffrire».

Al nome di Eveline, i suoi occhi diventano lucidi. Scuote la testa.

«Sai che l'anno scorso ho provato a uccidermi?» Lui indietreggia di qualche passo, gli occhi sbarrati. «Sai che ci ho provato anche quest'anno? Volevo chiudere gli occhi senza soffrire, volevo dormire in pace. Senza incubi, senza urla, senza sangue».

Si porta una mano sul petto, come se le mie parole fossero lame affilate in grado di scuoterlo dallo stato corrotto in cui non smette di precipitare.

«Sai che oggi ho visto mamma indossare l'anello di fidanzamento di fronte alla sua nuova famiglia? Sai quanto mi sono sentito piccolo e sporco, quando ho pensato di obbligarla a rimanere in quest'oscurità? Non l'ho fatto, l'ho lasciata andare».

Rido amaramente, alzo le spalle. «Tanto, un genitore in più o uno in meno...»

Papà indietreggia fino a scontrarsi con il tavolo, spaventato dalla mole di sofferenza che non si aspettava di dover fronteggiare. Lo sguardo trabocca di sensi di colpa che non può reggere. Tenta di aggrapparsi a qualcosa, traballa senza equilibrio.

«Non le sapevi tutte queste cose, vero? Ma stai tranquillo, ho le tue coordinate bancarie. Ti spedisco subito quello che ti serve». Gli indico la porta. «Ora esci da questa casa, non hai il diritto di venire qui. Non ti voglio vedere. Sei solo un morto che cammina, un morto che non sa come morire. Proprio come me».

Mio padre boccheggia, tenta di dire qualcosa, ma le parole gli muoiono sulle labbra. Non riesce a reggere il mio sguardo, come se qualcosa dentro lo stesse corrodendo. Forse è quel poco di umanità che ancora sopravvive in lui. Qualsiasi cosa sia, si rifiuta di affrontarla. Si volta ed esce in silenzio. Scappa come ha sempre fatto, senza guardarsi indietro nemmeno una volta. Spaventato da un dolore di cui ignorava l'esistenza.

Chiudo gli occhi ed espiro tutta l'aria che avevo trattenuto. Quando li riapro e mi volto per chiudere la porta, Olivia mi osserva con gli occhi lucidi. Dal suo sguardo comprendo subito che ha sentito ogni cosa, dall'inizio alla fine. Ma a differenza di papà, non scappa.

Avanza verso di me. «Avevi dimenticato il borsone, posso entrare?»

«Non lo so... Vuoi entrare veramente? Non c'è nulla di bello qui».

Il silenzio di Olivia è una risposta sufficiente: anche lei ha paura. Chi mai vorrebbe addentrarsi in un mondo di ombre tanto minacciose? Chi mai vorrebbe un tale casino? Passo il palmo della mano sulle guance, cancello ogni traccia delle lacrime che sono scese. Sistemo la sedia che papà ha fatto cadere, scappando.

Olivia entra, chiudendosi la porta alle spalle. «Chi ha detto che voglio qualcosa di bello?»

Il silenzio viene cancellato dalla melodia della sua voce. Proprio come dice Sia: la melodia del canto di una sirena.

Capitolo 17

Un giorno, chiesero a un uomo saggio quale fosse la persona dal cuore più candido sulla Terra.

Il saggio rispose che l'uomo più buono è quello più povero: si accontenta dell'indispensabile per la propria sopravvivenza e non conosce inganno né tirannia. Se gli chiedeste di darvi l'unica briciola di pane che possiede, la dividerebbe in due e ve la porgerebbe col sorriso.

Chiesero, allora, al saggio quale fosse la persona più cattiva al mondo, quella dal cuore più torbido e buio.

Il saggio rispose che l'animo più torbido e oscuro risiede nel bambino: l'ego lo porta a volere sempre di più senza alcun limite, non conosce parsimonia né altruismo. Se gli chiedeste di darvi una briciola del pane che possiede, mentirebbe e direbbe di non averne affatto. La nasconderebbe gelosamente e vi guarderebbe soffrire la fame.

Dopo aver pronunciato queste parole, il saggio fu bandito per sempre dal villaggio. Gli abitanti non sopportavano quel vecchio raggrinzito e severo, che non risparmiava nessuno con i suoi verdetti.

Neanche i bambini.

Il verdetto di un saggio

Sia

Dopo che ho chiamato il taxi per Edgar sono rientrata nell'azienda e ciò che ho visto mi ha fatto gelare il sangue. Bill Westorn, il capitano d'industria, e il figlio Michael hanno taciuto ogni cosa. Sono tornati al centro dell'attenzione con i loro stupidi discorsi sui profitti e le sfide del futuro. La madre di Edgar ha lo sguardo perso e distante, continua a toccare l'anello che indossa con aria insicura e tormentata. Bill tenta di distrarla, la coinvolge in conversazioni a dir poco noiose con i politici presenti. Mentre Derek finisce di firmare i moduli per il consenso all'intervista, Olivia esce dall'edificio. Stringe tra le mani il borsone di Edgar.

Tiro fuori il telefono e le mando un messaggio con l'indirizzo di casa del piccolo draghetto incatenato. A quest'ora il taxi l'avrà già caricato, per lei sarà impossibile raggiungerlo in tempo.

Derek si volta verso di me. «Ci manca solo l'intervista con il signor Westorn».

Sorrido. «Andiamo in scena, allora». Lui si acciglia, intuisce che ho in mente di fare qualcosa che non rientra negli schemi, ma prima che possa reagire in qualche modo mi avvicino al palco. La madre di Edgar non si accorge neanche della nostra presenza, è troppo preoccupata per rendersene conto. Il suo sguardo è spento e la sua mente anche.

«Non fare cazzate» sussurra Derek. Poi accende la videocamera che tiene tra le mani.

Alzo le spalle. «Mai fatte in vita mia».

Derek si presenta al signor Westorn con una stretta di mano, quest'ultimo ci squadra come fossimo l'ennesimo sforzo che deve compiere per salvare il mondo. È proprio un troll, rozzo e puzzolente.

«Allora, signor Westorn... congratulazioni per il suo imminente matrimonio. Congratulazioni anche a lei, signora...» Attiro l'attenzione della mamma di Edgar. «Dev'esserne molto felice».

Bill Westorn sorride. «Grazie».

Io continuo con estrema tranquillità. «C'è una cosa che non capisco... suo figlio si è sentito male proprio nel momento in cui la signora ha accettato, o sbaglio?» La falsa ingenuità con cui pongo la domanda fa cadere nel tranello il troll dall'ego smisurato.

«Mio figlio? No, per nulla. Michael è molto felice, saremo una famiglia perfetta».

«Non ha capito la domanda. Suo figlio» sposto lo sguardo sulla donna dallo scintillante anello al dito «si è sentito male, non è così? Edgar non è solito crollare in quel modo. Di solito si trattiene fino allo sfinimento, mi chiedo cosa l'abbia portato al collasso».

Derek alza gli occhi al cielo. Si aspettava veramente che me ne stessi buona buona, fingendo di non aver visto né sentito nulla? La mamma di Edgar mi osserva con aria diversa, non più spenta e disinteressata. È come se si fosse accesa in lei la voglia di sapere.

«Siete i compagni di Edgar?» chiede, aprendo finalmente bocca al posto di quello stupido troll fastidioso.

Annuisco. Le si illuminano gli occhi. Rivedo in lei lo stesso fuoco del draghetto, solo che ha un colore diverso, tendente al verde. Non ha le ali incatenate, questo vuol dire che potrebbe volare, ma sceglie di rimanere ancorata a terra insieme a un troll.

«Non mi ha detto che sarebbe venuto qui. Io... vi avrei accolto diversamente. Perdonatemi, non sono stata per nulla cordiale».

«Edgar non è felice. Non so cosa sia successo, ma c'è qualcosa che gli impedisce di essere libero. Non si faccia impressionare dalle ricchezze di un troll, le loro promesse sono evanescenti. La confonderanno con mille illusioni e finirà per abbandonare un drago che non sa volare. Non lo faccia. Non ne vale pena, per un troll».

Bill Westorn s'infastidisce. Attira accanto a sé la madre di Edgar, fulminandomi con lo sguardo. Rozzo e indisponente fino al midollo. Michael, il figlio, accorre in suo aiuto. Ci squadra dall'alto in basso. «Tutto bene, papà?»

«Scortali fuori, qui hanno finito» ordina il troll.

Io sorrido, senza scompormi.

Derek mi anticipa, trascinandomi via con forza. «Non c'è bisogno, sappiamo la strada. Con permesso».

Mi intima di non aggiungere altro. So che sarà irritato dal fatto che non ho seguito la scaletta, ma non potevo ignorare la puzza di un troll. Il marcio che trasuda la sua ricchezza mi ha soffocata sin dal primo istante in cui ho messo piede in quest'azienda. Varchiamo l'uscita e il freddo mi fa rabbrividire. Indosso la giacca, in attesa della ramanzina del principe di ghiaccio. Con mio grande stupore, non proferisce parola. Si dirige verso il parcheggio in silenzio.

«Hai la febbre reale?»

Derek ignora le mie domande. Si avvicina alla moto, prende il casco e lo infila. Non mi sta rimproverando?

«Non ho intenzione di aprire un dibattito inutile. Sto cercando di avere pazienza» spiega con il solito tono da superiore.

Sta cercando di avere pazienza? È perché vuole congelare le mie catene. Non mi tratta con distacco. Mantiene la diffidenza di prima, ma non mi schernisce. Mi chiedo fino a dove possa arrivare questa sottile clemenza reale. Al solo pensiero di testare il terreno minato di un principe, il mio cuore inizia a battere più veloce. Lui copre il volto con la visiera del casco, nascondendo i suoi magnetici occhi azzurro ghiaccio.

«Portami a casa tua».

«Ho detto che sto cercando di avere pazienza, non che sono impazzito».

«Non posso guidare, sono venuta qui con il taxi. Sai com'è, ho le braccia fuori uso. Il medico mi ha proibito la guida per una settimana».

Sposta lo sguardo sulle mie braccia per qualche istante. Arriccio i capelli con le dita, mentre lo osservo. Posso dedurre dalla sua riluttanza che sta cercando di trovare una via alternativa. Fino a dove può portare pazienza? Voglio capire quanto lo ha influenzato l'incontro con la rosa bianca e la rivelazione di poter congelare le mie catene.

«Ti chiamo un taxi, ti porterà a casa».

«Devo cambiare la medicazione, penso che i tagli stiano perdendo sangue. Mi fa male già da un po', avrai delle bende a casa tua... no? Per quando sarò arrivata a casa, avrò un lago di sangue sulle braccia. Tipo film dell'orrore».

Si toglie il casco per scrutarmi con più attenzione. Cerco di non distogliere lo sguardo dalla freddezza che emanano quelle iridi color cielo. Maschero il divertimento con un'espressione seria e addolorata. Se gli ridessi in faccia ora, mi lascerebbe qui in balìa di un taxi qualunque.

«Avanti, non avevi detto di voler congelare le catene?» gli ricordo. «Stavi mentendo? Non puoi neanche fare questo piccolo gesto per una ragazza ferita?»

Passa un istante di silenzio, poi Derek stringe le dita sul manubrio e sospira prima di togliersi il casco e di passarmelo. È riluttante all'idea di farmi entrare nella sua dimora ghiacciata, ma la promessa che mi ha fatto lo costringe a soddisfare la mia richiesta.

«Faremo in fretta, e poi chiamerò un taxi che ti porterà a casa. Neanche un minuto in più, sia chiaro».

Non me lo faccio ripetere due volte, afferro il casco dalle sue mani e lo infilo. Lui prende il casco di scorta da sotto il sedile della moto e lo richiude. Mentre lo indossa, mi fa cenno di salire. Quando mi siedo dietro di lui mi sento avvolgere dal profumo ammaliante che sprigiona. Stringo le mani attorno al suo corpo e il calore che emette il suo animo mi riscalda.

«Mi soffocherai» sbuffa stizzito. Le sue lamentele sono inutili: il suo profumo è troppo buono. Chiudo gli occhi e inspiro a fondo. Lui scuote la testa infastidito, per poi mettere in moto e uscire dal parcheggio.

Rimango incollata alla sua schiena per tutto il tragitto. Lui non mostra alcuna reazione, come se non lo stessi neanche sfiorando.

«Devi stringere così forte anche quando siamo fermi nel parcheggio?»

Alzo lo sguardo. Non mi ero resa conto di essere già arrivata a destinazione. Mollo la presa e scendo dalla moto. Mentre tolgo il casco, mi guardo intorno e osservo la zona attorno a me. Un quartiere abbandonato con qualche cassonetto della spazzatura ai lati della strada e gatti randagi che camminano indisturbati sul marciapiede. Derek mi fa strada verso l'interno di un palazzo. Lo seguo senza fiatare. Il cancello è rotto, le serrature sono vecchie e i muri ormai hanno perso colore. Sale le scale e lo seguo. Dopo la prima rampa, inizia a mancarmi il fiato mentre lui continua a salire senza fermarsi nemmeno un secondo. Dev'essere abituato.

Mi fermo, appoggiando il braccio sul muro. «Non c'è l'ascensore?»

«No, non l'abbiamo. Cos'è? Vuoi farlo installare tu?»

«Posso? Una sola parola e domani avrai un ascensore».

Derek mi fulmina con lo sguardo. Sa che sarei capace di farlo davvero. Mi faccio forza e salgo le ultime rampe di scale. Inspiro, cerco di riprendere fiato, mentre lui tira fuori le chiavi dal giubbotto e apre la porta. Lo seguo all'interno.

«Non toccare nulla, arrivo subito. Prendo la cassetta del pronto soccorso». Si allontana, lasciandomi sola nel salotto. È collegato alla cucina, a separarli c'è solo un piccolo tavolo di legno. Sbircio, allungando lo sguardo. La cucina ha i pensili in legno e ci sono dei piatti impilati nel lavandino. A differenza della mia, è chiaro che viene usata quotidianamente. Comincio a camminare per osservare ogni dettaglio. Quando mai mi ricapiterà di entrare nella dimora del principe di ghiaccio? L'esterno del frigorifero è tappezzato di post-it in cui sono segnate le visite mediche del fratello e i numeri di telefono da contattare. Psicologo, neurologo, medico per le urgenze, infermiera Cassy. Il tavolo ha tre sedie ai lati che mi strappano involontariamente un sorriso. Tutto per tre, persino le posate e i piatti sono contati. C'è il minimo indispensabile per riuscire a sopravvivere. In una minuscola vetrina in salotto sono esposte alcune fotografie. Ne afferro una che attira la mia attenzione. Ci sono tutti e tre: la regina, il principe di ghiaccio e l'angelo caduto.

Sono in un parco e sembrano felici. Derek guarda con affetto Tayler, mentre la madre li stringe entrambi da dietro in un caloroso abbraccio.

«Come non detto».

Rimetto a posto la fotografia e mi volto di scatto. «Di quand'è questa foto?»

Derek appoggia sul tavolo della cucina la cassetta con le medicazioni. Tira fuori le bende e il disinfettante. «Quest'estate. Ho già chiamato il taxi, sta arrivando».

Mi fa segno di avvicinarmi. «Vieni, cambiamo le medicazioni». Sorrido, tolgo la giacca che indosso in modo lento e sensuale, ma non ottengo alcuna reazione. Derek rimane impassibile. Non prova nemmeno un briciolo di tentazione nei miei confronti. Nulla. Mi siedo sul tavolo, scopro le braccia. Possibile che io non gli faccia nessun effetto? Con estrema delicatezza rimuove le bende insanguinate. Tampona con delle garze e disinfetta attentamente. Il bruciore mi costringe a chiudere gli occhi per qualche secondo, Derek si ferma e riprende solo quando vede che riesco ad andare avanti. Domina i ghiacciai, eppure il calore che sprigiona in questo momento mi fa sentire protetta. Mi chiedo se è così che si sente suo fratello: custodito e difeso da qualsiasi pericolo esterno. Lancio uno sguardo alla foto di famiglia e i pensieri prendono il sopravvento. Se io avessi avuto un principe dalla mia parte, non sarei mai stata condannata alle maledizioni. Derek ha impedito che un angelo caduto venisse incenerito dal cielo, quindi avrebbe potuto salvare anche me.

«Invidio Tayler» sussurro. Sposto gli occhi sulle sue iridi ghiacciate.

«Mio fratello non ha nulla che si possa invidiare». Passa la fascia pulita attorno alle ferite.

Estendo il braccio per facilitargli il compito. Derek è così preso da quello che sta facendo che non si rende conto di quanto pericoloso sia per lui questo piccolo contatto con me. Il fatto che si sia messo in testa di congelare le mie catene può annullare le regole che contrappongono la sua stirpe alla mia.

Saranno stati i sensi di colpa per avermi maltrattato prima di conoscere la rosa bianca? Derek termina la medicazione in un lampo. Butta via le bende insanguinate, poi sposta di lato la cassetta delle medicazioni. So già cosa vuole dire, vuole accompagnarmi all'uscita e concludere la mia visita il prima possibile.

Scendo dal tavolo. «Non mi fai vedere la tua stanza?»

«Cosa avevamo detto?» mi rimprovera. «Ho già fatto troppo. Tom ti starà aspettando».

«Tom? Tom abita con la sua famiglia. Io vivo da sola». Mi sposto verso il corridoio che non ho ancora visto. Qualcuna di quelle stanze dovrà pur essere la sua. La sola idea di poter entrarci mi eccita da morire. Derek mi blocca la strada, serra la mascella e incrocia le braccia al petto. Non sa che il suo sguardo di rimprovero lo rende ancora più sexy e affascinante ai miei occhi. Proprio quando sta per cacciarmi fuori, qualcuno ruota la maniglia e apre la porta. La mamma di Derek compare sulla soglia con i capelli e i vestiti bagnati dalla pioggia. Stringe tra le dita un sacchetto di plastica mentre nell'altra mano tiene il bastone per i non vedenti.

«C'è qualcun altro? Ho sentito una voce femminile».

Il principe di ghiaccio si sposta per andare in cucina a prendere una salvietta. Poi si avvicina alla madre e con dolcezza le asciuga i capelli. La rimprovera per non averlo chiamato prima. Il calore che sprigiona mi ricorda la fotografia nella vetrina in salotto.

«Devi farti una doccia e cambiarti i vestiti, altrimenti prenderai un raffreddore».

«Chi è la nostra ospite?» chiede la regina.

«Buonasera signora, sono Sia, non so se si ricorda di me» rispondo, prima che Derek possa inventare qualche scusa.

«Certo! Dovevamo cenare insieme all'ospedale, ma Derek mi ha detto che non sei più potuta venire. Accomodati pure, ho portato la pizza per cena. Per fortuna ne ho presa in abbondanza!» Avanza verso la cucina. Appoggia il sacchetto sul tavolo, senza smettere di sorridere. Nonostante la cecità, la sua percezione dello spazio è accurata al millimetro. Devono essere anni ormai che non ci vede. Sa con esattezza dove mettere le mani e come spostarsi senza farsi del male.

Derek aiuta la madre a togliersi il cappotto bagnato. «Non c'è bisogno, ho chiamato un taxi. Sia torna a casa sua».

La madre aggrotta le sopracciglia. «Non se ne parla. Si sta scatenando un temporale, non può andare a casa con un tempaccio simile. Dormirà da noi. Per te va bene, Sia?»

Schiudo le labbra. «Mi va più che bene». Il mio entusiasmo è palpabile. Derek mi fulmina con lo sguardo, è contrariato ma non vuole opporsi alla volontà della madre.

La regina si riprende a parlare. «Io ho già mangiato in ospedale con Tayler. Vi lascio cenare, intanto vado a cambiarmi. Se mi ammalassi, Derek mi ucciderebbe». Esce dalla cucina a passo svelto. Se solo potesse vedere l'espressione contrariata che ha in questo momento suo figlio. Mi guarda come se volesse catapultarmi fuori con la forza del pensiero.

Sollevo l'angolo delle labbra. «Allora, dormo con te stanotte?» ammicco.

«Devi essere per forza così esplicitamente volgare?»

«Ti eccita?» sorrido.

«No, per nulla». La sua indifferenza assoluta mi lascia interdetta. Non sono una ragazza che si può ignorare, riesco a sedurre qualsiasi uomo. Ma la sua corazza ghiacciata non si scioglie in nessun modo.

Si sposta in cucina, apparecchia il tavolo per due persone e quando mi avvicino a lui non batte ciglio. Il rumore del temporale spezza il silenzio che si è creato. In questo piccolo appartamento ogni rombo di tuono sembra scuotere le pareti. Derek si siede a tavola e inizia a mangiare silenziosamente la sua porzione di pizza. Sposto la sedia accanto alla sua e imito i suoi gesti.

«Non è meglio per te dormire nel lusso del tuo palazzo? Quando c'è il temporale, qui traballa tutto».

Scuoto la testa. «Da me non c'è calore». Addento una fetta di pizza.

«Non hai il riscaldamento?»

Non quel tipo di calore, principe di ghiaccio. Quello che emani incondizionatamente con i tuoi protetti. Quello che ho sentito quando ti ho stretto in moto e quando mi hai medicato i tagli, quel tipo di calore. Quello che ha irradiato il volto della regina, mentre le asciugavi i capelli con tanta cura.

Quello che non ho mai sentito prima.

Edgar

Olivia, seduta sul divano, sfoglia con particolare interesse l'album di famiglia. Appoggio la tazza di cioccolata sul tavolo e mi siedo accanto a lei.

«Questa chi è?» chiede.

Sposto lo sguardo. Quella foto risale a quando Eveline era appena nata: la stringevo come se fosse un piccolo e prezioso tesoro.

Sorrido. «Eveline, mia sorella».

«Molto bella» commenta, regalandomi un piccolo sorriso prima di andare avanti con le fotografie.

Anche se ha sentito il mio sfogo pieno di odio contro papà, non è scappata. Si è seduta e ha aspettato che le mostrassi i cocci della brutta storia a cui ho accennato. Ora osserva i dettagli delle foto in cui sono rinchiusi i momenti del mio passato.

«La guardavi proprio come fa un innamorato».

Sorrido. Ha ragione: Eveline rappresentava la bontà che non si può odiare, la bontà che non si può macchiare. Un sorriso sdentato, buffe parole mangiucchiate e una valanga di amore che poteva trasmettere con un solo sguardo.

«Qui le stavi insegnando ad andare in bici?»

«Sì, continuavo a spingerla da dietro. Eveline aveva paura di essere abbandonata, non riuscivo mai a ingannarla e a farla proseguire da sola dopo la spinta iniziale. Dovevo rimanere lì con lei, voleva sentire continuamente la mia voce per accertarsi che non fossi sparito».

«E tu lo facevi?»

La pazienza con cui mi ascolta mi stupisce. Potrebbe essere dappertutto e invece è seduta sul divano del ragazzo dalla vita disastrosa.

«Rimanevo con lei... fino alla fine» rispondo con sincerità.

Olivia gira l'ultima pagina dell'album. Ha osservato con attenzione e cura ogni immagine. Come se fossero veramente preziose ai suoi occhi.

«Ovunque sia ora Eveline, sono sicura che ti sta seguendo proprio come facevi tu quando la portavi in bici».

«Allora non deve avermi mollato neanche per un istante» ironizzo.

«Non avete più fatto foto?» chiede, sorseggiando la tazza di cioccolata che le ho portato prima.

«No. Non siamo più stati una famiglia, quindi non c'è più stato nulla da fotografare».

È come se mi fossi svegliato da un bellissimo sogno, troppo puro e candido per poter durare di più. Ora vivo in un modo che mai avrei immaginato, molto diverso dalla vita piena di amore che avevo progettato da piccolo. Si è spenta completamente ogni luce.

«Eveline era un collante. Qualcosa che vi permetteva di non perdere l'equilibrio... lo capisco. Ci sono passata anch'io» ammette, stringendo la tazza tra le dita.

«È precipitato tutto quanto e io non ho la più pallida idea di come ci si possa rialzare in un tale casino» sussurro.

Il rumore del temporale fa sobbalzare Olivia. Lancio uno sguardo alla finestra: la pioggia inizia a bombardare violentemente le strade, mentre iniziano a cadere i primi chicchi di grandine. Appoggia il mento allo schienale del divano e osserva ammaliata il paesaggio. Forse è così che funziona il suo animo: l'attraggono i temporali, la pioggia, ama i particolari – quelli solitamente ignorati da tutti – e ascolta le brutte storie come fossero le più belle. Forse è per questo che le mie stesse ombre non hanno paura di lei. Un'anima che sa accarezzare i demoni altrui, anche a costo di sanguinare.

«Sai, Edgar, è meglio non farsi carico di certi casini. Lasciali lì e guardali, combatterli ti farebbe solo del male. Magari a furia di guardarli, impari a conoscerli meglio. Magari trovi il modo di camminarci sopra» mormora con lo sguardo ammaliato dalle gocce d'acqua che scivolano sul vetro. La sua empatia accarezza il silenzio delle mie ombre.

Sposta lo sguardo su di me. «Non trovi?»

I suoi occhi assumono una luce diversa, che mi fa sentire i brividi sulla pelle e accelera il battito del mio cuore.

Distolgo lo sguardo, annuisco a testa bassa. «Accendo il riscaldamento. Comincia a fare freddo». Mi alzo e mi allontano verso il corridoio. I miei pensieri volano incuriositi intorno all'immagine della ragazza dagli occhi color miele. È come se non avesse paura di macchiarsi delle debolezze che tutti gli altri fuggono, anzi. Riesce a entrare in risonanza con loro. Non ha malizia, né cattiveria. Solo una mente colma di ombre che non condanna, le osserva e le ama.

Quando ritorno in salotto, la trovo con la testa appoggiata sul divano, immersa in un sonno apparentemente profondo. Prendo la coperta e la copro con tutta la delicatezza possibile. Nel prendere la tazza dal tavolo vedo che il suo cellulare, appoggiato lì vicino, si illumina. Lancio un'occhiata fugace che basta per decifrare il contenuto del messaggio.

Mamma: Siamo molto arrabbiati con te, Olivia. Qualsiasi cosa dirai, non servirà a smuoverci. L'hai voluto tu: abbiamo fissato l'appuntamento con la clinica.

Sia

La regina mi ha condotto nella stanza di Tayler, la usano per gli ospiti quando rimangono a dormire. Le pareti azzurre sono tappezzate di buffi disegni. Immagino li abbia fatti l'angelo caduto. La piccola scrivania di legno è colma di libri per bambini e pastelli a cera.

«Tieni» la voce di Derek mi fa voltare di scatto. Allunga il braccio verso di me. «È un pigiama di mamma di qualche anno fa, ti dovrebbe andare». Prendo dalle sue mani gli indumenti che mi porge, senza staccare gli occhi dalle immagini alle pareti. «I disegni sono di Tayler» commenta, notando il mio sguardo curioso.

«Perché sono così... macabri?»

«Ti avevo detto di tornare nel lusso della tua villa. Non toccare niente, ci vediamo domani mattina». Si volta per andarsene, senza neanche dire buonanotte.

Alzo la voce. «Sicuro di non voler dormire insieme a me?»

Mi dà le spalle, non vedo l'espressione del suo volto, ma immagino sia contrariato alla sola idea. Poi esce dalla stanza senza aggiungere altro.

Derek non è il tipo da raccontarsi o da lasciar trapelare dettagli sulla sua vita personale. I disegni di Tayler sono le uniche tracce che mi permettono di avere un quadro più completo di quello che tormenta lui e la sua famiglia. Mi guardo attorno e mi fermo davanti al ritratto sopra il letto, che rappresenta il principe di ghiaccio e la regina seduti a tavola mentre mangiano. A capotavola c'è una figura strana, un elefante dall'aria minacciosa, che incute timore solo a guardarlo. In un angolo c'è un bambino che piange. Chi è? E cosa significa? Lo stesso elefante è ritratto in un altro disegno in alto, circondato da enormi cerchi e segnato da una frase in un angolo in basso. «Io e mamma abbiamo paura». Aggrotto la fronte, guardo sulle altre pareti ma dell'elefante non c'è nessun'altra traccia. Dappertutto invece compaiono quegli strani cerchi. Sembra quasi che siano una specie di marchio. Mi sposto verso la scrivania, passo la mano sui libri appoggiati e noto che Tayler legge favole per bambini, quelle falsate dal buonismo idiota della mandria. Ne prendo in mano alcuni per osservarli e vedo un quaderno dall'aria consunta che attira la mia attenzione. Lo apro e sfoglio le pagine.

IO E
MAMMA
ABBIA
MO
PAURA

«Oggi ho ferito il mio fratellone per sbaglio. Ha detto che non è un problema, che è già stato ferito in passato. Mi sono spaventato tanto quando l'ho visto sanguinare».

Mi torna in mente ciò che Derek mi ha detto il giorno in cui mi ero ferita alle braccia.

'Sono una strega che non controlla i propri demoni, è pericoloso sai. Potrei ucciderti, ferirti e farti sanguinare'.

'Sono già morto, mi hanno ferito molte volte e sanguino di continuo. Non è nulla di nuovo, *Sia*'.

Sono le stesse parole. È a questo che si riferiva quando ha detto che è già stato ferito innumerevoli volte? Giro la pagina, trovando un'altra strana confessione da parte dell'angelo caduto.

«Mamma non riesce a pagare le cure. Il fratellone ha mollato gli studi per lavorare. Vorrei tanto non l'avesse fatto. Si sacrifica sempre per me».

Scrive poche parole per pagina, come se a radunarle potessero diventare troppo pesanti da sostenere. Spezza i concetti, disegna i soliti strani cerchi ai lati dei fogli e pasticcia in continuazione. Una pagina in particolare è tutta cancellata, non riesco a capire quale fosse il testo originale. Giro pagina, arrivando all'ultima di questo strano diario. Contiene una frase sola. Schiudo le labbra, sorpresa.

«Oggi ho visto il fratellone piangere. Era da tanto che non lo faceva».

Non c'è scritto nient'altro, nulla che faccia intendere quale sia stata la causa del pianto di un principe. Chiudo il diario e lo ripongo al suo posto. Derek che piange. Chi l'ha fatto piangere? Tayler ha scritto che era da tanto che non lo faceva, il che vuol dire che forse c'è stato un evento scatenante, qualcosa per cui ha dovuto erigere questa barriera inespugnabile.

Mentre rimescolo questi pensieri, tolgo i vestiti che ho addosso e infilo il pigiama della madre di Derek. È vero che il temporale rende tutto instabile qui, ma è anche vero che qui abita il calore sprigionato dal principe. Anche se il suo regno è il ghiaccio. Mi chiedo se sia sempre stato un principe di ghiaccio, oppure se lo è diventato per riuscire a congelare il male che lo faceva piangere. Mi siedo sul letto e mi rannicchio tra le coperte di questo piccolo letto. Il profumo inebriante di Derek culla le mie spine, le mette a dormire proprio come una ninna nanna. Non sento l'odore della rosa bianca macchiata dal sangue, non sento le urla delle streghe, non sento l'oscurità della mia condanna. Chiudo gli occhi.

Calore.

Tanto calore.

Un movimento nella stanza mi fa riaprire gli occhi. La mamma di Derek mi ha portato un'altra coperta e la stende sopra di me, poi la rimbocca per impedire che scivoli via. Tasta il letto con la mano fino ad arrivare al mio volto e mi accarezza con una dolcezza a me estranea. Non sa che la sto guardando, pensa che io mi sia addormentata. Rimango in silenzio, affascinata dalla premura che mostra nei confronti di una strega. Le dita sono morbide e il calore che sprigionano mi fa richiudere gli occhi. Il tocco è uguale a quello di Derek: lenisce il mio dolore. È questo il potere dei reali? Quello di insonorizzare ogni grido di dolore e di rimarginare ferite aperte con il calore della loro presenza? Come se fossi sotto all'effetto di un incantesimo, sprofondo nel sonno. Sarà l'affetto di una madre o il profumo di un principe? In ogni caso, sono entrambe luci che non ho mai avuto modo di conoscere, che non ho mai avuto modo di percepire.

Il profumo del cibo mi arriva alle narici. Apro gli occhi, mi sento riposata come non mi capita mai. Ho dormito nella stessa posizione per tutta la notte, come se fossi reduce da una lotta estenuante. Lancio uno sguardo alla finestra. Ha smesso di piovere, c'è solo un forte vento che costringe le persone a camminare piegate in avanti. Mi alzo in piedi, sbadigliando. Sarà perché indosso il pigiama di una regina che mi sento così tranquilla? Cammino lungo il corridoio della piccola casa. Sono abituata al silenzio di un castello in cui neanche i fantasmi fanno rumore. Vivo nella solitudine di una condanna che vieta qualsiasi forma di luce, ma l'immagine che si presenta davanti a me è completamente nuova.

«Spero le piacciano le brioches. Derek, prendi la spremuta».

Il piccolo tavolo sembra pronto per sfamare un esercito. Il principe aiuta la madre a indossare la giacca e la abbottona con estrema cura. La osserva con attenzione da capo a piedi per assicurarsi che non le manchi nulla.

«Sai, quella ragazza mi piace. Ha una luce particolare, è come un vulcano».

«Un tornado, semmai» la corregge Derek. *Simpatico.*

Lei gli dà un bacio sulla guancia. «Sii gentile» dice in tono di ammonimento. «Ci vediamo stasera».

Prende il bastone e si fa strada verso l'uscita. Sono rimasta per tutto il tempo nascosta dietro l'angolo del corridoio, come se avessi timore di una regina in grado di addormentare una strega. Ha visto veramente una luce nel mio animo? È impossibile. Non c'è luce in me.

«Puoi anche uscire da lì, la colazione è pronta».

Mi ha vista? Esco allo scoperto, mi avvicino al tavolo e mi siedo. «Da quanto lo sai?»

Derek si siede di fronte a me. Ha i capelli scompigliati, il che mi fa venire voglia di accarezzarli, proprio come si fa con un cucciolo ribelle. Indossa una maglietta a mezze maniche bianca e un paio di pantaloni grigi della tuta. Addenta una brioche in silenzio, senza alzare lo sguardo dal piatto.

'Oggi ho visto il fratellone piangere. Era da tanto che non lo faceva'.

Cosa può averlo portato a congelare le sue stesse lacrime? Non è un animo che si può leggere, ha il marchio reale che rivela il suo sangue blu, ma c'è qualcosa di diverso in lui. Tayler ha scritto che Derek è stato ferito più volte, eppure cela i tagli delle sue sofferenze con una gelosia feroce. Il diario dice anche che ha abbandonato gli studi per reggere il peso di una dimora. Tipico di un principe che protegge il regno. Se solo avessi trovato più informazioni a riguardo...

Derek alza lo sguardo. «Perché mi stai fissando?» chiede in

tono inquisitorio. Lancia un'occhiata alle mie braccia per accertarsi che le medicazioni siano intatte.

Sorrido, afferro il bicchiere di fronte a me. Sorseggio la spremuta, cambiando argomento. «Ti trovo incredibilmente sexy di prima mattina».

Lui inarca un sopracciglio. «Dovrebbe farmi piacere?»

Il telefono squilla, impedendomi di rispondere alla sua domanda. Quando leggo il nome di Tom sullo schermo, inizio già a sospirare.

«Spero sia urgente, sono piuttosto impegnata» rispondo con la bocca piena.

Il principe di ghiaccio mi lancia un'occhiataccia.

«Dove sei finita? È da ieri sera che ti chiamo per sapere dove sei. Cos'è successo?»

«Ho passato la notte con Derek...»

Non faccio in tempo ad aggiungere altro che il telefono mi viene strappato via dalle mani. Osservo Derek contrariata, mentre si porta il telefono all'orecchio e precisa a Tom l'intera situazione. Sembra che lo disgusti essere associato a me. Poi mi ripassa il cellulare. Riattacco immediatamente, lo guardo infastidita. Lo disgusto a tal punto?

«Ti faccio schifo? Che male c'è se dico che abbiamo passato la notte insieme?»

«È una bugia».

«E allora?»

«E allora che scopo avrebbe?»

«Tanti scopi» sorrido, divertita dal gioco di parole involontario. Se prima era contrariato, ora si dissocia totalmente. Alza gli occhi al cielo e si alza dal tavolo scocciato.

«Cambiati, il taxi sarà qui a momenti».

«Non mi porti tu?» chiedo, mentre finisco di mangiare la brioche che ho davanti.

«Perché dovrei?»

Lui sparecchia, ripone i piatti nel lavello, poi si allontana lungo il corridoio. Finisco di masticare prima di alzarmi e dirigermi verso la stanza di Tayler. Chiudo la porta e sfilo il pigiama, il profumo della regina abbandona pian piano il mio corpo. È strano come ogni singola cosa che tocca sprigioni calore. Forse è da lei che Derek ha preso la rigidità dei valori etici, inscalfibili e impenetrabili. Eppure, non comprendo da chi abbia preso la freddezza d'animo. Prima di uscire dalla stanza, mi guardo attorno un'ultima volta. I disegni di Tayler emanano un'aura, qualcosa come un grido d'aiuto. Uno in particolare è nascosto da un calendario. Allungo la mano e lo osservo. Cerchi ricalcati più e più volte, quasi fossero dei soli fatti di oscurità e tenebre, scarabocchiati in ogni centimetro libero. Passo il dito sopra uno di essi e percepisco la foga con cui li ha calcati sprigionarsi sotto ai miei polpastrelli. È come disse il saggio esiliato: i bambini sono gli esseri con l'animo più malvagio. Che sia l'oscurità di un bambino quella racchiusa qui dentro?

«Il taxi è arrivato».

Ripongo il disegno al suo posto e mi volto. Derek stringe in mano il casco della moto. Si è cambiato: indossa un giubbotto di pelle e dei jeans. Mi fa cenno di uscire dalla stanza. Prendo la giacca e la borsa prima di seguirlo verso l'esterno della casa. Abbandono con riluttanza il calore temporaneo che questa dimora reale mi ha donato. Quando varco il cancello il freddo mi costringe a rinchiudermi su me stessa. Derek sembra non percepire la differenza di temperatura, probabilmente il freddo che ha dentro è molto più intenso. Scorgo il taxi in fondo alla via. Lui sale sulla moto, accostata davanti al cancello. Non ho più scuse per indugiare.

«Non vai?» Mi lancia un rapido sguardo mentre infila il casco.

Posso reputarmi quasi fortunata. Non è stato un completo fiasco: ho percepito in prima persona il calore che sprigionano i reali e sono riuscita a dormire come mai avevo fatto prima. Senza incubi, senza tormenti e senza urla.

Ma mi manca il pezzo più importante.

'Oggi ho visto il fratellone piangere. Era da tanto che non lo faceva'.

Qual è la causa del male che risiede nelle sue iridi ghiacciate? Cosa ha spinto un principe a usare i propri poteri contro se stesso? Il dolore, la collera o la paura? Cosa può essere stato?

«Ti basterà chiedermelo e io distruggerò chiunque ti abbia mai fatto del male» sentenzio dopo qualche secondo di silenzio.

«Che vai dicendo adesso?» Si sistema sulla sella, pronto a partire.

Gli accarezzo i capelli, scostando i ciuffi ribelli che non ha pettinato prima di uscire. Le mie dita affondano nella loro morbidezza. Derek rimane immobile. Mi guarda confuso, e, per qualche secondo, riesco a leggere un piccolo cenno di sorpresa in quell'espressione sempre rigida e controllata. Scansa il mio braccio e scuote la testa. Retrocede con la moto, prima di mettersi in marcia lungo la strada. Più si allontana e più il suo profumo scompare. Più si allontana e più il ricordo del suo tocco si affievolisce. E le catene tornano a stringere, gelose di un principe che non possono avere.

Capitolo 18

Con certe condanne ci nasci, con altre ci convivi e con alcune sei persino destinato a morirci.
La condanna della strega è quella di averle tutte e tre. Nasce da una maledizione, vive perseguita dal popolo e muore maledicendo il proprio dolore.

La condanna della strega

La gioia e la felicità di una classe piena di bambini era il motivo per cui Cynthia aveva deciso di intraprendere la carriera di insegnante. C'era una luce che solo quegli animi così piccoli erano in grado di donarle, qualcosa che le riscaldava il cuore e che la faceva sentire una persona migliore.

I bambini la adoravano: le regalavano disegni, cioccolatini, abbracci e baci. Tutti erano follemente innamorati di lei. Un'insegnante con un cuore candido e puro. Rara da trovare.

Un giorno si unì alla classe una bambina particolare. Aveva gli occhi di un marrone così scuro da non riuscire a distinguere il confine tra la pupilla e l'iride, erano a forma di mandorla e privi di qualsiasi tipo di luce. I capelli corvini le ricadevano sulle spalle. Al contrario delle altre bambine, lei indossava solo abiti eleganti, lunghe gonne nere e camicie bianche. Non sorrideva mai, si limitava a eseguire i compiti che le venivano affidati in silenzio. Cynthia si incuriosì, pensava fosse la semplice timidezza di una nuova arrivata in un gruppo già formato. Per questo cercò di farla interagire con gli altri, attraverso compiti in coppia o in piccoli gruppi. I suoi piani andarono in frantumi. I bambini finivano sempre per sanguinare: una caduta accidentale, un graffio, una storta o persino una brutale spinta. Nessuno di loro riusciva ad avvicinarsi a quella bambina dagli occhi scuri. Avevano paura di lei, così non la invitavano a giocare e tendevano a isolarla in ogni attività.

La maestra cercò di comprendere meglio quale fosse la causa di quell'atteggiamento. Possibile che quella bambina spaventasse veramente i suoi coetanei? Le parole che usava, i suoi gesti e gli occhi privi di luce... non erano quelli di una normale bambina della sua età. Una volta si avvicinò ad alcune compagne che stavano giocando con le bambole e le osservò quasi con ribrezzo. Pochi istanti dopo, tutte scoppiarono in un pianto isterico. Lei sorrise e disse: «Non è colpa mia se le vostre fiabe sono tutte false, stupide fate».

Quella fu la prima volta in cui Cynthia vide l'oscurità dentro l'animo di una bambina. Qualcosa che aveva l'aria di essere struggente e confinato, come il dolore di un animale in cattività; qualcosa che una bambina della sua età non avrebbe dovuto conoscere. I genitori non si presentavano mai, ogni giorno a scortarla c'era un autista che veniva trattato con freddezza dalla piccola.

Ci fu un altro evento che rimase impresso nella mente di Cynthia. I bambini una volta al mese mostravano ai loro compagni un loro talento particolare: c'è chi portava dei disegni e chi invece improvvisava balli divertenti che facevano ridere tutti quanti.

Lei portò un violino.

Quando cominciò a suonarlo, una melodia lenta e tortuosa risucchiò ogni goccia di felicità dalla stanza. Scomponeva con le note ogni sorriso e insediava un senso di agonia nei cuori dei presenti. Alcuni bambini, quasi per istinto, si portarono le mani sulle orecchie e cercarono di escludere dai loro animi un male così estraneo e spaventoso. Altri si misero a piangere. E più i bambini piangevano, più lei continuava. Quello che a loro sembrava una tortura, per la maestra Cynthia era quasi un grido d'aiuto. Un appello pieno di errori, pieno di graffi e pieno di sangue. Era come se quella bambina stesse piangendo tramite uno strumento.

La maestra non capiva come quella piccola potesse aver imparato a suonare melodie così raffinate e complesse. Più la guardava e più si sentiva avvolta in un'oscurità che non aveva mai percepito prima.

Quando la bambina terminò di suonare, nessuno applaudì. Erano tutti scossi, agitati e infastiditi da quelle note graffianti. La guardavano con risentimento, con paura e disprezzo. Eppure lei non sembrava dispiaciuta. Lo sapeva, sapeva fin dall'inizio che quel suo talento non veniva mai apprezzato.

«Non sapevo suonassi il violino. Non trovi sia una melodia triste, questa? Ne conosci qualcuna un po' più allegra, Sia?»

«Al violino non appartengono le melodie felici».

Sia

I regali si accumulano nell'angolo del salotto, formano una pila traballante e instabile. Tom li sistema uno dopo l'altro, mentre io lo guardo annoiata dal divano.

«Portateli a casa, tanto non me ne faccio niente».

Si volta verso di me. «Sono pensieri per te, Sia. Perché non ne apri qualcuno?»

L'unico regalo che vorrei è il ragazzo dagli occhi azzurri e dai capelli chiarissimi. Allungo il braccio verso il tavolino e afferro il bicchiere di vino, lo porto alle labbra e lo sorseggio. Non vedo l'ora che questa giornata finisca. Il compleanno è un giorno inutile, una scusa per celebrare che cosa? Una vita che non ho scelto fatta di catene e di sangue. Il suono del campanello mi risveglia dai miei pensieri.

Sospiro. «Hai invitato qualcuno?»

Tom scuote la testa. Mi alzo e mi dirigo verso la porta, dal monitor della videocamera di sorveglianza noto Edgar e Olivia. Chi li ha chiamati? Mi giro verso Tom, si tradisce con un sorriso che non riesce a trattenere.

«Sul serio, Tom?»

«Apri, è maleducato lasciare fuori gli ospiti».

Alzo gli occhi al cielo. Ora che ha trovato delle persone che non rifuggono la mia pazzia, si aggrappa a loro con le unghie e i denti. Qualsiasi cosa pur di trascinarmi fuori dalla solitudine. Apro la porta, Edgar solleva un sacchetto di plastica mentre Olivia stringe tra le mani un regalo. Sbircio dietro di loro nella speranza di intravedere la chioma ribelle di Derek.

«Auguri, strega-demone. Volevi ubriacarti da sola?» Edgar sorride, varcando la soglia.

Olivia mi stringe in un abbraccio. «Avrei dovuto impacchettarti Derek, saresti stata più felice».

La guardo. «Lui non c'è?»

Alza le spalle. «Non ne ho idea». Mi passa davanti, saluta Tom con un bacio sulla guancia e lo aiuta a sistemare i regali. Ormai sono diventati un'unica squadra. Tutti insieme appassionatamente. Chiudo la porta sospirando.

«Hai maledetto Bill e Michael ieri sera?» Edgar si siede sul divano dov'ero sdraiata prima. Toglie la giacca, l'appoggia accanto a sé.

Mi siedo vicino a lui. «I troll? Non c'è di che, tesoro. Era da tanto che non sentivo la loro puzza. E credo proprio che scavando un po' nel loro passato troveremo qualcosa di interessante sul modo in cui hanno accumulato tutti quei soldi. Le ricchezze dei troll non vengono mai guadagnate onestamente. E al pubblico piacerà scoprire qualche sordido dettaglio...»

Lui sorride e mi dice: «Sai, la prima volta che ti ho vista, ho pensato che non avessi neanche una rotella al suo posto».

Recupero il mio bicchiere di vino e riprendo a sorseggiarlo lentamente. «Hai cambiato idea?»

«No, affatto. Ho appurato che non hai nessuna rotella, ma un ingranaggio tutto tuo, strega-demone».

Olivia ci raggiunge. Si siede sul divanetto davanti a noi, Tom porta altri due bicchieri vuoti e li appoggia sul tavolino. «Vi porto qualcosa da sgranocchiare» dice, prima di scomparire verso la cucina. Edgar apre il sacchettino di plastica che si è portato dietro, tira fuori alcune lattine di birra e qualche confezione di patatine.

«Non mi sembri molto felice, per essere una festeggiata» commenta la sirenetta.

«Secondo te verrà?» chiedo.

Olivia comprende subito a chi mi riferisco. Sorride. «Può essere. Anche se non lo dà a vedere... ci tiene a te, Sia».

Anche se so che le parole della sirenetta hanno lo scopo di tranquillizzarmi e che – molto probabilmente – non ci crede nemmeno lei, la speranza di sentirlo bussare alla porta non mi abbandona. Che sia all'ospedale con Tayler e la regina? Sembra che io abbia sviluppato una dipendenza dal calore che sprigiona e dal modo in cui le catene smettono di stringere solo quando lui è presente.

«Suona per me, mia piccola strega».

La bambina dai boccoli ribelli prese il violino e diede vita a una lenta e straziante melodia. Non osava disobbedirle, non poteva ignorare gli ordini di chi l'aveva creata e non poteva sfuggire agli occhi della strega più potente di tutte.

La madre e la figlia fisicamente erano due gocce d'acqua: lunghi capelli corvini, magnetici occhi scuri e morbide labbra rosee. La bambina era leggermente più pallida e la sua pelle era più liscia di quella della madre, sulla quale spuntavano le prime rughe. La donna assaporava la melodia della figlia a occhi chiusi. Le permetteva di tenere a bada la propria maledizione: usava la figlia per controllare i demoni che tentavano di divorarla per i crimini commessi. Man mano che le note risuonavano nella stanza, il suo volto assumeva un'espressione piena di sofferenza. Cominciò a graffiarsi le braccia fino a farle sanguinare e a gemere in modo convulso. Più la bambina suonava, più la madre si contorceva in preda a visioni inimmaginabili. I muscoli del volto erano rigidi e tesi in una maschera quasi disumana.

La bambina strinse il violino tra le dita: era abituata a vedere la madre in quello stato, eppure non smetteva mai di incuterle un certo timore. Si chiedeva se anche lei era destinata alla stessa sorte o se i demoni l'avrebbero risparmiata. Non voleva soffrire così da grande, avrebbe voluto crescere lontana da quelle urla che si ripetevano ogni notte.

Ogni sera, prima di dormire, la madre la chiamava e le diceva: «Suona per me, mia piccola strega». E la bambina suonava, suonava e suonava. Non poteva sbagliare neanche una singola nota, non erano ammessi errori. Doveva continuare la melodia fino alla fine. Era questa condanna a renderla diversa da tutti quanti.

La strega colse subito i pensieri ribelli della figlia, le bastava uno sguardo per capire se la sua piccola si stava allontanando da lei. E non poteva permetterlo.

Così, le fece segno di fermarsi. La bambina obbedì senza battere ciglio, non sapeva che la madre l'aveva già segnata dalla nascita con la sua stessa sorte, e che le sue paure erano già realizzate.

Con le braccia segnate da quei graffi profondi, la madre si avvicinò e macchiò le guance pallide della piccola con il proprio sangue. La marchiò con un sadico amore che non apparteneva a questo mondo.

«Questo è il mio regalo per te, mia piccola strega».

Edgar

Sia gioca con il bicchiere di vino che ha tra le mani. Tom le ha vietato di bere ancora.

«Perché non è venuto?» borbotta con le guance arrossate e con l'espressione imbronciata. Derek è più di una cotta per Sia, è qualcosa a cui lei si aggrappa, è quasi come un'ossessione. Come se da lui dipendesse la sua vita.

«Avrà avuto un impegno, Sia». Olivia tenta di consolarla.

È proprio in quell'istante che il suono del citofono spezza

la malinconia del momento. Sia scatta come una cavalletta, si dirige verso la porta e apre senza neanche guardare. Il ragazzo dagli occhi azzurri è sulla soglia. Tiene tra le mani un sacchetto, probabilmente il regalo per lei.

«Ma dove sei stato? Ti ho aspettato per tutto il tempo!» Il fatto che sia quasi ubriaca la rende ancora più sfrontata.

Proprio quando Derek sta per risponderle, una scia di corrieri gli passa accanto e invade l'anticamera. Appoggiano sul pavimento innumerevoli mazzi di rose bianche, il loro profumo delicato invade subito ogni centimetro di questa casa. Olivia e io ci scambiamo un'occhiata sbalordita. Da quando Derek compie gesti così plateali?

«Derek, non pensavo fossi così galante» commento.

Lui scuote la testa. «Non sono stato io».

«E allora chi è stato?» sussurra Olivia.

Volgo lo sguardo verso Sia e solo ora noto la sua espressione intimorita, paralizzata. Indietreggia di qualche passo con gli occhi sbarrati, si porta le mani sui capelli e comincia ad ansimare. Non capisco... che cosa la sta spaventando così tanto? Mi alzo in piedi allarmato. Olivia le si avvicina immediatamente e con delicatezza tenta di accarezzarle la schiena.

L'ultimo corriere che entra appoggia sul tavolo di fronte a me una scatola di cartone, dalla quale estrae subito una torta dall'aspetto a dir poco raccapricciante. C'è una rosa bianca al centro, mentre sui bordi cola una crema rosso sangue. Sia si avvicina al tavolo con un'espressione spaventata che non le ho mai visto. Ha il fiato bloccato, respira a fatica. È chiaro che chiunque le abbia mandato queste cose non l'ha fatto per renderla felice. Anzi. Sia sbarra gli occhi ed emette un suono simile a un urlo strozzato. Ci avviciniamo tutti e tre preoccupati. Seguo la direzione dello sguardo di Sia e leggo le parole scritte sulla torta: 'Suona per me, mia piccola strega'.

Non ne comprendo il significato, ma Sia crolla all'istante. Cade a terra con lo sguardo perso verso un punto indefinito. Olivia corre a cercare Tom: probabilmente è l'unico che sa cosa sta succedendo, l'unico che può capire il perché la strega-demone che abitualmente punzecchia chiunque senza alcun timore ora tremi di fronte a una torta.

Derek prende la torta. «La butto via».

Il braccio di Sia lo blocca. Si alza in piedi e con gli occhi lucidi sorride. «È un regalo, e come tale va apprezzato». Prende un cucchiaio dal tavolo, lo affonda nella torta e con mano tremante lo porta alle labbra. Si riempie la bocca senza emettere alcun suono. Si ingozza quasi fino a soffocare. Derek tenta di bloccarla, ma Sia lo scansa senza alcun risentimento. Chiunque gliel'abbia mandata, deve rappresentare la famosa rosa bianca di cui mi aveva accennato.

'La rosa bianca macchiata dal sangue è la mia più grande paura'.

Il soggiorno straripa di rose bianche, la torta è rosso sangue e come se non bastasse al centro c'è un'altra rosa bianca.

'Io sono "la rosa bianca", tu chi sei?'

L'alter ego di Sia, quella che le ha tagliato le braccia il giorno della gita, si era definita così.

'Non lo sai? Sia ha delle catene che le stringono il cuore, imbrattate dal sangue di una rosa bianca'.

I pezzi di un puzzle scomposto iniziano lentamente a collegarsi. Osservo il volto della ragazza dai boccoli neri e una sensazione di protezione mi porta a impedirle di continuare a mangiare quella dannata torta rossa sangue.

Sposto la torta verso di me, allontanandola da Sia. Lei mi trafigge con occhi colmi di rabbia, in completo contrasto con le lacrime che le bagnano il volto. Derek la blocca con le braccia, lei si dimena persino contro di lui. Ha l'espressione stravolta dalla rabbia, eppure c'è della fragilità nel modo in cui si ribella. È come se con tutti i suoi segnali occulti stesse chiedendo aiuto: rose bianche, sangue, favole dal macabro finale e personaggi immaginari.

«Santo cielo...» Tom irrompe nel salotto. Osserva con paura la torta e le rose bianche che occupano tutto il pavimento.

Ha la fronte sudata e il fiato corto, dietro di lui compare Olivia. La sua preoccupazione mi fa intuire che i miei sospetti erano fondati. Tom si fionda addosso a Sia e l'afferra per le spalle, la obbliga a guardarlo negli occhi. È come se stesse cercando di svegliarla da un incubo.

«Devi vomitare tutto. Ora!» ordina. Tenta di aprirle la bocca a forza, tenendole la mascella con la mano, ma lei si ribella con morsi e graffi. Si dimena con le guance bagnate dalle lacrime e sporche della crema rossa con cui si è abbuffata. Lo sguardo assente, spento e lontano in chissà quale ricordo.

«Mi stai ascoltando? Non ti permetterò di farlo, non osare!» Tom la scuote ripetutamente senza ottenere alcun risultato.

Derek sospira, prende un cucchiaio dal tavolo e si volta verso la torta, attirando l'attenzione di Sia in un lampo. «È un regalo, giusto?» dice mentre affonda il cucchiaio nella torta. «Va apprezzato».

Senza battere ciglio, lo porta alle labbra e ne mette in bocca un pezzo sotto lo sguardo scioccato di Tom e di Sia, che sembra lottare contro se stessa per rimanere salda nella propria posizione. Tiene la bocca serrata e stringe le mani a pugno. Derek ingoia il pezzo di torta e ne prende un altro, Tom gli fa freneticamente segno di smettere. Sia lo osserva con freddezza, come se volesse sfidarlo ad andare avanti. Derek avvicina alle labbra il secondo boccone.

«Fermati, non sai quello che stai facendo...» Tom ha gli occhi arrossati e stanchi. Non può avvicinarsi a lui, perché sta tenendo Sia bloccata nella sua posizione. Se la lasciasse andare, rischierebbe che mangiasse ancora.

Derek sposta lo sguardo su Sia. «Posso dare un po' di calore così?» La guarda con un sorriso che la fa tentennare, come se volesse rassicurarla in un linguaggio che solo loro comprendono.

Sia si volta, ci dà le spalle e mettendosi due dita in gola rimette la torta che ha appena mangiato. Tom le tiene i capelli e le accarezza la schiena con premura, nel frattempo il suono di un lamento fuoriesce dalle labbra della strega. Derek abbassa il cucchiaio. Ha toccato il tassello corretto per farla retrocedere e non ho capito neanche come sia stato possibile. Ho l'impressione che abbia capito di Sia più di quanto mostri. Gli passo un fazzoletto, lui sputa il pezzo di torta che aveva trattenuto tra i denti. Olivia gli riempie un bicchiere d'acqua mentre Tom aiuta Sia ad alzarsi, lei però lo allontana con freddezza. Senza guardare indietro, corre su per le scale verso la sua stanza e sbatte rumorosamente la porta. Un attimo dopo, il silenzio viene spezzato dal suono di un violino. Questa volta, però, non è la toccante sinfonia che aveva ammaliato il cuore di tutti i presenti al bar. Questa volta è un fastidioso e graffiante lamento, fatto di note eseguite con foga e rabbia. Sia suona senza dare tempo al violino di riprendersi dalla quantità di dolore che gli riversa addosso.

Tom si siede sul divano e con una mano tra i capelli tenta di regolare il ritmo del respiro. «Non suonava così da tempo». Sembra in preda all'ansia. Neanche lui sa come aiutare Sia.

La melodia si fa sempre più incalzante, sempre più violenta. Non conosce limiti. È un insieme di note che aggrediscono i sensi. Olivia si porta le mani sulle orecchie. È come sentire delle unghie affilate che graffiano una lavagna. Fa rabbrividire, vorrei soltanto mettere fine a questa tortura.

Giro lo sguardo verso Tom. «Come si fa per farla smettere?» Alzo la voce per sovrastare il frastuono.

«Non si può, non può disobbedire agli ordini di sua madre. Le ha chiesto lei di suonare».

La spiegazione di Tom mi aiuta a collegare il tassello mancante. 'Suona per me, mia piccola strega'. È stata la madre di Sia a mandarle tutte queste rose bianche, è stata lei a mandarle quella torta inquietante. Ma a quale scopo?

«Avevi paura che la torta fosse avvelenata, per questo glie'hai fatta vomitare» conclude Derek.

«Avvelenata? Dalla madre? Com'è possibile...?» mormora Olivia confusa.

La sinfonia diventa ancora più spaventosa, raggiunge picchi altissimi che assomigliano ai rantoli di creature mitologiche in procinto di morire.

«Penso che sia ora per voi di conoscere questa storia... Sia non ama raccontarla, ma voi potreste impedirle di arrendersi quando io non posso proteggerla. Sedetevi pure».

Mi accomodo di fronte a Tom, Derek e Olivia fanno lo stesso. Siamo tutti spinti dal desiderio di comprendere la strega-demone, quella che con un solo sguardo ha letto le paure che nascondiamo agli occhi degli altri.

In un salotto colmo di petali bianchi, invaso dalle note di un violino impazzito, viene narrata la favola di una strega.

«Questa è la storia di una rosa bianca macchiata dal sangue».

Capitolo 19

Si narra di un re che tentò di salvare una strega. Quando tutti temevano le maledizioni dalle quali era circondata, l'oscurità che le scorreva nelle vene e i demoni che le danzavano nella voce, il re le porgeva la mano con ospitalità e benevolenza.

I sudditi si chiesero il motivo per cui un re vedesse luce in un essere maledetto. Non era mai successo che un reale avesse compassione per una discendenza avversa.

C'erano file di donzelle pronte a sposarlo, principesse o figlie di ricchi proprietari terrieri, ma il re non volle nessun'altra, se non lei: la strega dalle tenebre oscure. Pareva che quella creatura, temuta e condannata da chiunque, celasse la capacità di leggere gli animi e ciò rappresentava per il re una dote spettacolare.

La strega si stupì di quell'attenzione: da quando la maledizione di leggere gli animi era considerata una grazia? Si chiedeva perché quell'uomo dai dolci tratti le mostrasse gentilezza e comprensione. Passò dall'incuriosirsi di un suo rivale al desiderio di stargli accanto. D'altronde, si sa che l'effetto del calore reale su una strega è quello di congelare le sue catene.

Vissero uniti in un legame che li estraniava dal mondo esterno, finché un giorno i demoni della strega presero il sopravvento su di lei e si impadronirono del suo corpo.

La strega si ritrovò con le mani coperte dal sangue dell'unica persona che aveva provato ad amarla. E con gli occhi accecati dalla rabbia, si tolse la vita.

Quando un reale ama una strega

In una fredda giornata d'inverno, un uccellino si schiantò contro la finestra di una casa imponente. Cadde a terra con un'ala spezzata. Emetteva cinguettii di dolore e tentava, invano, di rimettersi in volo. Il proprietario della casa sentì il suono dei suoi lamenti e si avvicinò. Aveva un animo che gli impediva di ignorare le richieste d'aiuto anche della creatura più fragile e debole. Si notava da come trattava con premura i fiori che circondavano la sua dimora. Gli animali feriti andavano sempre da lui, per questo era noto come 'l'uomo gentile'.

Il suo lavoro era proprio quello di curare gli animali, ne comprendeva il linguaggio e in modo quasi automatico otteneva la loro fiducia. Anche se la sua famiglia era molto ricca e possedeva un impero, lui aveva scelto di dedicarsi alle creature più umili e più in contatto con la magia della natura.

«Hai fatto proprio una brutta caduta» disse l'uomo gentile, mentre ispezionava l'ala dell'uccellino. Si allontanò per prendere la cassetta delle medicazioni. Per fortuna quella ferita poteva essere medicata facilmente, non aveva danneggiato l'ala in modo irreparabile. Quando tornò all'esterno, dove aveva lasciato l'uccellino, lo trovò tra le mani della figlia. Sembrava essersi calmato grazie al tocco lenitivo della bambina. L'uomo gentile sorrise: vedere che la figlia aveva cura degli esseri più indifesi lo rendeva fiero. Ma ancora non sapeva che non era quello l'obiettivo della piccola dai capelli corvini. Con una mossa fulminea, l'uccellino venne strangolato senza alcuna emozione. Il cinguettio tacque all'istante. L'uccellino dall'ala spezzata era appena stato ucciso dalla figlia dell'uomo gentile.

«Che cosa... che cosa hai fatto?»

«Mamma dice che i deboli vanno spazzati via; se li si lascia in vita, si aumentano soltanto le loro sofferenze. Così l'ho aiutato e ora non soffre più».

La freddezza con cui aveva appena compiuto quel gesto lasciò stupefatto l'uomo gentile. La figlia sorrideva soddisfatta, come se avesse fatto qualcosa degno di nota. Il padre non riusciva a realizzare la crudeltà che si celava inconsciamente nello sguardo della bambina e quando quest'ultima alzò gli occhi comprese che il padre la disapprovava. La giudicava, proprio come tutti gli altri. Così lasciò cadere l'uccellino per terra ed entrò in casa senza aggiungere altro.

Quello fu uno dei primi episodi in cui si rivelò il modo crudele e violento con cui la figlia si relazionava al mondo e alle persone che la circondavano. Una bambina che non sapeva vedere il limite tra ciò che è giusto e ciò che è sbagliato, e anche se lo vedeva si divertiva ad attraversarlo. C'era qualcosa di diverso in lei, questo lo aveva già capito. Il padre si sforzava di impedire a quegli istinti oscuri di prendere il sopravvento sulla sua bambina e di zittire i demoni che le sussurravano di compiere gesti atroci.

Aveva imparato ad ascoltarla, a capirla e a comunicare con lei in un linguaggio che potesse accettare. Non era come le altre bambine. Forse era proprio la percezione degli animi che la rendeva diversa nella sua genialità. Il padre continuava a ricevere richiami dalla scuola: la figlia aveva atteggiamenti violenti e aggressivi nei confronti dei suoi compagni, li considerava stupidi e ignobili. Le maestre non capivano come una bambina così eccellente in tutte le materie potesse comportarsi in quel modo verso i compagni.

«Com'è andata oggi a scuola?» chiese alla bambina.

«La maestra mi ha rimproverata».

Il padre la osservava mentre faceva merenda. Voleva capire come aiutare la figlia, come allontanarla dall'oscurità che sembrava ormai essersi insediata in lei.

«Se ti ha rimproverato dev'esserci un motivo. Ti va di raccontarmelo?»

La pazienza che mostrava permetteva alla piccola di confes-

sarsi liberamente al padre. A volte passavano ore tra una frase e un'altra, le ci voleva tanto per fidarsi e per rispondere. Ci metteva un po' a decidere se permettere o meno agli altri di avvicinarsi a lei.

«Ho sentito di nuovo quelle voci. Mi hanno detto che Cristopher aveva intenzione di farmi del male. Così l'ho impedito: l'ho spinto giù dalle scale e non si è più alzato. Ha iniziato a sanguinare dal ginocchio».

Il padre assunse un'espressione neutra. Aveva imparato che quando la piccola si apriva e raccontava qualcosa, non doveva far assolutamente trapelare alcun giudizio morale. Lei lo avrebbe percepito all'istante e si sarebbe allontanata.

«E tu cos'hai pensato?»

«Ho pensato che fosse giusto, ho assecondato le voci e le voci non sbagliano mai».

«Cosa ti dicono solitamente?»

«Mi parlano della persona che ho di fronte e mi proteggono dai mostri. Quando c'è un pericolo, mi avvisano. Mamma dice che sono i miei poteri e che devo assecondarli».

Comprese che la figlia aveva interiorizzato il modo di vedere della donna che l'aveva messa al mondo. In molti l'avevano avvisato: l'oscurità che si cela in quella donna finirà per contaminare la tua vita.

Riconosceva negli occhi della figlia la stessa scintilla della donna che amava, ma non sapeva come gestire quel male che sussurrava alla piccola di compiere gesti brutali. L'unica persona con cui entrava in sintonia senza bisogno di spiegazioni era proprio lei, la donna a cui aveva promesso amore eterno.

Proprio in quel momento la moglie entrò in cucina. «Vedo che state facendo merenda. Com'è andata a scuola?»

«Ha spinto un bambino giù dalle scale. Ancora una volta» rispose il padre.

La guardò, in attesa di una qualche forma di disapprovazione verso quei chiari segnali di tossicità che si stavano manifestando nella loro bambina. Ma non successe nulla di tutto ciò. La madre incoraggiava i pensieri contorti della figlia.

«E allora?» sorrise la donna dal rossetto rosso fuoco.

«E allora?» sbottò il padre con evidente stupore.

La bambina uscì dalla cucina dietro ordine della madre, ormai a loro bastava uno sguardo per comunicare. Appena varcò la soglia, l'uomo dai tratti gentili e dal cuore candido provò per l'ennesima volta a trovare un punto d'incontro con la moglie.

La donna gli disse con rabbia: «Stai disprezzando tua figlia».

«No, sto dicendo che ha bisogno di una figura che l'aiuti a riconoscere ciò che è giusto da ciò che è sbagliato. Non devi incoraggiarla a fare queste cose, Ilenia».

«Quello che fai tu è giudicare me come madre. Conosco mia figlia, conosco i suoi pensieri perché sono tali e quali ai miei. Di certo non ha bisogno di un padre che la tratti come un abominio».

Le loro urla rimbombavano per tutta la casa. Ogni giorno era sempre peggio: litigavano e si scontravano, non riuscivano a conciliare le loro visioni del mondo. La madre non voleva sopprimere l'oscurità della figlia e il padre non voleva che la piccola diventasse una creatura senza cuore.

«Sai perché ti spaventa? Perché hai paura che diventi come me. Non è così?» Il sorriso sadico della donna dai lunghi capelli neri metteva i brividi. «Tu hai paura che cresca come sono cresciuta io, del resto c'era da aspettarselo. La tua stirpe fa solo questo: giudica ed emette condanne».

Ilenia, la donna che l'uomo gentile aveva amato e sposato, era nota per la capacità che possedeva di leggere gli animi più indecifrabili e scoprirne il desiderio nascosto. Era al culmine della sua carriera giornalistica, stava spopolando ovunque. L'abilità di porgere agli occhi avidi dei cittadini i segreti più succulenti della società, senza alcun interesse per l'etica, la rendeva unica nel suo genere.

L'immagine di successo celava la realtà di una donna che non sapeva come amare né cosa fosse l'amore. Nonostante il calore di un cuore candido l'avesse in qualche modo sfiorata, non era bastato a mettere a freno gli istinti perversi e malati della sua mente.

Ora quel mondo oscuro era passato nelle vene della piccola dai capelli corvini e i primi sintomi iniziavano a manifestarsi sempre più chiaramente.

«Hai smesso di prendere le medicine, vero? Perché ti stai opponendo?»

«Perché mi vuoi sedare la mente, Jacob! Mi stai uccidendo pur di farmi diventare normale e non ti permetterò di fare lo stesso con mia figlia. Non ti permetterò di farci sentire nel torto, noi siamo questo e tu lo devi accettare».

«Nostra figlia, nostra» precisò il marito, in preda all'agitazione. «Non ti permetterò di plasmarla, Ilenia. È una bambina, non una cavia».

L'uomo dal cuore candido uscì dalla cucina con un peso sempre più gravoso sul petto. Si domandava come aiutare la figlia e, allo stesso tempo, come dimostrare alla moglie che lui non la disprezzava per quella che era.

Perché era realmente così.

Nutriva un profondo amore per quella donna dalla mente di una genialità unica e con la rara capacità di leggere con lo sguardo il cuore di chi la circondava. Si era invaghito di una luce che aveva percepito in lei, ma dopo il parto la situazione era mutata drasticamente.

Era come se quella piccola luce che riusciva a percepire in Ilenia si fosse totalmente spenta. Da quel giorno, era diventata una persona fredda e senza principi morali. Non la riconosceva più: vedeva nemici da tutte le parti e si divertiva a plasmare la bambina, come fosse un'emanazione di se stessa.

«Avete litigato ancora?»

La voce della piccola spezzò il silenzio. Era seduta sul bordo della finestra della sua stanza e guardava fuori con nostalgia. La neve scendeva dal cielo e ricopriva con grazia l'erba del giardino.

Il padre le si avvicinò. «Sono cose che succedono tra i grandi, non ti preoccupare». Si sedette di fronte a lei e si limitò a osservarla. Era veramente una creatura incantevole con la pelle candida, priva di qualsiasi imperfezione, e i profondi occhi marrone scuro che sembravano poter assorbire ogni dettaglio. Le ricordava la moglie, erano due gocce d'acqua. Una bellezza seducente dai tratti selvaggi, le labbra che esprimevano senza timore qualsiasi pensiero.

«Hai paura di me, papà?»

La domanda arrivò ovattata, un fremito di incertezza che si rivolgeva al cuore di un padre.

«No».

Lo guardò per accertarsi della sua onestà. Poteva intuire con facilità la sincerità dell'interlocutore e il padre non mentiva. Non aveva paura di lei.

«Pensi che io sia strana?»

«Sei diversa, nessuna bambina di nove anni ha la tua intelligenza e capacità introspettiva».

«Però mi disapprovi. Le voci me lo dicono».

«Cos'altro dicono?»

«Dicono che le vuoi uccidere, che devo stare lontana da te e che hai paura di me» sussurrò.

«Queste voci che senti sono forti?»

«Tanto forti. A volte mi viene il mal di testa perché iniziano a urlare e, quando non le ascolto, graffiano di continuo».

Jacob le accarezzò i capelli con affetto. La piccola ne rimase incantata, come se quel gesto fosse il più bel regalo del mondo. Stava ferma e si faceva accarezzare, proprio come un piccolo animale selvatico che per la prima volta ricevesse affetto e non rancore. Le dita del padre sembravano bandire la maledizione che stava prendendo forma nel cuore della figlia. Sprigionavano un calore che era in grado di farla respirare.

«Sei così bella, Sia. Non ti sporcare le mani con gli ordini di quelle voci. Quando iniziano a urlare, vieni da me e le farò zittire. Dirò loro che tu sei troppo bella per essere loro serva».

Queste parole suggellarono un contratto tra la piccola dalla condanna nel sangue e l'uomo dal cuore candido. I loro sguardi irradiavano calore e pace.

Fu in quel momento che Sia, per la prima volta, riuscì a leggere la maledizione del padre. Per un istante vide una corona che oscillava sopra il suo capo. Inaspettatamente, l'uomo che la stava guardando con un amore sconfinato portava il sigillo dei reali.

«Sei un re, papà. Vedo la tua corona».

«Mi hai letto dentro?» Jacob sorrise, senza smettere di accarezzarle la testa.

«Perché ti sei condannato con delle streghe? A quest'ora avresti potuto avere una regina e una figlia principessa come erede al trono».

Sia parlava la lingua delle fiabe, quella con cui la madre l'aveva cresciuta. Le aveva trasmesso la capacità di leggere gli animi, ancora faticava a farlo con la stessa precisione di Ilenia, ma riusciva a captare piccoli segnali intermittenti.

«E chi l'ha detto che un re non può amare una strega?»

«Lo dicono le fiabe». La piccola scese dal davanzale e corse a prendere il libro delle fiabe, quello in cui ogni maledizione era accuratamente spiegata. Passava delle ore a leggere le figure leggendarie che si celavano dietro ai volti umani. Era un regalo della madre, l'aveva scritto appositamente per lei. Lo mostrò al padre e gli indicò la parte in cui spiegava che era proibito per i reali unirsi agli stregoni.

«La condanna degli stregoni finirà per uccidere i reali e se non succederà, sarà l'aspra sentenza dei reali a polverizzare gli stregoni» recitò a memoria la figlia.

Il legame che aveva stretto con quel libro era così forte che ormai funzionava da tramite fra lei e il mondo esterno. E il padre questo lo aveva da sempre intuito, perciò glielo leggeva ogni sera.

«Sono un re clemente: non polverizzerò mai né te né tua madre».

«Ma la maledizione...»

«Non succederà. Sarai tu la mia principessa, va bene così?»

«Una principessa? Mamma ha detto che ho il sangue di una strega». La confusione della piccola fece sorridere il padre.

«E chi l'ha detto che una strega non può essere una principessa? Puoi essere entrambe le cose, nessuno te lo vieta. Sei sia mia figlia che figlia di tua madre. Consideralo un dòno».

«Io... una principessa?» Sia era in evidente confusione, abi-

tuata oramai a cucirsi addosso l'identità della strega dall'oscura maledizione. Non aveva mai preso in considerazione di poter avere un'altra strada, un'altra possibilità.

Le tenebre l'avevano inghiottita, percepiva solo le urla ancestrali che le spaccavano in due la mente. Le stesse urla che costringevano la madre a piangere la notte. Con la saggezza e la bontà del padre non aveva nulla in comune. Più lo guardava, più si sentiva diversa. Jacob aveva occhi azzurri che reclamavano la potenza dei cieli, un leggero accenno di barba e un sorriso così armonioso e solare da fare invidia agli dei. Non sembravano nemmeno imparentati.

«Ma io non ho nulla di te, non ho nulla di un re. Ho solo le voci e le maledizioni di una strega».

Il padre la prese in braccio e la mise sulle sue gambe. La piccola Sia lo guardava incerta, non comprendeva come poteva essere la discendente di un re. A lei non apparteneva la luce e non sapeva emettere calore.

«Puoi avere la misericordia di un re».

«Cos'è la misericordia?» Quasi storpiò la parola.

«È un potere magico che sconfigge le voci e le maledizioni. Ti permette di vedere il dolore degli altri. Ricordi l'uccellino dall'ala spezzata?»

«Quello che ho sollevato dalla sua sofferenza?» chiese.

«Proprio lui. Per mostrare misericordia devi vederlo il dolore, non puoi solo immaginarlo. Ti saresti dovuta spezzare un'ala per comprenderlo».

«E allora cosa si fa per dimostrare misericordia?»

«Si fa quello che vorresti fosse fatto a te. Quando soffri, quando le voci urlano e graffiano finché ti viene il mal di testa, cosa vorresti che qualcuno facesse per te?»

Questa domanda sembrò coglierla alla sprovvista.

«Vorrei che... vorrei che qualcuno non avesse paura di me e poi...» Si bloccò e abbassò lo sguardo quasi con timore.

«E poi?»

«E poi, vorrei che qualcuno facesse così». Prese la mano del padre e la appoggiò sopra la propria testa.

In quel momento il padre percepì la luce che stava soffocando nell'animo della figlia, spaventata dalle sue stesse azioni e terrorizzata dalla paura con cui gli altri la guardavano. Chiedeva solo di essere accarezzata. Quel gesto la calmava, probabilmente perché, sin dalla culla, il padre usava accarezzarle il capo con una dolcezza tale da sciogliere ogni male.

«Ti basterà dirmelo e lo farò per te, promesso».

Quelle parole portarono sul volto di Sia un sorriso raggiante, un sorriso che raramente compariva sulle sue labbra. Il cuore di Jacob prese a battere forte. Com'era possibile che tutta la bellezza del mondo fosse suggellata nel sorriso della figlia?

Da quel giorno, Jacob iniziò a scrivere delle fiabe di proprio pugno, qualcosa che potesse tenere la figlia aggrappata alla speranza e alla luce. Usava le pagine bianche che rimanevano alla fine del libro e ogni sera si divertiva a lasciarne qualcuna.

Ma proprio come narravano le fiabe, il re finì per essere ucciso dalla strega.

Una sera, a cena, Ilenia aveva versato nel piatto del marito delle strane gocce, prese da un barattolo nero che aveva nascosto dietro al microonde.

«Mangiate, buon appetito». Ilenia aveva sorriso.

Pregustava il momento in cui quel grande rompicapo sarebbe giunto al termine. Il re stava tentando di soffocare la sua natura, la voleva sopprimere. Non poteva permetterlo e men che meno poteva permettere che la figlia cambiasse strada per colpa della bontà d'animo di un reale.

Osservò Jacob accarezzare la guancia alla figlia, la incoraggiava a mangiare con calma.

«Domani ti scrivo un'altra fiaba, ti va?» chiese Jacob alla piccola Sia.

«Sì, papà».

Il legame che si stava rafforzando tra i due minava ed escludeva l'oscurità di una madre gelosa e priva di qualsiasi senso morale.

«Fammi pensare... quale storia ti posso raccontare questa volta?»

La dolcezza di Jacob nei confronti della figlia stava diventando un ostacolo. La piccola annuì con una scintilla di emozione negli occhi. Ilenia strinse tra le mani il bicchiere di vino, ormai non tollerava più la voce del marito e il calore che emanava dal re.

Quando il volto dell'uomo iniziò a diventare pallido, si rasserenò. Il veleno stava finalmente facendo effetto. Jacob prese un bicchiere d'acqua, tentò di placare quella forte sensazione di dolore al petto, senza riuscirci. La sua vista si offuscò e cominciò a tossire ripetutamente, macchiandosi le mani del sangue che gli fuoriusciva dalle labbra senza controllo. Si piegò in due e con un violento conato inzuppò di sangue le rose bianche con cui Ilenia aveva decorato il centro del tavolo.

«Papà?» La voce della piccola fu l'ultimo suono che il padre udì prima di chiudere gli occhi e di crollare sul pavimento.

Divenne freddo con una rapidità che avrebbe reso inutile qualsiasi soccorso. La piccola si avvicinò a lui con le lacrime agli occhi, non capiva cosa fosse successo. Perché il padre aveva vomitato sangue? Perché sembrava soffrire atrocemente? E soprattutto, perché stava diventando gelido?

Provò a riscaldargli la mano con la sua, ma il freddo della morte ne respingeva qualsiasi forma di calore. Sia era paralizzata, con le mani macchiate di sangue e con le lacrime agli occhi.

«Papà, non ti alzi? Sei freddo, non è da te». Provò a scuoterlo senza ottenere nessuna risposta. «Ti sto accarezzando i capelli, vedi?» Vide un colore bluastro espandersi su quella pelle un tempo raggiante e piena di vita.

Quando alzò lo sguardo verso la madre in cerca di aiuto, la trovò con un sorriso compiaciuto sul volto. Non aveva un briciolo di umanità e la piccola lo percepì subito, capì che la gioia della madre era dovuta alla morte del padre. Con il fiato bloccato in gola e con delle mani colme di sangue, intravide il barattolo nero che spuntava da dietro il microonde. Era lo strumento della vendetta di una strega su un reale e la piccola lo comprese all'istante.

Era stata la strega a uccidere il re.

«Torna a tavola, Sia».

Sia era terrorizzata. Tremava senza controllo e il respiro sembrava sfuggirle dal petto. Stringeva convulsamente la mano del padre, non voleva lasciare l'unico appiglio di luce che si stava spegnendo.

«D-dobbiamo chiamare un'ambulanza...»

«Ti ho detto di tornare a tavola. Non disobbedire a tua madre». La strega alzò il tono di voce con freddezza.

Non le importava se il marito giaceva a terra in una pozza di sangue, non le importava affatto. Aveva ristabilito l'ordine: aveva impedito che il re la polverizzasse. Ilenia si alzò in piedi e si avvicinò al corpo esanime del marito. Staccò la mano della figlia da quella del re.

«Torna a tavola, piccola strega».

Sia non riusciva ad alzare lo sguardo verso quell'essere oscuro che era sua madre. Fissava il padre e supplicava inutilmente il suo aiuto. L'aveva lasciata sola? Come poteva ritrovare la luce, se l'unico che la percepiva in lei la stava abbandonando? Come poteva, da sola, sopravvivere ai richiami della strega più potente?

Le dita della madre le sporcarono le guance con il sangue del re. Sia sbarrò gli occhi e trattenne un conato di vomito. Si graffiò il palmo della mano per non urlare. I brividi le impedivano di stare ferma.

«Lo senti l'odore della rosa bianca macchiata dal sangue?» Ilenia aveva gli occhi contaminati dalla follia.

Sia, succube dei demoni della strega dal cuore incatenato, con il volto contratto da un dolore che non poteva esprimere, si sedette a tavola e terminò il suo piatto in silenzio.

«Finisci tutto il piatto, mi raccomando. Sai che odio i bambini deboli e maleducati, piccola strega».

Quella frase suonò come una minaccia: disubbidiscimi e subirai la stessa sorte. Sia riusciva a trattenere la voglia di urlare, riusciva a trattenersi dal vomitare e riusciva persino a ignorare il sangue con cui la madre le aveva macchiato le guance. Ma non riusciva proprio a tollerare quell'odore, l'odore della rosa bianca macchiata dal sangue.

Ilenia non le staccò gli occhi di dosso e solo dopo che la figlia ebbe finito di mangiare prese il telefono e chiamò un'ambulanza. Si finse preoccupata e sconvolta, recitò alla perfezione la parte della moglie che non sapeva cosa fare. Terminata la chiamata, si mise a ridere divertita.

«Vedi? Se mi avessi ascoltato fin dall'inizio, magari sarebbe cambiato qualcosa. Avresti dovuto mangiare più in fretta».

Era una sorta di ricatto macabro e contorto: solo quando la figlia avesse mostrato rispetto per i suoi ordini, terminando il piatto sul tavolo, lei avrebbe chiamato i soccorsi. Sia lo aveva compreso dall'inizio. Sapeva come funzionava la mente della madre e non c'era modo di ribellarsi a una strega che teneva saldamente tutte le sue catene.

E nel brusio generale dei soccorritori che tentavano di svegliare un re morto, la figlia bambina osservava il centro tavola con distacco e apatia. La rosa bianca era stata macchiata dal sangue e sembrava volesse rimarcare la sua condanna.

Al funerale del re si presentarono così tante persone da riempire l'intero cimitero, che venne invaso dai fiori. Il popolo era molto legato alla gentilezza dell'uomo dal cuore candido.

«Che cosa gli hai fatto? Che cosa hai fatto a mio figlio?! Parla, rispondimi!» Le urla della madre del re contaminavano l'aria.

La famiglia reale disprezzava Ilenia, dubitava della reazione allergica che avrebbe causato nel re l'ostruzione delle vie aeree fino alla loro completa chiusura, anche se gli esami post mortem non avevano trovato tracce di veleni conosciuti. Nessuno di loro si fidava della strega, l'odio che avevano sempre nutrito nei suoi confronti era aumentato a dismisura. Quella donna che fingeva di piangere per la morte del marito ai loro occhi era un abominio.

E non solo.

Disprezzavano anche la piccola strega che in quel momento era in piedi accanto alla madre, in silenzio. Non le era concesso aprire bocca, gli ordini erano stati chiari. Ferma e immobile, con gli occhi fissi sui fiori che ricoprivano la bara.

Non sentiva più il calore.

Non vedeva più la luce.

Non riusciva quasi a respirare.

«Siete dei mostri! Avete rovinato il mio povero figlio». La madre del re gridava accuse senza ritegno contro le streghe.

Sia osservava quel rancore, quell'odio che si riversava dagli occhi della famiglia del padre. Avevano paura di lei, le voci le stavano dicendo questo. La stavano giudicando tutti. Quando alzò lo sguardo sul popolo, sentì un peso opprimerle il petto: la guardavano con diffidenza, come fosse un animale pericoloso da tenere a bada per evitare sciagure.

Vide la madre appoggiare una rosa bianca sulla tomba del padre e si sentì soffocare con atroce lentezza. Solo lei sapeva il significato di quel gesto, non era un amorevole addio, bensì il tormento di una maledizione infinita. Era come se Ilenia stesse dicendo a Jacob che l'avrebbe perseguitato persino nell'aldilà.

La piccola strega si accorse di avere il palmo della mano sanguinante: stava stringendo così tanto il pugno, che si era conficcata le unghie nella pelle. Quello era l'unico modo per trattenere le urla. Le voci nella sua mente stavano graffiando con prepotenza e mentre la gente la giudicava come un essere senza cuore, una figlia indegna che non mostrava nessun accenno di dolore, lei si sentiva morire. Quale bambina non piange al funerale del padre? L'aperto disprezzo dei presenti la rendeva ancora più apatica e distante.

«Possiamo andare via adesso?»

«No, non possiamo, dobbiamo aspettare fino alla fine. Non fare la maleducata, piccola strega» le sussurrò la madre, prima di allontanarsi verso alcune persone che la stavano attendendo con impazienza. Aveva invitato tutto il suo gruppo di lavoro e indossava con assoluta perfezione la maschera della moglie col cuore spezzato.

Sia non capiva.

Non capiva come un popolo potesse giudicarla senza conoscerla; non capiva perché i reali non erano pazienti e generosi come lo era il padre; non capiva come potesse la madre sembrare un essere fragile agli occhi dei colleghi.

Non capiva il perché di tante cose e in quel momento si sentì sola.

Non c'era più il re pronto a tradurle il mondo esterno in un linguaggio che potesse comprendere.

«Perché sanguini?»

La voce di un uomo le arrivò alle orecchie. Era uno degli amici del padre, lo vedeva spesso con lui ma non ci aveva mai parlato. La colpirono gli occhi arrossati da un pianto che sembrava averlo straziato e il completo grigio che portava con modestia. L'uomo si abbassò per raggiungere l'altezza della piccola Sia. Prese un fazzoletto dal taschino del completo e fasciò il palmo sanguinante della bambina.

«Piangi in questo modo, tu?»

Più l'uomo le parlava e più Sia sentiva dissolversi il profumo della rosa bianca. Non capiva come fosse possibile: chi era quell'essere che la guardava senza paura? A chi apparteneva quello sguardo che stava cercando di comprenderla?

Non riuscì a leggergli subito la maledizione e lui, non ricevendo alcuna risposta da parte di Sia, si limitò a sorriderle con dolcezza. Quell'atto ricordò alla bambina il volto del re. Le voci cominciarono ad agitarsi nella sua testa. Temevano quell'uomo dal sorriso gentile, non volevano abbandonare il corpo della piccola strega.

L'uomo dal completo grigio si spostò verso la tomba del re, posò una mano sulla bara e piegò un ginocchio a terra, con lo sguardo colmo di emozioni indecifrabili. Iniziò a piangere senza timore di risultare patetico o troppo sensibile. Pianse senza smettere di singhiozzare e il suono del suo pianto incuriosì Sia. Si chiese cosa si provasse a piangere e desiderò di poterlo fare.

Voleva emettere quel suono armonioso che sembrava essere in grado di liberare l'animo dalle catene.

La madre intervenne proprio in quell'istante. «Torniamo a casa». Con freddezza, prese la mano della bambina e la portò verso la macchina. E mentre veniva trascinata via, Sia voltò lo sguardo verso quell'uomo piegato sulla tomba del padre e ne vide finalmente la maledizione.

Era un cavaliere reale, fedele guardia dell'uomo dal cuore candido.

Le torture che Ilenia infliggeva alla figlia si fecero sempre più pesanti. Una volta la rinchiuse nello sgabuzzino per due giorni interi, fornendole il minimo indispensabile per mantenerla in vita. Era furba: la colpiva, le faceva del male e poi ne guariva le ferite. Rendeva il dolore un passaggio fondamentale per poter poi ricevere la grazia che le concedeva.

Ogni sera le faceva suonare le melodie più tristi e macabre con il violino, per ore e ore, anche quando le dita della piccola si coprivano di tagli e di vesciche la madre la costringeva a continuare.

«Suona per me, mia piccola strega».

Un ordine, una sentenza, una condanna. Legata al peccato di essere il riflesso di una donna che non conosceva pietà.

Ilenia giocava con la mente della piccola, amava storpiare la realtà e plasmarla a suo piacimento. Aveva riempito la casa di rose bianche, come a volerle ribadire il proprio dominio. Le continue violenze fisiche e psicologiche miravano a correggere quelli che secondo lei erano difetti inaccettabili. Rivedeva nella figlia l'ombra di una flebile luce che aveva lo stesso calore del defunto re.

La piccola Sia stava tornando da scuola. Ilenia era alla finestra e la osservava. Nel vialetto in pendenza della casa di fronte, un passeggino abbandonato a se stesso stava scivolando senza alcun controllo.

Sia rimase ferma sul posto, guardava quel bambino avvolto da mille coperte con un'aria indifferente. Ilenia sorrise, era soddisfatta: la sua piccola strega aveva finalmente imparato le regole.

Il passeggino aveva ormai superato il marciapiede e nel bel mezzo della strada. Un'auto sbandò per evitarlo, un'altra stava sopraggiungendo dalla direzione opposta. Quando Sia si voltò verso la propria casa, il pianto del bambino la richiamò.

«Non farlo, non farlo!» Le speranze di Ilenia si frantumarono.

La piccola strega corse verso il passeggino abbandonato e lo trascinò in salvo di fronte al cancello. Nel farlo, si sbucciò un ginocchio ma non sembrò rendersene conto. Il bambino prese una ciocca dei capelli di Sia e iniziò a ridere divertito. Aveva dei grandi occhioni azzurri, le ricordavano quelli del padre, Sia rimase affascinata dalla purezza di un animo così piccolo.

Le scappò un sorriso involontario, automatico, dettato dalla dolcezza di un bambino che non la guardava come un mostro. Le toccava i capelli con quelle piccole dita e rimaneva aggrappato come fossero l'unico appiglio di bontà esistente. Sia gli rimase accanto per alcuni minuti, finché la madre del piccolo riuscì a raggiungerla, sconvolta. Ringraziò la piccola strega con grande riconoscenza.

Quell'episodio confermò i dubbi di Ilenia. C'era della luce nell'animo della figlia, della luce che – nonostante i suoi tentativi – non riusciva a soffocare. Rivedeva in lei il calore di un re e questo non lo poteva tollerare.

A cena Sia si sedette al tavolo al suo solito posto, in rigoroso silenzio. Ormai erano passati mesi dalla morte del re, il castello un tempo pieno di amici e sudditi devoti ora era vuoto e colmo di tossiche rose bianche. Abituata ad assecondare gli istinti malsani della madre, ogni sera Sia suonava il violino, testimone e complice di quella follia.

Quella sera la piccola strega notò il barattolo nero dietro al microonde. Ilenia appoggiò il piatto di fronte alla figlia per poi sedersi al suo posto. Erano sedute alle due estremità del tavolo, distanti una dall'altra. Il contrario della vicinanza e del calore del re.

Sia si chiese perché quel barattolo nero fosse riapparso magicamente. Dopo la morte del padre, la madre l'aveva fatto sparire. Quando alzò lo sguardo sulla strega più potente di tutte comprese che la madre stava tentando di liberarsi di una debolezza che le era d'intralcio.

«Non mangi?»

Il sorriso sulle labbra di Ilenia suonava come una conferma ai dubbi di Sia. Prese il cucchiaio e con rigida efficienza iniziò a mangiare il cibo che la madre le aveva preparato. Non staccò gli occhi dal piatto nemmeno per un secondo. Ilenia la guardava con attenzione: si voleva pregustare il momento in cui l'ultimo anello debole si sarebbe sgretolato.

La piccola Sia iniziò a sentire i propri organi interni ribollire. Tentò di mascherare il dolore che stava provando con una falsa espressione neutra. Oramai aveva quasi finito, ma il dolore che provava le impediva di prendere un altro boccone. Le mani tremavano, la fronte sudava e i crampi le spezzavano il respiro.

«Finisci tutto il piatto, mi raccomando. Sai che odio i bambini deboli e maleducati, piccola strega».

Usò la stessa frase che aveva pronunciato quando aveva avvelenato il re. Il ricordo di quel giorno sconvolse la mente di Sia. Si sentiva svenire, voleva urlare ma non aveva la voce per farlo. La bocca di Ilenia s'incurvò in un sadico sorriso. Si avvicinò alla figlia, prese il cucchiaio dalla sua mano e la imboccò con una dolcezza avvelenata.

Era la prima volta che la madre la stava imboccando... ed era anche l'ultima.

Gli occhi di Ilenia non mostrarono alcuna emozione neanche quando la piccola Sia iniziò a vomitare sangue, macchiando il tavolo e l'abito che indossava. Non si reggeva più, si appoggiò al corpo della madre con gli occhi al confine tra la vita e la morte.

Ilenia la prese tra le braccia e Sia pensò che quella era la prima volta in cui la cullava... ed era anche l'ultima.

«Ti chiederai il perché, suppongo». Le accarezzò i capelli con lentezza, quasi volesse spegnere con amore un incendio che lei stessa aveva creato.

Sia pensò che era la prima volta che la madre la accarezzava... ed era anche l'ultima.

«Ho sposato un re per avere un castello e una progenie a cui tramandare i miei poteri. Il castello l'ho avuto, ma non ho bisogno di una strega dal cuore debole come il tuo. Lo sai bene che odio i deboli, piccola strega mal riuscita».

Sia pensò che fosse un peccato, era la prima volta che la

madre la teneva così stretta e non poteva neanche sentirne il profumo.

I sensi la abbandonavano, non riusciva a distinguere la realtà dagli scherzi che le tendeva la mente. Non capiva se quella goccia sulla guancia fosse un'allucinazione, oppure la lacrima di una madre che tradiva ogni regola umana e divina.

Chiuse gli occhi, abbandonando se stessa a quel buio che la stava accogliendo con tenerezza. Si chiese se il padre aveva provato le stesse sensazioni o se le tenebre non avevano osato risucchiarlo per la luce e il calore che irradiava.

In ogni caso, in quell'istante aveva un solo desiderio. Voleva tanto avere qualcuno disposto ad accarezzarla proprio come faceva il re.

Qualcuno che la facesse sentire meno fredda, meno apatica, meno mostruosa e meno abominevole.

Qualcuno che la facesse sentire qualcosa...

... qualcosa che non era da uccidere.

Capitolo 20

La bella addormentata si svegliò grazie al bacio di un principe, eppure il suo cuore apparteneva a un umile contadino che falciava i campi e che nutriva gli animali con generosa bontà. Quando lo rifiutò e gli spiegò la verità, il reale non riuscì ad accettarla.

Il principe, nella follia di un amore che non prevedeva rinunce, l'avvelenò e la costrinse a un sonno profondo ed eterno.

«Se non potrò averti io, non ti potrà avere nessuno».

La bella addormentata fu avvelenata dal principe

Sia

«Non vuoi proprio parlare, oggi. Lo comprendo, allora parlerò solo io e tu dovrai permettere alla mia voce di arrivarti. Va bene, Sia?»

'No, non va bene'.

Vorrei soltanto che tutto questo finisse, che la gente non tentasse di comprendere qualcosa che non è nelle sue corde. Vorrei che l'empatia non fosse utilizzata su un essere che non la vuole e che non la sa usare. Vorrei che non avessero umanità verso una persona come me, che di umanità non ne ha mai avuta.

Sono nello studio di Melissa, Tom mi ha obbligato a fare una seduta d'urgenza, trascinandomi fuori di casa contro la mia volontà. Le palpebre pesanti mi obbligano a lottare contro me stessa per tenere aperti gli occhi.

«Le voci che senti graffiare di continuo, l'odore della rosa bianca che ti fa mancare il fiato e le maledizioni che vedi... non sono reali. Qui sei al sicuro, nessuno può toccarti o ferirti. Non appartieni a lei, le catene che senti sono fittizie».

Chissà cosa penserebbe il re nel vedermi in questo stato. Succube di un male che non sono riuscita a respingere. Succube di me stessa e del dolore che ho assimilato, di cui mi sono nutrita per anni.

'Sei così bella, Sia. Non ti sporcare le mani con gli ordini di quelle voci. Quando iniziano a urlare, vieni da me e le farò zittire. Dirò loro che tu sei troppo bella per essere loro serva'.

Sono sicura che ne sarebbe affranto, mi guarderebbe con la stessa disapprovazione con cui mi aveva guardata quando avevo ucciso quell'uccellino. Disgusto, paura e terrore.

«Sia, quello che stai vivendo ha un nome. Te l'ho già detto e te lo ripeto ancora una volta: puoi farcela, siamo con te e non rinunceremo mai a sostenerti perché tu sei forte. Sei sopravvissuta a tanto terrore, la schizofrenia ti ha plasmato la mente tanto da creare un'altra persona in grado di dividere con te il peso che nascondi. 'La rosa bianca', è così che si chiama quella ragazza che qualche volta viene fuori, vero?»

Le voci iniziano a graffiarmi i timpani al suono di questo nome, mi porto le mani alle orecchie e prendo un profondo respiro. Si sentono in trappola: gli occhi attenti di una mediatrice le hanno scovate e ora si sentono messe a nudo di fronte a lei.

Melissa alza la voce. «La schizofrenia che hai è congenita. L'hai ereditata da tua madre, ma questo non vuol dire che tu sia Ilenia Linnon. Non sei lei e non lo sarai mai. Non ucciderai nessuno e non meriti di essere uccisa o di vivere nel terrore di meritare un tale odio».

Stringo gli occhi con forza. Più lei parla, più sento le catene stringere attorno al petto. E fa male, tanto male.

«Stiamo trattando il disturbo schizotipico che hai sviluppato con i farmaci e con la terapia cognitivo-comportamentale, con le sedute e con l'aiuto di Tom che ti segue con affetto. Non hai motivo di temere...»

La guardo. «Sono tutte bugie e lo sai benissimo anche tu, mediatrice».

Passa un istante di silenzio in cui Melissa sembra non aver modo di ribattere a questa cruda realtà. Dopotutto, sa meglio di me quali sono le forme con cui si manifesta la mia malattia, il modo in cui progredisce e il livello a cui sono arrivata.

Non è uno stadio iniziale, non è qualcosa che si può ancora prevenire o curare, è un fuoco che non si estingue e che è destinato a bruciare qualsiasi mano lo voglia accarezzare.

Sposto le mani dalle orecchie. «Ridotta capacità di relazioni strette, alterazioni del pensiero e delle percezioni, comportamento eccentrico, illusioni, allucinazioni, deviazione dalla realtà, deliri, appiattimento dell'affettività, fino ad arrivare alla perdita della memoria e alla compromissione del ragionamento. Diventerò un guscio vuoto che non saprà come scrivere, leggere o volere bene al prossimo. Non saprò il mio nome e non ci saranno tracce della tua presenza nei miei ricordi, perché sarò soltanto un corpo che cammina succube di allucinazioni continue».

Melissa stringe la penna che ha tra le dita, mascherando in tal modo qualsiasi emozione che le stia passando per la mente. Il suo ruolo professionale dovrebbe consentirle di separare i sentimenti dal lavoro eppure, dopo avermi studiata per anni, non riesce ad accettare un finale tragico in cui non saprò riconoscerla.

«Ti spaventa? È la mia maledizione, spaventa anche me sapere di andare incontro a tutto questo. Prendo quelle stupide pastiglie solo per Tom, vederlo rasserenarsi nel sapere che sto seguendo i suoi inutili piani è una delle poche buone azioni che mi permetto di compiere. Solo tu sai che i sintomi non migliorano e che le urla le sento ancora. Non hanno mai smesso di graffiare, a dire il vero».

Melissa sospira, chiude il quaderno dei suoi appunti e lo appoggia sul tavolino alla sua destra. «Per oggi basta, la seduta è finita».

Mi alzo dalla sedia, prendo la giacca ed esco dallo studio. La testa mi martella e sono costretta a proseguire a piccoli passi lungo il corridoio. Vedo il mio riflesso sulle vetrate: un corpo prosciugato, un volto scavato dagli incubi e divorato da demoni invisibili. Tiro fuori dalla borsa gli occhiali da sole e li indosso. All'uscita trovo Tom ad aspettarmi in macchina. Apro la portiera davanti e mi siedo. Tom mette in moto e parte, senza proferire parola. Allaccio la cintura e appoggio la testa al finestrino, chiudendo gli occhi e isolandomi totalmente nel buio dei miei pensieri. Sarebbe tutto molto più semplice se non fossi mai esistita, se fossi morta con papà. Sarebbe tutto molto più semplice se non fossi sopravvissuta.

Con gli occhi chiusi mormoro a bassa voce una frase che rimane sospesa nel silenzio. «Perché mi hai salvato quel giorno?»

Tom continua a guidare senza aprire bocca. Dopo un paio di minuti, la sua voce infrange il silenzio.

«Ho notato come mi guardavi al funerale di tuo padre. Non sapevi come piangere e quando hai visto le mie lacrime hai fatto un passo in avanti verso di me, come se volessi che ti insegnassi a esprimere il dolore. Era come se il tuo sguardo mi supplicasse di salvarti...»

Stringo le mani, affondo le unghie nella pelle.

«Capisco» mormoro a fatica.

«Sapevo che tua madre stava mentendo, ma non avevo le prove. Ho monitorato ogni azione di Ilenia, intrufolandomi anche a casa vostra per controllare che non ti capitasse nulla di male. Ho addirittura piazzato delle telecamere nascoste. Da lì in poi, sai meglio di me cos'è successo».

Apro gli occhi. Un'ombra di velata tristezza gli attraversa il volto, mentre stringe tra le dita il volante. Il ricordo di quel giorno tormenta anche lui, non solo me.

Sospiro. «Hai chiamato la polizia dopo aver registrato mamma che mi avvelenava il piatto. Poi i soccorsi mi hanno portata in ospedale, hanno fermato il veleno per puro miracolo, un minuto in più e non sarei qui. Quello che ancora non capisco è perché ti sei spinto oltre, perché hai sentito il bisogno di prendermi sotto la tua ala?»

Ricordo ancora il disprezzo della famiglia reale: nessuno di loro voleva avere nella propria dimora un essere maledetto come me. Guardavano con disgusto la bambina che, a loro detta, portava solo sventura e disgrazia. Associavano la morte del re alla mia presenza: ero stata io a uccidere il loro sovrano e non potevo che essere una persona malvagia.

Quel giorno conobbi l'egoismo di una famiglia che di umano aveva poco e niente.

«Non lo so, tu... tu mi hai guardato e stringevi tra le dita il fazzoletto con cui ti avevo fasciato il palmo il giorno del funerale, lo tenevi stretto a te come fosse l'unica goccia di bontà che qualcuno ti avesse mai donato. Non ho saputo resistere, vedevo una bambina che veniva marchiata come un mostro da adulti incompetenti e l'unica cosa che i tuoi occhi chiedevano era il silenzio».

Chiudo gli occhi. Volevo il silenzio, proprio come ora. E Tom era stato l'unico a sentire l'ordine di una strega, segnando l'inizio della sua condanna come goblin. La macchina si ferma, apro gli occhi e noto che siamo nel parcheggio di casa. Slaccio la cintura ed esco, con l'altra mano tiro fuori il telefono dalla tasca e lo accendo. Innumerevoli chiamate perse e messaggi non letti. Olivia ha lasciato un messaggio nella segreteria telefonica, porto il telefono all'orecchio mentre Tom mi precede verso la porta.

«Ehi, Sia. Come stai? È uscita la classifica della settimana, siamo primi. Grazie alla tua idea di scavare alle origini della fortuna dei Westorn e insinuare dubbi sul modo in cui si sono arricchiti... Pensavo ti avrebbe fatto piacere saperlo. Io... ecco... volevo solo dirti che ci sono sempre. Se hai bisogno, sono qui».

Il suo tono è preoccupato, è sempre stata attenta nei miei riguardi, ma questa volta è come se alludesse a qualcos'altro.

Il messaggio successivo è quello di Edgar. «Senti ma... quando cazzo torni? Non ti ho dato il permesso di andare in vacanza senza di me, dovremmo fare dei turni per sparire dalla circolazione. Se sparisci tu, io non posso oziare e devo seguire tutte le lezioni teoriche... Non vale! Quindi fatti viva!»

Involontariamente, mi strappa un piccolo e impercettibile sorriso. Entrambi dopo aver visto quella torta esprimono il loro timore per il mio autoisolamento. Sono abituata a Tom, che ha visto migliaia di volte ciò che nascondo, e a volte dimentico quanto uno scenario come il mio sia spaventoso e terrorizzante. C'è qualcosa però che non mi convince...

Mi volto verso Tom. «Hai raccontato loro tutta la storia, vero?» Lui infila le chiavi nella serratura, ruota la maniglia e apre la porta.

Annuisce. «Penso che possano esserti d'aiuto. Non hai mai avuto degli amici».

«Non avresti dovuto farlo, ora si sono sporcati anche loro...»

Scuoto la testa, lo supero in silenzio e mi avvio verso il salotto. Tolgo la giacca, l'appoggio sul divano assieme alla borsa. Mi siedo per togliermi gli stivali, Tom mi segue a ruota.

«Sia...»

Ora inizierà una lunga lezione di vita su quanto sia importante l'amicizia, sui benefici che ne ricaverei se mi lasciassi amare da qualcuno e ripeterà tutta una serie di frasi già dette mille volte che non ho la minima voglia di riascoltare.

«Tom, non mi interessa».

Mi porge un sacchetto con un fiocco rosa attorno. «Secondo me, ti interessa invece... una persona speciale mi ha chiesto di dartelo e di essere certo che non lo buttassi prima di aprirlo. Forza, scartalo».

Alzo gli occhi al cielo. Se non faccio ciò che dice, è capace di tormentarmi all'infinito. Prendo il regalo dalle sue mani e lo scarto senza troppa attenzione. Un biglietto azzurro cade a terra. Lo raccolgo, prima di leggerlo ad alta voce. Sarà un rappresentante di qualche azienda importante oppure il regalo di Tom stesso. Mi schiarisco la voce.

«Una sciarpa morbida per le tue catene, streghetta dai gusti raffinati».

Un momento...

Rimuovo la carta attorno al pacchetto e una morbida sciarpa di seta mi scivola tra le dita. Il profumo dei reali sussurra una dolce melodia alle mie catene, loro in risposta si allentano, permettendomi di prendere fiato.

«Cosa aspetti a metterla?» domanda Tom.

«Io... non so come... come mi devo sentire?» sussurro in preda allo stupore.

La sciarpa sprigiona un calore così radioso, che mi sembra di essere circondata dalla presenza di quegli occhi color ghiaccio. Nonostante Tom gli abbia raccontato quanto sono marcia, lui non è spaventato e non prova ribrezzo per me.

«Perché non lo ringrazi dal vivo? Tra dieci minuti la vostra lezione del mattino finisce, potresti trovarlo in tempo».

Tom mi sorride, l'entusiasmo nei suoi occhi rispecchia il mio. È la prima volta che ricevo un regalo capace di scaldarmi dentro, è la prima volta che mi vengono gli occhi lucidi di fronte a una semplice sciarpa bianca. È la prima volta... che sento il cuore battere come se fossi viva.

Voglio vederlo. Mi alzo in piedi, Tom mi porge le chiavi dell'auto, prendo la borsa e la giacca. Corro fuori casa, salgo in macchina e in men che non si dica sono nella strada principale con il piede sull'acceleratore e con il regalo più importante sul sedile accanto. Arrivo di fronte all'azienda, parcheggio nel primo posto libero e scendo dall'auto con la borsa sulla spalla e con la sciarpa tra le mani. Entro con un'unica persona in mente. Derek. Il principe che ha infranto le regole e che ha concesso la grazia a una strega.

«Quella non è Sia?» I mormorii in sottofondo iniziano subito a inseguirmi. Supero i dipendenti nell'atrio, alcuni di loro mi fissano mentre parlano tra loro, altri mi indicano a gesti. I loro volti e i loro sguardi mi rammentano quelli di un popolo affamato, quelli di una famiglia in cerca di denaro, quelli che mi hanno marchiata come cattiva e isolata in un castello di sangue. I loro occhi mi scrutano con diffidenza, proprio come i familiari di papà al funerale. Il peso del loro giudizio mi opprime il petto. Rallento fino a fermarmi, mi appiattisco contro il muro e comincio ad ansimare. Le urla tornano a graffiarmi senza pietà.

«Ma che cosa le prende? Sta male?»

Il respiro corto, la mente annebbiata e le voci che scatenano il caos. Le catene stringono, stringono e stringono senza fermarsi, costringendo le mie gambe a cedere. Mi rannicchio a terra con il terrore di una condanna nelle vene. Il pavimento freddo è l'unico appiglio alla realtà che mi rimane. Nessuno osa avvicinarsi a una strega che soffre, perché si verrebbe macchiati dalla sua stessa condanna. La sciarpa mi cade dalle mani, non trovo nemmeno la forza per raccoglierla. Allungo comunque il braccio, ma una mano mi precede. La riconosco immediatamente, alzo lo sguardo con l'espressione stravolta da un dolore invisibile. Derek, inginocchiato davanti a me, con premura prende la sciarpa e me la avvolge attorno al collo.

«Dovrebbe stare qui. Non pensi?» sussurra, senza giudizio e senza il timore di potersi macchiare con la maledizione che porto.

«Io... non ho mai ricevuto nulla di simile. Tu sei il primo» spiego con il fiato che piano piano ritorna al suo posto.

Inarca un sopracciglio, stupito, per poi sollevare l'angolo della bocca in un lieve sorriso. Rimango incantata da un tale calore, da una tale bontà e dai lineamenti così candidi da sembrare fasulli. Allunga la mano sopra la mia testa e mi accarezza lentamente, quasi come se temesse di spezzarmi. Le sue dita scorrono sulla mia nuca, calmano e sedano qualsiasi paura. L'unico a farlo era papà. Senza rendersene conto, colma il vuoto che mi divora il petto e ritrova il senso della promessa di un re morto.

«Ti basterà dirmelo e lo farò per te, promesso».

In questo istante, Derek ha suggellato un patto con me e non se n'è neanche reso conto. Sarà un re morto con il rimpianto di una promessa non mantenuta ad averlo mandato da me?

Capitolo 21

Le streghe bianche prediligono la cura alla rovina e la nascita alla morte. Appartengono all'unica stirpe di streghe che non viene bandita dal popolo, ma viene segretamente apprezzata. Hanno il potere di propiziare la nascita di giovani fanciulli e portare loro fortuna e ricchezza.

Usano il legame con la terra e con i suoi elementi per riuscire ad aiutare gli esseri umani.

Si dice che siano profetesse scese dal cielo, in grado di riconoscere i futuri imperatori e i portatori di disgrazie. I primi sono destinati a guidare il popolo verso la prosperità; i secondi, invece, trascineranno qualsiasi cosa li circondi in un turbine infinito di disperazione e rovina.

La sentenza di una strega bianca è eterna.

Strega bianca

Sia

«Sono molto felice della vostra posizione in classifica. È il primo anno che il mio gruppo arriva così in alto, bravi. Ve lo siete meritato, i punteggi che avete ottenuto sono stupefacenti». Frederick batte le mani con gli occhi che brillano di un luccichio d'orgoglio.

Seduti nel nostro quartier generale, tutti e quattro lo osserviamo. Come mi aveva accennato Olivia, ci sono state le prime eliminazioni e il gruppo ultimo in classifica, quello di Hemlich, ha dovuto dire addio ad alcuni suoi componenti. Ora sono rimasti in tre: Hemlich, Carla e Cristopher. Il gruppo delle Stelle cadenti si è classificato alla seconda posizione. Per ora è quello da temere di più, Tatiana è particolarmente attenta e combattiva.

«E ora che siamo passati al livello successivo, dovrete impegnarvi ancora di più. Sappiate che gli altri due gruppi non ci andranno leggeri. Il gruppo Serpeverde ha appena perso dei componenti preziosi, per questo saranno più agguerriti di prima; mentre il gruppo di Tatiana è quello con il punteggio più vicino al vostro, sono nemici pronti ad attaccarvi al primo cenno di debolezza. Lotteranno con le unghie e con i denti per riuscire a strapparvi la prima posizione».

La segretaria di Frederick illustra sul proiettore la prossima sfida che dovremo affrontare. Frederick cammina avanti e indietro e ci spiega ogni dettaglio.

«Questa prova è quella che da sempre ha mietuto più vittime. Parlo della 'caccia alle streghe'. Dovrete investigare sui componenti degli altri gruppi e tirare fuori gli scheletri nascosti, gli argomenti più piccanti e oscuri. In tal modo si affinerà la vostra capacità di ricerca e non solo, sarete in grado anche di occultare le notizie che vi riguardano. Nel lavoro che svolgerete non dovrete permettere agli altri di potervi scalfire, usando i vostri punti deboli, al contrario: dovrete trovare il modo di metterli in risalto, senza danneggiare la vostra immagine».

'Caccia alle streghe'? Solo il nome mi dà la nausea. Vogliono che ci sbraniamo a vicenda, così da poter definire con più esattezza il profilo psicologico e comportamentale di ciascuno di noi. Prendono due piccioni con una fava: invece di fare loro stessi ricerche approfondite, assegnano il compito a noi tirocinanti. Non importa se porterà scompiglio e rivalità tra i gruppi, il loro obiettivo è quello di scoprire con chi hanno a che fare e quanto siamo disposti a spingerci oltre.

«La caccia alle streghe prevede un altro giro di eliminazioni dirette».

Sospiro. Come non detto. Vogliono veramente sbarazzarsi dell'erba cattiva.

«Per questo è fondamentale che voi siate il più spietati possibile e allo stesso tempo molto astuti. I vostri segreti più oscuri saranno alla portata di ciascun tirocinante. Faranno ricerche su di voi nel tentativo di scoprire i punti deboli su cui poter affilare le loro zanne».

Olivia storce il naso, l'idea che qualcuno possa vedere lo spirito che convive nel suo corpo la spaventa. Stringe la penna tra le dita con aria sperduta. Sposto lo sguardo alla sua destra: Edgar tenta di mascherare la paura battendo ritmicamente il piede sul pavimento. L'unico a non mostrare alcuna preoccupazione è Derek, seduto nel solito angolo vicino alla finestra. Dovrebbe essere quello più angosciato, considerato il fatto che è un ex detenuto, eppure non ha abbandonato la sua espressione impassibile.

«Potrete usare gli strumenti messi a disposizione dalla Big World News. Vi avviso già da ora che gli altri componenti cercheranno di avvicinarsi a voi per estorcervi informazioni importanti o anche solo per distrarvi o rendervi nervosi».

Sicuramente non siamo il gruppo più avvantaggiato. Questo compito è un enorme ostacolo: siamo quelli con più segreti da nascondere. Non possiamo focalizzarci unicamente sull'attacco, dobbiamo pensare a una strategia di difesa che ci permetta di andare avanti senza subire eliminazioni.

«Non ci sono regole. Ovviamente qualsiasi informazione riportata verrà verificata, quindi vi sconsiglio di dichiarare il falso. In conclusione: sbandierate tutti i punti deboli, i segreti nascosti e gli scheletri nell'armadio dei componenti degli altri gruppi e impedite loro di scoprire i vostri. Pubblicate i dati ottenuti sulla bacheca online entro le diciannove di stasera, vi arriverà una mail con tutte le indicazioni. Questo è tutto, buon lavoro e che vinca il migliore».

Frederick conclude il discorso con un sorriso stampato sul volto, come se vederci affogare nella preoccupazione lo divertisse particolarmente. Poi esce insieme alla segretaria, lasciandoci in balìa di una guerra senza fine.

Il picchiettio della penna sul tavolo spezza il silenzio. «Siamo nella merda».

«Edgar, mi era mancata questa tua positività» affermo.

Il draghetto sembra in preda alla disperazione, continua ad agitarsi sulla sedia.

«Siamo il gruppo più esposto, se scoprissero che noi... che non siamo come loro...» Olivia si fa contagiare dall'ansia generale.

Edgar mi lancia un'occhiata, un luccichio di speranza gli attraversa gli occhi. «Cosa facciamo? Dimmi che hai un piano geniale dei tuoi».

«Dobbiamo difenderci per bene. Ci dividiamo: Edgar e Olivia occupatevi di coprire i punti deboli, provate a occultare le informazioni online. Draghetto, fai quelle cose da hacker che ti riescono così bene. Io e Derek punteremo a cercare i punti deboli degli altri, per ora manteniamo un profilo basso. Vediamo come si muovono e agiremo di conseguenza».

Edgar sposta la sedia e si mette davanti al computer, comincia ad aprire siti strani e digitare come un forsennato. Non so quanto sia legale, ma a mali estremi...

Olivia gli dà una mano, mappando i siti in cui sono riportati dati sensibili che riguardano qualcuno di noi. Derek non si smuove dal suo posto: con lo sguardo completamente disinteressato, fissa il paesaggio all'esterno. Non c'è proprio nulla da fare: la grazia e la calma di un reale non vengono scalfiti dal panico generale.

«Dobbiamo sapere quali siti potrebbero contenere informazioni su di voi. Testate giornalistiche, gruppi Facebook, pagine di gossip... qualsiasi cosa» dice Edgar.

Mi alzo in piedi. «Per quanto mi riguarda, l'informazione su di me ce l'hanno già. Sono sicura che Tatiana tenterà di comprendere più a fondo il mistero della rosa bianca. Dopotutto, è stata lei a scrivere quell'articolo sulla famosa paladina della Big World News» rifletto.

Olivia mi rivolge uno sguardo dispiaciuto, schiude le labbra, vuole dire qualcosa in merito ma tentenna e alla fine mi rivolge un sorriso sincero. Dopo che mi sono isolata per tre giorni interi, ritornare qui è stato strano. Non è cambiato nulla, ma sento di avere un legame più profondo con Edgar, Olivia e Derek. Non credevo che una cosa del genere sarebbe mai stata possibile. Ormai conoscono la storia priva di lieto fine, quella di cui io stessa ho paura, ma nessuno di loro mi teme o mi compatisce.

Perfino Derek ha attenuato la sua freddezza, non mi guarda né con odio né con pietà. Mi riserva un trattamento al quale non sono abituata: la benevolenza dei reali. Da quando mi ha regalato la sciarpa, sento il suo calore intorno a me, che attenua la mia condanna inappellabile.

La voce rauca di Derek interrompe i miei pensieri. «Non ho bisogno di occultare nulla. Lasciate i miei dati così come sono».

Mi acciglio. «Scherzi? Sei quello più a rischio, non se ne parla neanche».

Olivia tenta di dissuadere il principe di ghiaccio. «Ha ragione. Se si venisse a sapere che sei stato in carcere, potresti essere eliminato. Prova solo a pensare su quali siti o testate potrebbe essere ancora presente la notizia».

La risposta di Derek non arriva. Il silenzio conferma la sua presa di posizione assurda. Non capisco perché abbia così poco a cuore la difesa della sua immagine.

Mi avvicino a lui, appoggio le mani sul bordo del suo tavolo e fisso gli occhi nell'azzurro imperturbato delle sue iridi. «Ti devi proteggere. Hai capito vero che c'è un round di eliminazioni? Non è il momento di fare il monaco zen».

Lui appoggia la testa sul tavolo e chiude gli occhi, ignorandomi.

Tento di trascinarlo per il braccio. «Devi collaborare, forza. Alzati». Si alza dalla sedia e si allontana verso la porta.

«E ora dove stai andando??»

«Al bar».

La sua nonchalance mi innervosisce ancora di più. Possibile che non abbia il minimo istinto di conservazione? In questo momento è l'anello più debole e di sicuro l'avrà intuito anche lui, ma, nonostante questo, non vuole proteggersi.

«Vallo a capire...» borbotta Edgar.

Scrivo il nome dei componenti delle altre squadre sulla lavagna e disegno uno schema in cui elencare i loro punti deboli.

«Sirenetta, spulcia qualcosa dai profili social dei ragazzi. Cerchiamo foto compromettenti o video che li ritraggono ubriachi... cose del genere. Nel frattempo, cerco di capire perché il principe si rifiuta di collaborare».

Mi affretto a raggiungere il bar. Derek è seduto tranquillamente al tavolo e sorseggia un caffè. Sembra del tutto indifferente all'idea che potrebbe giocarsi la posizione in azienda. Si è bevuto il cervello, non c'è altra spiegazione.

Mi siedo davanti a lui. «Dimmi che stai scherzando e che ora ti ripigli».

Mi scocca un'occhiata gelida. «Non ho intenzione di invadere la privacy degli altri, dovrete portare a termine questo compito senza di me».

«E perché mai?»

«Perché è un compito di per sé controproducente. In una gara in cui vince chi colpisce alle spalle più in fretta, nessuno rimane vivo».

Rido di fronte all'assurda teoria pacifista del principe.

«Ti ricordo che non sono tutti come te, finirai per rimanere l'unico a essere ferito. Ti colpiranno senza esitazione, almeno proteggiti e collabora con noi».

Derek distoglie lo sguardo e lo punta sulla tazza di caffè che ha di fronte. Come ogni principe, non vuole colpire il popolo anche a costo di essere cacciato dal trono.

Stupido reale.

«Non si può difendere».

«Certo che si può...»

«No» mi interrompe, serio. «Non si può difendere ciò che ho fatto».

'E cosa hai fatto? Cosa ti ha portato a costruire questo muro impenetrabile?' Vorrei davvero vedere cosa c'è al di là della sua corazza, il crimine che tenta di occultare con tanta fatica.

«Guarda chi si vede... bentornata, Sia». La voce del giullare di corte spezza il silenzio che si è creato.

Hemlich si siede accanto a me con uno sguardo divertito. Noto solo ora che anche i membri dell'altro gruppo sono al bar, presumo che questo sia il loro modo di analizzare gli altri. Mettere pressione e osservare da vicino il nemico.

«Allora, Derek... che si dice?»

Alla domanda del giullare, Derek non risponde. Continua a sorseggiare il caffè senza prestare la minima attenzione a quello che lo circonda. A peggiorare la situazione è Tatiana, quella fata fastidiosa pronta a puntare la bacchetta magica contro l'oscurità di una strega. Si siede accanto a Derek, come se questo fosse l'unico tavolo libero.

Contrariamente alle scorse volte, nei suoi occhi leggo un marcato interesse nei miei riguardi. È come se volesse analizzarmi per riuscire a cogliere i dettagli nascosti.

«Bentornata, Sia. Sei stata via per un po' dopo il tuo compleanno, cos'è successo?»

«Dovevo chiedere per caso il consenso di sua maestà?» le sorrido.

Il falso tono amichevole con cui le rispondo fa trasparire l'astio che nutro nei suoi confronti.

«Ma certo, avrai passato qualche giorno con tua madre. Immagino che avere una mamma rinchiusa in una clinica, lontana da tutto, sia pesante per te».

Resta a fissarmi, godendosi l'effetto delle sue parole. Avevo già previsto che si sarebbe concentrata su di me, e non posso prendere sottogamba il potere di una fata. Incantano chi le circonda, puzzano di falsa empatia e di perbenismo. Gli occhi le brillano di soddisfazione.

«Mi chiedo cosa le sia successo... Insomma, perché una donna così influente, nel pieno della sua carriera, si sia rifugiata in un posto del genere. Sta nascondendo qualcosa?»

Il profumo della rosa bianca macchiata dal sangue inizia a

invadermi le narici. Ogni volta che si parla di lei, l'odore della morte mi penetra nella pelle. Inspiro a fondo.

«Poi ho pensato: se la madre è in cura per qualcosa di così sconvolgente da essere tenuto nascosto da tutti, allora può essere che anche la figlia ne manifesti i sintomi?» Sorride, appoggiando la mano sotto il mento.

Mantengo un'espressione neutra, mentre un'aspra guerra si combatte dentro di me. Comincia a mancarmi il respiro. Condannata a essere l'unica a sentire l'invadente odore di una rosa sporca di un peccato sepolto, stringo le mani in un pugno e tento di soffocare le urla che mi nascono dentro. Il principe di ghiaccio appoggia rumorosamente la tazza del caffè sul tavolo, si alza in piedi e con uno sguardo indecifrabile, un misto tra clemenza e protezione, mi porge la mano.

«Andiamo? Qui abbiamo finito» sentenzia.

Che abbia davvero avvertito le mie urla di dolore? No, impossibile. Un principe non può sentire la sofferenza di una strega. E allora perché ora mi sta tendendo la mano? Il ghiaccio dei suoi occhi non mi permette di decifrare il significato delle sue azioni.

Nonostante ciò, mi aggrappo a lui senza esitare e non appena la mia pelle entra in contatto con la sua, l'odore della rosa bianca cessa di martellarmi l'animo e il respiro ritorna a essere regolare.

«Ehi, numero 204. Te ne vai così velocemente?»

Alle parole del giullare di corte, Derek si blocca per qualche secondo. Hemlich sorride compiaciuto: sa di aver fatto centro in un punto che potrebbe determinare la fine del percorso del principe di ghiaccio. Eppure, quest'ultimo non lo condanna in alcun modo. Tiene con delicatezza la presa sulla mia mano.

Fulmino Hemlich con lo sguardo. «Quanto vuoi?»

«Quanto sei disposta a darmi?» Appoggia le braccia sul tavolo, completamente a suo agio. Ricattare la gente deve fargli sentire di avere chissà quale potere.

«Qualsiasi cifra, qualsiasi cosa...»

«Niente, non daremo nulla». Derek rovina tutto, intromettendosi nel discorso. «Riporta quello che vuoi, Hemlich. Non ti biasimerò».

Derek mi trascina con forza lontano dal tavolo del bar. Non capisco come ragiona: doveva lasciarmi corrompere Hemlich, avremmo potuto risolvere ogni cosa. Ora come pensa di potersi difendere?

«La smetti di fare il paladino della correttezza? Non ti porterà da nessuna parte». Continuo a tentare di svegliarlo da questa assurda convinzione. In tutta risposta, lui molla la presa, sento un vuoto incolmabile per il distacco dal calore delle sue dita.

«Non capisco perché sei disposta a tanto per difendermi. Pensa a impedire a Tatiana di rendere pubbliche le tue debolezze».

Fa per voltarsi, ma lo blocco di scatto. Mi posiziono di fronte a lui, le iridi ghiacciate analizzano il mio sguardo.

«Non ci arrivi? Abbiamo suggellato un accordo, involontariamente hai portato una strega dalla tua parte e non ho intenzione di lasciare che qualcuno colpisca il mio principe».

Lui mi guarda confuso.

«Non ho suggellato un bel niente. Non c'è bisogno che...»

«Sì, invece. Farò ciò che penso sia giusto per riuscire a proteggerti» insisto.

Qualsiasi ragazzo sarebbe un po' in soggezione di fronte a una tale dichiarazione, ma Derek non mostra la benché minima emozione. Anzi, le sue labbra s'incurvano in un sorriso quasi di sfida. «Vuoi proteggermi?»

Per un frangente, un piccolo e impercettibile secondo, la sua corazza sembra incrinarsi. Percepisco la sua disperazione, come se non potessi comprendere o difendere ciò che nasconde, come se ne potessi rimanere sconvolta. Si è costruito un mondo così complesso che fatica a trovarne la via d'uscita e si perde nei meandri più torbidi della sua mente. Si condanna e si isola.

È solo un attimo. Riassume il controllo in men che non si dica e, senza aggiungere altro, si allontana verso l'aula 102.

Io resto a chiedermi ancora una volta: cosa può aver fatto un principe per rinchiudersi nelle sue stesse prigioni?

Non mi piace scavare in questo modo nella vita degli altri, alla ricerca di un punto da poter attaccare. Non comprendo il motivo di questa stupida gara: perché dovremmo fare ricerche con l'obiettivo di massacrarci a vicenda?

Sia non ha ancora gettato la spugna: insiste nel cercare di occultare qualsiasi informazione. E come se non bastasse, Derek non collabora. È sdraiato sul tavolo con la testa fra le braccia. Sembra stia riposando, ma sono certo che sente ogni nostra parola.

Picchietto con il mouse del computer. «Non riesco a nascondere tutto quanto, sono testate giornalistiche importanti. Non c'è modo di non far trapelare le notizie».

«Questo è un compito di merda. Fottuti direttori, l'hanno fatto apposta. C'è qualcosa che mi sta sfuggendo...» Sia fa avanti e indietro, tormentandosi i capelli con le mani.

Olivia osserva sulla lavagna i punti deboli dei componenti degli altri gruppi, i loro scandali e tutti i segreti più oscuri. Leggo il nome di ciascuno di loro. La famiglia di Hemlich è andata in bancarotta, la madre soffre di depressione e l'anno scorso ha tentato il suicidio. Tatiana è stata vittima di bullismo, per questo è passata da una scuola a un'altra senza mai trovare un equilibrio. Ci sono ancora alcuni video e foto che riportano le prese in giro dei compagni di classe.

Olivia scuote la testa. «Staremo facendo la cosa giusta?» tentenna, esprimendo i dubbi che attanagliano anche me.

«Vedi un'alternativa? Stanno facendo la stessa cosa con noi, non c'è via d'uscita» risponde Sia.

Mi stiracchio, allargo le braccia all'indietro. «Sì, ma ho come l'impressione che questo sia un vicolo cieco. Insomma, a quale scopo farci una cosa del genere? Siamo i pochi prescelti che sono passati alle selezioni e hanno superato l'eliminazione, perché farci scontrare così?» chiedo.

Più osservo la lavagnetta, più mi vengono i brividi. Non era questo che volevo fare quando mi sono iscritto qui. Non è giusto.

«Non me la sento di renderle pubbliche» ammette Olivia. «Non voglio che Hemlich si senta male per via dei disturbi della madre, non voglio che Tatiana ricordi quanto è stato doloroso il passato in cui è stata bullizzata con quei video orripilanti. Per non parlare degli altri, nessuno di loro merita di vedere di nuovo esposte le cicatrici del passato».

Sia si tira indietro i capelli. Sembra non capire le nostre perplessità. Il suo obiettivo principale è solo quello di superare questa fase senza subire eliminazioni. Non le importa di ferire gli altri.

Alza le mani. «Okay, facciamo i sentimentali e lasciamo che ci facciano fuori. Che ne dite?» ironizza.

«Sia, sai benissimo che non vogliamo questo. È che più vado avanti, più scavo nelle loro vite e più mi sento male. Quello che stiamo facendo è innescare un massacro insensato» spiego.

Lei batte le mani, tira le labbra in un sorriso forzato. «Vuoi trovare un senso? Non farsi eliminare al prossimo round» chiarisce con un tono di voce che non ammette obiezioni.

Derek, che fino a quel momento si era astenuto completamente, ora si alza in piedi e cammina fino ad arrivare di fronte alla lavagnetta. Con nonchalance prende la spugnetta e cancella ogni traccia senza esitare. Sia prende un profondo respiro, mentre Olivia e io ci scambiamo uno sguardo preoccupato. L'ultima volta che Sia e Derek si sono scontrati, hanno rischiato di distruggere l'aula. Ho come l'impressione che questa sia una specie di déjà-vu. Non potranno mai andare completamente d'accordo: l'etica salda del principe è in completo contrasto con l'astuzia oscura di una strega.

Si volta verso di noi. «Non faremo nulla di tutto ciò».

«Sei impazzito? Hai bisogno che ti ricordi che Hemlich, di sotto, ti ha chiamato con il numero della tua divisa da carcerato, Derek?»

«L'obiettivo di questa prova non è quello di farci sbranare a vicenda, ma quello di vedere se saremo capaci di unire le forze. Sarebbe troppo facile riportare le debolezze altrui, eppure, se l'avessero voluto, avrebbero già ottenuto ogni dettaglio su di noi, anzi probabilmente ce l'hanno già. Non è questo ciò che desiderano. Vogliono vedere chi è il primo che cede, chi è l'anello debole che venderebbe il compagno pur di andare avanti».

In effetti il ragionamento di Derek sembra avere un senso.

Olivia tira fuori il telefono dalla tasca dei jeans. «Mando un messaggio ai rappresentanti degli altri gruppi. Proviamo a spiegare il nostro punto di vista».

Sia è contrariata, ripete che non ha alcun senso e che rimarremo inevitabilmente fregati. Non ha fiducia negli altri, rimane fissa nella sua posizione anche quando Tatiana e Hemlich fanno il loro ingresso in aula. Si siedono attorno al tavolo e Derek rimane in piedi mentre spiega loro la strategia che si cela dietro a questo compito e la nostra soluzione.

«Secondo me, non hanno fatto tutto questo affinché ci colpissimo alle spalle l'un l'altro. C'è qualcos'altro. Pensateci: che senso ha? Avranno sicuramente fatto le loro ricerche su di noi ancor prima di reclutarci».

Hemlich storce la bocca, mentre Tatiana picchietta la punta del piede nervosamente. Sono diffidenti, insospettiti e poco inclini ad accettare.

«Cosa ci dice che non coglierete l'occasione solo per pugnalarci alle spalle?» sbotta Hemlich. «Dopotutto, è il mio gruppo a essersi classificato per ultimo. Voi siete i primi».

«Siamo a rischio tanto quanto voi, il giro di eliminazione può toccare anche i primi in classifica» ribatte Olivia.

«Non penso che stiano mentendo, Hemlich. Vedere Sia così contrariata mi fa intuire che molto probabilmente siete sinceri. E va bene, il mio gruppo accetta la vostra proposta. Non riporteremo informazioni su di voi». Tatiana si alza in piedi.

Una in meno.

I nostri sguardi ricadono su Hemlich, è tentennante ma come biasimarlo? Non dev'essere stato facile subire le eliminazioni e perdere i componenti della squadra. Il suo gruppo è in svantaggio rispetto agli altri, i superstiti devono stare molto più attenti. Guardandoli da vicino, non posso fare a meno di pensare a ciò che abbiamo scoperto, violando la loro privacy. Certo che... portano bene il peso delle loro cicatrici.

Hemlich punta l'indice contro Derek. «Sappiate che se questa è una presa per il culo, sarà la fine per voi. Accettiamo, ma se qualcuno della mia squadra dovesse rimetterci... farò affondare anche voi. Intesi?»

Derek annuisce, senza abbassare lo sguardo. Sia scuote la testa, disgustata. «Vi siete fumati il cervello» borbotta. Hemlich e Tatiana escono dall'aula, riferiranno ai loro gruppi la decisione presa.

Nonostante la forte opposizione di Sia, nessuno del nostro gruppo carica testi sulla bacheca online. Passiamo l'intero pomeriggio nel silenzio di un dilemma angoscioso: qualcuno ci tradirà o saremo tutti dalla stessa parte?

«Avremo fatto la cosa giusta?» mormora Olivia.

«Abbiamo fatto la cosa stupida. Ho una brutta sensazione e quel giullarino non mi sembrava molto incline a rispettare l'accordo. Chi ce lo dice che non abbia mandato le nostre informazioni, fingendo di stare dalla nostra parte?» Sia cammina avanti e indietro.

È tesa. Non si fida né di Tatiana né di Hemlich. Derek è riuscito a convincerli con la sua trasparenza: non c'era alcun segno di inganno nelle parole del 'principe di ghiaccio', come lo chiama Sia. Per questo hanno accettato.

«Domani lo scopriremo, per ora non possiamo fare altro» conclude Olivia.

Sia esce dall'aula, sbattendo la porta. Il temperamento della strega-demone è selvaggio, al contrario Derek è rilassato e non mostra alcuna agitazione. È fermo alla finestra e osserva la strada con uno sguardo indecifrabile. Per un istante le sue labbra formano quello che sembra essere un sorriso. Quando mi avvicino, lo trovo intento a fissare la macchina di Sia che si allontana dal parcheggio, dopo aver accuratamente strisciato le auto accanto alla sua.

'Sia... potrebbe farmi piangere, e io non posso permetterlo'.

'Perché?'

'Perché crollerebbe tutto, Edgar'.

«Non sta crollando tutto comunque?» chiedo, rammentando

le parole che mi aveva detto il giorno della gita, quando gli avevo domandato il perché di un tale odio verso la strega.

Derek distoglie lo sguardo dalla finestra e si ammutolisce, come se si fosse appena reso conto del sorriso involontario che gli è scappato.

«Sai che Sia ha delle cicatrici sulle mani?» chiede.

«No, non lo sapevo».

«Il giorno del suo compleanno, quando Tom ci ha raccontato della sua storia, le ho chiesto a cosa fossero dovute quelle cicatrici».

«E cosa ti ha detto? Gliele ha fatte la madre?»

Quella donna sarebbe capace di qualsiasi cosa.

«No, se le è fatte da sola» sussurra.

Da sola?

«Stava tentando di rimuovere qualsiasi collegamento con la madre, con il male che rappresentava, e così si è ustionata le mani da sola, senza pensare al dolore che avrebbe provato o ai segni che le sarebbero rimasti».

Derek ne parla con empatia: come se potesse veramente comprendere il tentativo disperato di un'anima tormentata, come se ci avesse provato anche lui in passato.

Non mi stupisce che la strega-demone sia arrivata a tanto, lei non ha limiti o regole. E questo Derek lo sa bene.

«Va bene se il mio equilibrio traballa un po' per una ragazza così» riflette, lasciandomi di stucco.

La corazza di Derek sta forse iniziando a cedere per lei?

Il giorno dopo i tutor ci riuniscono nella sala conferenze, assieme alla vicepresidente: Virginia Hendroof. Tutti e tre i gruppi sono pronti a ricevere i risultati dell'ultimo test, la tensione che si respira nell'aria è palpabile. Nessuno osa fiatare, nella stanza si incrociano sguardi colmi di circospezione e di diffidenza.

La vicepresidente sale sul piedistallo del palco, di fronte a tutti. Avvicina le labbra al microfono e ci squadra con attenzione. I lunghi capelli biondi sono accuratamente raccolti in una coda impeccabile, mentre le labbra sono tinte di rosa chiaro. Prende fiato. «L'obiettivo della sfida era di mettervi così tanta pressione da spingervi a compiere un passo falso. Di solito, metà dai candidati viene fatta fuori proprio in questa fase. È la prima volta che siete così tanti a passare alla fase successiva. Evidentemente qualcuno di voi ha avuto l'intuizione vincente. Per questo... congratulazioni, siete passati allo step finale».

Nell'aula esplode un applauso fragoroso. Ce l'abbiamo fatta. Espiro tutta l'aria che avevo trattenuto, Olivia si porta una mano alla bocca, sorpresa. I ragazzi degli altri gruppi sembrano in preda alle stesse emozioni.

«Abbiamo pensato di allestire un buffet per festeggiare. Servitevi pure e buon divertimento. Vi meritate un po' di riposo dopo il periodo che vi abbiamo fatto passare».

Parte un nuovo applauso, Virginia viene acclamata con foga. È l'idolo della Big World News, fonte di ispirazione per tutti.

Tatiana si avvicina e si congratula con noi. «Derek, sei stato proprio un genio, lasciatelo dire».

«Se avessimo fatto ciascuno per conto proprio, adesso saremmo fregati» aggiunge un'altra ragazza. Sorride e appoggia la mano sulla spalla di Derek. Lui ovviamente non si prende alcun merito.

Nonostante il clima leggero, pieno di risate e di felicità, Sia rimane in disparte con la schiena appoggiata al muro. Fissa con sospetto i ragazzi, come se questa fine pacifica non la convincesse per nulla.

«Non tutti i mali vengono per nuocere, Sia». Olivia mi precede e tenta di rallegrarla.

«C'è qualcosa che non mi convince, lo sento...» mormora, con lo sguardo fisso verso la vicepresidente Virginia.

Non nutre alcuna ammirazione verso di lei, anzi. Diffida di quella donna che riceve il tributo e l'adulazione di tutti, dagli stagisti ai colleghi. Proprio in quell'istante, il mio telefono vibra. Lo stesso fa quello di Olivia, di Sia, di Derek, di Tatiana e di tutti i ragazzi. È un messaggio inoltrato sul gruppo WhatsApp dell'azienda. Mi basta leggere l'inizio per sbarrare gli occhi. Ma com'è possibile?

«Sebastian Moore aggredito brutalmente da un ragazzino, Derek Hill, attualmente imputato per aggressione aggravata».

Gli sguardi pieni di ammirazione puntati sul principe di ghiaccio si riempiono di terrore. Le ragazze che lo circondavano ora si allontanano, lasciando un vuoto attorno a lui. Nella sala si diffondono mormorii sempre più insistenti. Perfino i tutor sul palco leggono tra loro il messaggio ricevuto. Derek ripone il telefono in tasca, senza mostrare alcun fastidio per il colpo appena ricevuto. Non capisco: come fa a rimanere impassibile in questa situazione? Sia va a mettersi davanti a lui, nascondendolo agli sguardi con il suo corpo.

Si rivolge ai presenti in tono velenoso. «Quando prima vi ha salvato il culo, con l'idea di non denunciarci a vicenda, era un eroe; ora che è trapelata questa notizia vi allontanate? Siete patetici, se non fosse per lui sareste tutti a casa». Sia non risparmia nessuno, persino i tutor la fissano in silenzio.

Derek appoggia una mano sulla spalla di Sia e interviene per la prima volta. «Va bene così». Rivolge uno sguardo a Virginia. «Dove devo consegnare il badge?»

La vicepresidente lo guarda con una scintilla d'interesse, stupita dall'imperturbabilità del ragazzo dai gelidi occhi color ghiaccio. Sia si volta verso di lui, gli intima di non aggiungere altro.

Mi avvicino anch'io e gli sussurro all'orecchio: «Derek, forse è meglio se ascolti Sia per questa volta».

«Perché non ci prendiamo un momento per riflettere, non essere impulsivo» aggiunge Olivia.

Nessuno di noi riesce a distoglierlo dalla sua presa di posizione. È incredibilmente testardo e Sia lo ha già capito. Per questo stringe le mani a pugno e gira lo sguardo sui presenti. Cerca di individuare il ragazzo che ha mandato l'articolo sul gruppo.

Virginia emette la sua sentenza: «Si tenga pure il suo badge, Derek Hill. Procederemo a verificare le informazioni, nel frattempo continui a svolgere i compiti come qualsiasi altro candidato. So che è stato lei a capire la strategia corretta per superare l'ultima prova e questo la rende prezioso agli occhi della Big World News».

Per qualche strano motivo, non teme il principe di ghiaccio ma ne è attratta. Gli altri dirigenti non si azzardano nemmeno a farle cambiare idea, ormai la decisione è presa.

«Strega bianca» mormora Sia, guardando verso di lei.

Capitolo 22

Ci sono demoni che ti plasmano la mente, ti fanno sentire dipendente dalla loro presenza.

Altri ti offuscano con le bugie, ti fanno credere di essere migliore degli altri.

Alcuni usano la lode per riuscire a insediarsi nello spirito altrui.

Ma c'è un demone in particolare che non conosce rimorsi, un demone che lascia cicatrici nascoste perfino a te stesso, un demone che controlla i tuoi respiri e li modula a suo piacimento. Si annida nelle tue paure e ti rende simile a lui, finché non esisterà più alcun confine fra voi.

Questo tipo di demone lo vede solo chi lo subisce.

Si narra che queste persone non sopravvivano per poter raccontare la propria storia.

Demoni

Sia

Percorro il corridoio dell'ospedale psichiatrico Ovest cercando di non perdermi tra le mura spente di questo edificio. Il lamento dei malati mi opprime, gli occhi di chi vive all'interno di queste stanze sono privi di luce.

E, nonostante ciò, l'imperturbabilità del ghiaccio non viene toccata.

Derek, fermo al bancone, firma dei documenti con scrupolosa attenzione. Indossa un maglione nero aderente e stringe con la mano libera una giacca bianca.

Lo raggiungo. «Allora? Qual è il piano?»

«Non siamo in guerra, non c'è nessun piano» sospira.

Come può rimanere impassibile quando la sua carriera è appesa alla volontà di una strega bianca? Non comprendo la tranquillità e la compostezza con cui affronta la situazione. Dovrebbe dare di matto, essere in ansia e cercare il colpevole di questo disastro. E invece è troppo occupato a prendersi cura degli altri.

«Non siamo in guerra? Fai finta di non capire? Il fatto che ieri la vicepresidente ti abbia concesso la grazia non significa che sia finita qui. Indagheranno, Derek».

«Come mai sei venuta?» Derek gira la pagina per firmare il retro del foglio, non distoglie lo sguardo nemmeno per un istante.

Prendo un respiro profondo. «Perché non riuscivo a dormire. La tua calma mi manda in crisi. Dovremmo fare qualcosa, non possiamo starcene qui con le mani in mano e subire...»

«Il mio piano era proprio quello». Porge i documenti firmati all'infermiera dietro al bancone.

Parlano di un qualche percorso terapeutico sperimentale, qualcosa a cui Derek sembra tenere molto. Tenta in ogni modo di proteggere chi gli sta accanto, ma non se stesso. Si volta verso di me, tira fuori dalla tasca della giacca una busta bianca e me la porge.

«Tieni». La prendo e la osservo attentamente prima di aprirla. Banconote. Mi acciglio.

«Cosa...?» mormoro.

«Quello che sono riuscito a racimolare per ora, so che manca ancora tanto. Ti ripagherò poco per volta».

«Mi prendi in giro?»

La serietà con cui mi fissa mi lascia allibita. È proprio un reale testardo: non vuole essere aiutato da una strega a nessun costo. Mi chiedo se sia così contrariato all'idea di avere un debito con me oppure se siano i suoi incrollabili princìpi morali a impedirgli di farsi aiutare.

Non ho modo di esprimere i miei dubbi o di ribattere, Derek viene chiamato dall'infermiera per compilare un modulo aggiuntivo. Si allontana dietro al bancone, mi lascia con in mano una busta bianca con i suoi risparmi.

'Dovrei accettarla come nulla fosse?'

Io non ho sudato per ottenere la mia fortuna, mi è stata semplicemente lasciata. Come posso ora prendere questi soldi? L'occhio mi cade sulla stanza in cui ho visto il fratello del principe per la prima volta. Mi avvicino, dovrei cogliere quest'occasione per riuscire ad analizzare la corazza di Derek? Forse così potrei comprendere meglio perché rifiuta ogni mio tentativo di aiutarlo.

Tayler, il fratello del principe di ghiaccio, è seduto sul letto con addosso il pigiama dell'ospedale. Sta disegnando con dei pastelli sparpagliati sul letto. Allungo lo sguardo sui fogli: sono ricoperti da strani cerchi concentrici che lui ricalca ossessivamente. Sono gli stessi che occupavano le pareti di camera sua. Avanzo di qualche passo, varcando la soglia. A differenza della scorsa volta, ora Tayler ha una stanza singola.

Mi avvicino al suo letto. «Sai disegnare solo questi?»

Non ricevo alcuna risposta.

I capelli gli ricadono sulla fronte in modo disordinato, di lui si vede soltanto la chioma bionda, simile a quella della regina. Prendo in mano alcuni disegni nel vano tentativo di decifrarne il linguaggio. Un angelo caduto che non sa comunicare è un bel problema, non potrà mai difendersi dopo essere stato cacciato dal cielo.

«Li fai spesso? Lo chiedo perché erano anche in camera tua...» Tento di attirare la sua attenzione, ma non ottengo nulla. Lui continua a ricalcare lo stesso cerchio nero.

«C'era anche un diario. Hai scritto che Derek aveva pianto».

Si blocca. Smette di disegnare, appoggia il pastello sul materasso.

«Come mai ha pianto?» mormoro.

Si sfrega le mani sulle gambe. «Hai invaso la mia... la mia... la mia privacy» sussurra queste parole con un breve tremore. Non mi guarda negli occhi, mantiene lo sguardo fisso sui suoi disegni.

«Sì, l'ho fatto. E allora? Vuoi invadere la mia? Vuoi venire nella mia stanza? Così siamo pari» ammicco.

Tayler batte le palpebre confuso, strappandomi un piccolo sorriso. Mi siedo davanti a lui, scosto i fogli per farmi spazio e lo osservo da vicino. Lui retrocede quasi intimorito ma io mi avvicino di più, appoggiando il ginocchio sul materasso e allungando la mano verso l'ammasso di capelli che gli nasconde il volto. Rimango esterrefatta dalla purezza dei suoi lineamenti. Una bellezza ultraterrena. Le guance di Tayler assumono un colorito rossiccio: tenta di evadere il mio sguardo, imbarazzato dalla vicinanza dei nostri corpi.

«Hai degli occhi bellissimi, dovresti tagliare i capelli... angelo caduto».

Avrà la mia stessa età. Le vesti cupe dell'ospedale e la quantità di farmaci che prende prosciugano la giovinezza dei suoi tratti. Ha occhiaie profonde e le labbra sono leggermente screpolate, prosciugate dal clima dell'ospedale.

«A-angelo?» balbetta.

Annuisco. «Un angelo caduto dal cielo».

È il segreto reale, nascosto agli occhi del popolo per evitare un colpo di stato. Non sa di rappresentare la crepa, il punto debole di Derek.

«Ti va di sentire una storia?»

Non risponde: si limita a osservarmi, quasi in soggezione davanti a una strega che non mostra timore verso un essere bandito dal cielo. Poi decide di ignorarmi, prende il foglio e ricomincia a disegnare. Io comincio ugualmente a raccontare la fiaba che ho scelto: da quello che ho visto in camera sua, ama i racconti, dovrei riuscire a suscitare il suo interesse.

«Odette era una ragazza dalla rara bellezza, invidiata dagli occhi umani e mutata per questo in un essere diverso. Su di lei cadde una maledizione: il suo corpo non era più quello di una donna, bensì quello di un cigno dalle ali bianche. Si chiese come poteva vivere in quella forma, nessuno l'avrebbe mai accettata.

L'unico modo per spezzare l'incantesimo era quello di trovare qualcuno che le confessasse amore eterno, qualcuno che con sincerità fosse disposto ad amarla indipendentemente dalla sua condizione. Fortunatamente riusciva a prendere forma umana solo per qualche ora nella notte e grazie a questo incontrò un principe che capiva la sua situazione e che dimostrava di avere un cuore nobile. Odette pensò di aver trovato la persona adatta, quella che l'avrebbe salvata dalla sua maledizione».

Faccio una breve pausa, Tayler alza lo sguardo verso di me per accertarsi che io non smetta di raccontare. Sorrido. Come avevo previsto, le fiabe lo attirano e ciò non mi sorprende: noi esseri maledetti abbiamo un legame con le storie che narrano le radici del nostro male.

«Un mago aveva già messo gli occhi su questo principe per via della sua ricchezza. Grazie a un sortilegio mutò l'aspetto della propria figlia e la rese identica a Odette, attirando il principe in un inganno. Lo portò a dichiarare amore eterno alla propria figlia. Così facendo, la maledizione della vera Odette divenne irreversibile...»

L'urlo di Odette si propaga nella mia mente. Si narra che il dolore che provò fu così grande che perfino le divinità in cielo ne furono scosse.

Tayler smette di disegnare. «Poi?»

«Il principe scoprì la realtà dell'inganno quando ormai era troppo tardi: Odette era condannata in modo definitivo dalla maledizione».

«Quindi... hanno perso?»

«Hanno vinto e vuoi sapere come?»

Annuisce, incuriosito.

Io scuoto la testa. «Mi devi dare qualcosa in cambio».

Tayler si guarda intorno.

Sollevo l'angolo della bocca. «Perché non mi racconti il motivo per cui ti hanno bandito dal cielo, il motivo per cui Derek ha pianto. Dimmi... qual è il reato che avete commesso?»

Lui abbassa lo sguardo, riprende a disegnare quei fastidiosi cerchi. Tento di interromperlo, rubo il pastello dalle sue dita ma lui di scatto si porta le mani sulle orecchie e inizia ad agitarsi freneticamente.

«Non posso. Non posso. Non posso». Pronuncia frasi sconnesse con gli occhi sbarrati, la fronte gli si imperla di sudore. L'atteggiamento infantile contrasta con l'eleganza dei tratti reali che ha ereditato. Alza la voce, diventa sempre più rumoroso. Mi spinge con violenza giù dal letto, lontano dai suoi disegni e dal suo spazio. Cado a terra, ma mi rialzo subito. In un istante le infermiere ci circondano allarmate, queste crisi devono essere frequenti. Preparano il materiale necessario per calmarlo e tentano di blandirlo con voci suadenti. Derek entra in camera con il fiato corto. Il suo sguardo vaga da Tayler a me, la sua espressione si indurisce.

«Che cosa ci fai ancora qui?» Mi prende per il braccio, affondando le dita nella mia carne. «Sei stata tu, vero? Cosa gli hai detto?» Le urla di Derek fanno spaventare Tayler ancora di più.

Mi trascina fuori per evitare di agitare ancora di più l'angelo caduto. L'ira glaciale con cui mi trafigge mi fa venire i brividi.

«Non ti devi avvicinare a Tayler, mai più».

«Be', almeno dimostri qualcosa di diverso dall'apatia».

«Non fare i tuoi giochetti da psicopatica».

Si volta, dandomi le spalle. Prima che sparisca dalla mia vista, gli faccio la stessa domanda che ho fatto al fratello. Se ha scatenato quella reazione nell'angelo caduto, allora vuol dire che c'è veramente qualcosa di oscuro che tentano di coprire.

«Quale crimine hai commesso per portare i cieli a condannare un angelo? Per che cosa state scontando questa pena, Derek?»

Si blocca, come se questa domanda fosse la chiave per poter accedere a ciò che nasconde. Poi prosegue verso la camera di Tayler senza aggiungere altro.

Non era normale.

Un bambino con il vizio compulsivo di tappezzare qualsiasi superficie con dei buchi neri tracciati a matita. Partiva dall'esterno del cerchio, per poi arrivare al centro e ricominciare a calcare i margini con folle determinazione. Ne disegnava un'in-

finità, tant'è che qualcuno arrivò a pensare che questo lo rilassasse, che fosse una specie di passatempo.

Ma no, non era così.

All'inizio se li disegnava sul palmo della mano, poi aveva cominciato a tracciarseli sul braccio, poi sul legno del letto, poi sul comodino. Piano piano aveva invaso le pareti di tutta la stanza con quei tetri segni. Non dava spiegazioni, non dava modo a nessuno di comprenderlo.

Era più di un bisogno, più di una necessità.

Tracciare quei cerchi gli permetteva di estirpare il demone che lo spaventava. E più lo spaventava, più lui disegnava. E più disegnava, più si allontanava dal mondo umano. E più si allontanava dal mondo umano, più faceva fatica a rientrarci.

I cieli dovettero cacciarlo: le tenebre avevano ormai offuscato ogni sua luce.

«Devi smetterla Tayler, guarda come hai ridotto la casa!»

La madre lo rimproverava di continuo. Non riusciva a capacitarsi di quell'ossessione. Quando tentava di fermarlo, di togliergli dalla mano la penna con cui pasticciava dappertutto, Tayler impazziva. Urlava, graffiava e sputava frasi tormentate.

Disegnare quei cerchi era un modo di esorcizzare quel male, di tenere a bada il mostro che lo tormentava.

Ma nessuno lo comprendeva. Nessuno vedeva quel mostro e così nessuno lo proteggeva.

Alla fine, sempre più preoccupata, la madre si era rivolta a una specialista. «Cosa possiamo fare, dottoressa? Sta peggiorando e io non riesco a stargli dietro, c'è un modo per aiutarlo?»

Nessuna scuola accettava un bambino che era incapace di respirare senza disegnare quei segni ossessivi e che se veniva fermato reagiva con una crisi violenta. Un elemento del genere non poteva stare a contatto con altri bambini.

«Inizieremo con la psicoterapia, non si preoccupi. Troveremo una soluzione... molto probabilmente c'è qualcosa di cui non vuole parlare» aveva detto la dottoressa.

«Ma cosa può essere?» si chiedeva la madre.

Gerard, il compagno, cercava di calmarla. Era l'unica per-

sona che non l'aveva abbandonata con due figli da crescere e con il peso di un demone implacabile. «Stai tranquilla Lorel, vedrai che troveremo una soluzione».

Lorel trascinava Tayler da una parte all'altra, nel tentativo di scrollargli di dosso quello strano demonio che non voleva abbandonarlo. Si chiese se fosse colpa sua, se magari Tayler non avesse ancora accettato la presenza di un nuovo compagno nella loro vita.

Si addossava le colpe di un male che non riusciva a vedere.

Concentrò tutte le attenzioni, tutti i guadagni e i risparmi sulla salute di Tayler. Si assentava per giorni interi per seguire le terapie del figlio, convincendosi di vedere dei piccoli e impercettibili miglioramenti. Così trascurò l'ombra che si abbatteva sull'altro figlio: il piccolo Derek. Veniva abbandonato a se stesso, raccoglieva solo briciole di affetto e viveva senza sentire il calore delle attenzioni di una madre, troppo consumata dalla paura di un demone per poterne vedere un altro ancora più grande.

«Derek, non farmi arrabbiare. Riscalda il cibo che ti ho lasciato e poi vai a scuola. Io devo portare...»

«Tayler dallo psichiatra, lo so» mormorò Derek.

Osservava l'attenzione e la cura con cui Lorel copriva Tayler per ripararlo dal freddo.

«Mi raccomando, non disturbare Gerard. Lo sai che ci fa un favore, si prende cura di noi e ci permette di abitare da lui. Comportati bene».

Ormai gli parlava solo per correggerlo, per ammonirlo, per avvertirlo... mai per dimostrargli affetto. Per quello non c'era spazio. E Derek era triste.

«Scrivimi quando arrivate». Gerard le diede un bacio sulla guancia.

Gli occhi di ghiaccio del piccolo principe si abbassarono verso il fratello, che non smetteva di disegnarsi i soliti cerchi ossessivi sulle mani.

Con gelido astio Derek si avvicinò all'orecchio di Tayler e sussurrò: «Non saresti mai dovuto nascere, io ti odio».

Tayler si bloccò per qualche istante. Era ben consapevole dei sentimenti del fratello, ma sentirlo sulla propria pelle gli faceva venire i brividi. Sapeva bene qual era il motivo per cui gli occhi di ghiaccio di Derek lo avevano sempre guardato con disprezzo.

Ma aveva troppa paura per parlare.

Aveva troppa paura per lottare.

Perché in fondo sapeva che Derek stava lottando da solo contro il mostro da cui lui stesso continuava a scappare vigliaccamente. Tayler si sentì un egoista nei confronti del fratello più piccolo che avrebbe dovuto proteggere; si sentì inerme, capace solo di fuggire dal demone che li spaventava, lasciando in ostaggio il bambino dagli occhi ghiacciati e vuoti.

Lorel lo trascinò per mano fuori da casa e quando la porta si chiuse, Tayler vide per un breve attimo la paura sul volto del fratello. Derek stringeva le mani a pugno senza riuscire a emettere alcun suono. Senza riuscire a liberarsi del demone che segretamente si stava nutrendo di loro.

Un demone che li abbracciava quando non volevano essere abbracciati.

Un demone che li annusava quando non volevano essere annusati.

Un demone che li guardava quando non volevano essere guardati.

Un demone che li toccava quando non volevano essere toccati.

Derek

'Quale crimine hai commesso per portare i cieli a condannare un angelo? Per che cosa state scontando questa pena, Derek?'

Osservo i disegni di Tayler spazzati via dalla sua rabbia. Ho perso il conto di quante volte l'hanno sedato per placare quella paura che lo divora vivo.

L'infermiera tenta di calmarlo. «Tayler, non vogliamo farti del male».

Ci vogliono tre inservienti per immobilizzarlo e permettere

al medico di iniettargli un calmante. I graffi che si è inflitto cominciano a sanguinare. Raccolgo i fogli caduti a terra e li appoggio sul tavolo.

Tayler ha sempre chiesto aiuto così, è il suo modo di lottare contro un demone che lo tortura con atroce lentezza e che lo osserva sempre, impedendogli di respirare.

«Starà meglio, Derek». Il medico si avvicina a me, pronuncia qualche parola di consolazione. Lo vedo nei suoi occhi che mente.

«Non deve mentire a me, lo faccia solo con Tayler e con mia madre. So bene in che situazione siamo, se fosse destinato a guarire, l'avrebbe già fatto. Invece peggiora: le crisi sono sempre più violente e i graffi che si infligge... non hanno il tempo di guarire prima che se ne formino di nuovi».

Lui distoglie lo sguardo, incapace di sostenere il peso di una realtà troppo dura. Mi sposto e mi siedo sulla poltrona accanto al letto di Tayler.

La stanza si svuota: rimaniamo io e Tayler che ora dorme profondamente e stringe tra le mani la penna con cui disegnava. Gliela sfilo delicatamente dalle dita e infilo la mia mano al suo posto.

«Mi dispiace» sussurro flebilmente.

Avrei dovuto ribellarmi prima che fosse troppo tardi per salvarti.

«Mi dispiace».

Avrei dovuto scaricare l'odio su altri, non su di te.

«Mi dispiace».

Avrei dovuto capire che il tuo era soltanto terrore, e che il terrore non è una colpa.

Una lacrima solca il volto di Tayler, scivolando sulla guancia fino a cadere sul lenzuolo.

Sento un formicolio percorrermi la schiena, mentre una fitta di dolore mi costringe a chiudere gli occhi. Mi porto una mano al petto, cercando di alleviare in qualche modo il senso di oppressione. Prendo una pastiglia dal flacone nella tasca della giacca e aspetto che faccia effetto. Sta diventando sempre più difficile nasconderlo.

Il tremore alla mano è un effetto collaterale che non riesco a controllare. È il prezzo che pago per impedire a quel demone di ritornare in superficie.

Tayler lo dipinge come un cerchio nero, colmo di oscurità, è il suo modo di tenerlo a bada.

Io lo addormento con pasticche sempre più forti, sospeso tra l'ipocrisia e la paura che questo lieve filo si possa spezzare.

Sospeso nel ricordo di un incubo che iniziava con una porta chiusa e terminava con la luce del sole, un incubo da cui scappavo con il sonno e con il distacco dalla realtà.

Sospeso nel tocco sporco e viscido di un demonio che mi ha tenuto in ostaggio.

'Se sto fermo, finirà tutto presto'.

Capitolo 23

Esiste un confine e i confini non si superano.
Esistono le tentazioni e le tentazioni non si spezzano.

Proprio come l'attrazione fra il bianco e il nero: non riusciranno mai a mischiarsi perché è contro natura... eppure, c'è qualcosa che continua a spingerli l'uno verso l'altro.

Tra loro c'è tensione, c'è elettricità e c'è follia.

Si riconoscono a vicenda, il bianco e il nero, perché sono eterni nemici.

Il bianco purifica, mentre il nero continua a macchiarsi dei peccati di chiunque osi infangare il suo eterno nemico.

Un rapporto di odio e amore.

Un contrasto imposto dalle loro discendenze.

Bianco e nero

Sia

«Siete arrivati alle fasi finali, perciò i compiti diventeranno sempre più complessi. Come vedete, quest'aula è attrezzata con tutto il materiale di cui avrete bisogno, sono le stesse dotazioni a disposizione dei nostri dipendenti. Ci aspettiamo che ci dimostriate di valerne la pena» afferma Frederick.

Siamo stati riuniti in un'aula gigantesca insieme a tutti gli altri candidati. A quanto pare, da oggi in poi, riceveremo qui i vari incarichi. L'aula è predisposta con tutte le attrezzature più all'avanguardia. I tutor sono seduti di fronte a noi dietro a un lungo bancone, mentre dall'alto noto che la strega bianca ci sta fissando con estrema attenzione.

Probabilmente sta ancora decidendo chi di noi è meritevole di rimanere e chi invece va tagliato fuori. Si sofferma su Derek, poi si accorge del mio sguardo e mi sorride compiaciuta. Stringo i denti, infastidita. Una strega bianca non va mai d'accordo con le altre streghe, e questo lei sembra averlo intuito. È come se percepisse la mia essenza.

«Questa volta avrete la responsabilità di raccogliere più informazioni possibili sull'acquisizione di un'azienda locale da parte di uno dei marchi più famosi del continente: come sapete la città è in subbuglio per questa notizia. Sembra semplicemente un affare vantaggioso per i compratori, ma non è tutto oro ciò che luccica. Sapete cosa voglio dire...» Le frecciatine di Frederick mi fanno sorridere.

Vuole che scaviamo nel torbido, che rimestiamo nel fango per trovare quel dettaglio che permetterà alla BWN di mantenere l'attenzione del pubblico. I ragazzi ascoltano concentrati, il gruppo di Tatiana prende appunti, mentre quello di Hemlich inizia già a fare le prime ricerche online.

L'unico gruppo che non si scompone è il nostro.

«Il gruppo vincitore potrà presentare un servizio in diretta, so quanto ambite ad arrivarci e vi assicuro che ne vale la pena».

L'attenzione dei presenti si fa ancora più spasmodica. A Tatiana brillano gli occhi e lo stesso vale per Hemlich. Arrivare in televisione è lo scopo principale della maggior parte dei candidati e io non ho intenzione di lasciare questa occasione a un giullare o a una fatina. Devo arrivarci per prima.

«Quanto tempo abbiamo per intervistare la famiglia che ha concluso l'acquisizione? E dove avverrà?» chiede Hemlich.

«Sarete accolti insieme agli altri giornalisti professionisti nella location adibita alla conferenza stampa. Dopo di che starà a voi riuscire a ottenere qualche informazione in separata sede: dovrete cercare di conquistarvi la fiducia dell'intervistato, catturare la sua attenzione. Ci sarà tanta concorrenza e avrete a che fare con reporter esperti, non vi risparmieranno solo perché siete alle prime armi».

«Dobbiamo convincere il capo di una delle aziende più famose del Paese a rilasciarci un'intervista esclusiva?» ripete Tatiana, preoccupata.

È una sfida tosta, è chiaro che hanno alzato l'asticella. Ed è evidente che si stanno anche divertendo: basta notare la vicepresidente che sorride dall'alto, in totale tranquillità, dietro la vetrata trasparente.

«Esattamente. Vi avviso che più informazioni raccoglierete, più alta sarà la valutazione. Abbiamo già inviato sui vostri cellulari i dettagli per raggiungere la conferenza stampa. Potete usare le auto aziendali. Buona fortuna, che vinca il migliore».

Queste parole danno il via alla sfida. Edgar si affretta a reperire le videocamere e tutti gli strumenti necessari per registrare, Olivia prende i quattro microfoni che ci serviranno per l'intervista e Derek come capogruppo va a ritirare i badge per passare i controlli.

Mi accorgo degli sguardi di diffidenza degli altri candidati: ancora non si fidano di lui. Da quando è uscita la notizia del suo arresto, lo trattano con circospezione, quasi avessero paura di farlo esplodere. E questo non sembra toccarlo minimamente. La corazza che ha eretto gli permette di insonorizzare qualsiasi cattiveria gli venga detta. Nasconde le emozioni, come se non potesse permettersi di provarle.

Il suo stato d'animo si altera soltanto quando qualcuno tocca il fratello. Tayler.

'Non ti devi avvicinare a Tayler, mai più'.

Edgar mi risveglia dai miei pensieri. «Io e Olivia prendiamo un'auto da soli. Non ci stanno le videocamere in una sola, e perderemo un po' di tempo a caricarle. Voi due cominciate ad andare a prendere posto. Così almeno siamo sicuri di riuscire a conquistarci un buon punto da cui riprendere».

Si carica i borsoni sulla schiena e con l'aiuto della sirenetta si dirige verso l'atrio. Olivia prima di uscire mi rivolge un'occhiata d'intesa.

«Non vi ucciderete, vero?» chiede, spostando lo sguardo da me a Derek.

Alzo le spalle. «Mai dire mai, sirenetta».

Lei si allontana scuotendo la testa. Tutti i gruppi si stanno organizzando, in preda all'agitazione. Edgar ha avuto l'idea di dividerci per evitare di arrivare in ritardo ed Hemlich come al solito lo copia.

Io seguo Derek verso l'uscita. «Sai solo copiare, giullarino?» lo punzecchio, mentre raggiungiamo le auto dell'azienda.

«Mi ferisci in questo modo, mia amata Sia».

«Non sia mai, mi chiedo se avete un cervello che funziona da solo o se avete superato tutte le prove copiando il lavoro degli altri».

Sorride. «Si fa di tutto per sopravvivere».

«Anche vendere un compagno che vi ha aiutati?» Hemlich fissa lo sguardo su Derek, che cammina davanti a noi. Il principe di ghiaccio non si volta, ma so benissimo che ci sente.

«Non siamo stati noi, te lo giuro».

Mi avvicino al suo orecchio: «E tu pensi che io ti creda? Vi avevo avvertiti: scatenerò l'inferno contro il traditore che ha osato colpirci alle spalle».

Hemlich si distacca, batte le palpebre e serra la mascella. Gli rivolgo un tenero sorriso innocente, prima di superarlo. Seguo Derek verso la macchina che ci attende all'ingresso. L'autista ci rivolge un cenno dallo specchietto, prima di partire. Ci siamo soltanto io e Derek nei sedili posteriori. Mi allaccio la cintura.

«Potevi evitare» commenta.

Inclino il viso verso di lui, che mantiene il volto fisso sul finestrino. Sapevo che aveva sentito.

«Evitare cosa? Di ricordare loro che non ci siamo dimenticati della pugnalata alle spalle? Per chi mi hai presa, principe di ghiaccio?»

Sospira, dalle tasche della giacca tira fuori due badge e me ne porge uno. Il tutto evitando qualsiasi contatto con i miei occhi, come se potessi prosciugarlo. Prendo il badge dalle sue mani e faccio passare il cordoncino attorno al collo.

«Come finisce la storia di Odette?»

«La storia di Odette?» ripeto.

«Quella che hai raccontato a Tayler».

Rido di fronte al temperamento freddo che lotta contro la sua curiosità. «Hai origliato?»

«No, da quando gliel'hai raccontata Tayler insiste nel voler sapere il finale» spiega.

'Questo è un punto a mio favore, principe di ghiaccio'.

Slaccio la cintura di sicurezza e mi avvicino a lui, annullando la distanza fra noi.

«Vuoi sapere come finisce?»

«Torna al tuo posto». Continua a distogliere lo sguardo, con la testa rivolta verso il finestrino alla sua destra.

«E se non volessi tornare a posto? E se volessi raccontare la storia da qui? C'è qualche problema? Per caso ti metto in agitazione?» Il mio divertimento è palpabile e Derek lo intuisce all'istante.

Azzardo la mossa che ho in mente, nel tentativo di attirare l'attenzione che continua a negarmi.

«L'amore tra Odette e il principe era ormai condannato» sussurro, mentre con la mano gli sfioro la guancia, obbligandolo a voltarsi verso di me.

Le sue iridi mi fanno sprofondare nella tentazione, mentre lui – al contrario – mi osserva senza far trapelare nulla. Né confusione, né paura, né interesse. Niente.

«La maledizione di Odette divenne irreversibile e questo per via della stupidità di un principe, incapace di distinguere l'animo della sua amata». Gli accarezzo la guancia, facendo passare la mano con studiata lentezza fino a sotto la clavicola. Gli sbottono la camicia piano piano, con i suoi occhi fissi sui miei.

«Decisero di non piegarsi alla maledizione, scelsero di evadere». Apro un altro bottone, accarezzando la morbidezza della sua pelle con le dita.

«Il principe pronunciò queste parole: 'Se in questa vita siamo condannati, allora preferisco non viverla e rinascere altre mille volte alla ricerca dei tuoi occhi'. Così decisero di uccidersi, sconfiggendo definitivamente le catene della loro maledizione. Un amore che non temeva nemmeno la morte, ecco come finisce la fiaba». Sfioro la pelle scoperta del suo petto, risalendo fino al collo.

Dallo sguardo di Derek non trapela alcuna emozione. Però non scansa le mie mani dal suo corpo, al contrario, stringe le dita attorno al mio polso e avanza con il busto verso di me, obbligandomi a retrocedere con la schiena fino a farmi stendere completamente sul sedile. Con una mano mi accarezza la gamba fino ad arrivare al fianco e con l'altra mi blocca le braccia sopra la testa. Io e Derek non siamo mai stati così vicini: riesco a sentire il suo respiro accarezzarmi la pelle e i brividi diffondersi in ogni centimetro del mio corpo. Lancia un'occhiata all'autista per assicurarsi che non ci stia guardando, poi soffia sulle mie orecchie parole ghiacciate.

«Non sono il principe che sacrificherebbe la vita per una ragazza. Ho altre priorità, streghetta dai gusti raffinati».

Non mi dà modo di replicare. Preme con più forza sulla mia pelle, costringendomi ad ascoltarlo fino alla fine.

«Non tentare di stuzzicarmi con queste mosse, non funzionano. Sei solo curiosa perché ti sembro un giocattolo nuovo con cui divertirti, perciò...» avvicina ancora di più il suo viso al mio «... non tentare di comprendermi».

L'auto si ferma. Derek si stacca da me, lasciandomi con un vuoto nello stomaco e mille brividi sulla pelle. Apre la portiera ed esce dalla macchina. Mi ricompongo sotto lo sguardo curioso dell'autista e scendo dall'auto. Mentre cammino, mi porto una mano sul petto: il cuore batte così veloce che non riesco a calmarlo. Stento a credere che Derek abbia provato a intimidirmi in questo modo. Nei suoi occhi non c'era lussuria, non c'era divertimento, non c'era desiderio. C'era solo un gelido vuoto.

L'ammonimento di un principe che non vuole essere raggiunto da una strega.

«Siete arrivati sani e salvi? Pensavo vi sareste uccisi». Edgar scende dalla macchina accanto con in mano due borsoni. A seguirlo c'è Olivia con le altre attrezzature. «Alla fine abbiamo fatto più in fretta di voi».

Derek si è allontanato in un angolo, si abbottona la camicia sotto lo sguardo avido di Tatiana.

Mi avvicino a loro come un automa. Olivia nota la mia espressione omicida, mi segue con preoccupazione.

«Quindi si fa così? Convinci le persone a starti lontane con...»

Derek mi rivolge una delle sue occhiate gelide. «Non qui, Sia».

Solo con uno sguardo è capace di farmi ricordare che fino a due secondi fa il suo respiro mi sfiorava il collo e il suo corpo pesava sopra il mio.

«Perché? Non vuoi che Tatiana sappia cos'è successo in macchina tra noi?» Sorrido verso la fatina che cambia subito espressione, suscitando in me una soddisfazione senza pari.

Edgar ci raggiunge. «Lo sapevo, vi siete massacrati» mormora.

Derek serra la mascella, irritato. Pensava di zittirmi con due paroline taglienti? Pensa che questo basti per spaventarmi, per intimorirmi? Tra me e il principe di ghiaccio passano occhiate di sfida che trasudano tensione e ostilità. Nessuno dei due abbassa lo sguardo. Sorrido di fronte all'apatia e al distacco che mostra, so per certo che questo mio comportamento gli dà fastidio ed è una delle poche cose che sembrano in grado di smuoverlo, perciò insisto.

«Che ne dite se iniziamo a prendere posto, la platea si sta riempiendo velocemente. Evitiamo di litigare qui fuori, forza Sia». Olivia mi prende per il braccio, obbligandomi a entrare nella sala allestita dall'azienda, che pullula già di paparazzi e giornalisti.

Derek e Edgar ci seguono a ruota. Prendiamo posto, occupando le prime quattro sedie che troviamo libere. Edgar sistema le videocamere con l'aiuto del principe di ghiaccio. Il tavolo dei relatori è ancora vuoto, ci sono cinque sedie e i relativi microfoni.

Olivia mi sfiora la spalla. «Che cos'è successo? Derek sembrava pronto a sbranarti...»

«Non ci crederesti, sirenetta».

Lei mi guarda perplessa. Se le dicessi che il controllato Derek Hill si è avvicinato a me nel vano tentativo di incutermi timore o soggezione... non ci crederebbe. Nessuno lo farebbe. Io stessa stento a crederci.

Quando i relatori, tutti vestiti con completi eleganti, entrano per occupare i loro posti, sulla platea scende il silenzio. Sono loro i famosi azionisti che hanno concluso questo affare. Alcuni hanno i capelli bianchi e piccole rughe ai lati degli occhi, parlano tra loro mentre i giornalisti li bersagliano con i flash.

Edgar si volta verso me e Olivia. «Come li convinciamo a rilasciarci un'intervista esclusiva?»

Una guardia di sicurezza scorta un gruppo di giornalisti verso un'aula separata. Li hanno già scelti. Sospiro, arrotolo una ciocca di capelli attorno alle dita. Sarà difficile farsi strada in mezzo ai pezzi grossi. Hemlich tenta di infiltrarsi con la sua tipica sfacciataggine ma viene puntualmente respinto. Non ottiene nulla, se non sguardi di scherno.

«Perché Tatiana è così calma?» riflette Olivia. Osservo la fatina ridere e scherzare con i suoi compagni, sembra perfettamente rilassata. Sa di avere le spalle coperte: è protetta dalla sua famiglia, ha la strada spianata.

«Probabilmente papino le ha già garantito l'intervista esclusiva...» mormora Edgar. «Derek, cosa facciamo?»

«Aspettiamo».

Sollevo l'angolo della bocca. «Wow, questa mossa è così intelligente. Come ti è venuta in mente?»

«Sia, smettila». Olivia tenta di attenuare la tensione che si respira tra noi.

Batto le mani con finto entusiasmo. «Ma sì, seguiamo Derek e facciamoci colpire alle spalle ancora una volta».

Lui apre bocca per rispondermi, ma una guardia di sicurezza si avvicina a noi e lo interrompe.

«Siete pregati di seguirmi, siete stati scelti per le interviste individuali. Prego, da questa parte». Ci fa strada verso l'interno. Rimaniamo interdetti, ci guardiamo a vicenda confusi mentre seguiamo l'uomo lungo il corridoio.

Edgar mi fissa. «Sia, hai fatto qualcosa a nostra insaputa?»

«Giuro di non aver fatto niente».

Nessuno di noi comprende il motivo di questo trattamento preferenziale, anche perché non abbiamo fatto nulla per meritarlo. Non abbiamo pagato, né abbiamo agganci che ci permettano di ottenere privilegi. Per quanto ci provi, non riesco a trovare una spiegazione logica.

La guardia ci conduce in una stanza vuota, prima di uscire ci avvisa che tra pochi secondi verremo raggiunti dagli azionisti da intervistare.

«Questo è strano» mormora Olivia. Edgar e Derek appoggiano il materiale sul tavolo.

«Strano o no, ce l'abbiamo fatta. Quindi, iniziamo a preparare le attrezzature». Edgar tira fuori le videocamere dalle borse.

Derek si guarda intorno diffidente. «Non mi piace».

«Per la prima volta siamo d'accordo, principe di ghiaccio».

Né io né Derek riusciamo a fidarci di questa strana situazione. Ho un brutto presentimento.

E i miei dubbi vengono confermati quando l'azionista che ci ha fatti chiamare fa il suo ingresso nella stanza.

«Benvenuti, vi ho visti in platea e mi sono detto: 'Wow, il destino è veramente ironico'. Accomodatevi». L'azionista non è altri che il ragazzo che aveva preso a pugni Derek la sera in cui l'ho portato a casa mia.

«Le teste di merda riappaiono sempre, vero? Che cosa c'è, i secondini ti hanno tagliato la lingua?»

Derek non risponde.

«Ora ti caghi sotto? Non fare il santarellino e parla! Fammi vedere il mostro di cinque anni fa, quello che mi ha quasi ucciso».

Ho ancora impressa quella scena nella mia mente.

I capelli tirati indietro con il gel, i tratti eleganti e raffinati, il completo di sartoria, l'orologio di valore inestimabile e un sorriso sfacciato che sfida l'espressione neutrale di Derek. È lui, quello che aveva portato Derek sull'orlo dell'autodistruzione.

«Mi chiamo Sebastian, ma Derek mi conosce già... vero amico?» Si siede di fronte a noi e ci invita a fare lo stesso con un gesto della mano.

Quando vede che nessuno osa muoversi, incurva le labbra in un sorriso.

«Avanti, non mangio nessuno. Sedetevi, dobbiamo fare un'intervista o sbaglio?»

Derek trascina la sedia e si mette seduto senza aprire bocca. Edgar e Olivia fanno lo stesso. L'unica a rimanere in piedi sono io. Lancio uno sguardo alla porta: è volutamente sorvegliata da due guardie, non c'è alcuna via di fuga da questo posto.

«La bella ragazza non si siede?» chiede Sebastian con un sorriso sfrontato.

«Olivia, iniziamo l'intervista» rispondo, senza distogliere lo sguardo da quello del giovane strafottente.

Ha un luccichio di divertimento e di follia che non lo abbandona mai. Tenta di infastidire Derek con il suo comportamento, ma non ottiene nulla se non indifferenza.

So che non reagirà. Si lascerà colpire, come ha fatto l'ultima volta.

«Sì, ecco vorremmo iniziare con...»

«Non vi preoccupate per l'intervista. Ho già preparato un documento con tutte le informazioni di cui avete bisogno, ora che ne dite di chiacchierare un po'? Non vedo il mio amico Derek da tanto tempo. Com'era il carcere?»

Cala un silenzio tombale.

«Dimenticavo, a te non piace parlare. Parlerò io allora». Sebastian si dondola sulla sedia con le dita intrecciate. «Dovete sapere che il vostro amico mi ha quasi ucciso, cinque anni fa. Ha già scontato la sua pena, non vi preoccupate. Ha passato un po' di tempo in prigione e nel frattempo la madre ha perso la vista, oltre alla casa in cui abitavano, il fratellino psicopatico è peggiorato e io... be', io ho perso una gamba».

Mi sarei aspettata una reazione rabbiosa da parte di Derek, ma lui mantiene l'espressione impassibile che non l'ha abbandonato neanche un istante.

«Vedete questa?» Sebastian tira su l'estremità inferiore dei pantaloni e batte le nocche sul metallo. «È una protesi che ho ricevuto per gentile concessione del vostro amico. Il ricordo di quel giorno è indelebile nella mia mente: ero nello studio ed è entrato come una furia selvaggia, mi ha colpito ripetutamente con brutalità, scaraventandomi addosso una sedia d'acciaio. Sono caduto all'indietro, sbattendo contro la vetrata e l'impatto ha fatto sì che i mobili accanto mi crollassero addosso. Paralizzato per il dolore, non riuscivo ad alzarmi e a stento a respirare. Non so per quanto tempo sono svenuto a terra, so solo che quando mi hanno soccorso la circolazione sanguigna nella mia gamba era bloccata da troppo tempo. Ho passato mesi in terapia intensiva, ci sono voluti altri mesi di riabilitazione... e ho faticato tanto prima di accettare lo stato in cui Derek mi aveva ridotto».

Olivia e Edgar passano continuamente lo sguardo da Derek a Sebastian.

«Ma io lo perdono, dopotutto le persone come lui... quelle con le mani sporche di sangue» fa una piccola pausa «sono nate così, malate e marce fino al midollo».

Si alza in piedi, fa entrare cinque guardie del corpo prima di ordinare loro di chiudere accuratamente la porta. Una guardia gli passa una mazza da baseball. Edgar si alza in piedi, prende per il braccio Olivia e la nasconde dietro di sé. L'unico a rimanere seduto è Derek.

«Bene, la legge punisce queste persone per i crimini che commettono... ma ecco, diciamo che non mi sento ripagato. La sua condanna è stata troppo lieve. Dopotutto, chi lo sa: magari un giorno potrebbe impazzire di nuovo e colpire uno di voi fino a spaccargli le ossa, potrebbe mandarvi in coma».

Edgar prende parola, attirando l'attenzione di Sebastian. «Vogliamo uscire da qui».

«Oh no, dovete assistere. Siete suoi compagni, dopotutto» ribatte con un sorriso.

Non c'è alcuna via d'uscita: le guardie ci fissano con attenzione, non permetteranno a nessuno di noi di passare.

Con la mano faccio cenno a Edgar di aspettare e di stare calmo, ma proprio in quell'istante Derek viene scaraventato a terra con un colpo violento sulla schiena. Sebastian lo ha appena colpito con la mazza. Derek cade dalla sedia, il suo volto si contrae per il dolore mentre tenta di riprendere fiato.

Sebastian lo colpisce ancora una volta, il rumore della mazza sul corpo di Derek mi fa venire i brividi. Lui si accascia a terra, non emette alcun suono, tossisce solo un paio di volte. Olivia lancia un grido d'aiuto ma viene fermata da una delle guardie, che la strappa via da Edgar e le mette una mano sulla bocca per zittirla. Edgar reagisce immediatamente, ma viene bloccato da un'altra guardia che lo prende per le braccia e lo obbliga a stare fermo.

Sono l'unica ad avere le mani libere, e percepisco con la coda dell'occhio l'attenzione dell'ultima guardia su di me. Non posso fare mosse azzardate, finirei per essere subito fermata e perderemmo qualsiasi possibilità di fuga.

Sebastian prende i capelli di Derek fra le dita. «I mostri come te devono morire nella sofferenza».

Gli colpisce la guancia con un pugno. La maglia di Derek si macchia del suo stesso sangue, mentre sul viso si formano chiazze che diventeranno lividi bluastri. Mi risale alla mente lo stato confusionale in cui aveva confessato tra un mormorio e un altro di essere condannato a un fato oscuro e privo di luce.

«Non c'è rimedio per quelli come me» mormora.

«E come sono quelli come te?» ribatte Sebastian.

«Sporchi di sangue» ammette.

Stringo le mani a pugno. Sebastian, invece, ride compiaciuto.

Tira fuori un fazzoletto bianco dal taschino. «Guardati, insetto eri e insetto rimani. Così mi fai sembrare il cattivo della situazione, perché non mostri quello che sai fare veramente?

Perché non reagisci come hai fatto cinque anni fa? Non dirmi che sei cambiato e cazzate simili». Pulisce con il fazzoletto la mazza di legno dalle chiazze di sangue.

«Come sono sconvolti i tuoi amici... si vede che non hanno visto quel lato di te, Derek» aggiunge, chinandosi per osservarlo meglio.

Sollevo lo sguardo verso gli angoli delle pareti: non c'è nessuna videocamera di sorveglianza e le guardie sono armate fino ai denti.

'Come uscire da questa situazione? Pensa, Sia, pensa'.

Fisso su Sebastian il mio sguardo più seducente. «Posso aiutarti?»

Sebastian mi osserva stupito, poi stira le labbra in un sorriso. «Ottima idea, bella ragazza. Hai qualche rancore da sfogare? Sei l'unica a non esserti opposta o scandalizzata, mi piaci. Tieni, accomodati» dice, porgendomi la mazza di legno.

Io la afferro prontamente, stringo le dita attorno al legno e inspiro. 'Forse un modo per uscire da qui... c'è'. «Ho sempre pensato fosse strano, ma nessuno mi ha mai dato retta. I bastardi vanno puniti». Sorrido, ottenendo un cenno di assenso da parte sua.

Alzo la mazza verso il corpo inerme di Derek, lui si rifiuta di guardarmi negli occhi. I ragazzi non comprendono quali siano le mie intenzioni, leggo la preoccupazione nei loro sguardi.

Sebastian si avvicina a me, sposta una ciocca di capelli dal mio orecchio. «Avanti, non avere timore. Rimane tutto tra noi, dai sfogo alla rabbia. Nessuno ne saprà mai niente, te lo garantisco. Esseri così sporchi non vanno commiserati» mi sussurra all'orecchio.

Annuisco. «Stai tranquillo, a me lo sporco non è mai piaciuto».

Sollevo la mazza sopra la testa e poi, con tutte le mie energie, sposto la traiettoria contro Sebastian, fermandomi a un millimetro dalla sua tempia. Le guardie ci mettono un attimo a reagire, ma intanto Edgar approfitta del diversivo per liberarsi e tirar fuori la sua pistola. Riesce a raggiungere Sebastian e ad appoggiargliela sulla nuca.

Io sposto la mazza da baseball, ma la tengo pronta come arma di difesa. «I miei calcoli erano giusti, draghetto. Per fortuna sei ancora un fifone che non si stacca da quella cazzo di pistola».

«Oh, ci puoi scommettere» risponde Edgar.

«Vi sembra il momento di complimentarvi?» Olivia ci rimprovera, sotto il mirino delle guardie, colte alla sprovvista da questo cambio di scena.

Sebastian sorride compiaciuto. «Fossi in voi non mi rilasserei, questo edificio è mio. Anche se doveste uscire da questa stanza, vi farei catturare di nuovo».

Faccio segno a Olivia di aiutare Derek a rialzarsi in piedi.

«Qual è il piano, Sia?» sussurra Edgar senza abbassare la pistola.

«Per chi mi hai presa? Sto improvvisando».

Lui sospira. «Siamo morti, siamo ufficialmente morti».

Lancio uno sguardo a Derek, a stento riesce a reggersi in piedi. Olivia lo aiuta, sorreggendolo con il braccio da un lato. Ha il volto sanguinante e un occhio che diventa sempre più gonfio.

«Andate via e lasciatemi qui. È me che vuole». Derek tenta di formulare qualche frase da supereroe, ma un accesso di tosse lo interrompe. Gli cola del sangue dalle labbra.

«Stai zitto e lasciati aiutare per una volta». Mi rivolgo a Sebastian, che sembra ancora piuttosto divertito. «Ho una notizia per te».

«Ti ascolto, vuoi arrenderti?»

«Oh, per chi mi hai presa? Vorrei sapere quale sito preferisci per il video che ho deciso di pubblicare, sai com'è... magari hai delle preferenze. Non dirmi che non ti ricordi di aver già preso a pugni Derek qualche mese fa».

Il ghigno di Sebastian si contorce in un'espressione preoccupata.

«C-cosa stai dicendo?» Aggrotta la fronte con rabbia.

«Non senti bene? Oltre alla gamba hai bisogno anche di una protesi uditiva, tesoro?» Mi schiarisco la voce e ripeto a voce più alta: «Ho detto che ho il video in cui picchi questo ragazzo come uno psicopatico, su che sito vuoi che lo posti?»

Una guardia tenta di prendere in mano la situazione. «Non ci creda, signore. È di sicuro una menzogna».

«Non volevo arrivare a tanto». Tiro fuori il telefono dalla tasca dei jeans e mostro loro il video che ho registrato. «Ora possiamo concentrarci sulla mia domanda? Pensavo di metterlo su un sito porno, così sarei certa che lo guarderebbero tantissime persone. Tu cosa dici?»

Sebastian inorridisce di colpo. Lo sguardo vitreo, mentre le sue certezze si sbriciolano con lentezza.

«Vedi, c'è una cosa che non sai». Premo la mazza sulla protesi al ginocchio. Il gemito di dolore non tarda ad arrivare. «Io sono molto più sporca e viscida di Derek».

Spingo ancora più forte, lasciando che le urla di Sebastian colmino il vuoto rabbioso che ho dentro.

«Perciò, pezzo di merda che non sei altro, adesso ci lasci andare tutti quanti e ci consegni il documento con le informazioni per la nostra intervista, senza fiatare».

Sebastian alza la mano e subito la guardia si allontana verso il tavolo, prende un fascicolo e me lo porge. L'ordine viene eseguito all'istante. Lo prendo senza esitare e lo sfoglio veloce.

«Ora noi ce ne andiamo e nessuno di voi oserà muoversi, o giuro che vi rovino la reputazione così tanto, che anche all'inferno non vi faranno entrare».

Le guardie sollevano le mani, mentre Edgar indietreggia verso la porta con la pistola puntata contro di loro. Olivia apre la porta, accompagnata da Derek.

Con la mazza ancora tra le mani, avvicino il viso a quello di Sebastian. «Ho letto la tua maledizione: sei un'arpia dei morti, un essere ripugnante che si nutre di cadaveri per poter rimanere in vita. Hai il destino più sporco del mio, divertente, no?» Sebastian incurva le labbra in un sorriso forzato, teso tra la follia e la rabbia.

Si alza in piedi e maschera il dolore alla gamba con strafottenza. Si sistema il completo mentre le guardie fanno un quadrato intorno a lui.

Mi volto, pronta a uscire da questo inferno.

«Hai trovato una puttana al tuo livello, Derek».

'Peccato che l'inferno sembra appena essere iniziato'.

Derek mi strappa la mazza dalle mani e colpisce Sebastian dritto nella pancia, facendolo piegare in due. Nessuno di noi si aspettava una reazione del genere. Le guardie tirano fuori le pistole e le puntano contro di noi, intimandoci di fermarlo. Derek sta ansimando, si asciuga il sangue dal labbro con il palmo della mano. L'unico a non aver paura è Sebastian, che ride soddisfatto del risultato ottenuto. È come se il suo vero intento fosse stato proprio questo.

Derek fa per alzare nuovamente la mazza, ma la mia mano lo blocca.

«Basta così, ha capito». Lo guardo dritto negli occhi e tento di decifrare quell'onda di rabbia che sembra aver preso il possesso dell'imperturbabile principe di ghiaccio.

Ha il volto deformato da un'ira che non gli ho mai visto addosso. Un'ira che gli fa tremare le mani, che gli acceca il cuore e che gli fa dimenticare i valori etici a cui fa sempre appello.

Gli tolgo la mazza di mano e la butto a terra, poi intreccio le dita con le sue. Edgar mi aiuta a trascinarlo alla porta. Derek mantiene lo sguardo puntato sull'arpia dei morti.

«Non sei cambiato, hai solo trovato un modo per ingannare tutti quanti. Sei ancora uno squilibrato». Le parole di Sebastian portano Derek a stringermi la mano.

Lo spingo fuori con decisione. «Andiamo via, Derek».

Le guardie ci seguono verso il corridoio con le armi spianate, ma si tengono a distanza. Edgar mi fa cenno con la testa di andare a sinistra, mentre lui e Olivia prendono il corridoio sulla destra. Non dovrebbero osare azioni di forza nella sede dell'azienda, mentre è in corso una conferenza stampa affollata. Soprattutto, non sotto il mio ricatto, ma non si può mai sapere.

Camminiamo alla massima velocità possibile. Derek mi stringe la mano con forza, quasi avesse paura di perdermi. Alcuni agenti della sicurezza si avvicinano dall'altra estremità del corridoio opposto, potrebbe essere un caso ma preferiamo non rischiare. Derek spinge la prima porta che trova aperta, mi trascina all'interno della stanza, si porta un dito sulle labbra, intimandomi di non far rumore. Poi la richiude fino a lasciare una piccola fessura da cui controllare la situazione.

Lancio uno sguardo attorno: siamo in uno sgabuzzino talmente stretto che a malapena c'è spazio per i nostri due corpi, circondati da scatole di cartone. Dopo essersi accertato di essere al sicuro, Derek mi rivolge un'occhiata colma di collera e di disappunto. Poi serra la mascella. «Che cazzo ti è preso?»

Da questa distanza ravvicinata riesco a notare meglio lo stato pietoso in cui Sebastian l'ha ridotto: ha il volto coperto di lividi, il labbro gonfio e il sangue che cola dalla fronte.

«A me? A te piuttosto».

Mi inchioda al muro. Appoggia una mano alla mia destra e un'altra a sinistra. «Da dove l'hai tirato fuori quel video? E perché non mi hai semplicemente colpito, invece di complicare tutto quanto così?! Fai sempre come vuoi. Chi ti credi di essere, un giustiziere mascherato?»

Sputa queste parole con odio. Le pupille dilatate, il respiro in affanno e le vene del collo in rilievo.

Spalanco la bocca, esterrefatta. «Ma cosa dici? Avrei dovuto colpire te?»

«Sì, Sia. Avresti dovuto usare la testa per una volta nella tua vita, cazzo!»

Gli sposto il braccio dal muro. «Sei un vigliacco, Derek Hill. Preferisco sentire Sebastian darmi della puttana, piuttosto che sentire te dire queste stronzate».

Mi volto per uscire, ma il suo braccio mi ferma, mi stringe il polso con forza.

«Dove vai?»

Sposto la sua mano. «Non mi parlare».

«Ti ho chiesto dove vai, Sia. Non è il momento di fare le tue sceneggiate» dice a voce più alta.

Lo fisso con un sorriso in bilico tra lo stupore e la rabbia.

«Mi spieghi che problemi hai? Mi hai appena detto che di fronte a uno psicopatico che ti stava massacrando avrei dovuto aiutarlo e poi andarmene tranquillamente. Sai che c'è? Vado a farmi prendere a sberle da Sebastian, così può completare il suo lavoro».

Appoggio la mano sulla maniglia della porta, ma ciò che succede l'attimo dopo mi blocca il fiato in gola. Derek mi sposta contro il muro e, senza indugiare, appoggia le labbra sulle mie, impedendomi di parlare. Soffoca ogni parola, ogni respiro.

Mi appoggia le mani sui fianchi, mi morde il labbro inferiore e il sapore del suo sangue mi invade la lingua. Sale con la mano destra e mi accarezza la schiena con lenta dolcezza. L'altra passa dal fianco alla gamba, premendo con forza ogni centimetro. Trattengo il fiato assaporando la sensazione del suo tocco sulla pelle e il suo profumo fresco di menta.

«Derek» ansimo.

Non mi permette di parlare: mi morde il collo, lasciando impresso il marchio del suo passaggio. Segue la mia gola con la lingua fino all'incavo dietro l'orecchio.

«Mi fai impazzire, Sia» sussurra con voce rauca, senza fiato.

Mi stringe più forte, poi mi lascia andare. Apre la porta ed esce senza aggiungere altro. Mi lascia con il suo marchio sul collo, con il corpo che reclama il suo tocco e con il desiderio che ormai riempie i miei occhi. Il mio cuore palpita senza controllo.

Derek Hill mi ha appena baciato.

È questo quello che succede quando il bianco si mischia con il nero? Quando due eterni nemici si assaporano a vicenda? Derek aveva il volto di chi il confine l'ha attraversato più volte, eppure... eppure non mi è sembrato affatto pentito.

Capitolo 24

Perché si ha paura di cadere?
Cadere non fa paura.
Perché si ha paura di soffrire?
Soffrire non fa paura.
La paura è legata alla solitudine: se si ha una spalla su cui piangere, qualsiasi situazione negativa può essere affrontata.
Perfino la morte non fa paura, se si ha qualcuno disposto a ricordarti in eterno.

L'essenza della paura

Derek

Mi rimetto la maglia, stando attento a non rovinare le medicazioni appena fatte da Kevin.

«Lo sai che il tuo corpo non si rigenera all'infinito, vero? Ti stai massacrando».

«Risparmiami le prediche» ribatto. Tiro giù la maglia e con fatica scendo dal lettino, corrugando la fronte quando una fitta al petto mi obbliga a rallentare.

«Sul serio, Derek» insiste lui in tono di rimprovero. «Devi smetterla di torturarti in questa maniera, per poi venire da me a farti rattoppare. Se tua madre potesse ancora vedere, sarebbe sconvolta. In che guaio ti sei cacciato questa volta? Quei lividi sulla schiena sono spaventosi».

Da un lato lo capisco: ogni volta che mi riempio di lividi e di ferite gli chiedo di curarmi, di nascondere i graffi e di rendere il mio aspetto il più normale possibile.

Mi avvicino al suo tavolo, prendo in mano un foglio di carta. «Questa è la prescrizione?»

Me la prende dalle dita. «Fermati, non puoi sedarti con le pasticche per così tanto tempo. Questa cosa va gestita diversamente, Derek».

Sospiro. «Questa l'ho già sentita altre mille volte. Dammi la prescrizione e basta, ne ho bisogno o rischio di impazzire. Ieri a stento sono riuscito a controllarmi».

«E cosa avresti combinato, oltre a farti ridurre come uno straccio?» Incrocia le braccia al petto da dietro la sua scrivania.

L'immagine di Sia mi ricompare davanti: gli occhi profondi e seducenti, il profumo inebriante e quel suo fascino ostinato e ribelle.

Mi schiarisco la voce. «Nulla».

Cerco di scacciare dalla mia mente il sapore delle sue labbra.

«Non ti credo».

Il riflesso nello specchio quasi mi spaventa: lo zigomo destro è bluastro, il labbro inferiore è gonfio e il sopracciglio è coperto da una grossa medicazione bianca.

«Allora? Non hai intenzione di dirmi cosa succede se non prendi le pastiglie? L'ultima volta l'hai gestita bene, più o meno».

«Intendi la volta in cui mi sono fratturato il braccio prendendo a pugni lo specchio? Benissimo, veramente» mormoro. Prendo la giacca dall'attaccapanni e la indosso con cautela.

«Oltre a farti pestare da uno sconosciuto, che cos'è successo questa volta?»

«Non era uno sconosciuto, era Sebastian».

Kevin impallidisce, la penna gli cade dalle mani e le labbra si schiudono in un'espressione confusa. Il silenzio dura solo qualche istante. Si sistema gli occhiali sul naso, prima di alzarsi in piedi.

«Quel pezzo di merda? Mi prendi in giro?» Afferra il telefono e inizia a digitare un numero.

Lo blocco, scuotendo la testa. «Non puoi chiamare nessuno. Sai meglio di me che è inutile, lascialo fare. Cercherò di stare alla larga dalla sua azienda, di non farmi vedere da...»

«Mi prendi per il culo, Derek Hill? Parli come se fossi in torto, è assurdo. Ti devo ricordare cosa ha fatto quello stronzo?»

«No, ha già pagato per quello. Ha perso la gamba e ora ha una protesi. Non voglio cadere in quel circolo di rabbia e di vendetta infinita».

Si allenta la cravatta con la mano, respira lentamente per calmarsi. È sconvolto perché conosce il motivo della collera che mi ha portato a esplodere, sa perché devo tenermi mentalmente sedato e perfino quali mostri riescono a superare le mie difese.

Mi porge il foglio firmato. «Tieni la ricetta. Se scopro che...»

«Non succederà nulla». Esco dallo studio medico, chiudo la porta alle mie spalle e mi dirigo verso l'uscita principale. Spingo il portone e mi incammino verso casa.

Kevin è l'amico medico che tutti vorrebbero avere al proprio fianco. Era uno dei tanti specialisti consultati da mamma in merito al caso di Tayler, ed è stato proprio lui a indirizzarlo verso la clinica in cui è ricoverato adesso, a programmare ogni intervento. Quando ha saputo degli scatti di rabbia di cui soffrivo, in preda alle allucinazioni più terrificanti, non ha tentato di cancellarle ma ha deciso di accoglierle, voleva comprenderne la genesi. Mi ha prescritto dei farmaci che mi hanno permesso di alleggerire i sintomi e piano piano, insieme alla psicoterapia, ho placato l'onda violenta che mi portava ad autodistruggermi.

Il mio corpo è una bomba a orologeria che tento continuamente di disinnescare.

Ora però sono diventato dipendente da quelle pastiglie. Se passa troppo tempo, il mio corpo ne percepisce l'assenza e iniziano il formicolio alle mani, il tremore, il mal di testa e la sensazione che tutto ciò che mi circonda si stia dissolvendo. Faccio di tutto pur di non superare quella linea sottile che mi separa dalla follia. Non posso permettermi di essere succube di debolezze e immagini che vivono solo nella mia mente. Non posso permettermi di cadere.

«Buongiorno, dormito bene dopo aver baciato una ragazza ed essere scappato via come un codardo?»

Colei che potrebbe farmi cadere con un solo sguardo è proprio qui, di fronte a casa mia. I gomiti appoggiati sul cofano della sua Jeep nera, con dei jeans a vita alta e una maglietta bianca che lascia scoperto l'ombelico. Abbassa gli occhiali da sole sul naso.

«Hai perso la lingua, principe di ghiaccio?»

Sospiro. «Che cosa ci fai qui?»

«Mi prendi in giro? Non hai risposto alle mie chiamate, c'è un pazzo che è alla nostra ricerca perché ha scoperto che sono in possesso di una prova incriminante» fa una piccola pausa, prima di avvicinarsi a me, «e come se non bastasse, mi hai baciata e te ne sei andato, Derek».

Rimango ammaliato dall'oscurità dei suoi occhi, profondi come pozzi infiniti, che mi scrutano senza timore. È così che il confine invisibile che ho rispettato per anni vacilla dinnanzi a lei. Indietreggio di un passo, devo mantenere le distanze.

«È successo».

«È successo? Ma a chi la vuoi dare a bere? Pensi di avere diciotto anni e di essere in piena crisi ormonale?» Sorride, divertita.

I vicini ci guardano dalle finestre: per loro una scena del genere equivale a quella di un film appena uscito. Noto come fissano la macchina costosa di Sia, si chiederanno come una ragazza così ricca sia finita a parlare con uno come me. Lei attira sempre l'attenzione di tutti. Può stare in piedi, seduta, in silenzio, può anche dormire... ma concentrerà sempre l'interesse altrui verso se stessa. È come un faro luminoso dal quale nessuno riesce a distogliere lo sguardo.

«E ora rimani in silenzio con quell'espressione indecifrabile, mi sembra ovvio. Ma sappi che io non me lo sono sognata».

Scopre il collo, spostando i capelli di lato. «Guarda questo: è il tuo marchio, Derek».

Il ricordo di quando sono entrato in contatto con la morbidezza della sua pelle si fa vivido nella mia mente. Distolgo lo sguardo, impedendole di decifrare le emozioni contrastanti che insorgono dentro di me.

«Secondo te me lo sarei fatta da sola?» Continua a mostrarmelo, come se fosse la prova di un crimine. «Guarda, hai morso veramente in profondità. Sembravi in astinenza...»

Le faccio abbassare la mano. «Sia, smettila».

Lei ammicca con un sorriso divertito.

«Oh, vuoi iniziare così. Di solito mi prendi per il polso e poi...»

Lascio la sua mano all'istante, facendola ridere.

«Avanti, principino. Sono venuta a prenderti, andiamo in azienda insieme». Mi prende il braccio con le dita. Al solo contatto con la sua pelle mi sento avvolgere dal suo profumo ammaliante. Il ritmo del respiro accelera e i miei pensieri cominciano a mescolarsi in un disordine che scombussola ogni mio punto di riferimento.

Mi scanso. «Non ho bisogno di un passaggio. Vacci da sola».

«Sei sempre così freddo... eppure, ieri eri *caliente*. Cos'è successo? Ti sei pentito?»

C'è una scintilla di curiosità mista a divertimento, nel suo sguardo. Come se avesse già messo in conto che, molto probabilmente, avrei fatto un passo indietro. Sia, a differenza mia, non ha alcun confine, non ha alcun limite. Oscilla tra la follia e le assurde fantasie che traduce in quella lingua incomprensibile.

La fisso. «Se ti dicessi di sì?» chiedo.

La reazione che ottengo è del tutto opposta a quella che qualsiasi altra ragazza in questa situazione avrebbe. Si mette a ridere, come se le avessi appena raccontato una barzelletta. Poi si avvicina al mio volto e mi avvince con l'essenza dell'oscurità che emana dalle sue iridi.

«Pregherei affinché tu possa pentirti di nuovo».

A queste parole, il freddo che solitamente paralizza ogni mio demone si dissolve con straziante facilità. Lei non mi teme.

«Non sai quello che dici».

Nessuno può sopravvivere nell'isola deserta che si estende oltre il mio confine, fatta di sangue, di rimorsi e di peccati. Mamma ha perso la vista quando ha provato a guardare cosa nascondessi, Tayler ha perso il senno quando ne ha respirato l'aria.

Tutti perdono qualcosa quando vengono a contatto con quello che tento di celare.

O meglio: tutti perdono qualcosa quando si avvicinano troppo a me.

«Non ti illudere. Sono curiosa e non mollerò, non ora che ho avuto un assaggio della tua follia».

Non sa cosa dice: nessuno vuole veramente vedere, nessuno vuole veramente sapere. Devo rimanere dentro il confine. Non posso superarlo. Non devo superarlo.

La ignoro e mi volto verso il cancello di casa, inserisco la chiave nella serratura.

«Quando mi hai baciato, ti sei fermato di scatto e in quel momento ho letto qualcosa di diverso dal rimorso. Un po' come quando ci si brucia con una fiamma: ti sei scottato, ma lo sguardo che avevi era quello di chi desidera bruciare eternamente. Mi chiedo dunque cosa ti trattenga dal farlo...»

Mi blocco con le chiavi incastrate nella serratura davanti a me, il peso del suo sguardo mi trafigge la schiena. Ha percepito il confine.

Ruoto la chiave. «Non si ripeterà, Sia. Sposta la macchina e vai in azienda» concludo, poi apro il cancello e lo richiudo alle mie spalle. Entro nel palazzo, lancio uno sguardo fuori: dalla vetrata trasparente la vedo sospirare, mentre torna verso la sua auto. Non so a quali folli idee starà pensando, non so neanche se avrà capito l'importanza di starmi il più distante possibile.

Appena varco la soglia di casa, prendo un bicchiere d'acqua insieme a una delle pastiglie che ho di riserva. Chiudo gli occhi nel tentativo di ristabilire il giusto equilibrio.

Avevo detto che per lei tutto questo poteva traballare un po'... ma non mi aspettavo mi attraesse al punto da farmi dimenticare ogni limite. Non posso aggrapparmi a lei, un essere senza freni, senza regole e senza confini definiti.

Non posso permettermelo.

Olivia

Sentirsi soffocare e fingere di respirare.

Mamma e papà sono seduti a tavola per colazione. Entrambi concentrati sugli ultimi scandali della città. Osservo il piatto che ho di fronte, e, mentre viene riempito dalla cameriera, tento di reprimere la sensazione di voler rigettare qualsiasi cosa.

L'odore del cibo caldo mi dà la nausea.

'Non puoi vomitare qui, Olivia'.

Prendo un respiro profondo prima di sorseggiare la cioccolata. Dovrebbe avere un sapore dolce, eppure non è così. Mi chiedo se l'acido che sento in gola derivi dalla viscida natura delle persone che ho attorno o da una condanna divina che ho addosso. La mescolo con il cucchiaio, tentando di passare inosservata.

'Non puoi vomitare qui, Olivia'.

«Hai sentito la notizia, Steve? I Swillon hanno aperto una nuova azienda, chissà come hanno fatto per ottenere un tale credito». Mamma fruga tra le notizie online sul telefono, sorseggiando il caffè.

«Be', sicuramente hanno un'ottima rete di agganci». Papà rivolge un'occhiata verso il mio piatto. «Olivia, non stai mangiando niente. Non ti piace?»

«Stavo solo pensando a una cosa...» Addento una fetta biscottata sotto il loro sguardo scrutatore. Mamma non è ancora soddisfatta, mi guarda con l'intento di chi vuole smontare ogni pezzo di te per trovare il difetto, l'imprecisione nascosta.

'Non puoi vomitare qui, Olivia'.

«Non ti credono. Non vedi come ti sta guardando tua madre?

Vuoi farti scoprire?» la voce di Jack irrompe con violenza nei miei pensieri.

È seduto di fronte a me, nella sedia accanto a papà. Mi guarda, penetrando con crudeltà ogni mia debolezza. Nessuno di loro può minimamente immaginare come sia vivere con uno spirito che ha il compito di trascinarti in un baratro profondo e freddo. Nessuno.

«Cosa ne dici, Olivia?»

«Di cosa?»

«Sei sempre nel mondo dei sogni. Ci hanno invitati a un galà a fine mese, che ne dici di andarci con Andrew?» chiede la mamma.

L'idea di partecipare nuovamente a una di quelle feste in cui l'unico obiettivo è esporre le proprie ricchezze mi dà il voltastomaco. Ovviamente queste ricorrenze sono le priorità di Erika Leed, una delle donne più altolocate in città. Avere come madre una figura del genere ti porta inevitabilmente sotto ai riflettori, e a essere oggetto di aspettative sociali sempre più alte.

Non importano le idee che hai, importa soltanto ciò che la gente vuole vedere di te. Proiettano su di te progetti e programmi preordinati senza chiedere alcun consenso. Una violenza invisibile che lascia lividi difficili da cancellare.

«Di' che non ci andrai» mi ordina Jack.

Stringo la tazza tra le mani. 'Non puoi vomitare qui, Olivia'.

«Non ci andrò» ripeto.

«Come scusa?» La mamma si acciglia.

«Io... devo lavorare con il gruppo della BWN, non penso di avere il tempo per...»

«Non pensi? Be', io invece penso che tu il tempo ce l'abbia eccome. Non accetto scuse».

Jack si avvicina a me e mi sussurra parole d'odio e gelosia. Il freddo si propaga sulla mia pelle e cresce a dismisura il desiderio di espellere questa parte sporca che si nutre di me in continuazione.

'Non puoi vomitare qui, Olivia'.

«Come al solito, non sai risponderle». Cerco di mascherare

la paura in cui mi gettano sempre le parole di Jack. «Sei solo una marionetta, Olivia».

Prendo un respiro profondo prima di alzarmi dalla sedia. Afferro la borsa e la giacca e mi affretto a uscire dalla sala da pranzo. Il fiato inizia a farsi più corto: sento i passi di Jack seguirmi come un'ombra a cui è impossibile sfuggire.

«Andiamo in macchina, Olivia». La mamma mi raggiunge e mi trascina per il braccio verso l'auto preparata dall'autista di famiglia.

«Dove stiamo andando? Vado in azienda in bici». Tento di comprendere il perché di questa improvvisa deviazione.

La mamma solitamente passa il tempo nei centri estetici e si fa scortare avanti e indietro nei vari negozi di lusso. Ora è seduta di fronte a me in macchina, mi guarda con un'espressione quasi vendicativa.

«Andiamo in clinica» sentenzia in tono gelido.

Il freddo in cui sprofondo non mi permette di aprire bocca. Il panico inizia a prendere il sopravvento e, in modo automatico, mi stringo nella giacca che indosso, quasi a voler scomparire in me stessa.

È da anni che non mi accompagna in quella clinica e dal suo sorriso deduco sia una mossa studiata apposta per intimorirmi, per tenermi sotto controllo. Fa così quando sente di non comprendere ciò che penso.

Un ammonimento.

Una minaccia.

In men che non si dica mi ritrovo di fronte alle mura della clinica. Vorrei fuggire, implodere e urlare. Vorrei ribellarmi. Con la mente ripercorro ogni singolo, angoscioso istante che ho passato rinchiusa qui dentro. Le cure forzate, gli sguardi colmi di pregiudizio e la sensazione di essere spogliata da ogni diritto.

Cammino con sguardo spento verso la stanza del medico. Mamma inizia a dialogare con il personale, interpretando alla perfezione il ruolo della brava madre preoccupata per la figlia.

«Allora, Olivia... come stai?» Il dottor McGuardy, un uomo sulla sessantina, mi scruta con impazienza.

«Bene» mormoro debolmente, incapace di mascherare il tremore che mi invade a poco a poco.

Gli sguardi invasivi del personale sono sempre gli stessi, quelli di chi sa che di fronte ha un fantasma che tenta di sembrare umano.

'Non puoi vomitare qui, Olivia'.

«Forza, adesso ci pesiamo, ti prego di togliere la giacca e le scarpe. Devi essere il più leggera possibile. Lo sai, ormai sei abituata».

Eseguo gli ordini con passiva rassegnazione. Quando salgo sulla bilancia, sento la testa che inizia a girare e i battiti impazzire incontrollati.

«Stai mangiando correttamente, Olivia?»

«Menti». Jack mi sfiora i capelli, lasciandomi un gelido marchio addosso.

«Sì, sono solo un po' tirata per i ritmi in azienda». Accompagno queste parole con un sorriso di cortesia.

Con il fiato bloccato in gola, scendo dalla bilancia e mi affretto a rimettermi la giacca. Il dottor McGuardy mi ferma.

«Togliti la felpa».

Con un solo sguardo comprendo che ha capito: non posso mentire oltre, ha scoperto la bugia che tento di mantenere in vita, nutrendola ogni giorno con il mio stesso sangue.

Sotto gli occhi attenti del medico sfilo la felpa che indosso, rivelando un cumulo di vestiti che servivano per simulare le forme di un corpo umano.

Evito di guardarlo, so che mi sta giudicando.

'Non puoi vomitare qui, Olivia'.

«Vai avanti, Olivia».

Sfilo il secondo strato, poi il terzo e poi il quarto. Rimuovo la fascia che ho avvolto attorno ai fianchi, lasciando solo un cumulo di ossa spigolose e fredde.

Coprirsi con quattro strati di vestiti nel tentativo di nascondere agli altri quanto il proprio corpo stia scomparendo, di sfuggire al peso del loro giudizio. Morire lentamente in un sepolcro imbiancato di bugie.

«Perché lo stai facendo di nuovo?» domanda il dottore, in tono di rimprovero.

«Non lo dica alla mamma».

«Se mi dici da chi stai scappando, potrei pensarci».

«Non scappo da nessuno». Il freddo accarezza la mia esile figura. «Ho tutto sotto controllo».

Lui rimane in silenzio, segue pensieri per me inaccessibili. Alla fine, però, so già che si impunterà. Lo fa sempre. Eppure spero sia in grado di chiudere gli occhi e di lasciarmi andare. Spero possa semplicemente ignorarmi.

'Non puoi vomitare qui, Olivia'.

«Scacco matto» mi schernisce Jack.

«Zitto» mormoro, sfinita dal suono della sua voce che imperversa senza tregua nella mia mente.

«Ora ti ricovereranno di nuovo? Non sai proprio mentire, è bastata un po' di pressione per farti crollare. Non cambi mai, sei debole» sussurra Jack in tono divertito.

Chiudo gli occhi, nel vano tentativo di non implodere proprio qui. Mi ricopro con tutti gli strati che ho rimosso. Cerco di ignorare i commenti di sottofondo di Jack, ma quando alza la voce una fitta dolorosa comincia a martellarmi le tempie.

«Posso andare?» chiedo con troppa foga, in procinto di impazzire.

«Che cosa ti sta succedendo? Stai sudando e sembri terrorizzata. Te lo chiedo ancora una volta: da cosa stai scappando, Olivia?»

«Sì, Olivia. Digli da cosa stai scappando, avanti». Jack ride, sempre più allegro. È seduto sopra alla scrivania del dottor McGuardy e mi osserva con un'espressione sarcastica.

«Che cosa stai guardando?»

Batto le palpebre. «Nulla. Se permette, ora ho da fare». Prendo la borsa ed esco senza dargli modo di aggiungere altro.

Corro verso l'uscita. Quando incrocio lo sguardo della mamma, noto che è soddisfatta: ha raggiunto il suo obiettivo. Mi ha ricordato ciò che sono, mi ha ricordato che non potrò guarire e che sarò sempre una pedina nelle sue mani.

«Signorina Olivia, dove sta andando?» L'autista che ci ha scortate fino a qui tenta in qualche modo di fermarmi.

Salgo sul primo pullman che trovo alla fermata di fronte alla clinica e lascio che la confusione mi travolga.

Mi sento spogliata, di nuovo. Mi sento incompresa, di nuovo. Mi sento giudicata, di nuovo.

E vorrei soltanto poter essere invisibile, vorrei che tutto questo finisse. Vorrei che le persone mi lasciassero scomparire, vorrei che non si scandalizzassero davanti alla mia sofferenza.

Vorrei... 'vorrei dissolvermi senza lasciare tracce'.

«Scappi? Come sempre...» La voce di Jack non tarda ad arrivare, proprio come una condanna a cui è impossibile sfuggire.

«È inutile che fai finta di non vedermi, lo so che mi senti». Mi sento sfiorare la guancia con malevolenza. «So che senti la mia presenza accanto a te».

Reprimo l'ennesimo conato di vomito e mi scosto di scatto, urtando per sbaglio una signora, che reagisce a male parole, facendomi sentire ancora più sbagliata e insignificante.

«Mi scusi» mormoro a testa bassa.

Quando alzo lo sguardo, schivando le occhiate di disapprovazione dei presenti, riconosco la zona in cui mi trovo. La sede della BWN non è lontana, da qui posso arrivarci a piedi. Mi affretto a scendere dal pullman, prima di crollare di fronte a tutta questa gente.

'Non puoi vomitare qui, Olivia'.

Cammino spedita verso l'unico posto in cui sento di poter svuotare il peso che mi opprime il petto. Accelero il passo, soprattutto quando noto Sia, Derek ed Edgar riuniti nell'atrio. Li supero senza voltarmi. Spalanco la porta del bagno con la sensazione di soffocare e di non saper più come respirare.

Irrompo nel primo cubicolo e lascio che tutto lo sporco che ho dentro esca fuori in conati violenti. Ho il viso bagnato di lacrime: ogni centimetro di me sembra andare a fuoco.

Lascio che l'acqua del gabinetto trascini via le tracce del crimine che rivolgo contro me stessa senza alcuna esitazione. Mi accascio a terra. Le mie gambe non riescono più a reggere tutte queste menzogne. Ho il cuore in gola, le mani tremanti e i capelli appiccicati alle guance.

Sento la porta del bagno che si apre e la figura di Sia si staglia in controluce. Si avvicina e si siede di fronte a me, assumendo la mia stessa posizione. Non mi guarda con pregiudizio, né con paura e neanche con disgusto. Ha gli occhi privi di qualsiasi condanna umana.

Non pone domande. Non apre bocca.

Rimaniamo in silenzio per lunghissimi minuti. Nessuna delle due osa fiatare.

Poi Sia prende parola. «Sei più forte tu, Olivia».

«Non hai di meglio da fare che stare seduta con un disastro come me?» sussurro con voce spezzata e con occhi spenti, prosciugati da qualsiasi luce.

«Me lo sono chiesta anch'io, quando mi ero rinchiusa in casa e tu mi hai tempestato di messaggi registrati in segreteria» replica con un sorriso. «Mi hai detto di essere brava ad ascoltare».

«È vero, lo sono».

«Io vorrei che tu provassi a parlare».

La richiesta di Sia rimane sospesa in aria, il silenzio torna a invadere lo spazio fra noi. Parlare? Che scopo ha parlare, se si viene continuamente fraintesi? Che scopo ha parlare se le persone pensano di avere già tutte le risposte? Che senso ha parlare se la tua voce non viene sentita?

Parlare.

«Vorrei...» tento di formulare una frase che sia il meno spaventosa possibile, ma mi rendo conto che ciò che voglio dire non può essere detto in un modo carino, in un modo elegante. «Vorrei scomparire senza fare rumore, vorrei andarmene via senza lasciare nessuna traccia dietro di me. Pensi che sia possibile? Sparire, cancellarsi e annullarsi. Vorrei svegliarmi al mattino e non essere più costretta a respirare. È stancante indossare maschere su maschere per evitare di scandalizzare chi non vuole vedere cose brutte. È stancante ridursi a uno straccio, pensare di essere arrivati al culmine della sopportazione, per poi scoprire che il ciclo è destinato a ripetersi all'infinito. Gli altri non sanno cosa si prova a volersi estinguere, non sanno cosa si prova a sentire in continuazione voci che non esistono. Non sanno nulla di tutto ciò, eppure ti giudicano così facilmente. Ti guardano e dicono: 'Perché fai così?' come se una persona scegliesse di sua spontanea volontà di nascere rotta, sbagliata e impossibile da aggiustare».

Faccio una breve pausa in cui asciugo le lacrime dalle mie guance.

«Essere costretti a lottare quando non lo si vuole fare è una forma di violenza che in pochi possono comprendere. L'egoismo di volermi vedere allegra, sana e sorridente è pura follia. Non sono io quella malata. Sono loro quelli che non capiscono. Non vogliono accettare il fatto che qualcuno non desidera vivere».

La ragazza dai boccoli scuri si accarezza il mento, rimane in silenzio per qualche secondo prima di parlare. Non so come faccia, ma ogni parola di Sia ha la capacità di individuare le crepe fondamentali.

«Non è sbagliato, Olivia. Se vuoi sparire, fallo. Ci sarò io a ricordarti per sempre, non verrai dimenticata. Narrerò la storia della sirena che imparò a parlare, ma che non riuscì a varcare le onde per poterlo raccontare a qualcuno. Dirò loro che il mare in cui ti sei gettata era troppo violento».

Sia si alza in piedi.

«Se questo ti soddisfa, fallo pure. Cancellati, rimuovi ogni traccia di te. Lui ne sarebbe felice».

Lui?

Certo, dimenticavo che Sia è l'unica persona che ne percepisce la presenza. Lei sa che convivo con il peso di un altro spirito.

«Ci sta guardando anche adesso quel bastardo, vero?» chiede con la solita leggerezza che la contraddistingue.

Mi strappa un sorriso involontario.

«Sai, Olivia» sospira con la mano appoggiata sulla maniglia, «va bene voler scomparire: è il desiderio di tutti gli animi spezzati come noi. Se mai capirai come farlo, accertati di farmelo sapere prima di cancellarti completamente».

Si volta verso di me e mi porge la mano con uno sguardo confortante. Comprende il peso di una sofferenza invisibile agli occhi altrui e questo mi fa sentire più leggera. Avere qualcuno che non ti chiede di vivere, ma che asseconda il tuo dolore perché simile al suo.

«Promettimelo» ripete con la mano tesa verso di me. Attende una conferma alla sua richiesta, e io non so se considerare questo suo gesto come un'ennesima follia o come una suprema espressione di amore. Sta di fatto che qualsiasi cosa abbia in mente Sia Carillo, non potrà mai spingermi a lottare se non voglio farlo.

E a me questo basta.

Prendo la sua mano e mi alzo in piedi. «Te lo prometto». È una promessa malata, che nessuna mente sana potrebbe mai concepire.

All'uscita del bagno, l'odore di cioccolata calda mi invade le narici. Edgar ci sta aspettando pazientemente, appoggiato con la schiena alla parete. Ha in mano un piccolo vassoio con dei bicchieri di carta e una brioche.

«Chen, mi stavi aspettando?» La domanda di Sia lo fa sorridere.

Edgar le porge il caffè amaro, proprio come piace a lei. «Lo sai vero che il mondo non gira attorno a te, strega-demone?»

Lei gli regala un sorriso dei suoi, prima di allontanarsi nell'atrio.

«Questo è per te». Edgar mi porge il bicchiere di cioccolata.

Con le mani fredde e tremanti, tento di afferrare il bicchiere e di sorseggiarne un po'. A differenza di quella che ho bevuto stamattina, questa ha un sapore buono, ha un sapore... dolce. E Edgar non sa che a stento riesco ad assaporare ciò che mangio, non sa che non trovo gusto in ciò che mi circonda.

«Va meglio?»

Edgar non sa che il suono della sua voce è capace di sovrastare quella di Jack.

«Va... meglio ora» ammetto.

Non fa domande invasive, non chiede nulla né mi guarda

con quella curiosità invadente a cui non riesco mai ad abituarmi. Ed è strano.

È strano incastrarsi a vicenda tra debolezze e paure che non si lasciano avvicinare.

Il ragazzo dai capelli scuri e arruffati, avvolto in felpe enormi, il ragazzo che sembra vivere in una dimensione estranea a quella terrestre, il ragazzo che si trascina sempre dietro una serie di borsoni per poi sbattere continuamente gli oggetti in modo maldestro.

Quel ragazzo – disordinato, scompigliato e tremendamente ansioso – ora mi sorride dolcemente, riaccendendo luci danneggiate e circuiti consumati.

La magia di questo momento viene interrotta dall'entrata in scena del peggiore degli incubi. Sia e Derek, più distanti, ci guardano allarmati.

«Cosa cazzo ci fa Sebastian qui?»

Capitolo 25

C'era una volta una bestia che sapeva soltanto uccidere. Alcuni umani l'addomesticarono per farle sterminare i nemici che ostacolavano i loro piani. Così la bestia finì per macchiarsi di sangue.

Da semplice istinto, divenne una necessità.

Uccidere era il suo modo per vivere.

E vivere era il suo modo per morire.

La violenza era l'unico modo di esprimere la rabbia e la rabbia era l'unica emozione che la manteneva in vita.

La bestia macchiata di sangue

Derek

«Siamo fottuti».

«Bravo, Chen. Devo dire che hai un talento naturale nel riconoscere le cose ovvie» lo rimprovera Sia.

Dalla vetrata intravedo Sebastian Moore che ci fissa con un sorriso compiaciuto. È insieme alla vicepresidente, lei tiene in mano un tablet e sembra che stiano parlando di lavoro.

Olivia stringe la sua cioccolata calda tra le dita. «Forse è solo una visita di cortesia... magari non c'entra nulla con noi». Tenta di illudersi con qualche bugia. Si stringe nella giacca, mentre riacquista lentamente un colorito roseo. Stamattina era cadaverica e sembrava stravolta, aveva le labbra bluastre e le mani tremanti.

Sia si dondola sulla sedia. «Oh certo, perché non ci ho pensato prima. È sicuramente venuto per darci una pacca sulle spalle e farci i complimenti per il nuovo taglio di capelli di Chen».

«Ma io non ho tagliato i capelli» ribatte quest'ultimo.

«Infatti».

Le battute di Sia servono soltanto ad aumentare il panico generale. So per certo che tutto questo è un piano di Sebastian: mandarci in tilt, starci con il fiato sul collo e giocare con i nostri nervi.

Non si darà pace finché non avrà soddisfatto i suoi malsani desideri.

«Pronto? Dottor House, quando hai finito di isolarti nel tuo mondo, ci fai uno squillo? Sai com'è... c'è chi si gioca il posto, qui».

Sposto lo sguardo verso di lei. «Agitarsi è inutile» rispondo.

«E cosa dobbiamo fare? Ibernarci come sua maestà e scongelarci soltanto per baciare qualcuno?»

I suoi occhi ardono di un fuoco che non conosce paura. Se potessi descrivere con qualche parola il temperamento di Sia, di certo direi che rappresenta una fiamma che non conosce l'inverno.

Ignoro la frecciatina sul bacio. «Dagli il video» affermo.

«Certo, e che altro posso fare per te? Offre la casa...»

«Non avrà pace finché non saprà di non correre alcun rischio. È un messaggio subliminale, dobbiamo soltanto abbassare le armi».

Il tentativo di calmare le acque risulta del tutto inutile, soprattutto se dall'altra parte c'è un uragano che non conosce sconfitta. Cammina avanti e indietro, perfettamente consapevole del potere che ha sugli altri. Edgar e Olivia la ascoltano senza fiatare. È assurdo. Non si arrende mai, neanche al muro ghiacciato con cui continua a scontrarsi. Mi chiedo perché sia così determinata, che cosa le impedisca di rinunciare.

Frederick irrompe nella stanza e dalla sua espressione incazzata deduco che non sia qui per farci i complimenti. «Si sentono le vostre urla da fuori. Forse dovrei ricordarvi la performance di merda che avete presentato per l'ultimo lavoro? Non avete trovato nulla di originale, avete presentato solo una serie di informazioni che erano già a disposizione di tutti. È come se vi avessero dettato il loro comunicato stampa. Così il servizio televisivo è stato assegnato alle Stelle cadenti».

Si siede dietro alla scrivania e ci squadra da capo a piedi.

«Pensavo finalmente di aver trovato un gruppo diverso dagli altri, un gruppo che valesse la pena» si gratta la barba per qualche istante, «ma a quanto pare mi ero sbagliato. Che cazzo state combinando? Volete essere buttati fuori, ora che siamo arrivati a questo punto?»

«Ci impegneremo di più». Sia tenta in qualche modo di riconquistarne la fiducia, ma Frederick è troppo arrabbiato per lasciarsi convincere. Si alza in piedi e le si avvicina.

«Da te mi sarei aspettato molto di più... figlia della regina di cuori».

Le sue parole la feriscono, ma Sia non lo dà a vedere. Stringe le mani a pugno e mantiene un'espressione controllata. Quando Frederick esce dalla stanza, lo seguo.

Lo raggiungo davanti agli ascensori. «È colpa mia. Loro non c'entrano nulla».

«Siamo già arrivati a questo punto? L'eroe che si sacrifica per il gruppo? Commovente, ma non mi interessa». Tenta di passare oltre, ma io lo fermo.

«Il gruppo ha una cattiva reputazione per colpa mia. Ricorda l'articolo che è uscito sulla mia condanna? Le cose vanno male da quel momento... loro non c'entrano nulla. La causa sono io» ribadisco con fermezza.

«Quindi? Devo compatirvi e dirvi che siete dei bambini coraggiosi?» Ride senza alcuna allegria.

«Deve darci la possibilità di farcela. Non venga da noi se l'obiettivo che ha è quello di distruggere ogni speranza, non ne abbiamo bisogno».

Frederick assume un'aria seria. «Mi stai dando lezioni? Pensi che non abbia notato i lividi con cui ti presenti sempre alle riunioni? O i graffi sanguinanti che vai a medicare di nascosto in bagno?»

«Se mi vuole buttare fuori, lo faccia. Ho già detto esplicitamente che sono disposto a riconsegnare il badge e a dare le dimissioni. Non ho problemi a farlo».

«Ma?»

«Ma non rovesci le mie colpe su di loro. Non lo meritano».

Frederick mi fissa per qualche attimo con una curiosità malsana, sembra volermi scomporre e ricomporre per riuscire a comprendere il mio intento. Eppure, nulla di ciò che ho detto è strano. D'improvviso sorride, quasi avesse trovato la risposta alle sue domande.

Mi supera ed entra in ascensore insieme ad altri impiegati. Che cosa voleva dire quel sorriso?

«Finalmente ti ho trovato, ultimamente sei irraggiungibile...» La voce di Tatiana mi fa voltare verso sinistra.

La osservo, in attesa che mi spieghi il motivo per cui mi ha cercato. Le guance le si tingono di rosso, si tormenta le dita senza sosta.

«Cosa vuoi chiedermi?»

«Anch'io sto bene, grazie» ironizza.

«Sono impegnato. Comunque auguri, so che hai vinto il servizio televisivo. Sarai molto felice, presumo».

Il volto le si illumina di gioia e di orgoglio. «Abbiamo lavorato bene, stranamente non vi siete impegnati come al solito con qualche idea geniale e fuori dal comune. Mi stupisco che quella pazza di Sia non abbia progettato qualcosa di esplosivo per batterci...»

Annuisco, le do le spalle e mi incammino verso l'aula. Sento i passi di Tatiana dietro di me. Pensavo volesse semplicemente le mie congratulazioni per la sua vittoria, e le ha ottenute... quindi perché mi segue ancora?

«Che cosa devo fare per mantenere la tua attenzione? Sei così sfuggente» si lamenta.

Continuo a camminare. «Perché dovresti volere la mia attenzione?»

Mi prende per il braccio. «Vieni nel mio gruppo, Derek».

Mi blocco, voltandomi per osservarla meglio: non sta scherzando. La sincerità che trapela dai suoi occhi mi lascia interdetto. Continua a stringere il mio braccio.

«Ho già un gruppo, Tatiana. E fra l'altro ne sono il responsabile».

Lei scuote la testa. «Lo so, ma non sei valorizzato lì. Sei costretto a sorbirti la pazzia di una ragazza che va in giro a leggere le maledizioni altrui e si diverte a spaventare chi la circonda. Non può risaltare il tuo potenziale, può solo offuscarti. Non funziona».

C'è della presunzione nel modo in cui descrive persone che non conosce minimamente, e nello sguardo che mi rivolge c'è una sfumatura di desiderio e un fondo oscuro di gelosia. L'apparenza di perfezione non nasconde del tutto il veleno che cova dentro. Sorride, fraintendendo il mio silenzio. Pensa che stia per accettare la sua proposta. In realtà non trovo le parole adatte per svergognarla senza distruggerla del tutto.

Il rumore di applauso interrompe il silenzio. E chi poteva essere se non Sia Carillo, che ci guarda con una rabbia malcelata e un folle sorriso che preannuncia l'imminente catastrofe. Edgar e Olivia sono a pochi passi da lei.

Sia incrocia le braccia al petto. «Wow».

Sposto la mano di Tatiana dal mio braccio. «Non cominciare» la avverto.

«Cominciare cosa? Ad arrabbiarmi perché te ne stai qui con miss 'vieni da noi che siamo normali', mentre Frederick ci ha appena detto esplicitamente che siamo fottuti? Oh, aspetta... non è questo. Forse è perché non ho voglia di stare a sentire le calunnie di un'insulsa fatina che spara sentenze su chi non conosce in modo viscido e sleale?»

«Andrai con loro?» Olivia esprime la sua paura senza mezzi termini.

Anche Edgar attende una spiegazione. Dalle loro facce presumo che abbiano ascoltato solo l'ultima parte della conversazione, che anche loro abbiano frainteso il mio silenzio.

«Non dovete fargli pressioni. È un talento sottovalutato, con voi non riesce a...»

«Senti, testa di cazzo». Sia si avvicina pericolosamente a lei, e Edgar e io interveniamo subito, cercando di mantenerle a una distanza di sicurezza. «Se lo ripeti ti assicuro che te ne pentirai amaramente».

Tatiana alza le braccia al cielo. «Vedi? È malata, Derek. Il vostro gruppo non funzionerà mai, in questo modo».

«Tatiana» la riprendo.

«Tatiana» scimmiotta Sia. «Oh, vi prego... andate avanti con questa scenetta da *Titanic*. Mi auguro che il finale sia mille volte più tragico».

«Andiamo via, Sia». Edgar la trascina per il braccio. So che la sua rabbia non è altro che il suo tentativo di mascherare la profondità della sua delusione.

«Non ti scomodare, principe di ghiaccio. Rimani immobile come sempre, fuggi quando le situazioni si complicano e nasconditi in quella corazza di merda che ti sei creato». Sia si scansa da Edgar e si avvicina al mio volto. La fisso con un'espressione impassibile e fredda, che la irrita ancora di più. Stringe le mani lungo i fianchi. «Vai a farti fottere».

Pronuncia queste ultime parole con una lentezza quasi straziante. Rimango stregato dalle sue labbra che modulano parole d'odio con così tanto ardore. Eppure, vorrei bloccarle, assaggiarle ancora una volta e lasciare che un po' di quel fuoco mi bruci. Maschero la tentazione nel modo che mi riesce meglio: l'indifferenza. Sia si volta e scompare dalla mia visuale. Olivia fa lo stesso.

«Questa volta hai esagerato» mormora Edgar, prima di seguire le ragazze.

Non posso non notare il sorriso compiaciuto di Tatiana.

«Perché l'hai fatto?»

«Dire quello che penso è una cosa sbagliata, adesso?»

La lascio in balìa del suo ego e mi allontano. Mi chiama più volte, ma non mi giro neanche.

Salgo nell'ascensore vuoto e mi affretto a premere il tasto del piano terra per uscire da questo casino. Proprio in quell'istante la mano di un uomo blocca le porte. L'uomo in questione non è altri che Sebastian. Entra in ascensore con un sorriso di perfetta innocenza. Si sistema la cravatta al collo mentre le porte si chiudono. Indossa uno dei suoi completi costosi e raffinati, tiene le mani in tasca. Sembra il gatto che gioca col topo.

«Che cosa vuoi da me?»

«Niente, sono qui per una collaborazione con la Big World News. Non è magnifico?» Il sorriso non lo abbandona neanche per un istante.

Premo il tasto rosso, blocco l'ascensore.

«Ohh, il pazzo si sta arrabbiando per caso?»

«Vuoi qualcosa da me? Vuoi picchiarmi ancora, sfogarti e insultarmi? Va bene. Per me non c'è nessun problema. Ma non venire qui a minacciare il mio gruppo. Loro non ti hanno fatto niente».

Sebastian si acciglia, incuriosito. «Strano... da quando in qua tu tieni a qualcuno che non sia la tua famiglia? Molto, molto interessante. Sai, Derek» si avvicina a me con aria minacciosa «la vicepresidente ti ha definito una gemma preziosa; gli altri hanno stima nei tuoi confronti e sembri addirittura incutergli soggezione. E non me ne capacito. Te l'ho detto, no? Le bestie non possono essere trattate con rispetto o con amore».

«Ti consegnerò il video su di te e mi accerterò che non ce ne siano altre copie. È questo che vuoi?»

Lui ride, divertito. «No, no. Io voglio vederti disperato, voglio che le persone che ti stanno intorno vedano ciò che ho visto per tutti quegli anni. Non dimenticare cosa sei, Derek. Io sono l'unico a esserne stato testimone, puoi anche mascherarti dietro a questa facciata da bravo ragazzo... ma tu e io sappiamo benissimo qual è la tua vera natura, e quella non si può cambiare».

Impietrito, abbasso lo sguardo a terra. Sebastian, senza abbandonare quel ghigno fastidioso, preme il tasto e l'ascensore riparte. Non appena le porte si aprono, mi affretto a uscire. Sento le mani che iniziano a tremare e il fiato che si spezza nei polmoni. Come se non bastasse, la mente mi proietta le immagini dei giorni in cui il sangue era l'unico modo per placare la rabbia.

Il sangue torna a macchiarmi le mani.

«Che cosa dovrei fare? Difendermi da un ragazzino pelle e ossa?» L'uomo rinchiuso nella cella con Derek rise, divertito dall'assurdità della situazione.

Completamente a suo agio e senza alcuna paura, se ne stava in piedi a denigrare il ragazzo dagli occhi colmi di un dolore sanguinante. Non aveva la minima idea di quanto feroce potesse diventare. Non aveva la minima idea dell'orrore che rappresentava la rabbia repressa di quel ragazzino, e non sapeva che non aveva razionalità né coscienza.

Non poteva immaginare di avere davanti la bestia macchiata di sangue.

Il ragazzo dai gelidi occhi azzurri era solo un corpo alla ricerca di un dolore più grande, qualcosa che potesse coprire la sofferenza eterna alla quale non poteva scampare. Cercava di macchiarsi le mani di un sangue diverso da quello che lo spingeva a volersi disintegrare, ma non sapeva che le condanne di quei peccati si sarebbero solamente moltiplicate.

Perché il dolore non cancella altro dolore.

In una cella piccola e soffocante gli presentavano la sua preda. Per Derek rappresentava un richiamo irresistibile, era un cacciatore che non conosceva pietà di fronte al dolore. Lo lasciavano in quella stanza buia e fredda per permettergli di sfogarsi e, allo stesso tempo, per punire i loro avversari.

Derek era la mano che commetteva i peccati, Sebastian rappresentava la mente che giocava con i fili di un animo autodistruttivo, un animo che non sapeva dove indirizzare la scia di sangue che sentiva ardergli dentro.

«Basta così, amico mio». Tre giovani armati separarono Derek dal corpo inerme dell'uomo ormai steso a terra e coperto di sangue. «Non possiamo ucciderlo, penso che abbia imparato la le-

zione. Ora cerca di calmarti». Sebastian porse a Derek un asciugamano con cui pulirsi le mani e il volto. Ansimava, con il sudore che gli grondava dalla fronte e gli occhi assenti e distanti.

In quei momenti non sentiva dolore, era immune ai ricordi e a qualsiasi voce. Si trovava in una dimensione distorta, gli sembrava di trovare una sensazione di pace proprio al culmine della violenza, e per lui andava benissimo così.

Gli uomini di Sebastian lo temevano: per loro era un animale feroce da cui stare alla larga, non poteva essere davvero umano. Ma ignoravano la logica del loro capo: Sebastian pensava che qualsiasi essere trattato come una bestia fosse destinato a diventare tale. E con Derek, che la bestia l'aveva nel DNA, *il lavoro era facilitato.*

Lo usava come un'arma di distruzione, gli permetteva di evadere dalla realtà e lo fermava quando il gioco si faceva troppo pericoloso. Questo patto andava bene a entrambi.

Peccato che il divertimento divenne condanna e la condanna bruciò ogni cosa.

Cammino il più velocemente possibile tra la folla, i lampioni fanno luce sui vicoli stretti. Non so cosa aspettarmi: un numero sconosciuto mi ha mandato un messaggio con un indirizzo, invitandomi a un appuntamento. Ho riconosciuto subito il modus operandi. Sebastian. So come agisce e so per certo che questo sarà uno dei suoi modi per placare la sete di vendetta nei miei confronti. Se prendermi a pugni e picchiarmi può bastare a placarne l'ira, allora sono pronto a subire qualsiasi cosa. Non è la prima volta e non sarà l'ultima.

Arrivo di fronte a un garage abbandonato. Metto via il telefono nella tasca dei jeans. In un attimo vengo circondato da un drappello di guardie armate. Alzo le mani e le seguo. Dopo avermi perquisito con estrema attenzione mi fanno cenno di entrare.

Trattengo il fiato di fronte allo scenario che mi trovo davanti. È tutt'altro che una piccola vendetta: questo è il piano di Sebastian per farmi tornare quello che ero. Sia, Edgar e Olivia sono seduti su sedie di plastica. Alle spalle di ciascuno di loro c'è un uomo con una pistola puntata alla loro tempia. Davanti a loro c'è un proiettore che trasmette sulla parete di fronte filmati della mia ira scatenata.

«Shh, non rovinare il film. Il pubblico è rapito, fa' silenzio e siediti».

«Non dovevi arrivare a questo» mormoro a denti stretti. Sento ribollire la rabbia nelle vene, le guardie lo percepiscono all'istante e mi puntano contro le armi per indurmi a fare un passo indietro.

Mostrare agli altri i momenti in cui il sangue era l'unica cosa a colmare il mio vuoto... è questo il suo asso nella manica.

«Okay, basta così. Ora commentiamolo insieme». Sebastian interrompe il video, attirando le attenzioni degli altri verso di me. «Come vi è sembrato?»

Sfuggo dai loro sguardi, incapace di affrontare il peso del giudizio che avranno nei miei confronti.

La voce di Sia spezza il silenzio. «Una gran cazzata, ho visto horror migliori, sinceramente. E il servizio non è un granché, non mi avete neanche offerto i popcorn. Sono piuttosto delusa, tesoro».

Lentamente, alzo lo sguardo verso la ragazza dai boccoli neri e dagli occhi suadenti. Non è sconcertata, non è spaventata né schifata. Anzi, sembra che la sua curiosità sia aumentata. Come se in qualche modo fosse proprio la mia violenza ad affascinarla.

Sebastian non sembra impressionato dalla sua risposta. «Veniamo al dunque. Non mostrerai a nessuno il video in tuo possesso, oppure sarò costretto a mostrare anch'io qualcosa, e lasciatemelo dire... Derek perderebbe molto di più, io potrei risolverla abbastanza facilmente». Il suo sorriso strafottente mi fa ribollire ancora di più.

«Quindi? Tutto qui? Ce ne andiamo?» Edgar fa per alzarsi, ma la guardia lo obbliga a tornare seduto.

«Non c'è bisogno di puntarci contro tutte queste armi» si lamenta Olivia.

«Be', l'ultima volta ho abbassato la guardia e mi avete fregato. Questa volta ho preso tutte le precauzioni necessarie».

Sia è l'unica che non mostra paura: ha lo sguardo fisso verso il proiettore, sul fermo immagine della rabbia che mi possedeva anni fa. È come affascinata da quel Derek. Non riesco a capire... come mai? Mi volto verso Sebastian.

«Lasciali andare, farò quello che vuoi» mormoro.

«Lo farai a prescindere, Derek». Sebastian appoggia un braccio sulla mia spalla e con un sorriso vile pronuncia la mia condanna. «Se non vuoi che quel video si sparga dappertutto e che la tua squadra subisca dei colpi bassi, dovrai tornare a lavorare per me. Come ai vecchi tempi... io e te».

Il gelo di un collare troppo stretto torna a circondarmi il collo. Non ho via d'uscita. La paura nei miei occhi è il premio più ambìto per Sebastian.

«Non lo farà. Sei pazzo? Derek, non devi farlo». Olivia tenta in qualche modo di dissuadermi.

La fossa di orrore in cui sprofondo mi impedisce di aprire bocca. Sebastian affonda le dita nella mia spalla, assapora la mia sconfitta con uno scintillio di divertimento negli occhi.

«Derek, non scherzare. Di' qualcosa...» chiede Edgar.

«Sei patetico, principe di ghiaccio. Sei capace di frantumare crani, spezzare ossa e ridurre in poltiglia le persone... e ti fai dominare da un tale idiota? Oggi hai perso il senno...» Sia viene obbligata a tacere dalla guardia, che preme la canna della pistola contro la testa e fa scattare la sicura.

«Copritele la bocca con qualcosa. Quella stronza non smette di sparare puttanate».

Mi volto di scatto. «Prova soltanto a toccarla...» Lo afferro per il colletto, costringendolo ad alzare le mani. Le guardie mi puntano contro le loro armi. Rilascio la presa con lentezza, sotto lo sguardo sbalordito di Sebastian.

«Non farò nulla a nessuno di loro, ma sai anche tu a quale condizione. Allora? Torni da me o vuoi giocare al giornalista fallito?»

Nel silenzio che segue prendo la mia decisione. Guardo i

miei compagni a uno a uno: Olivia e Edgar sono terrorizzati, Sia continua a fare cenno di no con la testa.

Ci ho provato a essere normale, ma non si sfugge mai completamente dalla propria oscurità.

Mollo la presa. «Torno da te».

E il collare di sangue torna a stringermi la gola. Di nuovo.

Capitolo 26

L'artista che dipinge sangue era marchiato dalla società come essere malefico.

Gli uomini lo escludevano, lo remavano e lo maledicevano, e ai bambini era severamente vietato parlarci.

'Se guardi le sue opere, sei destinato a morire dissanguato'.

Per loro era un artista maledetto e pazzo, le cui tele – imbrattate di rosso sangue – raffiguravano morti raccapriccianti.

Peccato che nessuno di loro avesse mai scoperto il vero.

Un artista non sceglie i propri colori: alcuni nascono con il dono della vita e lavorano con rami primaverili e mille fiori colorati; altri nascono con il dono della morte e il loro destino è quello di maneggiare il rosso del sangue.

Isolando l'artista nato con il dono della morte ed esaltando quello nato con il dono della vita, gli uomini alterarono l'equilibrio divino e scatenarono la vendetta dei cieli.

L'uomo che dipingeva sangue

Sono ricaduto in un baratro privo di punti di riferimento. Non riesco a distinguere le voci dalla realtà. Non riesco a ritrovare l'equilibrio che ho cercato a lungo di mantenere, un equilibrio recitato da una mente troppo spaventata.

La guardia apre la porta, trascina con sé un uomo bendato, lo butta in mezzo alla cella e solo dopo gli slega gambe e polsi.

«Cosa mi volete fare?» Si toglie la benda dagli occhi e se li stropiccia con la mano. Si guarda attorno confuso, poi punta lo sguardo su di me e sbarra gli occhi di fronte al sangue che mi circonda.

La guardia esce e chiude a chiave la cella.

L'uomo si alza in piedi, sbatte le mani contro la porta. «Fatemi uscire da qui!» È ignaro di ciò che sta per succedere. Mi avvicino, gli afferro i capelli tra le dita e lo trascino a terra. Le sue urla rimbalzano sulle pareti. L'istinto, la fame e la rabbia mi accompagnano mentre gli deformo il volto. Lui supplica la mia pietà e più grida più le mie mani si macchiano di sangue. Mollo la presa, con la maglia asciugo il sudore sulla fronte.

«Più forte, Derek. So che puoi fare di meglio...» La voce di Sebastian interviene dall'alto.

Sa che mi sto trattenendo, ha già visto l'oscurità che ho dentro e sa capire quando straripa. Stremato dalle suppliche dell'uomo piegato a terra, mi fermo e gli volto le spalle.

Ed è in quell'attimo di debolezza che l'uomo mi si scaraventa addosso e mi colpisce con tutte le sue forze. Lo scatto di una molla mi fa sbarrare gli occhi. Senza rendermene conto, mi ritrovo con le mani strette in pugni che colpiscono incessantemente il suo corpo. La violenza mi richiama a sé e io non riesco a ignorarla. I suoni, gli odori, le ferite... tutto scompare. C'è solo il battito del mio cuore che non smette di pulsare con una rabbia piena di tormento.

«Sei stato bravo, Derek».

Non sento le nocche bruciare, non sento la fatica delle braccia, non sento il sangue che mi schizza sul viso e non sento la voragine in cui precipito. Solo il suono della violenza che mi nutre come una dipendenza, che mi avvolge come un sudario.

Vengo trascinato via dalle guardie, come un animale inferocito. Mi placcano in due, spingendomi contro il muro, il sudore gronda dalla mia fronte e il cuore palpita velocemente. Respiro con affanno, mentre i miei occhi vagano con terrore da un punto all'altro della cella, alla ricerca di un appiglio che possa risvegliarmi da questo stato di trance. I muscoli bruciano, le unghie graffiano la pelle della guardia, affondo nella sua carne per liberarmi dalla sua presa. Abbasso lo sguardo e spalanco gli occhi: il corpo che ho massacrato con atroce violenza giace a terra con il volto ricoperto di sangue. Il fiato si blocca in gola, i muscoli si rilassano, le mani smettono di opporre resistenza. Schiudo le labbra. Stento a riconoscere le mie colpe e l'unico modo che ho per concretizzarle è quello di guardarmi le mani: tremanti, sanguinanti e piene di graffi.

Sono stato io.

Ancora.

E quello che mi spaventa di più è che il mio stesso corpo è alla ricerca di altra violenza e di altro sangue. Non so come tenere a bada l'istinto malato che mi corrompe la mente.

La porta della cella si spalanca. «Nuovo record!» Sebastian entra con due guardie del corpo che mi squadrano con una scintilla di terrore negli occhi, come se potessi aggredirle da un momento all'altro. «Ci hai messo ancora meno di stamattina. Era un osso duro, non voleva proprio svenire. Certo, all'inizio mi hai un po' annoiato, poi ti ho ritrovato. Il vero te: la bestia impazzita!» Ride, divertito dalla situazione.

Gli piace vedermi senza controllo, in completa balìa dei suoi giochi mentali. È come una specie di droga: si sente superiore nel sapere di poter giocare con i punti deboli altrui.

Sospiro. «Abbiamo finito, giusto?»

«Sì, ma...»

Mi scosto dalla guardia davanti a me, prendo la giacca appoggiata a terra e mi precipito verso la porta.

«Ehi, dove vai? Pensavamo di mangiare qualcosa per festeggiare, questa settimana gli affari vanno a gonfie vele grazie a te. Non sai quante famiglie ora ci temono ed eseguono alla perfezione i nostri ordini».

Ignoro le sua chiacchiere vuote. Gode nel vedermi distrutto, gode nel vedere cedere l'equilibrio che ho costruito in questi anni. Varco la soglia ed esco, mi copro con la giacca ma non riesco a sentire neanche il freddo. Prendo la moto parcheggiata fuori dal capannone, salgo in sella e guido verso l'unico punto in cui posso isolarmi. Con il cuore in gola e ancora ricoperto del sangue della mia vittima, appoggio la moto al muretto e mi affretto a salire sul ponte del quartiere più degradato della città. Il vento mi risveglia dal baratro in cui sono sprofondato, salgo sul corrimano di ferro e mi siedo, all'estremità tra la terra ferma e il mare.

«Ancora tu?»

Il mendicante mi osserva senza stupore: conosce il legame che ho con questo luogo. Si siede accanto a me in silenzio, come se potesse percepire la tossicità di ciò che penso. Ignora il sangue sul volto, le nocche graffiate e le labbra gonfie. Ignora ogni segno della distruzione che porto con me.

Mi passa una lattina di birra e lascio che l'alcool mi bruci la gola e cancelli le voci, le immagini che non smettono di martellarmi crudelmente.

«So che peso porti, purtroppo qualcuno lo deve fare...»

Rimango in silenzio: il vuoto mi porta a chiudere gli occhi. Il dolore, che prima non sentivo, mi solletica le mani e mi intorpidisce le ossa.

«Tu sei l'artista della morte, l'uomo che dipinge sangue».

Porto la lattina alle labbra e la scolo fino in fondo.

«Anche quell'uomo venne esiliato dalla società... a tal punto che desiderava morire» racconta immerso nella storia.

«Non troverei pace nemmeno con la morte... ne hai un'altra?» Indico la lattina tra le mie mani.

Mi porge un sacchetto, allungo il braccio e lo prendo. Finisco un'altra lattina, poi un'altra e poi un'altra ancora. Ma non c'è modo per me di annullare i ricordi e i pensieri.

«È per quello che non l'hai fatto, quel giorno?»

Quest'uomo è stato l'unico testimone del tentativo di un pazzo al limite della sopportazione che voleva porre fine al proprio dolore. Pensavo che un corpo morto non potesse sentire la sofferenza umana. Per questo avevo avuto l'idea di salire qui sopra e di lasciare che il vento mi accompagnasse in un posto privo di urla, un posto senza sangue e senza rabbia.

«Sì, è per quello».

Avevo capito che i morti si portano dietro le sofferenze della vita umana e sono destinati a conviverci anche nell'altro mondo.

«Come pensi di trovare pace, allora?»

I pensieri non smettono di torturarmi. Pace? L'unico senso di pace che provo è quello evanescente e cupo che ottengo quando mi spingo ai limiti della mostruosità, come se il male da cui sono marchiato potesse essere coperto soltanto da un male ancora più grande.

«Penso che qualcuno sia condannato a non averla mai... la pace».

Olivia

Vedere Derek distruggersi giorno per giorno fa venire la pelle d'oca. Noi non possiamo fare altro che osservarlo da lontano mentre entra in questo capannone isolato dal mondo, dal mattino alla sera, e ne esce sempre stremato e pieno di lividi. Non ci permette di avvicinarci a lui.

Ha rinunciato al tirocinio da una settimana e da allora viene usato da Sebastian come un cane addestrato al combattimento. Edgar è riuscito a sottrarre e manomettere la documentazione relativa al ritiro di Derek, per adesso siamo riusciti a mascherare la sua assenza come un congedo temporaneo per motivi di salute. Frederick stranamente non ci tartassa più di tanto: è come se avesse percepito che c'è qualcosa che non va, ma ci lascia fare.

Sia abbassa il finestrino della macchina ferma sul ciglio della strada. Punta lo sguardo sullo scenario di fronte a noi: Derek barcolla pericolosamente nel vicolo vicino a casa sua. Il chiaro di luna gli accarezza il volto coperto di sangue incrostato. Zoppica, sbatte contro un bidone e cade a terra in ginocchio. Allungo la mano verso la portiera, ma Sia mi prende per il braccio.

«Non farlo».

Giro lo sguardo verso di lei. «A cosa serve spiarlo da lontano se non possiamo neanche aiutarlo... insomma, che senso ha? Esce dal capannone che neanche riesce a reggersi in piedi, va al ponte e si ubriaca. Poi torna a casa come uno straccio e il giorno dopo ricomincia da capo. Come possiamo restare a guardare senza fare niente?» La preoccupazione è più forte di me.

Ho sempre considerato Derek un punto saldo, un baluardo incrollabile, l'unico che non si lasciava toccare dall'ansia in nessuna occasione. Non ha mai cercato di parlare con me della mia sofferenza, ma sono certa che avesse compreso molto del mio animo. L'ho capito dalle caramelle sul tavolo dopo che correvo a vomitare, oppure dal fatto che presidiava la porta del bagno per impedire che qualcuno potesse vedermi in quello stato. Agisce di nascosto, non mostra agli altri i gesti di premura che compie. Non è espansivo, né estroverso, rimane corazzato in se stesso. Anche a costo di consumarsi.

«Se scopre che lo stiamo guardando, farà di tutto per impedirci di poterlo vedere ancora. Non lo abbiamo abbandonato, ma ho bisogno che Derek non nutra sospetti. Quello stronzo ama soffrire da solo e autodistruggersi». Lo osserva come uno scienziato che ha imparato a interpretare ogni comportamento della sua cavia da laboratorio.

Credo che il legame fra Sia e Derek sia qualcosa di estremamente complesso, quasi incomprensibile.

Sono due cariche opposte, due tribù nemiche che non parlano la stessa lingua. Eppure, solo Derek può leggere Sia e solo Sia può capire Derek. Sono l'uno il veleno dell'altra e questo non li spaventa, li attrae. C'è qualcosa di profondo, di inspiegabile e di eterno nel modo in cui i loro animi si sfiorano.

Due arcane figure, esiliate per il dolore che si ritrovano a vivere. È così che li vedo.

Sia interrompe i miei pensieri. «So che hai paura per lui, sirenetta. Ma fidati di me, non ho intenzione di lasciarlo così. Farò pentire quel bastardo di Sebastian di essere nato, te lo assicuro».

La conosco abbastanza da capire che sta dicendo sul serio.

Edgar sbarra gli occhi. «Dimmi che è uno scherzo».

Sia sorride compiaciuta. «Sapevo l'avresti detto. Credevi che avrei mai potuto arrendermi? Ovvio che no. Quel bastardo merita molto di più, ma per ora mi accontento di questa vendetta improvvisata».

Siamo seduti attorno al tavolo della sua cucina, ci ha chiamati per illustrarci il famoso piano a cui si è dedicata senza sosta, mentre noi facevamo di tutto per coprire l'assenza di Derek in azienda e, allo stesso tempo, mantenere un alto livello di performance nei compiti che ci assegnava Frederick.

Scocco un'occhiata a Tom. «Si può fare veramente?»

Lui annuisce. «Sì, non vi preoccupate. Non è la prima volta che abbiamo a che fare con aziende simili, Sia ha già avuto modo di lottare per cause del genere. Siamo preparati e loro hanno abboccato all'amo proprio come previsto».

Soltanto io e Edgar siamo sconvolti dalla grandiosità della trappola che hanno teso a Sebastian. Per non parlare del fatto che è illegale. Tom e Sia non sono agitati, o almeno non lo danno a vedere.

«Quindi, riassumendo...» Edgar cerca di fare il punto della situazione, ancora sconvolto dalla notizia di cui siamo venuti a conoscenza. «Sia, tu possiedi un'azienda spagnola che non è riconducibile a te, e l'hai appena usata per fare un affare con l'azienda della famiglia di Sebastian».

Lei annuisce.

«E li hai portati a firmare un documento contraffatto, facendogli credere che fosse molto vantaggioso... quando in realtà hai comprato tutte le loro azioni» conclude.

«Esattamente».

«E ora, dal punto di vista legale, possiedi la loro azienda? Ma come cazzo hai fatto...» Edgar beve un bicchiere d'acqua per cercare di riprendersi.

Tom e Sia ci guardano come fossimo degli alieni appena scesi dall'astronave.

«Di solito le persone si entusiasmano quando scoprono che sono miliardaria, voi invece sembrate essere andati fuori di testa» afferma.

Avevo intuito che Sia fosse ricca, basta notare l'enorme villa in cui abita da sola e l'infinità di gioielli, vestiti e abiti che sfoggia ogni giorno come niente fosse. Ma non mi sarei di certo aspettata tutto questo.

«E quando pensavi di dircelo?» domando.

Le sue labbra piegano in una smorfia, mentre alza le spalle. «Mai? Io non gestisco gli affari, lascio che se ne occupi Tom. A me non interessano».

La fiducia che nutre verso Tom mi lascia senza parole. Già in hotel, quando era stata male, avevo capito che lui non era un semplice collaboratore per Sia, ma qualcosa di più simile a uno zio o a un padre. E lo stesso vale per lui. L'affetto che nutre nei confronti della ragazza dai boccoli neri è privo di qualsiasi malizia o interesse personale. Anzi, le mostra quasi riconoscenza: come se volesse ringraziarla perché gli permette di stare al suo fianco.

Poco dopo arriva uno stuolo di avvocati che legalmente rappresentano l'azienda di Sia. Tom li conduce verso il suo studio per discutere gli ultimi dettagli.

Ma c'è ancora una cosa che non capisco. Sto per farle una domanda, ma Edgar mi precede. «Se sei così ricca, perché...»

Sia lo interrompe. «Perché cerco di ottenere un lavoro come i comuni mortali?»

«Io me ne starei su una spiaggia hawaiana e ciao a tutti per sempre» commenta Edgar.

«Be', perché... mi sembrava divertente».

L'espressione di Edgar è al limite tra lo sconforto e l'incredulità. Ora che ci penso, i ragazzi nel bar in cui eravamo stati tempo fa, quello in cui Sia aveva suonato il violino, mostravano una certa deferenza nei suoi confronti. Quell'atteggiamento mi era sembrato strano, ma non ci avevo riflettuto più di tanto.

«Pronti? Andiamo a riprenderci il principe di ghiaccio».

L'impazienza nel suo sguardo è tale da farmi intendere che l'affetto che nutre per Derek supera ogni logica. Sarebbe disposta a spostare montagne, varcare confini e infrangere qualsiasi regola.

Tutto per il suo ragno.

Derek

«Questo è un tizio con cui abbiamo appena iniziato a lavorare. Voglio che capisca con chi ha a che fare, perciò il nostro compito sarà quello di spaventarlo un po'. Magari qualche costola rotta può bastare». Sebastian mi dà una pacca sulla schiena prima di salire nell'ufficio sicuro e protetto dal quale mi osserva con attenzione ossessiva.

Le mie mani non smettono di tremare, le fasce che ho avvolto attorno alle dita stanno riprendendo a sanguinare. Non hanno mai tempo di rimarginarsi. Per mia fortuna la mamma non può vedere lo stato in cui sono ridotto, riesco a gestire le bugie che le racconto.

Tayler è ancora più facile da distrarre, basta sviare la sua attenzione con regali e domande sui suoi disegni.

Il suono della serratura mi risveglia: la figura della prossima vittima si erge di fronte a me. La guardia di Sebastian gli toglie la fascia dagli occhi, permettendomi di vederne meglio i tratti. Schiudo le labbra. Cerco di mascherare lo stupore che mi travolge in un istante. Tom mi sorride fiducioso, non ha idea dell'inferno in cui è stato appena gettato. Sento il fiato accorciarsi e la vista appannarsi. Non ho intenzione di sfogare la rabbia che mi divora su di lui, non posso farlo.

Alza le mani. «Va tutto bene, Derek».

«No, tu non lo sai. Non va affatto bene, devi uscire da qui» sibilo a denti stretti.

Le mani tremano affamate, cercano qualcosa o qualcuno su cui sfogarsi.

«Insieme a te».

Mi allontano da lui. «Non dire assurdità, non posso uscire da qui. Vattene, io...»

«Tu verrai con me» ripete lui con fermezza. Mi porge la mano, per nulla spaventato dai segni che mi marchiano come tatuaggi. Non mostra timore né disgusto, la fiducia che traspare dai suoi occhi mi lascia allibito.

Sorride. «È tutto finito, Derek. Fidati, andiamo fuori». Mi prende con sé, guidandomi verso la porta che ci separa dall'esterno. Non sento la voce di Sebastian che mi intima di fermarmi. Sembra che nessuno ci stia guardando e le guardie sono svanite nel nulla.

Usciamo, e la luce del sole mi costringe a chiudere gli occhi, proprio come una bestia tenuta troppo a lungo in cattività. Tom appoggia una giacca sulle mie spalle. Non capisco cosa sta succedendo, finché non vedo Edgar e Olivia di fronte a un SUV nero. La mia mente comincia a collegare dei pezzi. Olivia corre verso di me, mi abbraccia con gli occhi lucidi e colmi di preoccupazione.

Edgar mi circonda con il braccio. «È bello rivederti» sussurra.

Non faccio in tempo a porre delle domande: Sebastian esce dal capannone con dei documenti in mano, dietro di lui compare Sia accompagnata da alcuni uomini a me sconosciuti. Sebastian strappa i fogli con foga e rabbia, li butta a terra e li calpesta. Sia si limita a sorridere divertita.

«Cosa vuol dire tutto questo? Non può essere!» grida lui. Sembra sul punto di impazzire: le guance paonazze, le mani tra i capelli e nessun cenno del solito divertimento sul volto.

Né Tom né i ragazzi sembrano sorpresi, perciò deduco che questo sia un piano progettato da lei.

«Se te lo stai chiedendo, Sia ci è andata giù pesante. E per pesante intendo che ora possiede tutte le azioni di Sebastian, il che lo rende un uomo fottuto e povero» spiega Edgar.

Sbarro gli occhi. «Che cosa?!»

Tom mi tampona con delle garze il sopracciglio graffiato, poi mi passa dei cerotti per i tagli che non smettono di sanguinare.

Olivia mi prende la mano, toglie le fasce e disinfetta con le garze i punti sanguinanti. «Ti aspettavi veramente che rimanesse a guardare?» Ripone la cassetta delle medicazioni in macchina, Edgar la segue dopo avermi dato una pacca sulla spalla.

Tom apre la portiera davanti. «Sia ha insistito ad accompagnarti a casa, sai com'è quando si impunta» scherza, prima di salire in auto e avviarsi assieme agli altri lontano da qui. La loro macchina si allontana sotto i miei occhi increduli, tutto questo mi sembra surreale. Sposto lo sguardo verso la ragazza dai boccoli neri, lei si volta verso di me ma viene bloccata dal braccio di Sebastian. La supplica, le suggerisce collaborazioni e altre ricchezze in cambio del silenzio. Ma nulla la smuove dalla sua posizione.

«Non mi hai proprio capita. Mi spiego meglio: devi stare lontano da Derek. Se osi anche solo pensare di avvicinarti in qualsiasi modo, o di provare ad abusare ancora di lui, ti rovino per sempre. Una sola parola, un solo video, una foto... e sei fuori dai giochi. Siamo intesi?» Gli sorride in modo agghiacciante, spostandogli la mano dal proprio braccio. «Non ho altro da aggiungere, i miei avvocati penseranno al resto. Ci si vede all'inferno, stronzo».

Il volto di Sebastian mostra per la prima volta un'ombra di sottomissione. Stringe le mani a pugno, tira fuori il cellulare e comincia a telefonare.

Sia si volta nella mia direzione, incontro il suo sguardo ammaliante per la prima volta dopo giorni. Non ha la minima idea delle catene che ha sciolto, non ha idea del prezzo che pagherà per avermi aiutato... per aver liberato una bestia dipendente dalla violenza. Eppure, il modo in cui mi guarda non lascia trasparire alcun rimpianto. Non le importa cosa sia giusto o sbagliato, non la disgusta il marcio di una mente malata. Lei è attratta da queste cose ed è attratta da me.

Si avvicina. «Sto aspettando un grazie, ma penso sia troppo

difficile per te... che ne dici di invitarmi a mangiare, principe di ghiaccio?»

Principe di ghiaccio.

È così che mi vede. Non gliel'ho mai chiesto... non le ho mai chiesto il perché mi veda come un principe quando in realtà non sono altro che una bestia.

«Perché sarei un principe ai tuoi occhi?»

Il vento le scompiglia i capelli, porta la mia sciarpa al collo, quella che le ho regalato per il compleanno.

«Perché tu sei buono di natura».

«Buono di natura? Mi hai visto? Hai visto quei video, quello che ho fatto in questi giorni?» Zoppicando, annullo la distanza che ci separa. Non posso credere che non veda il marcio con cui convivo, che non si senta intimorita.

Il dolore alla caviglia mi fa contrarre la mascella.

«L'ho visto» proferisce con fermezza.

«E pensi che sia da principi lasciarsi travolgere da una rabbia che ti impedisce di vedere o di sentire?»

Si sofferma con lo sguardo sui lividi sparsi sul mio volto, come se fossero la cosa più bella che abbia mai visto.

«Chi l'ha detto che i principi sono innocenti? Io ho detto che sono buoni e tu lo sei, Derek. Che ti piaccia o no, hai un'indole buona che ti porta sempre a caricarti fardelli più pesanti di te. Non accetti che qualcuno ti aiuti, dimostrando così il tipico orgoglio reale».

A ogni parola sento pezzi di un puzzle perduto che vanno al loro posto. Ha la capacità di leggere le persone, decifrarle e combinare i tasselli scomposti delle loro anime. Il tutto con una naturalezza così spontanea da farla apparire surreale.

«Pensi... pensi davvero tutto questo?»

Sia incurva le labbra in un sorriso, si avvicina e mi incatena nel buio delle sue iridi.

«Penso molto di più. Voglio vedere cosa si cela dietro a questa corazza». Solleva la mano e mi accarezza i capelli con un tocco delicato e leggero. «Te l'ho detto dal primo istante: 'una strega protegge il suo ragno'».

Le parole che mi ha sempre ripetuto, dal primo momento in cui i nostri occhi si sono incontrati. Parole a cui io non ho mai dato peso, che ho sempre considerato infantili e assurde, si rivelano essere la chiave per ogni cosa. Per la prima volta penso che forse esiste qualcuno in grado di tollerare l'oscurità con cui sono marchiato.

In grado di respirare l'aria consumata nella quale mi muovo.

In grado di rimanere in piedi di fronte alle paure che non conoscono luce.

In grado di guardarmi anche quando non merito di essere guardato.

Capitolo 27

A volte abbiamo bisogno di demoni più grandi dei nostri, così da sentirci meno mostruosi, meno orribili e meno spaventosi.

A volte dobbiamo illuderci che esista un dolore più grande di quello che proviamo.

Perché, così facendo, riusciamo a tenere a bada l'istinto di porre fine a ogni cosa.

Istinti malati

Olivia

Jack accelera con rabbia. L'autostrada è buia, ma questo non basta per farlo rallentare. Sembra che l'ira lo accechi.

«Spiegami! Spiegami, avanti!» sbraita.

«Lo farei se rallentassi un po'».

La paura mi invade quando lo vedo premere sull'acceleratore senza alcuna remora. Sorpassa a zig-zag alcune auto.

«Oh certo! Dovrei stare calmo e tranquillo quando hai chiaramente visto come mi hanno trattato i tuoi genitori! Come se non contassi nulla, per loro un compagno non vale nulla, se non è ricco sfondato!»

«Jack, devi calmarti...»

«Per questo hanno avuto la strabiliante idea di invitare quel Richard, l'erede della casa di moda, quel perfetto figlio di papà. Siete rimasti tutta la serata appiccicati, ti è piaciuto? Ti sei divertita?» Il rombo del motore accompagna le parole che sputa con violenza.

«Non sapevo l'avessero invitato, giuro. È stata un'idea di mamma, mi sono soltanto comportata in modo gentile...»

Jack mi impedisce di parlare: sbatte le mani sul volante e impreca, senza mai smettere di accelerare. Sento lo stomaco che si torce, l'ansia per la sua guida spericolata mi dà la nausea.

«Cazzo, Olivia! Odio quando fai così, odio quando guardi qualcun altro, quando ridi con un altro e mi fai sentire debole e inferiore. Ti piace comportarti così! So che ti piace, l'unica figlia di una famiglia altolocata può solo divertirsi a prendere in giro un povero impiegato».

Le parole che proferisce sono insensate e dettate dalla gelosia che lo divora, impedendogli di riflettere in modo lucido. È sempre stato un lato del suo carattere, ma mai avrei pensato che potesse ingigantirsi così.

In questi momenti non esiste più Jack, l'artista di strada... quello che cattura dettagli insignificanti agli occhi dei più e li ritrae su tele bianche, rendendoli unici e affascinanti. È così che ci siamo conosciuti: una tela bianca che ritraeva un piccolo usignolo, sguardi complici di un affetto puro e candido.

Ma di candido e puro non è rimasto quasi nulla.

«Jack! Jack, il camion!»

Le urla non bastano.

L'odore di carne bruciata invade l'aria e il mio corpo si macchia di sangue.

Non sento le braccia e le gambe. I muscoli paralizzati, il sedile ribaltato e incastrato. Il fischio alle orecchie mi fa stringere gli occhi, tento di muovermi ma il dolore atroce al collo mi obbliga a rimanere ferma. Una nuvola di fumo mi circonda in pochi secondi, tossisco mentre mi invade i polmoni. Pensavo non potesse peggiorare, ma ancora non avevo spostato lo sguardo accanto a me. L'odore di bruciato mi solletica il naso fino a diventare insopportabile. Sbarro gli occhi. Jack viene consumato dalle fiamme a pochi centimetri da me: la sua gamba sta bruciando, piano piano lingue di fuoco ne divorano ogni centimetro. Urla, risvegliandosi per il dolore, e le sue grida si imprimono dentro di me in modo indelebile. Sono impotente: costretta a guardare ogni istante della sua morte senza riuscire ad alzare un dito, con il corpo schiacciato tra il sedile e le lamiere, con le orecchie perforate da urla strazianti.

Prego con lacrime di sangue di poter bruciare anch'io, o che qualcuno uccida anche me. So di non poter sopravvivere con quelle immagini indelebili nei miei ricordi.

«La ragazza è viva, tiratela fuori! Forza! Sta per esplodere!»

I soccorritori sono arrivati.

Nella confusione, nessuno si accorge che il ragazzo bruciato dalla propria gelosia vuole vendicarsi di me per averlo fatto morire. Mi ha giurato amore eterno da vivo e odio infinito da morto.

Mi parla, mi tocca e mi segue.

Eppure, lui è già morto.

«Signorina Olivia, cosa succede? Ha avuto un altro incubo?»

Mi ritrovo in un bagno di sudore con le lacrime agli occhi e con i capelli appiccicati alla fronte. Con sguardo spaventato osservo ogni angolo della mia stanza. Susan, la nostra domestica, mi passa un bicchiere d'acqua. Lo afferro tremante e lo porto alle labbra per dare sollievo alla gola secca.

«Sto bene...» mormoro, poi appoggio il bicchiere sul comodino.

«Continuava a lamentarsi nel sonno, ho tentato di svegliarla. Sembrava sofferente».

Mi alzo dal letto. «La ringrazio, mi farò una doccia per rilassarmi».

La sensazione di panico che ho addosso sembra sciogliersi appena sotto il getto di acqua calda. Ho i pensieri ingarbugliati nelle immagini che la mia mente continua a proiettare: le fiamme, l'odore di benzina, lo schianto, le urla e il sangue.

C'era sangue dappertutto.

Vivere in ostaggio dei propri ricordi equivale a non vivere affatto. Essere un cadavere che cammina non mi rende umana.

Mi rende spaventosamente orrenda. Avvolgo il mio corpo in un telo ed esco dalla doccia. Quando arrivo in camera, trovo la mia maledizione guardarmi dal letto.

«Hai delle occhiaie spaventose, fossi in te le coprirei con qualcosa. Sia mai che tua madre capisca che non hai mai chiuso occhio da quel giorno...» Jack inizia con le solite battutine, come ogni mattina.

Lo ignoro e mi affretto a vestirmi. Indosso un primo strato di vestiti, poi la fascia che mi copre le sporgenze ossee del bacino e infine un ulteriore strato. La mia figura allo specchio assume man mano l'aspetto di una normale ragazza. Una di quelle che a guardarle non svanisce, che guardarle non fa male.

«Per quanto ancora pensi di ingannare gli altri?»

Mi pettino e prendo la borsa con il materiale necessario per la lezione di oggi.

«Signorina Olivia, i suoi genitori l'aspettano di sotto per la colazione» mi avvisa la domestica dalla porta.

«Arrivo subito».

Jack si alza in piedi e inizia a tormentarmi come fa sempre quando sa che sto per mangiare.

«Una bella brioche ripiena, i pasticcini di tua madre, le fette biscottate con la marmellata e... perché quella faccia? Hai già la nausea? Come farai a finire il tuo piatto? Vuoi che quella psicopatica di tua madre ti trascini di nuovo in clinica?»

Ignorarlo è la parte più complessa: sa quali punti colpire perché, oltre a essere l'unico in grado di sfruttare le mie debolezze, è anche parte della mia stessa mente e come tale sa dove sono più fragile. Combattere contro un mostro che è parte dei tuoi pensieri è una battaglia persa in partenza. Qualsiasi difesa progetti, il nemico ne è a conoscenza prima di te.

«Buongiorno» sussurro, mentre mi siedo a tavola al solito posto.

Non ricevo alcuna risposta, sia mamma che papà sono troppo impegnati. Stanno discutendo di lavoro, gli affari sono sempre il loro unico pensiero. Non si accorgono nemmeno della mia presenza.

Susan mi riempie il piatto con una brioche al cioccolato e dei pasticcini.

«Basta così, grazie» dico con un sorriso.

«Che fai? Buttalo, ora che non ti guardano» la voce di Jack irrompe con violenza.

Si siede accanto a me e insozza ogni centimetro d'aria con il veleno delle sue parole, impedendomi di mangiare senza sentire l'impulso di rigettare ogni cosa.

'Non puoi vomitare qui, Olivia'.

Papà discute di un nuovo dirigente e delle eccellenti capacità che dimostra e mamma gli propone di invitarlo a cena. È sempre così sfiancante notare come le apparenze per loro siano più importanti di ciò che realmente conta. Un anello scintillante, una cravatta firmata, i posti a teatro riservati per loro e la macchina più costosa della città. È questo ciò che conta.

Mostrare, mostrare, mostrare.

'Non puoi vomitare qui, Olivia'.

«Io vado». Mi alzo dal tavolo.

«Non fare tardi stasera!» commenta mamma, senza rivolgermi neanche mezzo sguardo.

Mi affretto a raggiungere l'esterno prima di sentirmi soffocare. La luce del sole mi accarezza la pelle e il vento leggero riesce a calmare in parte i miei pensieri. Prendo dei profondi respiri, con il volto al cielo e gli occhi chiusi.

«Incontrerai un altro figlio di papà stasera? Che emozione». Un brivido mi percorre la schiena quando sento le labbra di Jack sfiorarmi il collo.

'Non puoi vomitare qui, Olivia'.

Mi incammino verso la Big World News, cercando di mettere un minimo di distanza tra me e il fantasma di un ragazzo morto. Ma lui continua a parlare e la mia mente è sul punto di scoppiare.

«Oh certo, sai benissimo che fare finta di nulla non risolverà le cose. Guardati, la gente ti compatisce. Non vedi? Capiscono che sei malata, i tuoi occhi sono vuoti».

Continuo ad avanzare lungo la stradina piena di persone indaffarate. Ognuna di loro ha un telefono in mano, non guardano chi hanno di fronte, né hanno il tempo per perdersi fra le nuvole che occupano il cielo. Il che è triste. Sono succubi di un mostro che le divora, affascinandole con continue distrazioni, proprio come mamma e papà. La nausea mi assale di nuovo, costringendomi a rallentare il passo.

'Non puoi vomitare qui, Olivia'.

Proseguo, attraversando le strisce pedonali.

«Un morto che cammina. Sei questo. Solo questo».

E mentre Jack sputa parole velenose, i miei occhi vengono catturati dall'immagine di una macchina che mi sfreccia davanti ad altissima velocità e che un attimo dopo impatta contro un altro veicolo. Il caos che si genera è inevitabile: le persone circondano la scena, riprendono ogni dettaglio con il cellulare. L'odore di fumo e i lamenti delle vittime invadono l'aria.

Se prima non riuscivo a respirare, ora collasso a terra senza fiato.

Le immagini del volto di Jack che prende fuoco, le urla di agonia e il terrore dell'inferno in cui ero imprigionata. La sensazione di voler svanire mi impedisce di chiedere aiuto. Le ginocchia toccano terra. Rimango accasciata in mezzo alle strisce pedonali, senza fiato. Nessuno si avvicina o mi chiede se sto bene, tutti si agitano intorno al luogo dell'incidente. Sento bruciare i palmi delle mani, graffiati nella caduta.

«Che scena familiare, non credi?» commenta Jack, divertito.

Il veleno che emana mi contamina i pensieri e mi offusca la mente. Non riesco a discernere finzione e realtà, immagine e pensiero, dolore e illusione. In bilico tra il desiderio di non essere mai nata e la necessità di scontare una pena infinita.

Il suono del telefono che squilla è l'unica àncora a cui mi aggrappo. Con mani tremanti tento di rispondere in qualche modo, alla disperata ricerca di un appiglio.

«Olivia».

La voce di Edgar mi sorprende nel momento in cui sono più vulnerabile. Il mio nome diventa il suono più dolce e candido sulla Terra, privo di qualsiasi contaminazione.

E dentro di me vorrei che lo ripetesse ancora una volta.

«Olivia?» sussurra lui, come se mi avesse letto nel pensiero.

Sento i miei polmoni alleggerirsi al suono melodico della sua voce. Tento di rispondere, ma ho il respiro bloccato dal terrore.

Sono completamente in preda al panico. Stringo il telefono tra le mani con la speranza che possa trasportarmi fuori da qui.

«Ora sei rimasta completamente da sola» mi canzona Jack.

«Smettila, smettila, smettila» ripeto.

«Da sola, non vedi?»

Mi porto le mani alle orecchie e chiudo gli occhi nel tentativo di evadere dalla realtà che mi circonda.

Una figura si ferma di fronte a me, sussulto quando si inginocchia per terra e mi guarda negli occhi.

«Olivia» pronuncia con dolcezza.

«Edgar...» ripeto con voce strozzata dal tremore che non riesco a controllare.

Il sorriso di Edgar ricuce ogni incertezza e allevia le mie paure. Non sento la voce di Jack, non sento le sue urla, il rumore dei clacson, il lamento dei feriti... non sento il male che mi circonda.

«Olivia...» Mi sposta le mani dalle orecchie, per poi tenerle strette tra le sue. «Andiamo via da qui, ti va?»

Annuisco debolmente. Con una gentilezza a me estranea, mi prende per mano e mi allontana dalle strisce pedonali. Il suo tocco è capace di ristabilire l'equilibrio che avevo perso. Quando arriviamo sul marciapiede e sento l'urlo delle sirene accorrere verso la scena dell'incidente, il terrore nei miei occhi minaccia di paralizzarmi di nuovo. Come se lo avesse intuito, Edgar mi trascina per mano verso una panchina, impedendomi di guardare ancora.

«Ti sei fatta male, dovrei avere dei cerotti da qualche parte».

Li cerca con la sua tipica goffaggine, rovesciando a terra altri oggetti contenuti nel suo zaino. Quando finalmente li trova, sorride soddisfatto. Mi prende le mani e con estrema cura soffia sui tagli insanguinati. Non è spaventato, non è schifato né terrorizzato da una ragazza che convive con un fantasma.

Tratta le mie ferite come fossero una priorità e trascura in modo disarmante le sue.

«Così va meglio». Tampona il taglio con un fazzoletto di carta e lo copre con un cerotto, poi fa lo stesso sull'altra mano.

Mi chiedo come possa un animo così tormentato riuscire a infondermi una tale pace. I capelli in disordine, la camicia sbottonata, la felpa stropicciata e i pesi enormi che si trascina dietro con apparente leggerezza.

«Puoi... puoi ripetere il mio nome?» Non mi rendo conto di aver pronunciato realmente queste parole finché non ritrovo i suoi occhi puntati nei miei.

La mia richiesta è strana e bizzarra. Eppure, Edgar la soddisfa come se fosse la cosa più normale del mondo. «Olivia».

Pronuncia il mio nome come fosse il suono più dolce che possa esistere.

«Ancora».

«Olivia».

Come se fosse qualcosa di prezioso, unico e inestimabile.

«Ancora».

«O-li-via» scandisce con estrema lentezza, portandomi a desiderarlo ancora.

Rimango incantata quando si avvicina al mio volto, cancellando ogni distanza. Mi manca il fiato, mi sento appesa a un filo di cui solo Edgar possiede il controllo.

Niente Jack, niente urla, niente sangue.

«Olivia» sussurra debolmente sulle mie labbra.

«A-ancora».

È come se le sillabe uscissero senza controllo. In questo momento mi sento viva dopo aver pensato per anni di essere morta.

La mia ultima richiesta non viene esaudita.

Perché Edgar appoggia le labbra sulle mie, accompagnando questo piccolo gesto con una carezza sulla guancia. E per la prima volta, percepisco qualcosa di diverso dal disgusto e dalla paura.

Derek

Mi sveglio accecato dalla luce che filtra dalla finestra. Stropiccio gli occhi impastati dal sonno, mentre una fitta alla tempia mi costringe a portarmi una mano alla testa. Prendo un respiro profondo. Mi alzo in piedi e il riflesso della mia immagine nello specchio quasi mi spaventa. Non posso farmi vedere in azienda in questo stato: Frederick mi ha intimato più di una volta di stare attento alle condizioni con cui mi presento. Apro la porta del bagno e mi spoglio. Edgar mi ha accennato che è riuscito a tenere il mio posto in sospeso, rubando le mie dimissioni. Sotto il getto d'acqua fredda ogni mia ferita comincia a bruciare. Mi sembra tutto così assurdo: in un istante, Sia ha ribaltato l'intera situazione a suo favore e mi ha slegato dal collare che Sebastian stringeva con prepotenza al mio collo.

Non era disgustata da me, pur avendomi visto in preda alla rabbia più devastante.

Aveva gli occhi che brillavano della stessa luce con cui mi guardava le prime volte. È come se l'oscurità fosse una sorta di richiamo per lei. Qualcosa da cui è follemente attratta, che non la spaventa né la terrorizza.

E ne ho la certezza quando la trovo seduta in cucina a fare colazione, nella più completa tranquillità. Gambe accavallate, jeans attillati e maglietta bianca scollata.

«Buongiorno, principe di ghiaccio».

Il sorriso suadente sfida la corazza ghiacciata in cui sono solito rifugiarmi.

«Ti stavo aspettando. Tua madre è stata così gentile da farmi entrare e offrirmi la colazione. Ha insistito parecchio, mi è sembrato maleducato non accettare. Ha detto che va a trovare Tayler».

Nessun cenno di paura. Sembra non rendersi conto della mostruosità di cui sono capace. Anzi, peggio. Ne è attirata.

Affoga il cucchiaio nel barattolo di crema di nocciole. «Vuoi rimanere fermo a fissarmi per tutta la mattinata?»

«Non ti capisco».

«Non sei il primo, tranquillo. Parlando di cose serie, ho portato con me tutti gli appunti delle lezioni teoriche che ti sei perso in questi giorni». Appoggia un quaderno sul tavolo. «Tatiana è in testa alla classifica con il suo gruppo del cazzo, come premio l'altro giorno hanno realizzato un servizio televisivo. Dopo di loro ci siamo noi e poi il gruppo del giullarino. Dobbiamo riuscire a superarli con qualcosa di unico, perciò niente scuse e rimbocchiamoci le maniche». Lecca il cucchiaio, lanciandomi un'occhiata lasciva.

Prendo il quaderno e lo apro: ha trascritto ogni dettaglio, ogni piccola informazione, nella certezza che sarei tornato, nella certezza che il suo piano avrebbe funzionato. Non si è data per vinta neanche per un momento.

«Perché...» mormoro tra me e me.

Non comprendo il suo comportamento. Sembra non avere alcun limite, alcun istinto di conservazione. Niente di niente. Più una cosa è pericolosa e più lei la desidera.

Ha risvegliato in me una curiosità che non riesco più a controllare. Mi basta esserle accanto per sentir vacillare ogni certezza.

Sento di essere al limite dell'equilibrio: l'euforia, l'estasi e l'adrenalina. È il tipico segnale d'allarme che percepisco quando Sia mi è troppo vicina. Segnale che ho sempre rispettato, allontanandola senza alcuna esitazione.

Ma adesso, adesso voglio svelare il mistero che si cela dietro alla pazzia di quegli occhi ammalianti.

Appoggio le mani ai lati della sedia, incastrandola. I suoi occhi precipitano immediatamente nei miei, alla ricerca di una spiegazione a questo improvviso avvicinamento.

«Voglio... capire» sussurro a un centimetro dal suo volto. La morbidezza delle labbra di Sia richiama le mie. Mi assale la tentazione di sfiorarle. Avvicino il petto al suo, nel vano tentativo di placare il desiderio, e intanto risalgo con la mano destra lungo la sua schiena. Sia ha gli occhi di chi non proverebbe a difendersi se continuassi a toccarla, a contaminarla.

«Perché non sei spaventata?» sussurro.

«Perché non mi spaventa ciò che mi attrae».

La rapidità della sua reazione mi impedisce di ragionare. Mi prende il viso fra le mani per avvicinarlo al suo e mi incanta con quello sguardo privo di giudizio, privo di paura e colmo di passione.

«Non sai cosa stai dicendo, Sia». Tento di riacquistare il controllo, ma i suoi respiri sulle mie labbra mi impediscono di sentire altro.

«Sto dicendo» dice accarezzandomi la guancia «che sono follemente attratta da te, Derek».

È come se un ghiacciaio incontrasse un vulcano: un'esplosione fatta di contrasti, di forze impetuose che si attraggono. Le mie labbra marchiano le sue con forza, con un desiderio che non riesco più a controllare. Risalgo con l'altra mano lungo l'interno della sua coscia, i suoi sospiri non fanno che aumentare l'intensità con cui le mie labbra premono sulle sue.

Lei affonda le dita fra i miei capelli e comincia a baciarmi lentamente sul collo. Con una lentezza atroce morde i punti più sensibili, come se li sapesse a memoria, costringendomi a inspirare a fondo per non perdere del tutto la ragione. Sopraffatto, la prendo per la vita e la sposto sul tavolo.

Con un sorriso malizioso lei si sfila la maglietta, offrendo il suo corpo candido e profumato al tocco ruvido delle mie mani. Ne assaporo ogni centimetro, risalendo con le labbra sulla sua pelle. Geme quando passo la lingua sotto la clavicola, sento il suo respiro farsi più pesante. Mordo quel punto sensibile, facendola sospirare dal piacere, mentre con le mani traccio cerchi invisibili sulla sua schiena.

Quando sto per risalire verso il collo, Sia prende il comando e con agilità mi porta sotto di sé. Le sue mani esplorano con delicatezza il mio petto. Inizia a baciarmi il collo con un impeto che mi fa socchiudere gli occhi: morde, succhia e morde ancora.

Sposta le labbra nel punto più sensibile: dietro all'orecchio. «Sai di buono, Derek» soffia.

Comincia a tempestarmi di piccoli baci infiniti che mi fanno sospirare sempre più.

«Se vuoi... mi fermo». Pronuncia queste parole con una

punta di divertimento. Continua a muoversi in modo ipnotico. Mi chiedo se una donna così bella possa essere umana.

Ogni suo tocco è fuoco puro.

«Allora? Mi devo fermare?» chiede inclinando la testa.

Vuole sentirselo dire esplicitamente: Sia ama il controllo tanto quanto me.

Sorrido, prendo i suoi fianchi e la sposto di nuovo sotto di me, ristabilendo la posizione iniziale. Infilo il mio volto nell'incavo del suo collo. Lecco con lentezza ogni centimetro di pelle, alternando i morsi ai baci. Sento Sia sospirare.

«Dimmelo tu, mi devo fermare?» sussurro con voce rauca.

Quando tenta di sollevarmi la maglia, la fermo di scatto. Comprende che c'è qualcosa che non quadra e con insistenza sposta le mie mani dalle sue e completa ciò che ha iniziato. Così, senza che io possa avere il tempo di oppormi, le dita di Sia scivolano lungo la mia pelle.

«Cosa... cosa sono queste?» Accarezza le cicatrici che ricoprono il petto, la schiena e le braccia. Il suo sguardo cambia colore.

«Chi è stato, Derek? Chi ti ha fatto questo?» Nella sua voce sta montando un'ondata di rabbia.

Io sono abituato a vedermi in questo stato, ma per un altro dev'essere raccapricciante. Il mio corpo è letteralmente ricoperto da un contorto reticolo di cicatrici.

Mi stacco dal corpo di Sia, permettendole di scendere dal tavolo e di vestirsi. Con le labbra ancora arrossate per il nostro bacio, mi guarda in attesa di una risposta che possa soddisfarla. Non voglio contaminarla con la mia oscurità senza ritorno, ma sento che questa è forse la mia unica occasione di sentirmi compreso da qualcuno che sia immune alle regole del mondo.

«Una volta che lo saprai... sarai macchiata. Proprio come me» l'avverto.

Le mie parole non sembrano avere alcun effetto sulla sua determinazione. Incrocia le braccia al petto e attende la risposta alla sua domanda. Allora io apro la bocca e lascio fuoriuscire la mia storia.

«Mio padre...»

Capitolo 28

Sporcarsi non è illecito.

Eppure, l'uomo condanna chiunque non sia pulito.

Ed è soltanto quando due animi macchiati dalle tenebre si incontrano, che si rendono conto dell'assurda follia umana. Per vivere bisognerà incontrare degli ostacoli e gli ostacoli si superano, a volte si cade nel farlo. Cadendo, ci si infanga. E infangandosi, si perde la purezza d'animo.

Ma chi può rimanere illeso nel combattere demoni più grandi del proprio essere?

Sporco

«Te la sei cercata. Quante volte ti ho detto di non sfidarmi con lo sguardo, ora starai decisamente più attento».

I padri di solito accompagnano i figli nella loro crescita con dolcezza e amore. Sono solidi punti di riferimento che illuminano il cammino come fari nella notte. Li si guarda con ammirazione e nel profondo si pensa 'da grande voglio essere così'. Un supereroe, una forza della natura imbattibile.

O almeno, è così che dovrebbero essere.

«Basta, basta, David. Ti prego! Smettila!» Le urla di Lorel, la madre di Derek, supplicano senza sosta.

David, prima di aprire la porta, colpisce con un calcio il corpo inerme del bambino sanguinante steso per terra. Varca la soglia ed esce con il volto contratto in un'espressione disgustata, mentre Lorel si precipita verso il figlio con le lacrime agli occhi. La prima cosa che fa è accertarsi che sia ancora vivo: appoggia una mano sul collo e sospira nel sentire il flebile battito del figlio. Questa volta David non si è risparmiato.

Quando beve, il viso del figlio minore per lui diventa quello di un estraneo, di un acerrimo nemico. Qualcuno che gli ricorda le sue responsabilità, qualcuno che lo guarda senza rispetto. Gli occhi di ghiaccio di un bambino che non conosce timore gli danno fastidio. È come se suo figlio lo giudicasse, e lui odia essere giudicato. Basta una parola di troppo o una mossa avventata che la rabbia funesta di David deflagra senza alcun freno. Prende Derek per il collo e lo trascina in una stanza che può chiudere a chiave, poi inizia a colpirlo ripetutamente con il bastone che usa per camminare.

Perché non piange quando lo colpisce? Lo considera un mostro: non è un bambino normale.

Ma, soprattutto, perché non mostra paura nei suoi confronti?

Disumano. Gelido. Indifferente.

Deve colpirlo fino a farlo svenire. Da incosciente il figlio non può guardarlo e non può giudicarlo con quegli occhi color ghiaccio.

Il primogenito, invece, ha gli occhi azzurro cielo, limpidi e chiari, non dà alcun fastidio a David. Dopotutto, Tayler è un bambino taciturno, se ne sta nel suo angolo a giocare e non parla mai. Si spaventa facilmente, esegue gli ordini e la madre lo tiene sotto stretto controllo.

«Va tutto bene, Derek. Va tutto bene...» Lorel tentava invano di proteggere il figlio. Disinfettava le ferite, nascondeva i lividi e lo teneva lontano da David il più possibile. Derek mangiava isolato, completamente solo, e David non lo vedeva quasi mai, anche se abitavano nella stessa casa. Lorel li teneva lontani, anche a costo di segregare il figlio in una stanza per ore.

Non voleva veder risvegliarsi quella rabbia distruttiva. Per qualche ragione a lei ignota, solo Derek innescava gli scatti d'ira del marito. Dopo l'infortunio alla gamba era stato costretto al congedo dalla carriera di poliziotto e questo lo aveva segnato profondamente.

Quello strano equilibrio durò per qualche tempo. Derek cresceva senza un padre e David aveva cancellato dalla sua mente l'esistenza del secondo figlio. Il bambino doveva giocare senza far rumore, se aveva fame, doveva aspettare che il padre fosse uscito per andare in cucina. E qualsiasi suono sentisse, aveva il divieto di scendere al piano di sotto. Tayler, invece, poteva muoversi liberamente per tutta la casa.

Un bambino cresciuto nel silenzio della paura non poteva diventare un bambino normale. E Lorel se ne accorgeva: Derek aveva la maturità di un adulto, ciò che appassionava i suoi coetanei lo annoiava. Cresceva nella convinzione di essere un mostro, un orribile mostro che portava il padre all'esaurimento, la causa della loro infelicità.

«Oggi ti va di andare al parco?»

Lorel lo trattava con grande dolcezza. Gli pettinava i capelli con cura mentre il silenzio regnava sovrano.

«A che ore potrò rientrare a casa?» chiese.

Derek sapeva che doveva porre particolare attenzione anche al minimo inconveniente. Se il padre l'avesse beccato a citofonare o ad attraversare il salotto, sarebbe scoppiato il putiferio.

«N-non ne ho idea... quando vedrai le luci della cucina spente». Lorel cercava di nascondere quanto quel modo di vivere la stesse logorando. Vedere il figlio costretto a cancellare ogni traccia della propria esistenza la faceva sentire una madre incapace e debole.

Passarono attimi di silenzio prima che Derek aprisse nuovamente bocca.

E questa volta la domanda che pose fece sentire Lorel incredibilmente piccola e impotente. Trattenne le lacrime e mascherò il tutto con un sorriso.

«Pensi che smetterà mai di odiarmi?»

Un peso sul petto le opprimeva il respiro.

«Tuo padre non ti odia. Lui...»

«Se morissi, lui starebbe meglio? Tornerebbe a camminare? E tu smetteresti di piangere ogni notte? Saremmo una famiglia normale, se io non ci fossi?»

Le domande di Derek erano lecite, ma l'espressione apatica con cui le accompagnava non era normale. La freddezza con cui riconosceva il desiderio di morire a un'età in cui la vita avrebbe dovuto essere soltanto una fantastica avventura. Era questa la cosa più terribile.

«Non voglio sentirtelo ripetere mai più, Derek. Siamo intesi?? Mai più!» Lorel aveva lo stomaco annodato dal terrore, in quei giorni la nausea non smetteva di tormentarla.

Così quel pomeriggio Derek rimase fuori nel parco per ore e ore. Si sedette su una panchina a osservare i genitori che giocavano con i figli. Gli sembravano felici. Li guardava con invidia. Un'invidia che non poteva ledere gli altri in alcun modo, ma che lo stava logorando dentro.

Quando iniziò a diluviare, gli altri bambini assieme alle loro famiglie tornarono immediatamente a casa.

«Tesoro, metti la sciarpa o prenderai un brutto raffreddore!» Una signora avvicinò il figlio e con delicatezza lo prese in braccio.

«Se ti ammali, poi cosa facciamo? Sii ubbidiente e copriti bene, Vincent. Così papà ti farà un regalo».

«Un regalo?» La voce del bimbo era entusiasta. Si mise subito la sciarpa, per poi stringersi al collo della madre con affetto.

Derek si chiese perché quel bambino, quel Vincent, sembrasse così felice all'idea di vedere il padre. Come poteva rallegrarsi?

Rimase sotto la pioggia persino quando cominciò a grandinare. Fermo come un soldato in trincea. I vestiti ormai erano zuppi e appiccicati alla pelle, i capelli grondavano acqua. Non sentiva il freddo, non percepiva i brividi.

Ma iniziò a diventare sempre più pallido.

«... copriti bene, Vincent. Così papà ti farà un regalo».

Pensava alla felicità del bambino e tentava di ricollegarla in qualche modo alla figura di un padre. Rimase incastrato in quei ragionamenti così cupi e complessi fino a svenire. Il freddo gli aveva congelato le ossa e intorpidito gli arti. Desiderava nel profondo che qualcuno lo potesse accarezzare e coprire, desiderava non sentire più freddo.

Ma il destino del bambino cresciuto nel silenzio della paura era proprio quello di diventare il principe dei ghiacciai, il re delle nevi.

Al risveglio si trovò nella stessa identica posizione. Cercò di alzarsi e di camminare, ma i vestiti umidi e le scarpe piene di acqua lo facevano inciampare nei suoi stessi passi. Scosso da tremiti convulsi, si sforzò di raggiungere la propria casa.

Quando arrivò di fronte alla porta, si dimenticò di guardare le luci della cucina. Il famoso segnale di via libera. In quel momento, il desiderio di potersi scaldare aveva fatto passare in secondo piano la prudenza estrema con cui si muoveva. Bussò alla porta.

«Che cosa... Derek! Santo cielo, dov'eri finito!» Lorel comparve all'improvviso alle sue spalle, con gli occhi gonfi e arrossati. Aveva passato tutta la notte a cercarlo nei parchi della città, ma non l'aveva trovato. Si avvicinò a lui e sbiancò di colpo nel vedere com'era ridotto.

«Hai la febbre, stai bruciando!»

«Io sento freddo, mamma».

«C-chiamo subito un'ambulanza, santo cielo!» Le lacrime non smettevano di scenderle dagli occhi.

«Sono stato... bravo?»

«Pronto, ho un'emergenza. Mio figlio è rimasto sotto il diluvio tutta la notte, ha la febbre altissima e ha l-la pelle blu... vi prego, fate qualcosa».

Lorel era sempre più sconvolta. Si sentiva svenire e la vista del figlio ridotto in quello stato non la faceva sentire meglio.

«Sono stato bravo?»

Il bambino dagli occhi di ghiaccio continuava a ripetere la stessa domanda all'infinito. Non era in sé e neanche se ne rendeva conto.

Ma quando David spalancò la porta con una bottiglia di scotch in mano e il solito bastone nell'altra, la situazione precipitò. L'equilibrio che Lorel continuava a difendere a ogni costo andò in pezzi in un solo istante. Si sgretolò ogni cosa.

Urla, sangue, rabbia e ghiaccio.

La bottiglia di scotch finì in testa a Derek e il sangue cominciò a colargli copiosamente dalla fronte. Non provava dolore, ma uno strano senso di nostalgia. Erano anni che non vedeva da vicino il volto del padre. E in qualche modo, quel piccolo contatto lo aveva sollevato. Così pensò di porre l'unica domanda che gli ronzava sempre in mente.

«Se morissi, saresti felice?»

La domanda di Derek non faceva altro che alimentare l'ira di David. Quel mostro che aveva davanti non era umano: non piangeva, era gelido come un pezzo di cristallo e i suoi occhi non esprimevano alcuna emozione.

«David, lascialo! David, ti prego, non ti ha fatto nulla!» Loren venne scaraventata a terra con forza. Nessuno poteva difendere il bambino dagli occhi di ghiaccio, nessuno. Neppure Tayler osava intromettersi: li guardava dalla finestra con apatico distacco.

Derek lo sapeva: Tayler non l'aveva mai voluto tra di loro, non lo considerava parte integrante della famiglia. Quel giorno il bambino dagli occhi di ghiaccio giurò odio eterno al fratello maggiore. E mentre veniva colpito selvaggiamente, ripensò alla scena che aveva visto al parco. La felicità del bambino all'idea di vedere il padre, l'amore di una famiglia che non aveva crepe, e desiderò cambiare vita. David spinse Derek a terra con un calcio e iniziò a colpirlo con il bastone con maniacale ferocia.

Cercava di estirpare un male che solo lui poteva vedere. Un male che aveva le sembianze del figlio. Quel demone dagli occhi azzurri lo guardava con sufficienza e, prima di chiudere gli occhi, mormorò le ultime parole.

«A-almeno... dimmi, sono stato bravo?»

«Non capii mai la risposta. Aveva sussurrato qualcosa, ma i colpi che mi aveva inflitto non mi permettevano di respirare. Papà fu incarcerato e il giorno stesso ebbe un infarto».

Sia mi ascolta con estrema attenzione. Non ha fiatato per tutto il tempo.

«Lui è stato solo l'inizio... c'è un'altra parte della storia».

«Ti ascolto».

Mi dirigo verso la mia stanza. Prendo il fascicolo nel terzo armadietto in alto e lo porto in salotto. Glielo porgo con il fiato in gola.

«Non so se sarai pronta... questo è quello di cui io più mi vergogno».

Cresciuto nel silenzio della paura, era destinato a non trovare mai il perché di quello strano entusiasmo del bambino visto al parco. In quella vita non avrebbe mai incontrato né compreso l'affetto di un padre.

E ne ebbe la certezza dopo la morte di David. Lorel, d'altro canto, trovò l'amore. Un signore gentile e dolce, premuroso con i suoi figli e sempre pronto ad aiutare. Non perdeva il controllo, non aveva scatti di rabbia né usava la violenza. Era un giardiniere che aveva ricevuto una grossa eredità.

Trovò Lorel nel suo momento più fragile: due figli da gestire, l'ansia di non riuscire a crescerli al meglio e l'incertezza economica. Tante insicurezze colmate dalla cordiale tranquillità di un nuovo compagno. A Lorel sembrava un sogno: educato e amorevole. L'opposto del brusco e brutale ex marito.

Si chiedeva se fosse questa la sua salvezza, dopo anni di sofferenze. Si chiedeva se fosse un segnale, un aiuto dal cielo. Lasciò che quell'uomo la guarisse. Non sapeva, però, che più la guariva e più la rendeva succube delle sue bugie, cieca di fronte alla realtà.

«Derek, mi daresti una mano in giardino?»

«Certo, signor Gerard».

Derek lo seguì nel retro e prese subito a lavorare con la pala.

Un bambino di otto anni non poteva decifrare lo sguardo malato di lussuria che Gerard gli stava rivolgendo. Non poteva immaginare che il motivo per cui quell'uomo amava passare così tanto tempo in sua compagnia era il desiderio disgustoso che nutriva per lui.

Lo capì soltanto quando era troppo tardi per ribellarsi.

Si sentì sporco per settimane intere.

Com'era possibile che un adulto gli avesse fatto una cosa del genere?

Com'era possibile che l'unica figura maschile che avesse mai dimostrato gentilezza nei loro confronti fosse in realtà un demonio?

Le mani gli tremavano e lo shock gli impediva di parlare o comunicare con qualcuno. Vomitò immediatamente, si sentiva lo stomaco vuoto ma continuava a rimettere con il desiderio di cancellare ogni cosa.

L'orrore che aveva appena subìto non aveva vocaboli per potersi spiegare. Un bambino di otto anni non sapeva cosa fosse l'abuso, non ne aveva la minima idea. L'unica cosa di cui era consapevole era il senso di repulsione e la paura che provava ogni volta che Gerard lo sfiorava.

«Finirà presto, fai silenzio e fai il bravo» sputava velenosamente Gerard.

Fare il bravo.

Lorel era troppo presa nell'accudire Tayler, che iniziava a manifestare i primi sintomi di una disabilità mentale. Non si rese conto del mutismo selettivo di Derek o delle strane nottate che passava a farsi docce infinite. Si sentiva sporco, continuava a sfregare il sapone sulla pelle per cancellare quelle tracce.

Gerard mostrava interesse anche verso Tayler, ma quest'ultimo sfuggiva alle sue grinfie grazie all'attenzione costante di Lorel nei suoi confronti. Quello che veniva affidato per ore intere a quel demone era Derek. Il ragazzo dagli occhi di ghiaccio, cresciuto nel silenzio della paura, veniva marchiato quotidianamente dalle luride zampe di un mostro più forte di lui.

Una volta gli sussurrò all'orecchio una frase che gli fece perdere la testa.

«Hai degli occhi bellissimi».

Quel commento scatenò in Derek un folle tentativo di evasione. Prese il coltello della cucina cercò di ferirsi gli occhi, ma riuscì soltanto a tagliarsi un lato della faccia. Finì in pronto soccorso: Lorel continuava a sgridarlo per la sua immaturità mentre le infermiere gli medicavano la ferita.

«Questo da te non me lo aspettavo. È questo che fai quando non sono in casa? È una forma di gelosia verso tuo fratello? Perché passo troppo tempo con lui? Sai che ha bisogno di me».

«Signora, adesso il bambino deve riposare. Potrà parlargli più tardi» disse un'infermiera. Si era in qualche modo resa conto dello strano mutismo di Derek. L'aveva osservato con attenzione. Mentre gli mettevano i punti, non sembrava sentire dolore. Non si era mai lamentato né si era mostrato spaventato alla vista degli aghi.

Le sembrava troppo gelido per essere un bambino, così provò a parlarci.

«Perché hai provato a farti male? Non ti piaceva la tua immagine allo specchio?»

Derek non rispose.

«Che cosa non ti piaceva, a tal punto da volerti ferire?»

«Niente» sussurrò Derek.

L'infermiera provò con delicatezza a entrare in contatto con lui. Il suo comportamento aveva fatto suonare un campanello d'allarme nella sua mente. Quel bambino aveva l'aria di chi non aveva mai desiderato vivere. «Deve pur esserci un motivo... qualcosa che ti dava fastidio...»

«Gli occhi» disse all'improvviso Derek.

«Come?»

Passarono istanti di silenzio.

«Gli occhi sono il motivo per cui vengo punito» sussurrò.

Quella frase lasciò l'infermiera senza parole. Aveva mille domande da fare a quel bambino tormentato, ma Lorel entrò in camera dopo aver firmato i fogli di dimissione e lo portò via con sé. Non poteva trattenere un paziente senza un motivo concreto e nessuno aveva notato nulla di ambiguo, eppure... eppure, lei aveva visto la folle rassegnazione di Derek.

Quel bambino credeva che i suoi occhi fossero la genesi del male che lo perseguitava: il padre lo odiava perché aveva uno sguardo a sua detta disumano e quel mostro lo toccava perché ne era affascinato. Così aveva pensato di porre fine lui stesso a quella maledizione.

Nei giorni successivi la situazione si aggravò.

«Gerard, puoi controllare tu Tayler oggi? Porto Derek dall'oculista, devono verificare che non abbia riportato danni». Lorel mise una sciarpa a Derek.

«Certo, non ti preoccupare».

Derek lanciò uno sguardo a Tayler: Gerard gli stava accarezzando la schiena. Sapeva del pericolo che il fratello stava correndo, sapeva cosa sarebbe successo nel lasciarli completamente soli. Eppure, sentì in qualche modo che quella era l'occasione adatta per ripagare Tayler della sufficienza con cui l'aveva sempre guardato.

«Andiamo, mamma». Derek prese la mano della madre e la trascinò verso l'esterno.

Quel giorno Tayler conobbe di persona lo stesso demone che torturava Derek.

Derek

«Nella mia mente era giusto così. Volevo che soffrisse tanto quanto avevo sofferto io, volevo che la pagasse per quando era rimasto in disparte a guardare papà che mi massacrava. Volevo... io volevo...»

Una lacrima mi percorre la guancia.

«Che si facesse male» conclude Sia.

Le immagini di quei giorni sono indelebili nella mia mente. Non riesco a dimenticarle, mi perseguitano nei sogni e mi paralizzano ogni notte.

Annuisco.
«Cos'è successo poi?»

«Tayler, cos'hai? Perché non mangi? E cos'è quello?» Loren lanciò uno sguardo al figlio.

Erano a tavola a cenare tutti e quattro. Tayler aveva gli occhi sbarrati e la mente assente. Con la forchetta aveva intagliato degli strani cerchi irregolari sul ripiano del tavolo.

«Smettila, Tayler!»

Nonostante i rimproveri di Lorel, il figlio continuava a ripetere quei cerchi ovunque andasse.

Da quando l'aveva lasciato solo per accompagnare Derek dall'oculista, Tayler sembrava essersi trasformato. La psicoterapeuta affermava che stranamente era regredito nella sua disabilità. Presentava accessi di violenza fisica, diventava aggressivo e cercava di rifiutare le cure. Nessuno riusciva a capire il perché.

L'unico consapevole della realtà dei fatti era il bambino cresciuto nel silenzio della paura, e non aveva intenzione di rivelare ad alcuno il peso che si trascinava dietro. Per la prima volta anche Tayler era partecipe del suo incubo.

In qualche modo, sapere di avere un demone comune lo faceva sentire sollevato.

Per questo Gerard era convinto di avere tutto sotto controllo: sapeva che nessuno dei due avrebbe aperto bocca. Derek faceva ragionamenti troppo adulti per la sua età: pensava alle spese che avrebbero dovuto affrontare senza l'aiuto di Gerard e sapeva che la madre non poteva sostenerle. Tayler, invece, non si capacitava di ciò che era successo. Non aveva il coraggio di parlare: l'orrore lo aveva completamente sovrastato.

Nessuno dei due si sarebbe ribellato.

Almeno, questo era quello che Gerard credeva.

Un giorno Derek era rientrato in anticipo da scuola, la madre era andata a prenderlo e lo aveva lasciato davanti a casa, perché doveva ancora fare delle compere. Così era entrato da solo.

Quello che trovò cambiò drasticamente il percorso delle loro vite.

Sul divano del salotto, Gerard era disteso sopra Tayler. Gli teneva le mani bloccate con una corda e gli leccava il viso come un animale affamato. In quell'istante Derek non pensò al silenzio del fratello maggiore il giorno in cui il padre lo stava picchiando, non pensò all'odio che nutriva nei suoi confronti.

In quel momento Derek Hill non pensò affatto.

Né a sua madre.

Né alle difficoltà economiche.

Né a ciò che era giusto o sbagliato.

In un lampo prese il primo oggetto metallico che gli capitò in mano, un pesante soprammobile a forma di cavallo, e si precipitò contro il demone: lo colpì alla nuca ripetutamente, fino a spaccargli il cranio. Il sangue cominciò a colare dappertutto. Gerard era steso a terra e si contorceva negli spasmi dell'agonia. Supplicava aiuto.

Tayler si rannicchiò in un angolo con le mani sulle orecchie, paralizzato dal terrore.

Derek al contrario aveva sete di vendetta e non si fermò neanche quando Gerard smise del tutto di muoversi e il suo sguardo si fece fisso e vuoto. Continuò a colpirlo, a sfregiarne il volto con folle divertimento. Si macchiò di sangue in modo irreversibile.

Al rientro, Lorel rimase impietrita davanti a quello scenario raccapricciante.

Derek rivolse su di lei i suoi occhi di ghiaccio, stringendo ancora in mano l'arma del delitto grondante del sangue del suo aguzzino, l'uomo che aveva abusato di lui e del fratello.

«Sono stato bravo?»

Fatico a respirare. Riaprire queste cicatrici mi ricorda che non sono mai guarite del tutto. Un brivido mi percorre la schiena al ricordo di quell'essere viscido. Vorrei cancellare le immagini, dimenticare l'odore del sangue e la sensazione di non riuscire a farne a meno.

Sia sta leggendo la cartella clinica che le ho dato. «Il soggetto manifesta un disturbo esplosivo intermittente, in seguito ad abuso fisico e a ricorrenti episodi di violenza domestica».

«Ho passato gli anni successivi travolto da una collera inarrestabile. Tayler ha reagito chiudendosi in se stesso e nei suoi disegni di cerchi neri ossessivi, io, invece, presentavo ricorrenti esplosioni che si riflettevano sugli oggetti attorno a me e su...»

«E sulle persone che Sebastian ti portava».

Non riesco a frenare le lacrime che mi scendono dagli occhi. «Volevo soltanto sentirmi libero, volevo riprovare la sensazione che avevo vissuto dopo aver colpito quel verme. La sua immagine nella testa mi impedisce di prendere sonno: mi sento perseguitato, continuamente».

Ogni giorno è un incubo da cui non riesco a svegliarmi.

«Se fossi stato meno egoista, Tayler non sarebbe diventato così. Se fossi stato più coraggioso, mamma non sarebbe in questo stato. Se... se io non fossi nato...»

Sia mi asciuga le guance con le dita.

«Hai capito ciò che ho fatto? Ho ucciso un uomo, ho condannato mio fratello all'abuso e ho le mani sporche di sangue. Come puoi guardarmi così?» dico con voce tremante, gli occhi ancora bagnati.

Sia mi osserva nello stesso identico modo in cui mi ha sempre guardato.

«Una cosa per volta. Hai ucciso un uomo? A me non sembra, piuttosto hai liberato il mondo da un essere velenoso che avrebbe contaminato chissà quanti altri bambini».

Parla lentamente. Lascia che le sue parole arrivino dritte a una mente confusa e disordinata come la mia.

«Hai condannato tuo fratello? L'angelo caduto si è condannato da solo nel momento in cui non si è ribellato davanti alle violenze che subivi. È stato bandito dal cielo per non averti difeso, non per quello che è successo dopo».

Le sue parole, una per una, leniscono il dolore delle mie cicatrici.

«Le mani sporche di sangue? Io sono l'essere più sporco e contaminato di sangue. Non mi preoccupa in alcun modo. Ricordi cosa mi avevi detto? Non è niente di nuovo, Derek».

«Dovresti comunque avere paura di me» affermo con decisione, allontanandomi da lei.

«Mi hai chiesto come mai ti guardo così. La risposta è che non saprei come altro guardarti». Si alza in piedi e appoggia il fascicolo sul tavolo.

La osservo camminare fino alla foto di famiglia appesa sullo scaffale. Lo prende in mano e sorride.

«Questo bambino ha affrontato l'inferno per difendere la sua famiglia: non vedo un mostro, non vedo un essere da bandire, non vedo oscurità. Piuttosto, mi rendo conto che hai congelato i rami più intricati dei tuoi pensieri sin da piccolo e devi esserti sentito tanto solo in mezzo a tutto quel ghiaccio. Sei un principe condannato dai cieli per aver macchiato il tuo animo di sangue. Ma sai che dico ai cieli? Che si fottano».

Mi porge la fotografia di famiglia che ritrae me, mamma e Tayler al parco. Era il periodo in cui avevamo ricominciato da capo, solo noi tre e nessun altro.

«Noi non siamo il dolore che abbiamo subìto, siamo la follia con cui ci rialziamo. Perché certe sofferenze non si possono superare rimanendo puliti».

«La mia follia è un male» insisto.

«La follia non è un male. È un ramo del bene che gli uomini tentano di tagliare via, dà loro fastidio sapere che, in fondo, siamo tutti dei pazzi che tentano di trasportare fardelli e farli sembrare leggeri. Perciò cresciamo con l'idea che non dobbiamo mostrare al mondo le nostre imperfezioni, e la sofferenza è la più grande forma di imperfezione esistente. Nascondi questo, nascondi quell'altro... chi l'ha detto che dobbiamo essere impeccabili per essere degni di esistere?»

Sia prende il cappotto appeso all'entrata e lo indossa.

«Sporcarsi è necessario per sopravvivere a certi demoni, se no come li combatti?» Si avvicina di nuovo a me. «E tu, principe di ghiaccio, potrai sporcarti infinite volte...»

Affonda le dita nei miei capelli e li accarezza con una gentilezza disarmante.

«... per me resterai sempre un reale, candido e perfetto».

Non avrei mai pensato che ne fosse capace, ma quella che Sia mi sta riversando addosso non si può definire in altro modo se non dolcezza. Perché sì, gli occhi scuri e selvaggi della strega dai boccoli ribelli mi stanno accarezzando l'anima come nessuno aveva mai fatto prima. Mi sta dicendo che tutti dentro nascondono i propri mostri, e che questo non ci rende meno degni di vivere. Ci rende semplicemente persone che tentano di sopravvivere.

Il bambino cresciuto nel silenzio della paura incontrò la rosa bianca macchiata dal sangue ed entrambi si resero conto di essere macchiati in egual misura.

Ma questa volta nessuno dei due ebbe paura.

Capitolo 29

Trovare il proprio equilibrio a volte richiede di perderlo e cadere.

Non si può stare in piedi per sempre, a volte è necessario graffiarsi per imparare a sanguinare. E a volte, inaspettatamente, lo si ritrova in qualcun altro.

Si chiamano 'esseri complementari': quelli che sono in grado di ristabilirsi a vicenda, fungendo da fulcro e da leva. Illuminati di debolezze, ritrovano la strada grazie agli errori e alla determinazione a non lasciarsi sommergere.

Esseri complementari

Olivia

Galleggio senza salvagente in mezzo a un oceano aggressivo e violento. L'acqua mi impedisce di respirare, ho le orecchie invase da un silenzio assordante, la voglia di urlare ma l'incapacità di chiedere aiuto.

«Olivia, non farmi vergognare. Sii cortese e niente stranezze».

È così che mi sento.

Avvolta in un vestito costoso, con il trucco che nasconde i segni dell'insonnia e della follia. Mamma saluta gli ospiti che ha invitato a cena con il solito sorriso ipocrita. Le portate sono numerose e le persone intorno al tavolo ridono e scherzano, immerse in conversazioni futili.

'Non puoi vomitare qui, Olivia'.

«Cosa stai studiando?»

La figlia della famiglia ospite, Jolie, mi scruta con attenzione mentre sorseggia il suo bicchiere di vino.

«Io... sto facendo uno stage al momento». Cerco di chiudere la conversazione in fretta, avere gli occhi di tutti puntati addosso mi agita.

Mastico all'infinito un boccone di carne, lo passo da una guancia all'altra. L'idea di ingoiarlo mi fa sentire irrequieta, perciò tento di prendere tempo per ridurlo in minuscoli pezzettini più facili da sputare.

«È una nuova moda fare fatica per ottenere qualcosa che si ha già? Non ne avevo idea».

Le risate della tavolata mi umiliano. Secondo queste persone è inutile e disdicevole volersi mescolare con le persone comuni. Chi ha i soldi non deve fare fatica per guadagnarli, non deve sporcarsi le mani. I ricchi sono nati per divertirsi.

'Non puoi vomitare qui, Olivia'.

Prendo il tovagliolo e me lo porto alla bocca: sputo i pezzettini di carne che non sono riuscita a ingoiare senza dare nell'occhio.

«Sono sicura che Olivia intendesse dire che...» dice la madre di Jolie, nel tentativo di venirmi in aiuto.

«Che sto facendo un tirocinio per un posto di lavoro con gente comune, che non abita in una villa di sette piani senza avere nessun merito» mormoro a voce bassa, ma non abbastanza per non farmi sentire.

Le guance di papà si tingono di rosso, mamma tenta di mascherare il fastidio con quell'espressione controllata che assume sempre in situazioni difficili. Tira le labbra e sorride.

«Olivia» mi richiama immediatamente. Mi alzo in piedi prima che possa aggiungere altro.

«Scusate, con permesso. Ho del lavoro urgente da finire».

Senza voltarmi indietro, abbandono quella situazione insopportabile e salgo le scale diretta alla mia stanza. Mi tremano le mani, ho la sensazione di dover rimettere quel cibo contaminato da una ricchezza ingiusta. Mi sento soffocare in questi vestiti che non mi appartengono, mi sento morire sotto questo trucco esagerato, mi sento schiacciata da queste pareti troppo alte e troppo incombenti.

Mi precipito nel bagno della mia stanza, le dita stringono il gabinetto mentre rigetto ogni cosa. Ogni rumore, ogni immagine, ogni sapore e ogni dolore. Tutto fuori.

«E anche questa cena l'hai rovinata». La voce di Jack non esita a peggiorare la situazione.

Con il dorso della mano pulisco l'angolo della bocca, mentre un buco profondo mi divora lo stomaco. Tiro lo sciacquone e con le lacrime agli occhi tento di riprendere fiato. Ho la sensazione di essere sull'orlo della rovina, e allo stesso tempo ritrovo la strana percezione di pace che provo dopo aver vomitato ogni cosa. Il desiderio di dissolvermi nell'aria piuttosto che continuare a vivere intrappolata in una realtà che non mi appartiene.

«Cosa dirà tua madre? Ti chiuderà nello sgabuzzino come ha già fatto le altre volte che l'hai messa in imbarazzo? Anzi, peggio: visita alla clinica e ricovero forzato. Wow, che bella prospettiva». Jack si siede davanti a me.

Mi tappo le orecchie. «Smettila! Smettila!»

«Anche se ti tappi le orecchie, continuerai a sentirmi. Sono nella tua mente, non puoi sfuggirmi. Pensi che arriverà ancora quel ragazzo malconcio a salvarti? Nah, qua ci siamo soltanto io, te e la tua famiglia».

Quel ragazzo malconcio... Edgar. Ho ancora impressa la dolcezza delle sue labbra sulle mie e l'armonia di cui sono stata circondata in pochi secondi. Tiro fuori il telefono dalla tasca e, con le dita che tremano, digito il suo numero.

«Oh, lo chiami... e cosa pensi di fare? Presentarlo a tua madre? Magari va com'è andata con me, ci pensi? Due vittime con lo stesso destino». Jack continua a giocare a carte con le mie debolezze.

«Olivia?» La voce è leggermente impastata. L'idea di averlo svegliato o disturbato in un orario del genere mi fa sentire subito in colpa. «Stai bene? Dove sei?» La sua preoccupazione mi strappa un piccolo sorriso.

«Ecco... io...» tentenno, incapace di esprimere a parole il desiderio di evadere da queste mura.

Passano alcuni secondi di silenzio in cui attende con pazienza che io trovi le parole. Il tormento di poterlo macchiare con i miei problemi, di poterlo turbare in qualche modo con un mostro che mi tiene imprigionata mi fa rimanere in silenzio. Forse non dovrei coinvolgerlo in tutto questo, forse io... non dovrei.

«Arrivo subito».

«Cosa?»

«Sei a casa? Passo a prenderti». Sento il rumore di una serratura.

Sta venendo da me?

«Olivia, sei a casa?» ripete con fermezza.

«Sono a casa» sussurro.

Jack scuote la testa con fastidio.

«Cinque minuti».

Termina la chiamata con queste parole, lasciandomi completamente di stucco. Il solo pensiero di rivederlo mi fa sentire protetta da un male che non riesco ad abbattere. Appoggio le mani alla parete fino ad alzarmi, mi sciacquo il viso ed esco. Non appena metto piede in camera mia mi scontro con l'ira funesta di mamma. Non apre bocca, sfoga il suo odio con un gelido schiaffo che brucia sulla mia pelle.

«Sei una vergogna» sibila. Ruoto la testa, prendo la borsa dal letto e le passo davanti in silenzio.

«Dove stai andando?»

Percorro il corridoio e scendo le scale, diretta verso il portone d'ingresso. Dalla sala da pranzo arrivano ancora le risate degli ospiti. L'autista di papà, che stava fumando una sigaretta accanto al garage, mi rivolge un'occhiata confusa, poi si avvicina in fretta.

«Va da qualche parte, signorina Olivia? Devo prendere la macchina?»

La mamma risponde in tono perentorio. «Non va da nessuna parte. Olivia, torna immediatamente dentro e non uscire dalla tua stanza finché non avrò deciso cosa fare di te».

«Pensi di averne il diritto?»

«Sono tua madre».

Mi sento salire dentro un'ondata di odio e risentimento. In questo momento desidero soltanto vederla soffrire tanto quanto ho sofferto io. «No, non lo sei» sibilo a denti stretti. Mi isolo in una bolla di rabbia, con l'unico intento di scaraventarla nello stesso mare in cui mi ha costretta a nuotare.

Senza alcun salvagente.

«Non sei una madre, tu sei solo un mostro. Così presa dai tuoi averi, dalle apparenze, dai soldi, dalla presunzione... che non ti rendi minimamente conto di quanto tua figlia sia esausta di vivere. Non tollero più queste mura, io mi sento morire qui dentro. Guardate la gente dall'alto in basso e passate il tempo a schernire gli altri. Sei perfida e non ti importa veramente di nessuno!»

Non sento neanche il freddo dell'aria che mi avvolge, dentro di me brucia un fuoco che voglio riversare su di lei per ridurla in cenere. I suoi occhi restano impassibili, non tradisce alcuna emozione.

«Pensi di potermi modellare a tuo piacimento? Più educata, meno insolente, più sorridente, magari un po' più alta e snella. Mi hai cresciuto con queste parole. E quando non mi comportavo come desideravi, mi rinchiudevi nel ripostiglio al buio per ore. Da piccola pensavo fosse una cosa normale. I genitori fanno questo, mi ripetevo come una stupida. Quando cercavo un contatto, mi allontanavi condannandomi a ore di esercizi di disciplina e di portamento. Cose che una bambina non può comprendere, ma che per te erano di fondamentale importanza. Niente giochi, niente carezze, niente favole della buonanotte. Solo punizioni e sguardi di disappunto, parole amare e insicurezze che mi hai cucito addosso a forza di urlarmele contro. Dovresti essere affettuosa, comprensiva e dolce con tua figlia... ma tu non lo sei mai stata. Non sai amare, mamma. Non ami nessuno. Solo te stessa. E santo cielo, io ti odio e ti odierò per sempre. Ti odio, ti odio, ti odio».

Una mano mi prende per il braccio, costringendomi a fermarmi.

«Basta così, Olivia».

Edgar cerca di riportarmi alla realtà. Mi attira a sé, si toglie la giacca e me la appoggia sulla schiena. Ero così infuriata che non mi sono resa minimamente conto della sua presenza.

Sul volto di mia madre si disegna un ghigno sarcastico. «Te ne vai un'altra volta? Finirai per tornare da me, piangendo come sempre».

Mi volto verso di lei, le mani strette a pugno, ma Edgar mi ferma. Appoggia la sua mano sulla mia, schiudendola. Scuote la testa. «Non ne vale la pena, Olivia. Andiamo» sussurra. L'impellente desiderio di restituire il male che mi ha inflitto, la voglia di vederla cadere nello stesso baratro che ha scavato nella mia anima. Sono più forti di me.

Edgar mi accarezza la schiena. «Guardala, sta tremando. Non sa più cosa dire... non ne vale la pena». Con calma mi accompagna verso la sua auto. Mi sostiene per il braccio con una gentilezza che colma il vuoto della mia rabbia. Salgo in auto, lancio un ultimo sguardo verso la donna che mi ha messo al mondo e intravedo qualcosa di diverso dall'espressione piena di disappunto che sono abituata ad aspettarmi. Distorce le labbra, sulle guance scendono due lacrime. Poi si volta e torna dai suoi ospiti. Edgar avvia il motore e guida nel silenzio più completo. Abbasso il finestrino e lascio che il vento mi accarezzi i capelli. Inspiro a fondo, l'aria mi sembra più leggera. La guancia mi brucia ancora, ma a farmi più male sono i ricordi, le parole che si sono impresse giorno per giorno nella mia mente di bambina.

'Non saresti dovuta nascere così'.

Intreccio le dita in grembo e le stringo.

'Più magra'.

Mi porto una mano al petto, cercando di alleviare il peso che sento.

'Sorridi e sii graziosa'.

'Portamento, Olivia'.

Il fiato si spezza.

'La figlia dei Winston ha vinto una borsa di studio, vedi di fare qualcosa che possa superarla'.

Mi avvicino di più al finestrino e inspiro dal naso, ma non riesco a riprendermi. Il respiro accelera e comincio ad ansimare.

'Niente stranezze'.

I suoni esterni si affievoliscono.

'Non farmi vergognare, tieni a bada le tue pazzie'.

Non mi rendo conto che ci siamo fermati, finché Edgar non apre la portiera. Mi sorregge per il braccio e mi appoggia alla macchina, intrappolandomi nell'oscurità dei suoi splendidi occhi.

«Segui me, fai così». Inspira dal naso, trattiene il fiato per cinque secondi e poi butta fuori l'aria. Seguo i suoi movimenti, come se avessi disimparato a respirare. Sembra assurdo. Come posso non saper respirare? Come posso non trovare più fiato?

«Ancora una volta» ripete.

Lo imito e a poco a poco sento il petto riempirsi d'aria. Ritrovo nella sua semplicità l'equilibrio che mi serve per ritornare con i piedi per terra. Nonostante il freddo, Edgar mi fa sentire al caldo come non mi sono mai sentita prima. I capelli scomposti e la felpa troppo grande: l'opposto della precisione, l'opposto del controllo e dell'ossessione. Nel disordine del suo scompiglio c'è la formula per il mio sorriso.

«Va meglio?»

«Va meglio» sussurro. «Co-come l'hai capito?» chiedo.

«Che avevi bisogno di fermarti? Sono il re degli attacchi di panico, figurati se non so riconoscerne uno quando lo vedo» dice con un sorriso.

Riesce a rendere meno spaventosi perfino gli attacchi di panico.

«Ho un'idea... le frittelle sono l'ideale in questi casi».

«Le cosa?»

«Non dirmi che non le hai mai mangiate?»

La mia espressione confusa lo fa inorridire. Prima ancora di rendermene conto, mi ritrovo mano nella mano con lui in una strada illuminata. Proprio come in un sogno. Un dolce sogno.

Il profumo del cibo mi arriva al naso come un piccolo solletico, le bancarelle sono affollate di persone che ridono e scherzano camminando senza fretta. Edgar è in coda davanti a un bancone, porge delle banconote al venditore e dopo qualche minuto stringe un paio di frittelle tra le mani, con il sorriso di un bambino felice. Ci accomodiamo a uno dei piccoli tavoli di legno ancora liberi. In mezzo al tavolo c'è una candela che illumina e scalda.

Si sporca i lati della bocca con lo zucchero, la felicità con cui gusta il suo dolce lo rende bellissimo. «Ti sentirai meglio già dal primo boccone» promette.

Lo osservo incantata. Possibile che Edgar abbia il potere di addolcire la realtà mostruosa a cui sono abituata?

Avvicino la frittella calda alle labbra: un piccolo morso e mi sento invadere di calore e di dolcezza.

«Questa è vita» mugola lui, tra un morso e l'altro. Ha un'espressione così buffa e concentrata che mi viene automatico sorridere a mia volta. È capace di trovare attimi di gioia nelle piccole cose, anche le più insignificanti. E per una ragazza dal dolore invisibile, non c'è cura migliore. Edgar ha l'accortezza di prendere un'altra frittella e di mangiare lentamente, in modo che io finisca senza sentirmi pressata. Comprende i miei pensieri ancor prima che possa formularli. Solo chi è totalmente distrutto può capire la fatica di muoversi fra cocci acuminati.

«Non è bellissimo?»

«Cosa?»

«Le luci dei lampioni, le candele, le frittelle, l'aria...»

Rimango ammaliata dalla purezza delle cose che lo fanno sorridere. Le luci dei lampioni, le candele, le frittelle, l'aria.

«Lo è» ammetto. Noto che tutti avvicinano le mani alle candele per scaldarsi, così provo ad avvicinare le mie, ma finisco quasi per bruciarmi.

«Appoggiale sotto, altrimenti ti scotti». Sposta le mani sulle mie per guidarle. Rimango paralizzata dalla morbidezza delle sue dita posate sulla mia pelle gelida.

Solo ora mi rendo conto del fatto che anche lui sembra avere freddo, eppure ha tolto la giacca per coprire me quando ero sul punto di esplodere dalla rabbia. Non mi ha chiesto di raccontargli quello che è successo.

«Non sei curioso?»

Mi rivolge un'occhiata confusa.

«Riguardo a quello che è successo prima con mamma, e anche a quando ero bloccata per strada...»

«Non ho domande».

La semplicità delle sue parole mi lascia di stucco. Non è interessato? Oppure questo argomento lo annoia? Certo, chi mai vorrebbe sentire le storie di una pazza che vede fantasmi.

«Non ho domande, ma voglio sapere cosa ti rende triste. Non voglio essere invadente, se vuoi parlare ci sono. Se non vuoi parlare, ci sono lo stesso».

Due esseri complementari possono trovare un punto di incontro anche se persi in una tempesta più grande di loro?

«Mi prenderai per pazza...»

«E chi non lo è, in questo mondo».

Ogni mia difficoltà ha una soluzione ai suoi occhi.

Così, in una serata del tutto improvvisata, avvolti dal profumo delle frittelle e dal calore delle candele, racconto a Edgar dello spirito che convive con me. Non mi ferma neanche per un secondo, rimane ad ascoltare con interesse ogni singola parola. Nei momenti più dolorosi mi accarezza la mano con dolcezza, quasi a voler estirpare la sofferenza con un incantesimo.

«Lo vedi anche adesso?»

Le sue parole rievocano la presenza del mio fantasma. È seduto accanto a me, ma non riesco a sentirne la voce. Come se la presenza di Edgar, chissà come, riuscisse a farlo ammutolire.

«Sì... è qui con noi». Temo di sembrare pazza, ma Edgar accoglie le mie parole con estrema serietà.

«Può sentirci?»

«Sì, sente ogni cosa».

«Ti parla?»

«Ora no, ma di solito sì… penso che la tua voce sovrasti la sua. Non riesco a sentirlo quando mi parli» ammetto.

«Allora parlerò all'infinito, finché non si sarà stancato di abitarti dentro e ne avrà le scatole piene di me». Una minaccia così tenera mi rimane impressa in modo indelebile.

«Lo faresti?»

«Lo farò».

Il sorriso che nasce sulle mie labbra è qualcosa di nuovo e inaspettato. Per la prima volta lascio che sia un altro a guidare la mia nave in un viaggio di cui non conosco la rotta. Ma anche solo staccare le mani dal timone mi fa respirare come mai prima.

«Non ti sembro pazza?»

«Io ti sembro pazzo?»

«Cosa c'entra?»

«Anch'io sono guidato da uno spirito che ha lasciato il mondo anni fa. Solo che il mio non è maligno, mia sorella non mi trascinerebbe mai in un pozzo di dolore e sofferenza».

Eveline.

Siamo entrambi legati da spiriti invisibili.

«Ti manca?»

«Da morire…» Il suo sorriso diventa malinconico. «Ma cerco di convincere me stesso che sia in un posto migliore, in un posto in cui non esiste violenza. Un posto come quelli che piacevano a lei, pieno di scivoli, altalene e fiori. Un posto sempre soleggiato, in cui la pioggia non esiste e neanche il male».

Si sforza di sorridere, ma gli occhi lucidi lo tradiscono. L'emozione, la fragilità lo rendono unico. Ha saputo conservarle attraverso l'inferno nel quale ha vissuto ogni giorno.

«Comunque, i nostri genitori sono proprio dei begli esemplari. Pensavo di essere il più sfigato di tutti, ma anche tu non scherzi…» Mi strappa una risata che non riesco a controllare.

Due esseri complementari nelle loro sofferenze trovano pace nel reciproco sostegno di una serata fatta di luci e di zucchero.

Per la prima volta, mi sento leggera e viva.

Capitolo 30

Alcune persone sono troppo frantumate per guarire e guarirle significherebbe aumentarne le sofferenze. Perciò le si guarda decomporsi in silenzio.

Nel silenzio di chi rispetta il dolore di un destino che ha il solo scopo di distruggerle.

Destini inevitabili

Derek

«Questa sarà la parte più complicata dell'intero processo. Non potrete mentire perché lo capiremmo, qualsiasi vostro tratto mentale sarà indagato e analizzato nel dettaglio».

Frederick ci guarda con aria divertita: gli piace mettere in difficoltà il prossimo, vederlo senza via d'uscita. Tutti e tre i gruppi – le Stelle cadenti, i Serpeverde e il nostro – sono riuniti in una sala conferenze. Siamo seduti su minuscole sedie scomode, davanti a ciascuno di noi ci sono delle tele bianche e un piccolo ripiano con matite, pastelli e pennarelli.

Lo psicologo della società, un uomo sulla quarantina con una camicia bianca, ci spiega il compito. «L'intento è quello di comprendere come funzionano le vostre menti. Vogliamo avere un quadro più completo di come potrete in futuro reagire agli eventi e quale ruolo potreste ricoprire in questo settore». Intanto ci mostra alcune diapositive dei lavori precedenti.

La vicepresidente e gli altri rappresentanti ci osservano dall'alto, separati da un vetro spesso che ci impedisce di sentirne le voci. Gli occhi della donna, quella che Sia chiama 'strega bianca', sono fissi su di me, come se stesse decidendo se lasciarmi in vita o annichilirmi per sempre.

«Che gioco del cazzo» commenta Hemlich. Nessuno dei presenti è entusiasta all'idea di essere psicoanalizzato attraverso un disegno che stabilirà quale ruolo potrà ricoprire nel futuro.

Nessuno è soddisfatto, perché nessuno sa quali siano i criteri per poter ottenere ciò che vuole.

«Ogni anno sottoponiamo le nuove reclute a questo processo. Ci permette di assegnare diversi compiti: caporedattore, inviato, art director, direttore responsabile, presentatore televisivo...»

Non potremo decidere il nostro ruolo, dovremo adeguarci al verdetto finale delle loro interpretazioni.

«Che cosa dobbiamo disegnare?»

Lo psicologo sorride. «Siete curiosi, bene. Dovrete disegnare voi stessi, il modo in cui pensate di essere. Senza alcuna influenza, scegliete voi, liberamente».

«I disegni dovranno essere consegnati entro le sedici di oggi pomeriggio, raccomando la massima puntualità. Chi non consegnerà sarà automaticamente escluso. E fidatevi, fare i furbi non vi conviene. Il team di esperti analizzerà ogni elemento con la massima attenzione e cura. Buon lavoro».

Dopo queste parole, Frederick e lo psicologo lasciano l'aula.

Ci guardiamo tutti con il vuoto negli occhi. Nessuno sa come gestire un gioco di cui non si conoscono le regole. Non si può barare, né fingere, né copiare. Siamo costretti ad affidare la nostra identità a un giudizio esterno che non possiamo influenzare. Alcuni iniziano a disegnare il proprio volto, giocando con i colori e cercando di eseguire un perfetto autoritratto. Altri provano a riprodurre le proprie foto migliori, altri invece chiamano al telefono amici che studiano psicologia per avere qualche dritta.

Il mio sguardo cade sulla ragazza dai boccoli ribelli seduta di fronte a me. Osserva la tela bianca per vari minuti, senza toccare niente. Come se il nulla potesse, da un momento all'altro, inghiottirla e darle delle risposte che non trova. Poi si alza ed esce dall'aula in silenzio. I suoi occhi non tradiscono alcuna emozione.

«Cos'ha Sia?» sussurra Edgar. È seduto accanto a me e attende con impazienza una risposta, qualcosa che possa spiegare l'atteggiamento passivo della strega dagli occhi selvaggi. Anche Olivia mi osserva con la speranza che io sappia decifrare l'umore di Sia.

Prima che possa dire qualcosa, lei rientra in aula con in mano la sua borsa. Hemlich coglie l'occasione per compiere il gesto più stupido della giornata: stuzzicarla.

«Cosa hai fatto? Contattato qualche amico di mamma per farti dare delle risposte? Perché non le condividi con noi, invece di prendere il massimo dei voti da sola?»

«Perché non ti levi dal cazzo? Mi sembra un'opzione che ti si addice, giullarino» ribatte lei senza scomporsi. Poi riprende il suo posto. Tutti i presenti si voltano a guardarli.

L'odio e l'invidia che nutrono nei suoi confronti li portano a circondarla di stupidi pettegolezzi sulla facilità con cui, secondo loro, lei passerà ogni prova. Continuano imperterriti a sostenere che la madre la stia proteggendo. Se soltanto sapessero che, invece di proteggerla, da anni non fa che trascinarla sull'orlo dell'autodistruzione...

«Se non vuoi darmi delle risposte, le troverò da solo». Hemlich strappa la borsa dal banco di Sia, svuotandone il contenuto per terra. Nella stanza cala il silenzio. Alcune siringhe giacciono sparpagliate a terra, sono i sedativi che usa quando la rosa bianca si fa troppo vicina.

Ora comprendo. Mi alzo di scatto e mi chino a raccoglierle, prima che qualcuno possa vederle e sottrargliele.

«Ti droghi in bagno? Sei più pazza di quello che pensavo. Ecco perché spari cazzate sui giullari, i principi, le streghe... sei una tossica fuori di testa!» Hemlich alza il tono di voce, le sue parole fanno ridere gli altri candidati, che non vedevano l'ora di sfogarsi contro di lei.

«Non è il luogo né il momento, Hemlich, smettila subito». Olivia lo riprende con durezza. Edgar tenta di comunicare con Sia, ma lei sembra persa in un altro universo. Non sente ciò che la circonda e temo che i miei sospetti si stiano concretizzando. È il periodo del mese in cui non è se stessa, la rosa bianca sta per tornare. Deve uscire da qui, ora.

«Oh, adesso hai i cavalieri che ti proteggono? Wow, vi sostenete a vicenda perché vi aiuta ad andare avanti in questi stupidi test? Scommetto che sapevate in anticipo quale fosse il compito di oggi. Ecco perché siete così calmi, quando qui siamo tutti quanti in preda al panico». Hemlich oggi è più aggressivo e scorbutico del solito. Il fatto che siamo rimasti in pochi e che le selezioni stiano diventando man mano più severe lo rende irrazionale.

I ragazzi degli altri gruppi ci guardano con sospetto e indugiano. Non si fidano più neanche dei propri compagni. Sono in pochi a tenere i nervi saldi: Tatiana e qualche ragazzo della prima fila. Pochi sopravvissuti ai giochetti mentali della vicedirettrice.

Mi alzo in piedi, rimetto le siringhe nella borsa di Sia. «Stai attento a come parli» sibilo. Prendo per mano Sia e delicatamente la faccio alzare dalla sedia, le faccio infilare la mia giacca e mi assicuro che sia ben coperta. Ha la pelle che scotta. Non posso credere che sia venuta in questo stato e che non abbia chiesto aiuto.

«Dovrei, Derek? Sai che ho in mano una carta che non mi sono ancora giocato, numero 204? Posso sempre fare una soffiata alle altre testate giornalistiche e sottolineare quale rischio rappresenti qui...»

Ignoro la frecciatina, ma la strega dai gusti raffinati, che fino ad allora era rimasta in silenzio, si porta una mano alla bocca e comincia a ridere fragorosamente.

«Scusate, ma fa così ridere che non riuscivo più a trattenermi. Giullarino» sposta lo sguardo verso Hemlich «queste siringhe sono sedativi, non droghe. Servono per non farmi dare di matto. Sai, ho qualche rotella fuori posto. Da un momento all'altro potrei...»

Si avvicina a Hemlich e, prima che possa rendermene conto, lo infilza con una siringa che ha nascosto in mano. Lo guarda crollare a terra con un sorriso divertito. Era il suo piano sin dall'inizio: avvicinarsi e colpirlo. Ecco perché era rimasta in silenzio.

«... fare pazzie come questa. Vedi? Ora mi credi? Non volevo ricorrere a questi metodi, ma non mi hai lasciato altra scelta. Pensavo che fosse ingiusto passare per una drogata quando in realtà sono soltanto una psicopatica».

Edgar si porta una mano alla testa in segno di disperazione, Olivia tenta di nascondere la siringa alla vista degli altri, che sporgono con curiosità per osservare la scena.

«Andiamo via». La prendo per il braccio e la trascino fuori dall'aula. Lei continua a ridere, divertita dalle espressioni terrorizzate dei nostri compagni. Nessuno è riuscito a dire una parola.

Hanno paura di lei, della sua espressione al limite della follia e di quella risata scomposta.

«Dammi il telefono» dico in tono perentorio. La tengo stretta per il braccio mentre la obbligo a scendere le scale.

«Siamo a quel punto della nostra relazione?» ammicca lei.

«Il telefono, Sia» ripeto a denti stretti.

Alza gli occhi al cielo, mi porge il cellulare con aria scocciata. Io cerco il numero di Tom mentre la trascino fuori dall'azienda. I dipendenti ci squadrano con circospezione. Tento di non attirare troppo l'attenzione, ma Sia non è certo il tipo da non farsi notare.

«Non risponde» mormoro mentre usciamo. Gli lascio un messaggio per avvertirlo della situazione.

Continuo a camminare verso la moto, quasi trascinandola con me.

«Oh, che peccato».

Ignoro le parole che le escono dalla bocca. Intanto inizia a piovigginare, il cielo si fa sempre più scuro.

«Sali».

Infilo il casco, senza perderla di vista.

«Dove mi stai portando?»

«A casa tua».

«Oh, vuoi rinchiudermi in una stanza perché sto per perdere il senno? Romantico». Il tono ironico non maschera la tristezza velata nel suo sguardo. Prende il casco dalle mie mani e lo indossa senza obiettare.

A differenza delle altre volte, non si regge a me, non ci prova neanche. Il che è piuttosto strano: la Sia che conosco non esiterebbe un istante. Le prendo le mani e la costringo a stringermi la vita con forza.

«Non mollare la presa, hai la febbre alta. È pericoloso se non ti reggi» la ammonisco.

Non obietta, né risponde. Sospira profondamente, con la stanchezza di chi sopporta da tempo un peso nascosto. Le mani le tremano visibilmente. Al semaforo rosso, provo a parlarle per accertarmi che stia bene, visto lo strano silenzio in cui si è avvolta.

«Sia, mi senti? Siamo quasi arrivati».

Non risponde. Appoggia la testa sulla mia schiena, alternando profondi respiri ad attimi di tremore. Paralizzata da un male che non lascia trapelare. Sta cercando di tenere a bada l'altra parte di sé che vuole emergere e sopprimerla. Solo quando arrivo di fronte al portone della sua villa, riesco a comprendere il perché si sia accasciata su di me per tutto il viaggio senza proferire parola.

È pallida, sudata e tremante, la sua mente sta lottando contro un male invisibile agli occhi altrui. La sorreggo mentre le tolgo il casco dalla testa. Con delicatezza l'accompagno all'interno. Mentre saliamo le scale verso la sua camera, perde l'equilibrio e rischia di cadere. Così la prendo in braccio e la porto di peso su questi infiniti gradini. L'architettura di questa casa ricorda quella di un castello maledetto. C'è un silenzio opprimente che soffoca qualsiasi parola.

Il respiro caldo e lento di Sia mi solletica il collo. Mormora delle frasi sconnesse e incomprensibili. Apro la porta di camera sua, sbloccando i ricordi dell'ultima volta in cui l'ho vista qui. È sempre la rosa bianca a portarmi dentro queste mura. La tristezza delle pareti e l'assenza di effetti personali rendono l'ambiente cupo e desolante. Non ha foto, non ha ricordi, non ha quadri.

Solo un letto al centro della stanza, un armadio e un comodino su cui ha appoggiato un libro. Fiabe.

«Che cosa succede? Sta bene? Ho già chiamato il medico». Tom irrompe nella stanza, con il fiatone e con il volto completamente terrorizzato.

Mi dà una mano ad appoggiarla sul letto e sbianca quando si rende conto della sua temperatura corporea.

«Sta opponendo resistenza, le sale la febbre quando lo fa...» balbetta con tristezza.

«Resistenza?»

Tom mi rivolge uno sguardo muto. Scosta i capelli di Sia dalla fronte, passandole una mano sulla guancia. Nutre un profondo affetto per lei e forse questa è l'unica cosa positiva rimastale dal passato.

«La rosa bianca... sta diventando sempre più aggressiva. Sia cerca di opporsi, ma il suo corpo non regge la fatica. Perciò esprime la sofferenza con febbre, brividi e svenimenti continui».

Il suono del citofono interrompe le parole di Tom, che si reca immediatamente al piano di sotto. Il medico dev'essere arrivato. Sia emette un lamento che mi fa desiderare di poter assorbire il suo dolore e di farla sentire meno sola di quello che è. Proprio come lei ha fatto con me.

L'unico essere umano che non ha trovato rivoltante la mia storia, l'unica persona che l'ha ascoltata con l'interesse di chi può comprendere la follia disperata di dolori troppo grandi.

Un medico di mezza età entra nella camera e apre la valigetta. «Proviamo a sedarla, anche se dubito che funzioni. Quando si sveglierà, avrà la meglio la seconda personalità... ma almeno così smetterà di agitarsi e potrà riposare».

«Ma Sia non vuole questo» intervengo.

Il dottore sembra essersi accorto soltanto adesso della mia presenza.

«La signorina Carillo ha un amico?» chiede a Tom con vivo stupore, come fosse una rarità.

«Sì, lui è Derek. È molto speciale per Sia, è il principe di...» risponde lui.

«Di ghiaccio? Sei tu quello di cui parla Sia?»

«Lei non vuole la rosa bianca. Se sedarla significa rendere vani tutti i suoi sforzi, allora che senso ha?» Mi sposto di fronte al letto, impedendogli di raggiungerla con la sua siringa.

Lui sorride compiaciuto.

«Deduco sia lei, Derek. Mi spiace deluderla, ma Sia e io abbiamo fatto un accordo. L'ho lasciata continuare con la sua lotta, ma se fosse arrivata al punto da perdere il controllo di sé, avrei fatto a modo mio. Ora è stesa nel letto con la febbre, continua a pensare di poter cancellare qualcosa che, in un modo o in un altro, è parte di se stessa. Quando imparerà ad accettarlo, potrà iniziare a cercare una soluzione autentica».

Tom mi fa segno di ascoltare le sue parole. Mi sposto leggermente, permettendogli di avvicinarsi a Sia. Il medico estrae dalla borsa alcune fiale da cui aspira un liquido a me sconosciuto.

«Pensa di essere l'unico ad averla a cuore?» Scopre la spalla di Sia e la disinfetta. «Ho in cura questa ragazza da quando la madre ha tentato di ucciderla, l'ho vista crescere senza il desiderio di vivere. Le ho cucito i tagli che si è procurata nella speranza di morire, le ho guarito i lividi che la rosa bianca le infliggeva nel sogno e mi sono occupato delle sue mani il giorno in cui si è ustionata per cancellare le linee della vita. Ho indagato con ogni singolo centimetro consumato della sua mente. Pensa veramente che voglia rovinarla?»

Rimango in silenzio di fronte all'esperienza di questi due uomini che l'hanno vista lottare per anni con un male troppo grande da guarire. Il medico prende la siringa e con delicatezza la infila nel braccio, concedendole nell'immediato un sonno profondo, lontano da una lotta troppo sfiancante per il suo corpo ormai sfinito.

«Vorrei guarirla, ma non si può guarire del tutto chi è ormai ridotto in mille pezzi».

Il ricordo di Sia che si definisce l'essere più macchiato di sangue al mondo, la sua spavalderia di fronte alla sofferenza umana, il potere di comprendere colori macchiati da traumi diversi dai propri. Tutto ciò non può essere malato. Non può essere rotto.

Tom abbassa lo sguardo, non riesce ad ascoltare ancora. Stringo le mani in un pugno di rabbia che non riesco a placare.

Come può una persona speciale come lei non avere vie d'uscita?

«Si può fare, invece». Il mio tono di voce non ammette obiezioni.

«Non se a ogni frammento che ripari, se ne spezzano altri dieci. Ho imparato a rallentare il processo, almeno così posso fare in modo che non sia troppo doloroso».

Lo osservo riporre al suo posto il materiale che ha appena usato. Le misura la temperatura con il termometro, mentre il silenzio di una realtà che non riesco ad accettare mi paralizza completamente. Tom mi appoggia una mano sulla spalla.

«Sono felice che sia riuscita a farsi degli amici, non li ha mai avuti prima». Il suo sorriso è contaminato dalle lacrime che gli scendono dagli occhi. Accompagna il dottore alla porta, mentre discutono dei farmaci da ordinare. Le loro voci mi giungono all'orecchio ovattate e distanti.

Osservo il volto di Sia rilassarsi sotto l'effetto del sedativo. Non ha fatto altro che cercare di comprendere il prossimo, cercare di tradurlo nella lingua delle fiabe, un elemento che le permettesse di avvicinarsi e di aiutare a modo suo.

L'ha fatto con Olivia, con Edgar, con me... con tutti. Inizialmente lo consideravo soltanto un aspetto della sua follia, della sua tendenza a superare sempre i limiti, non ne avevo capito il reale significato.

Sia tenta di comprendere chi la circonda, nella speranza inconfessata che qualcuno la possa decifrare e forse aiutare. Osservo il libro di fiabe che ha sul comodino e ne accarezzo la copertina con attenzione. Rimango affascinato dalla cura con cui è tenuto.

«Quella è la chiave per comprendere Sia».

Sposto la mano dal libro.

«Non mi è mai interessato tanto come oggi...» ammetto.

«E non lo leggi?» Tom regge in mano una bacinella con acqua fredda e un panno di stoffa. Si avvicina al letto e le siede accanto, comincia a bagnare il panno e a strizzarlo attentamente.

«Non voglio imbrogliare. Me le racconterà lei stessa».

Le pone il panno bagnato sulla fronte. «Il principe di ghiaccio, chi l'avrebbe mai detto. Secondo le sue fiabe siete nemici mortali a cui è vietato qualsiasi contatto».

Nemici mortali.

È così che giustificava il mio distacco nei suoi confronti, come odio per le discendenze a cui apparteniamo. Eppure, per me era tutto tranne che odio. Il distacco che dimostravo serviva a difendere le certezze che sentivo traballare sotto il suo sguardo.

Non potevo permettermi di mollare la presa, di tremare, di dubitare... e lei suscitava in me dubbi, desideri e timori.

«Continuo io». Prendo la bacinella dalle mani di Tom.

Lui mi fa spazio, permettendomi di sedermi di fronte a lei, con la mano appoggiata sulla sua fronte. Cancello qualsiasi distanza, qualsiasi regola, qualsiasi timore.

«Se scoprisse questa cosa, farebbe delle battute imbarazzanti» commenta Tom con un sorriso malinconico.

«Allora non sono l'unico oggetto delle sue prese in giro» rispondo con lo stesso sorriso.

«Sia tende a mettere alle strette chiunque. Eppure lascia sempre un segno indelebile in chi la circonda. È la persona più altruista che io abbia mai conosciuto, ha una profonda dolcezza nascosta perfino a se stessa, perché teme di sfidare le regole di un mondo che l'ha sempre ferita».

Passo le dita sulle guance di Sia e la loro morbidezza mi fa sorridere. Non avevo mai notato la delicatezza dei suoi lineamenti, di solito sempre tesi nelle sue espressioni sarcastiche. Non avevo mai notato che ha la luce di un bambino, quando dorme.

«Li vedi quei post-it sopra alla testata del letto?» Tom si alza in piedi e li indica.

«Sono promemoria?»

«Non esattamente. Si segna tutto quello che ha paura di dimenticare: sta iniziando a manifestare dei vuoti di memoria... siamo a un punto di non ritorno».

'Sto facendo un tirocinio alla Big World News'.

'Sul comodino c'è il libro delle fiabe'.

'Melissa viene ogni pomeriggio a parlare'.

'Tom è gentile. È il cavaliere di papà'.

'Papà era un re'.

'Papà è morto. L'ha ucciso mamma'.

'Mamma ha tentato di uccidere anche me'.

'Mamma è una strega'.

«Da quando?» Cerco di mantenere un atteggiamento neutrale, anche se la fragilità di quei piccoli frammenti di carta mi fa sanguinare il cuore.

«Da... un mese. Sta perdendo piccoli dettagli, finora niente di grave. Ma il terrore di non riuscire a collegare pezzi della sua memoria le crea molta ansia».

Sul telefono di Tom arriva una chiamata che lo costringe a uscire dalla stanza.

Rimango a fissare i quadratini gialli sulla testata del letto. Guardarla sgretolarsi con lentezza è una sofferenza che non riesco ad accettare. Decido di memorizzare ogni riga, ogni parola.

Voglio imprimere dentro di me ogni più piccolo frammento perduto da Sia.

«Ti impedirò di consumarti. E anche se non ricorderai, io ricorderò al tuo posto. Te lo prometto, Sia».

Passo tutta la giornata a leggere quegli appunti, alcuni fondamentali, altri tipici del suo carattere: ha descritto vendette che deve ancora compiere su sconosciuti che le hanno fatto un torto.

Il mio sorriso si interrompe alla vista di un post-it diverso da tutti gli altri.

È azzurro.

'Mangia invece di maledire, strega dai gusti raffinati'.

Capitolo 31

Avete mai provato a parlare con la paura? Scoprireste che anch'essa ha paure che la terrorizzano. Eppure, nessuno la consola. Nessuno le parla, nessuno l'ascolta.

Si dà per scontato che non abbia alcuna sofferenza che la paralizza, si crede che lei non abbia genesi nel dolore. Se si sapesse che la paura ha altre paure, probabilmente si inizierebbe a guardarla con occhi diversi.

La paura ha paure

Derek

La riconosco subito, 'la rosa bianca'. È seduta sul letto, con uno specchio in mano. Si pettina e canticchia una melodia malinconica.

«Sei ancora qui, principe di ghiaccio? Stai tenendo duro. Ancora non l'hai abbandonata?»

La osservo dalla soglia della stanza: è una persona diversa rispetto a Sia. Condividono lo stesso corpo, ma lo alimentano con una luce differente.

«Allora? Vuoi rimanere lì imbambolato?»

Negli occhi un'ombra che non conosco, le labbra incurvate

verso il basso e la postura minacciosa e aggressiva. Si raccoglie i capelli, cancellando ogni traccia della precedente personalità.

«Ti sei svegliata? Sono sceso per prendere dell'acqua fresca». Appoggio la bacinella sul comodino, per poi avvicinarmi a lei e toccarle la fronte. Il calore è diminuito, il medico aveva ragione.

Sposto la mano sulla guancia, facendola sussultare.

«Tom è uscito, torna tra qualche ora. Dovresti stare a riposo».

Non ascolta: è focalizzata sul contatto delle mie dita. Sembra intimidita dal mio gesto, il che mi porta a staccare la mano.

«Scusami» mormoro.

Ha lo stesso aspetto di Sia, ma nient'altro. Qualsiasi cosa per lei è nuova, diversa, scomoda. In questo momento io non sono altro che uno sconosciuto con cui è costretta a trascorrere del tempo. Nulla di più.

«Perché le stai accanto? I principi non fanno questo» sentenzia.

Persino il tono di voce è differente, pungente e acuto. Quasi a voler graffiare l'aria.

«Perché non dovrei?»

«Non te l'ha detto?» mormora con un sorriso. «Uno dei due muore, alla fine».

«Lo dicono le fiabe?» Mi siedo sulla poltrona di fronte al letto e la osservo attraverso il riflesso dello specchio che tiene ancora in mano.

Tom mi ha assicurato una sola cosa: se la rosa bianca prende il comando, bisogna accertarsi che non si faccia del male. Ricordo l'ultima volta come si era ridotta: graffi, sangue e un dolore che non riusciva a percepire per via di un corpo che non sente suo.

'La condanna degli stregoni finirà per uccidere i reali e se non succederà, sarà l'aspra sentenza dei reali a polverizzare gli stregoni'.

Recita queste parole come fossero una legge di natura a cui nessuno può scampare. A prescindere da qualsiasi desiderio.

«Uno di voi due morirà, ma se le mie previsioni sono giuste... sarai tu a sopravvivere».

«Nessuno dei due morirà».

«Questo corpo è già morto, si sta decomponendo rapidamente. Pensa che l'altro giorno ha sbagliato strada per tornare a casa, se l'era dimenticata. E non è il primo episodio... ne ha avuti parecchi, che ha puntualmente mascherato. Io lo so, ho accesso a tutti i suoi ricordi. So come sta morendo dentro e so che non ha scampo».

Non me ne ero reso conto.

Mai.

Non ho mai visto quanto fosse smarrita, sola e spaventata. Non ho mai dato importanza ai dettagli e ai segnali che, inconsciamente, lasciava trapelare.

«E tu sei qui per farmi da guardia, perché io non la ferisca» conclude. Appoggia il pettine sul tavolo prima di alzarsi.

Cammina a passo lento verso di me: niente boccoli ribelli, niente sguardo selvaggio, niente risata maliziosa... nessuna traccia di Sia. Un viso apatico e pallido che mi osserva con scherno e quasi con disgusto.

«Goditi lo spettacolo, principe». Sussurra queste parole come un gelido ammonimento.

Poi all'improvviso si porta le mani al collo e stringe con forza. Senza alcuna umanità, senza paura né logica. Annaspa nel suo stesso dolore, senza smettere di togliersi l'aria.

Scatto verso di lei, allungo le braccia e tento di toglierle le mani dal collo, ma la resistenza che oppone è troppo grande. Mi impedisce di liberarla, di aiutarla. Il suo volto sbianca e le gambe le cominciano a cedere.

«Smettila!» Aumento la pressione e con tutte le mie forze riesco faticosamente a liberarle il collo. Annaspa mentre riprende fiato, con il volto sudato e segnato dalla stanchezza. La sorreggo, le circondo la vita con il braccio e la sposto sul letto.

La sua pelle brucia, la febbre sta salendo di nuovo.

«Perché lo fai?» sussurro. Il suo volto è prosciugato e sfinito, mantengo le mani strette attorno ai suoi polsi.

Apre gli occhi con lentezza, tenta di muovere le braccia, ma si rende conto di averle bloccate dalla mia presa. Continuo a stringerle i polsi, impedendole di usare di nuovo le proprie mani come arma contro se stessa. Non risponde alla domanda, rimane in silenzio a fissare il soffitto.

Dopo un po' decido di provare a lasciarla libera, stacco le mani con cautela e prendo il panno bagnato per appoggiarglielo sulla sua fronte. Sussulta quando entra in contatto con la pelle. Le scosto i capelli e lei mi osserva, proprio come fa Sia quando vuole sapere qualcosa.

«Non mi sedi?» mormora.

«Perché dovrei?»

«Per farla tornare».

È abituata a essere sedata per far riapparire colei che tutti aspettano, *Sia*. Convive in modo conflittuale con l'altra parte della sua personalità, per questo tenta di ferirla in tutti i modi. Non ne tollera la presenza.

«La odi, Sia?» chiedo.

«Sì».

«Se mi dici perché la odi, io ti dirò perché non ti sedo. Tom mi ha lasciato le siringhe per farlo, ma non ho intenzione di assecondarlo a meno che tu non mi costringa».

Sembra riflettere sulle mie parole, mentre ribalto il panno verso il lato opposto, assicurandomi di farlo rinfrescare di tanto in tanto.

«Mi ha costretto a essere la rosa bianca, l'alibi per un crimine orrendo. Come posso amarla, se non ha fatto altro che buttarmi addosso i ricordi che non è riuscita ad accettare? Come posso amarla, se ha tentato di uccidermi con le immagini, con i suoni e con gli odori di quel giorno... io come posso amare un mostro?»

L'assoluta sincerità del suo sguardo mi fa tentennare. Sento il peso di ogni parola perforarmi l'animo. Trascina ricordi che l'hanno spezzata e che non le lasciano tregua.

«Sia non è un mostro» replico.

«Un mostro è qualcosa che fa paura. A me Sia fa paura. Non è in grado di superare le difficoltà, per questo mi ha creata. Perché non vuole ammettere di essere colpevole di aver ucciso l'unico uomo che ha provato ad amarla, quindi fa di me la cavia che deve assorbire ogni sua emozione negativa. Sono nata dal desiderio di morte, dagli scarti disgustosi del suo animo putrido e corrotto».

Fa una piccola pausa prima di continuare. Le palpebre si chiudono con lentezza, la stanchezza e la febbre la portano a uno stato passivo che piano piano la trascina nel sonno.

«Non voglio essere una piccola porzione di un grande cerchio. Io voglio essere, voglio esistere. Chiedo troppo?»

Rimango con il fiato bloccato e la mente incastrata in pensieri contrastanti. Ascoltarne le parole ora che non può danneggiare se stessa la rende più umana, più comprensibile.

La osservo con il desiderio di sentirla parlare ancora e ancora. Regge un dolore così grande che non conosce modo per tollerarlo, se non quello di porre fine alla propria esistenza.

«Non ti ho sedata perché voglio sentirti parlare, perché voglio vederti vivere. Per me, non sei da condannare né da nascondere, sei soltanto da capire e da ascoltare». Lei mi osserva come fossi l'unico essere vivente che l'abbia mai guardata. Poi il suo viso si rilassa, depone le armi e si lascia osservare per quello che è.

«Magari così... capirai che Sia non ha mai voluto farti paura. Voleva compagnia, un dolore così grande non poteva vivere in una sola persona. Non avete mai avuto modo di comunicare, se si sveglia una, l'altra dorme. E quando Sia si risveglia, trova sempre segni di tentato suicidio sul suo corpo. Capisce che tu non la vuoi in vita ed è costretta a temerti e a impedirti di vivere. Un circolo vizioso che non vi permette di riconciliarvi».

La rosa bianca mi ascolta con attenzione, vuole comprendere ciò che dico, vuole che continui a guardarla e a considerarla.

«Come faccio a parlarle se lei tenta di uccidermi?» sussurra.

I post-it appesi sul muro mi danno subito l'idea.

«Scrivile qualcosa».

Stacco un post-it vuoto dal muro e glielo porgo assieme alla penna appoggiata sul comodino. Lei lo osserva con indecisione, per poi prenderlo e guardarlo per minuti infiniti di silenzio. L'aiuto a tirarsi su.

Non si sono mai parlate prima. Non hanno mai comunicato.

Si sono odiate.

Sempre.

«Ora capisco il perché le stai tanto a cuore». Comincia a scrivere sul post-it che le ho dato.

«Per il sesso? Non mi stupirei, viste le battute che fa...» scherzo.

Lei accenna un sorriso che sembra un piccolo miraggio. Rimango spiazzato dalla luce che assume il suo volto. È diversa da quella che illumina Sia, ma è comunque una luce.

«No, perché hai la misericordia di un re... proprio come lui».

Attacca il post-it sul comodino, prima di coricarsi e chiudere gli occhi in un sonno che la avvolge completamente. Non sembra intenzionata a farsi del male, è stanca e la febbre le impedisce di ribellarsi o fare pazzie. La lascio riposare, mi sposto sulla sedia vicino alla finestra e la osservo in silenzio.

Abituata a essere condannata, sedata e nascosta. Dorme senza alcun tormento, senza ribellarsi all'oblio come ha sempre fatto. Il vento dalla finestra fa cadere il post-it a terra. Mi chino per raccoglierlo.

'Saint Flore, 34'.

La via di casa che Sia si era dimenticata.

Sia

Il mal di testa lancinante mi costringe a stringere gli occhi. Sento il peso di un panno sulla fronte, Tom deve aver chiamato il medico.

La paura prende spazio nel mio corpo: se ha chiamato il medico, vuol dire che mi hanno sedata e se mi hanno sedata... vuol dire che lei è stata qui. Cerco segni di tagli o graffi, ma stranamente non trovo niente. Mi alzo dal letto e provo a guardarmi allo specchio. L'unica cosa che noto sono i capelli raccolti.

Tutto qui? Impossibile. Deve aver fatto qualcosa.

«Buongiorno».

Derek entra in camera con un vassoio colmo di cibo. Lo appoggia sul letto, mentre lo guardo con circospezione. L'ultima cosa che ricordo è lui che mi obbliga a salire in moto, nulla di più. Deve avermi accompagnata a casa, ma per quanto è rimasto qui?

«Che cosa ci fai qui?»

«Devi mangiare prima di prendere le pastiglie».

«Ti ho chiesto cosa ci fai qui» ripeto.

«La colazione si raffredda. Vuoi mangiare o rimanere in piedi? Devi rimetterti in fretta, la Big World News ci ha concesso due giorni di proroga per consegnare i nostri disegni, dato che il tuo medico ha rilasciato un certificato dichiarando che il mio intervento era stato necessario, ma non avremo altri sconti».

Si siede sul bordo del letto, mentre sistema il vassoio con la calma di chi è totalmente a suo agio. Non capisco. Tom non mi avrebbe mai lasciata da sola. Che sia rimasto tutta la notte a badare a me?

Mi siedo davanti a lui e lo osservo mentre versa la spremuta d'arancia in un bicchiere. I cerchi sotto i suoi occhi sembrano indicare la mancanza di sonno. È rimasto sveglio?

«Allora?» chiedo.

«Tom aveva delle questioni di lavoro, mi sono proposto per rimanere qui...»

Non lo lascio finire di parlare. «Quindi l'hai vista?» La paura di ciò che la rosa bianca può fare in mia assenza mi paralizza. Non è mai un bene. Lei distrugge e dissemina terrore.

«L'ho vista. Ora vuoi mangiare?» Mi porge il bicchiere e una brioche. Li prendo tra le mani e addento un pezzo di brioche, accorgendomi di essere affamata.

Mi osserva mangiare, quasi a volersi accertare che io mi prenda cura di me. La sollecitudine con cui mi porge il tovagliolo o mi passa le medicine mi fa sentire strana. Non sono abituata ad avere un principe a fianco, non sono abituata a queste attenzioni.

«A cosa pensi?» mi chiede.

«Che cos'è successo con lei?»

«Niente» sussurra.

«Lo vedo, ma non ne capisco il motivo. Perché non ha fatto niente? L'hai sedata subito?»

L'unica spiegazione logica alla mancanza di danni fisici è che sia stata bloccata non appena ha preso fiato. Di solito però è difficile fermarla in tempo.

«No».

Lo fisso sbalordita.

«Non l'ho sedata, abbiamo parlato».

«Parlato?»

«Sì, nessuno ha provato ad ascoltarla prima d'ora. Così abbiamo parlato».

La misericordia di un reale si estende persino ai fantasmi degli animi oppressi. È assurdo pensare che abbia avuto compassione per il frutto di una mente malata.

«Cos'ha detto, oltre al fatto che mi vuole morta e dissanguata?»

«Vorrebbe conoscerti, Sia».

Il silenzio viene spezzato dalla mia risata. Bevo un po' di spremuta, cercando di riordinare i pensieri.

«Certo, quando la smetterà di provare a uccidermi magari ne potremo parlare».

«Sia, non sto scherzando» mi riprende Derek con tono severo. Sta veramente difendendo colei che non smette di graffiarmi la mente? Aver scambiato due parole con uno spirito lo ha reso stranamente comprensivo.

«Cosa? Non dirmi che ti sei innamorato di un alter ego suicida?»

Rimane fermo con gli occhi incastrati nei miei, come se stesse tentando di formulare parole adatte al peso della situazione. L'azzurro delle sue iridi mi lascia con mille domande in sospeso. È riuscita a incantarlo in una notte? Che cosa può aver visto in lei di così speciale?

«È sempre una parte di te, Sia». Pronuncia queste parole con lentezza, come fossero una sentenza. «Che ti piaccia o no».

«Wow, la prossima volta dille che mi piacerebbe giocare alla corda, così magari la strozzo e siamo tutti felici».

Lui prende il vassoio e si alza dal letto. Non bada al risentimento che provo, si incammina verso la porta senza aggiungere altro.

«Ti ha lasciato un biglietto, sul comodino».

Esce dalla stanza, lasciando una scia di ghiaccio dietro di sé.

Osservo con sospetto il post-it.

'Vorrebbe conoscerti, Sia'.

Bugia.

Non ha mai voluto conoscermi. Ha sempre tentato di sopprimermi, lasciandomi lividi e tagli difficili da nascondere. Mi ha sempre lasciato sola a sopportare il dolore dei colpi che si infliggeva.

Perché mai vorrebbe smettere di combattere ora che mi sto sgretolando? Ormai potrebbe vincerla facilmente.

'È sempre una parte di te'.

Le parole di Derek non smettono di girarmi in testa. Allungo la mano verso il biglietto con l'intento di strapparlo e buttarlo via.

Ma non riesco a fare a meno di leggere le parole che ha scritto per me.

'Saint Flore, 34'.

Non capisco perché una mia lacrima sia scesa fino a macchiare l'inchiostro. Mi ritrovo con gli occhi lucidi di un dolore che solo la parte più profonda di me può vedere. Per la prima volta, capisco che qualsiasi cosa io soffra, la soffre anche lei.

Una mano allungata verso la parte più burrascosa del mio animo.

Sconosciuto

Abbiamo ricevuto i disegni di tutti i candidati. Il gruppo di psicologi li analizza minuziosamente, assegnando a ciascuno il ruolo più adatto ai tratti di personalità. Ogni centimetro, colore, forma, viene messo sotto a una lente d'ingrandimento. Un metodo che non consente a chi partecipa di imbrogliare in alcun modo.

«Insicurezza nei tratti, ha usato la matita, spostalo nel gruppo C».

«Grande capacità di tenere la scena... la vedrei bene in un contesto televisivo. Gruppo A».

A un certo punto il dottor Lucas esclama: «E questo?!» Tiene in mano il disegno di un proiettile.

«Anche questo è stranissimo» interviene un collega, sollevando il disegno di quelli che sembrano cocci di vetro.

«Un accendino? Cosa vuol dire?» Clarissa solleva a sua volta un disegno enigmatico.

Eccoli qui. Ne manca solo uno.

«Penso che siano dei tipi piuttosto particolari, guardate questa». Vincent, tiene in mano il disegno di una rosa bianca.

A questo punto mi faccio avanti e ritiro i fogli con decisione. «Questi quattro li prendo io. Sono quelli che ha richiesto la dottoressa, andate avanti con gli altri».

Mi affretto a raggiungere lo studio. Sento di avere fra le mani quello che abbiamo cercato dall'inizio, fremo dalla voglia di sapere se le nostre teorie hanno trovato un riscontro. Busso alla porta prima di entrare.

«Sono arrivati! Li ho presi in tempo». Mi dirigo a passo veloce verso la scrivania.

Le porgo i disegni e, senza che io dica una parola, la dottoressa scrive su ciascuno di essi il nome del proprietario.

«Edgar, Olivia, Derek e Sia».

«Come ha fatto a riconoscerli, dottoressa Setterman?»

Lei incurva le labbra in un piccolo sorriso, mentre li osserva con uno scintillio negli occhi.

«Perché i gatti randagi giocano solo tra di loro, non ti pare?»

'I gatti randagi?' Inarco un sopracciglio. «È per questo che li ha riuniti nella Big World News?»

Lei sorride, soddisfatta del suo successo.

Capitolo 32

Si narra che esista un unico reale in tutta la stirpe che possiede una corona ornata di spine, il cui colore oscura qualsiasi fonte di luce e la cui ombra allontana qualsiasi bontà.

Egli è maledetto dai cieli e dagli altri reali per aver infranto le antiche regole celesti. Viene così marchiato e riconosciuto dai principi come una minaccia da tenere lontano dal regno.

Costretto all'esilio e respinto ovunque andasse, il suo destino è morire nella tristezza di una solitudine acerba.

Principe esiliato

Sia

Ritornare in azienda dopo aver quasi assassinato Hemlich mi rende una specie di appestata. Però avere la fama della psicopatica che ha fatto svenire un ragazzo ha anche i suoi privilegi. Uno tra questi è l'ascensore che si svuota non appena le porte si aprono davanti a me. Ritocco il rossetto nel riflesso delle porte metalliche, passo una mano sui capelli e prendo un profondo respiro.

Esco, pronta a tornare sul campo di battaglia, e cammino

verso il quartier generale del mio gruppo. Frederick ha richiesto la presenza di ciascuno di noi per comunicarci l'esito dell'analisi dei disegni. Apro la porta dell'aula e istintivamente sorrido. Davanti a me ci sono una sirena e un drago avvolti nella loro bolla, lei ride e si porta una mano alla bocca mentre lui la guarda ammaliato.

Chiudo la porta alle mie spalle. «Ma che bella coppia, mi sono persa qualcosa?» ammicco.

Edgar mi fa spazio accanto a sé. «Buongiorno anche a te, strega-demone». Ha un'aura più raggiante del solito, questo è l'effetto della presenza di una sirena in grado di dissipare il peso dei suoi fardelli intonando melodie dolci e delicate. Nonostante ciò, ha ancora i soliti capelli scompigliati, l'aspetto malandato e quei felponi extra large da cui non si separa. Mi siedo accanto a lui.

«Stai meglio, Sia? Ero molto preoccupata per te». La voce soave di Olivia mi accarezza le orecchie. È struccata, ha smesso di provare a nascondere qualunque imperfezione. Ha il viso segnato dalla stanchezza. Eppure, non l'ho mai vista così serena. Mi salta all'occhio un particolare: indossa una felpa bianca che è il doppio della sua taglia.

Sollevo l'angolo delle labbra. «Quella felpa non è di Edgar? Che cosa sta succedendo?» Metterli in imbarazzo mi viene naturale. Le guance di Olivia si tingono di rosso, e lei distoglie lo sguardo con una piccola risata nervosa.

Edgar sospira. «Non farti strane idee. Ha dormito da me in questi due giorni...»

«Oh, state solo dormendo?»

Lui scuote la testa, rassegnato alle mie allusioni lascive. Il clima di imbarazzo viene interrotto dall'entrata in aula di Derek. Senza alcuna esitazione viene a sedersi nel posto libero accanto a me.

Toglie la giacca nera, l'appoggia dietro di sé. «Hai fatto colazione?» Mi tocca la fronte. «Ti ho lasciato delle brioche in cucina con le pastiglie da prendere. Anche se stai meglio non significa che devi smettere di curarti».

Rimango spiazzata dal contatto con la sua pelle e dalle premure di cui mi circonda, completamente diverse dal gelo a cui mi aveva abituato.

Edgar coglie l'occasione al volo. «Ma parliamo un po' di voi...»

Derek non lo ascolta, sta ancora osservando il mio viso per capire se sto bene davvero.

«Che miraggio» commenta Edgar divertito.

«Avete sentito Hemlich, per caso?» La domanda di Derek ci riporta alla realtà.

Devo accertarmi che non vogliano espellermi a questo punto del tirocinio. Non me lo potrei permettere. Olivia mi rassicura, dice di averci parlato e di averlo addirittura accompagnato in farmacia, dopo la mia aggressione. Ha ricordi confusi su quello che è successo e nessuno degli altri ha visto chiaramente il mio gesto, grazie alla presenza di spirito di Olivia.

Edgar alza le spalle. «Gli altri gruppi sono nel panico per l'analisi psicologica che ci consegneranno oggi. Nessuno sta pensando a ciò che è successo con Hemlich».

«Meglio così, manteniamo un profilo basso sulla questione» conclude Derek.

Frederick fa il suo ingresso in aula con un fascicolo in mano che attira subito la nostra attenzione. I risultati dei disegni, l'esito che decreterà se siamo stati accettati e quale ruolo ci verrà offerto all'interno dell'azienda. La BWN è famosa per questa fase del processo: identifica nel modo più preciso possibile le personalità dei suoi dipendenti e li smista nei dipartimenti più consoni.

«Un giorno mi dovranno spiegare perché ho ricevuto un gruppo di pazzi che rappresentano se stessi come oggetti o fiori indecifrabili».

È scorbutico di prima mattina, e ci guarda quasi con fastidio, mentre si siede sul tavolo e inizia a scorrere i documenti che ha portato.

«Renderci partecipi è troppo faticoso?» mormoro.

«Sia» mi riprende Derek.

Alzo gli occhi al cielo. Cerco di controllare l'impulso di strappargli quei fogli dalle mani. Lo fa apposta, vuole testare la pazienza che non ho.

«Sono così scarsi i risultati?» azzarda Edgar.

Frederick sorride divertito, si porta una mano alla barba e l'accarezza. «Non ho mai avuto un gruppo d'élite. E non pensavo che quattro sconsiderati, in minoranza rispetto agli altri, avrebbero conquistato le posizioni più ambite di ogni settore». Balza giù dal tavolo. Si avvicina alla lavagna, prende il pennarello nero e scrive il nome di ciascuno di noi.

«Olivia» dice a gran voce, mentre la sirenetta si agita sulla sedia. «L'analisi ha riscontrato la tua estrema capacità comunicativa, il tuo punto di forza è quello di riuscire a percepire ogni sfaccettatura di una storia. Riesci a contestualizzare dettagli che vengono ignorati dagli altri. Per questo il ruolo che ti viene proposto è quello di inviato speciale. In genere ne troviamo uno ogni cinque anni. Sei un piccolo miracolo, chi l'avrebbe mai detto».

Io, io l'ho sempre detto. La sirena è capace di sentire le voci nascoste. Ora che l'ombra di un amore marcio non la soffoca più come prima, risplende di un sorriso smagliante. Si guarda intorno con stupore, non ha ancora realizzato le proprie potenzialità. Edgar le accarezza la guancia con fierezza.

«Edgar, il candidato più trascurato di quest'azienda. Nessuno ha mai avuto il coraggio di presentarsi con quei felponi e quei capelli arruffati, ma tu sei sempre stato così, fin dal primo giorno. È come se l'eleganza andasse contro i tuoi princìpi. Ho pensato: dove mai potrà arrivare? Verrà eliminato alla prima sfida».

«Spero abbia cambiato idea» risponde Edgar con la solita ironia.

«I video manager mi contattavano ogni volta che arrivava un nuovo lavoro del tuo gruppo. Una tecnica, una cura e un'attenzione così minuziose da coinvolgere completamente lo spettatore. Non ti sfugge nulla, riesci sempre a individuare gli aspetti più rilevanti per presentare la notizia nel modo migliore. Ogni video ha la capacità di arrivare al punto, di essere efficace. Ti vogliono con loro. Vogliono assumerti, Edgar».

Responsabile audio-video. Il volto di Edgar si illumina, lui sorride e stringe forte la mano di Olivia. Percepisco l'immenso calore di un drago che stende le proprie ali. Sono certa, un giorno imparerà a spiccare il volo lontano dal dolore con cui si è autodistrutto per anni.

Frederick sposta lo sguardo su di me. «La pazza che ha messo in crisi sistematicamente chiunque entrasse in contatto con lei. Avrei scommesso di tutto su di te. Un talento naturale, una padronanza di linguaggio eccellente, una capacità critica raffinata e acuta. Non hai schemi, non hai regole e non hai etica. Ciò che per gli altri è sbagliato, per te è giusto».

Inarco il sopracciglio. «Dovrebbero essere complimenti? Perché sto aspettando la parte in cui mi elogia».

«Allucinante, sei allucinante». Ride e si volta verso la lavagna. Scrive qualcosa che non riesco a leggere, alzo la testa e stringo gli occhi. «Un animale da palcoscenico in grado di ammaliare la folla e, allo stesso tempo, dotata di una freddezza tale da non farsi coinvolgere emotivamente. Presentatrice televisiva, congratulazioni».

Schiudo le labbra. Ce l'ho fatta. Ci sono riuscita, ho vinto. Ricordo quanto Tom fosse assolutamente contrario all'idea che io partecipassi a questo tirocinio, nello stesso posto in cui lei ha lavorato per anni, pensava fosse meglio per me starne alla larga. Un sorriso che non riesco a trattenere, un'emozione che non riesco a contenere.

Derek mi accarezza la testa. «Brava, streghetta dai gusti raffinati».

Lo fisso con il cuore in gola: papà avrebbe fatto lo stesso.

«Derek Hill, diciamo che non ti ho mai capito. Ci siamo scontrati più volte io e te, lo sai. Hai fatto discutere la commissione intera, ma nessuno ha mai avuto il coraggio di espellerti. Perché? Perché sai governare una nave in mezzo a una tempesta. Un capo autorevole, leale, dotato di saldi princìpi e di una visione d'insieme. Nell'ultima sfida ti sei esposto e hai condiviso con gli altri i tuoi pensieri. Grazie al tuo intuito e alla tua lucidità riesci sempre a trovare le soluzioni migliori. E non ti fai mai prendere dal panico».

Gli elogi di Frederick non lo smuovono, la sua mano scivola dai miei capelli alla schiena. Frederick sorride, se lo aspettava. Dopotutto, chi non ha imparato a conoscerlo?

«Di solito, ci vuole molto più tempo... ma ho messo una buona parola per te. Fate un applauso al futuro caporedattore, ragazzi».

Siamo talmente sbalorditi che la nostra prima reazione è un silenzio assoluto. L'espressione controllata di Derek si incrina leggermente. Batte le palpebre, incredulo, si porta una mano ai capelli e li arruffa in un gesto nervoso. Io mi riscuoto per prima, sorrido e applaudo, seguita da Olivia e da Edgar che lo acclamano calorosamente.

«Siete sicuri? Io non...»

«Intende dire che è molto felice della notizia» lo interrompo per soffocare la modestia di un principe che non accetta la corona.

«Bene, perché ho un'altra notizia. Sono arrivati dei nuovi stagisti in azienda, avranno bisogno di una supervisione. Li abbiamo lasciati liberi di scegliere il proprio tutor, li conoscerete alla piccola festa di benvenuto di stasera. Non potete mancare, ormai siete parte dell'azienda».

'Parte dell'azienda'. Olivia e io ci scambiamo un'occhiata complice, piena di gioia e soddisfazione.

«Ultima cosa: ho bisogno di un nome e di una foto di gruppo. L'azienda ci tiene ad avere un ricordo di ciascuno di voi. Mandate il tutto alla mail della segreteria in settimana. Detto questo, vi saluto e vi auguro buona fortuna con i vostri nuovi incarichi. Vi osserverò sempre». La voce s'incrina, Frederick ha gli occhi lucidi e le guance arrossate. Prende gli occhiali da sole dalla tasca della giacca e li indossa, ristabilendo la distanza. Ha ufficialmente finito di farci da guida, da domani passerà a un altro gruppo di allievi e li tartasserà come ha fatto con noi. Li studierà, li analizzerà e li metterà alla prova. Olivia, vedendolo in difficoltà, si alza e lo abbraccia con gratitudine. Dopo di lei, Edgar fa lo stesso e Frederick gli scompiglia i capelli con la mano.

«Datti una sistemata, piccolo moccioso».

Chen sorride, e i due si sciolgono dall'abbraccio. «Non avrà più un gruppo che le distruggerà le videocamere, comprometterà i rapporti con le altre aziende e saboterà la concorrenza. Sono sicura le mancherà un pochino il nostro approccio al limite della legalità».

«Oh, sicuramente. Mi avete fatto venire voglia di aggiungere qualche voce al regolamento: per esempio niente videocamere con fori di proiettile».

Quando guarda nella mia direzione fa un piccolo cenno con la testa, io lo ricambio e gli sorrido. Derek è in piedi accanto a me e ancora non si capacita del ruolo che gli è stato assegnato. Frederick si avvicina, gli dà una pacca sulla spalla e gli sussurra qualcosa all'orecchio prima di uscire dall'aula.

«Abbiamo ufficialmente finito? Mi sembra un sogno». Olivia sorride.

Eravamo partiti in completo disaccordo, con personalità opposte e con la paura reciproca che qualcuno potesse individuare le nostre debolezze. E adesso invece siamo qui, riuniti nello stesso punto, con sogni condivisi e paure raccontate ad alta voce.

«A cos'è dovuta quest'eleganza?»

Tom mi osserva appoggiato alla porta della mia stanza. Abbassa gli occhiali sul naso, in mano stringe dei documenti.

Prendo gli orecchini d'argento dal comodino e fisso il mio riflesso allo specchio mentre li indosso. Il modo in cui quest'abito nero aderisce alla perfezione alle mie curve lo rende uno dei miei preferiti. Arriva fino alle caviglie e lo spacco lascia scoperta solo la gamba destra, mentre il pizzo mi avvolge le braccia.

«Abbiamo una festa stasera, qualcosa che serve a dare il benvenuto alle nuove cavie».

«E quando volevi dirmi del ruolo che hai ottenuto, Sia? O

meglio, presentatrice televisiva?» Il tono di rimprovero è in contrasto con il suo sorriso.

«Be', non volevo vantarmi».

Mentre finisco di truccarmi allo specchio, mi aggiorna sugli ultimi affari che sta gestendo. Serve il mio consenso per procedere, perciò mi passa le scartoffie che ha in mano e io le firmo senza indugio.

Tom mi ferma. «Ma non li hai letti!»

«Li hai letti tu» lo zittisco. Firmo l'ultima pagina e gli consegno i documenti prima di alzarmi. Prendo la borsa appoggiata sul letto, poi afferro la giacca dall'appendiabiti assieme alla sciarpa che mi ha regalato Derek.

«Hai bisogno di un passaggio?»

«No, passa Derek. Prenditi una vacanza, Tom, vai alle Maldive con la tua famiglia».

Ride come se avessi fatto una battuta, ogni volta che tento di farlo allontanare dalla mia oscurità lui finge che stia scherzando. Lo fulmino con lo sguardo.

«Dovrei reputarmi fortunato? La mia capa mi dice di andare alle Maldive ogni settimana, firma i documenti che le presento senza neanche leggerli, mi dà libero accesso alla sua villa e lascia che io presieda qualsiasi riunione aziendale senza mai chiedere nulla».

Sospiro. «Vedi? Stai lavorando troppo. Ci vediamo domani mattina, cavaliere reale».

Mi guardo per un'ultima volta allo specchio, prima di uscire dalla stanza e scendere le scale. Mi dirigo verso il portone di casa. Con la coda dell'occhio noto Tom che scende dietro di me. Mi volto verso di lui.

«Sicuro di non voler andare alle Maldive?»

«Esci e falla finita».

Apro la porta e all'esterno trovo un principe di ghiaccio in sella alla sua moto. Sorrido, pronta ad avvinghiarmi a lui, alzo le braccia ma lui blocca ogni entusiasmo. Mi abbassa le braccia ai lati del corpo e mi abbottona la giacca. Poi mi sistema la sciarpa al collo, così stretta da farmi annaspare.

«Non hai ancora imparato a metterla correttamente» borbotta. Rimango come sempre incantata dalla limpidezza dei suoi occhi.

La semplice camicia bianca che intravedo sotto la giacca e il cappotto fa risaltare l'eleganza reale che è nel suo sangue. Impazzisco quando con premura mi infila il casco e si assicura che sia chiuso perfettamente.

«Hai la febbre?» chiede.

«No».

Mi tocca la fronte e si rassicura.

«Sto arrossendo perché con questa camicia sei infinitamente sexy».

Si blocca. Prima mi avrebbe scoccato un'occhiata infastidita, ora invece mi regala un piccolo sorriso divertito. Per tutto il viaggio mi aggrappo saldamente e lui non si lamenta nemmeno un po'. Appoggio la testa sulla sua schiena e stringo così forte che riesco a sentire i suoi battiti. Calmi e costanti, in grado di farmi socchiudere gli occhi avvolta da una bolla di serenità.

Quando arriviamo in azienda, non posso fare a meno di notare lo sfarzo dell'evento di benvenuto per le nuove reclute. A noi non avevano riservato un trattamento del genere. Davanti all'entrata c'è un uomo della sicurezza e dietro di lui si estende un lungo tappeto rosso. Derek sistema la moto, mentre io mi perdo a fissare l'insegna scintillante con la scritta 'Big World New'.

«Attenta!»

In un attimo mi ritrovo fra le braccia di un ragazzo dai capelli corvini. I suoi occhi celesti mi fissano a un centimetro di distanza. La corona che si materializza al di sopra della sua testa mi lascia con il fiato sospeso. Un altro principe?

«Sia, stai bene?» Derek mi prende per il braccio, sottraendomi all'aura del misterioso ragazzo. Sbatto le palpebre e mi guardo intorno. In lontananza una moto sfreccia a tutta velocità, stava per investirmi. Se quel ragazzo non mi avesse trascinata via, a quest'ora sarei in ambulanza.

«Ti fa male qualcosa? Vuoi andare a farti vedere?» Derek mi solleva il mento e scruta attento ogni centimetro.

«Sto bene, mi ha salvato...» Sposto lo sguardo verso il ragazzo misterioso alla mia destra. «Come ti chiami?»

Lui sorride. «Caleb».

Caleb.

Derek accenna a sua volta a un sorriso di riconoscenza, poi sposta la mano dietro alla mia schiena e mi guida all'interno dell'azienda. Con la coda dell'occhio noto che il ragazzo mi segue con lo sguardo fino a quando non scompaio dalla sua visuale. La sua corona è diversa: non è di ghiaccio come quella di Derek, né d'oro come quella di papà. È nera, avvolta da un ramo di spine.

All'interno la musica è alta, i ragazzi bevono drink e ballano spensierati. Tra loro intravedo Hemlich in mezzo alla folla, che cerca di conquistare le ragazze con patetici passi di danza. Edgar appoggia le mani sui fianchi di Olivia, danzano così leggeri che sembrano vivere in una dimensione solo loro.

«Andiamo anche noi!» Trascino Derek per il braccio e, nonostante la sua riluttanza iniziale, riesco a portarlo in mezzo alla pista. Lo circondo con le braccia e affondo il viso nell'incavo del suo collo. Mentre il suo profumo mi inebria i sensi, le sue dita mi accarezzano la schiena.

Intravedo un cameriere con un vassoio di bicchieri in mano. Alzo la mano nella sua direzione per farlo avvicinare, prendo due drink e lo ringrazio. Derek beve una lunga sorsata e poi dimezza il mio bicchiere nel suo. Gli rivolgo un'occhiata infastidita.

Lui alza le spalle. «Non ci tengo a concludere la serata fra vomito e nausea».

Sto per ribattere, ma l'arrivo di Olivia mi frena.

«Sia, mi accompagneresti in bagno?» Alza la voce per sovrastare la musica. Annuisco. Derek prende il drink, liberandomi le mani.

Seguo Olivia, sgomitando in mezzo alla calca. I bagni femminili sono situati in fondo al corridoio principale, e con una certa fatica riusciamo ad arrivare a destinazione. Mi fermo davanti alla porta e le faccio cenno di entrare, ma qualcosa sembra turbarla.

«Non avevo bisogno del bagno, in realtà. Ti volevo chiedere

un enorme favore...» mormora, e l'imbarazzo le tinge le guance di rosso. «Io... sono uscita da casa... ho litigato con i miei».

Sorrido sollevata. «Finalmente, questa è una cosa bellissima. Festeggiamo?»

I suoi genitori l'hanno tenuta imprigionata per tutto il tempo, inculcandole la convinzione di non essere mai abbastanza. È un grande sollievo sapere che sta iniziando a muovere i primi passi per essere se stessa. La sua espressione però è cupa, deve esserci ancora qualcosa che la preoccupa.

«Il problema è che... non ho dove stare. Edgar mi ha accolto a casa sua, ma non posso restare lì. Non voglio diventare un peso per lui. È pur sempre un ragazzo che ha bisogno dei suoi spazi, perciò, visto che abiti da sola e che hai una villa a disposizione...»

'Era questo che la turbava?' Apro le braccia. «Come dicono gli spagnoli, *mi casa es tu casa*».

Lei mi stringe in un abbraccio e mi ringrazia con voce tremante. Le accarezzo la schiena, il suo esile corpo si aggrappa a me con una forza che non pensavo potesse avere. Mentre torniamo dagli altri, le racconto di quante serate potremo organizzare insieme e lei ride all'idea delle possibili reazioni di Tom. Quando passiamo davanti al buffet, si ferma a prendere degli spuntini che potrebbero piacere a Edgar.

Incrocio le braccia e scuoto la testa con disappunto. «Dovrò insegnarti la differenza tra madre e fidanzata».

Si guarda intorno, teme che qualcuno mi abbia sentita. Mi fa cenno di abbassare la voce. «Non siamo fidanzati» mormora a denti stretti.

Roteo gli occhi. «Oh, certo. Siete ancora in quella fase indefinita. Io vado avanti, quando hai finito di scegliere le migliori prelibatezze per lui, raggiungici».

Mi volto e mi immergo fra la folla di ragazzi che ballano a ritmo di musica. Mentre sgomito a destra e a sinistra, tiro fuori il telefono e mando un messaggio a Tom per avvisarlo del trasferimento di Olivia. Risponde in un attimo, le farà preparare la stanza accanto alla mia. Ottimo. Urto contro qualcosa che mi fa cadere il telefono a terra. Mi abbasso per raccoglierlo, e nel frattempo la musica si ferma per qualche secondo. Poi parte una melodia lenta e romantica, accompagnata da luci soffuse. Tutti si accoppiano. Questo ballo Derek non può negarmelo.

«Dev'essere destino». Il principe misterioso dalla corona oscura mi sorride, sfoderando una dentatura perfetta.

«Tu? Cosa ci fai qui?»

«Ci lavorerò, spero».

Indossa un maglione bianco che ne esalta i lineamenti regolari. La corona che ho intravisto mi spinge a voler decifrare la sua maledizione. Non avevo mai visto niente di simile.

«Mi concedi un ballo come ricompensa per il salvataggio?»

«Devo ballare con un altro ragazzo. Con permesso».

Quando tento di superarlo, l'immagine di Derek che balla con Tatiana a una distanza estremamente ravvicinata mi fa rabbrividire. Quella stronza di una fatina non perde un colpo.

«Direi che è impegnato. Che ne dici? Solo qualche minuto. Non mordo, giuro». Tende la mano nella mia direzione.

Annuisco, piuttosto irritata dalla vista di Derek e Tatiana. Quando la sua pelle entra in contatto con la mia, sento dei brividi percorrermi la schiena. Noto le sopracciglia folte, il sorriso privo di qualsiasi insicurezza e la pelle gelida. Al contrario di Derek, un principe scintillante come un iceberg sotto il sole, il suo sguardo freddo è fatto di sensazioni cupe e minacciose, come un soffio gelido che spira in una grotta profondissima.

«Perché mi guardi così?» chiede.

«Perché sto cercando di leggere la tua maledizione».

«E cosa vedi?» Mi meraviglia la curiosità con cui risponde alle mie parole, senza stupirsene minimamente.

«Una corona».

Storce il naso, quasi contrariato. «Non sono mai andato d'accordo con i reali» scherza.

«Come mai?»

Si inumidisce le labbra prima di rispondermi. Mentre parliamo sposta le mani sui miei fianchi e mi stringe a sé con sicurezza.

«Pieni di sé, orgogliosi e incapaci di aiutare il proprio regno in caso di necessità. La storia lo dimostra, quando le cose vanno storte si chiudono nel loro castello in silenzio e lasciano morire i sudditi. Quel mondo non mi appartiene».

Descrive ogni immagine con precisione, parliamo quasi la stessa lingua. La sintonia che man mano si crea ci tiene sospesi in questo vuoto.

«E cosa ti appartiene?»

«Il coraggio di rubare ai ricchi per dare ai poveri».

Questa frase mi permette di dipingere un quadro più preciso, sento che ci sono quasi. Le maledizioni più difficili da leggere sono quelle rare e introvabili, per questo sono ancora più determinata a comprendere chi sia questo ragazzo che sembra disprezzare i reali pur avendo qualcosa in comune con la loro stirpe.

«Un modo romantico per definire un ladro». La voce di Derek risuona d'improvviso.

Mi sposto dalla presa di Caleb e noto che Tatiana è stata scaricata a qualche altro galantuomo. Ora mi ritrovo fra un principe di ghiaccio e un principe dalla corona oscura che si sfidano con lo sguardo.

Caleb non esita a rispondere. «Questo lo dicono solo i reali. Se si prendessero cura del popolo come dovrebbero, nessuno sentirebbe la necessità di ridistribuire la ricchezza».

«Robin Hood è passato di moda anni fa, se non sbaglio».

La risposta infastidita di Derek mi lascia senza parole. Così come il gesto possessivo con cui mi prende per mano e mi attira a sé. Caleb segue ogni suo movimento con aria contrariata.

«Eppure, basta ancora nominarlo per suscitare un sorriso. Se dico 'principe', invece, mi viene in mente soltanto un personaggio viscido, viziato, avaro... vado avanti?»

La mia espressione tradisce l'intento di mantenermi neutrale in questa faida, ma non riesco a trattenere un sorriso divertito. Derek mi fulmina immediatamente.

«Scusate, ma mi sembra una contesa appassionante. Di solito, sono io la pazza che parla di fiabe e di antiche leggende» mi difendo.

«Hai ragione, non sprechiamo tempo con chi pensa che rubare sia romantico». Derek volta le spalle a Caleb e mi trascina verso il buffet.

Caleb mi prende l'altro braccio, bloccandomi a metà.

Non ho mai visto Derek così infastidito dalla presenza di qualcuno, non è da lui fare queste scenate.

«Sia, fai sapere al principe che mi farai da guida in azienda. Ti ho scelto come tutor, non vedo l'ora di lavorare con te».

Questa rivelazione mi lascia sbalordita. Ma a mandarmi ancora più in confusione è lo sguardo irritato con cui Derek lo trafigge. Stringe la mia mano ancora più forte e mi costringe a seguirlo. Caleb lascia la presa. In un lampo realizzo la maledizione del ragazzo dalla corona oscura. Come ho fatto a non pensarci prima, lui è il 'principe esiliato'.

Capitolo 33

Ricorda Sia, essere malati non significa essere sbagliati.

Le persone a volte si spezzano e, quando succede, hanno bisogno di tempo per smettere di sanguinare.

Jacob, il re e tuo papà

Sia

«Non toccare nulla».

Alzo le mani con sguardo innocente. Derek mi lascia sola nel salotto di casa sua, mentre va a farsi una doccia. Pensavo sarebbe stato più difficile convincerlo a portarmi qui, ma è bastata qualche parola dolce per farlo cedere. Ho giocato sul fatto che a casa sono sempre da sola e sulla paura di stare male di nuovo, così mi ha concesso di dormire da lui. Ho omesso il dettaglio che Olivia da oggi in poi vivrà con me, non mi sembrava il caso di perdere l'occasione.

Inizio a girovagare nel corridoio, fino ad arrivare di fronte a quella che presumo essere la sua stanza. Apro la porta lentamente e con curiosità. Ho sempre desiderato vedere il covo segreto di Derek. Ovviamente è tutto in perfetto ordine, come si addice a un principe puntiglioso. Il profumo di Derek è dappertutto, fra le pareti bianche e il letto avvolto da una coperta blu scuro. Ci sono foto di famiglia e calendari appesi alle pareti, uno specchio e un armadio nero.

«Non ti avevo detto di non toccare nulla?»

«Non ho toccato niente, ho camminato fino a qui» replico, con l'intento di scampare dall'occhiata gelida con cui mi fulmina. Ma rimango spiazzata dalla bellezza che mi ritrovo di fronte: i capelli ancora bagnati che gli ricadono sulla fronte, la maglia bianca aderente, i pantaloni grigi e un asciugamano attorno al collo.

«Wow» sospiro.

«Ti ho lasciato un pigiama in bagno, se vuoi farti la doccia. È il mio, non posso svegliare mamma a quest'ora per dartene uno suo».

Ignora il modo spudorato in cui lo guardo e si asciuga i capelli con l'asciugamano in tutta tranquillità.

«Agli ordini, non vorrei mai agitarti come è successo oggi con Caleb».

«Il ladro? Non è lui ad agitarmi».

Mi avvicino a lui. «E cosa ti ha agitato allora? Perché ho visto il modo in cui l'hai guardato, Derek».

«La doccia, Sia» ribatte scostandosi. «Non farmi pentire».

«Se cambi idea, sai dove trovarmi».

Scuote la testa esasperato, ormai è abituato alle uscite di scena con cui amo punzecchiarlo. I primi giorni mi guardava contrariato, adesso non si disgusta nemmeno più. Si è arreso all'idea che la mia perversione non può essere controllata. Mi fa impazzire vederlo cedere, tremare dinnanzi a quei valori a cui si aggrappa con costanza.

Il getto di acqua calda mi rilassa i nervi, lascio che il sapone mi accarezzi la pelle. Osservo i vestiti che Derek ha preparato e li indosso con il desiderio di non toglierli più. La maglietta e i pantaloni neri profumano di vaniglia e di candida bontà. Esco dal bagno con un asciugamano sui capelli e percorro il corridoio fino ad arrivare in salotto. Derek è in piedi dietro al bancone della cucina con due tazze fumanti in mano.

Appoggia le tazze sul tavolo e si avvicina a me. «Prenderai freddo così». Allunga la mano sulla mia testa, afferra l'asciugamano e me lo passa sui capelli con una premura che mi fa sciogliere. Non sono abituata e non penso mi abituerò mai alle attenzioni che mi dà. Rimango con gli occhi incastrati nei suoi, mentre è concentrato ad asciugarmi i capelli. Derek è il calore che non ho mai avuto, l'affetto che mi è stato tolto e l'amore che ho sempre sognato.

«Perché così silenziosa? Nessuna battuta sconcia?»

Alzo la mano sulla sua, fermandolo. «Derek». Lui punta le iridi di ghiaccio nelle mie. «Sei speciale per me».

Continua a guardarmi.

«Non ho mai avuto una persona che mi asciugasse i capelli dopo la doccia, non pensavo fosse così bello. Non ho mai avuto una persona che mi allacciasse la giacca o che mi sistemasse la sciarpa. Non ho mai avuto una persona così. Come te».

Un piccolo sorriso gli attraversa il volto, poi le sue labbra si mischiano con le mie. Con le mani sulle mie guance, mi attrae a sé e mi stordisce con la purezza dei suoi baci, dei tocchi e dei respiri.

«Non sono abituato ad agitarmi se so che sei in pericolo, ma non riesco a non esserlo. Non sono abituato alla tua presenza, ma mi manca l'aria quando non ti vedo. Non sono abituato a sentire i brividi ogni volta che sorridi, ma li sento lo stesso. Non sono abituato alle battute che spari ventiquattr'ore su ventiquattro, ma, quando non le sento, mi sembra che tutto sia privo di senso».

A ogni frase accompagna un piccolo bacio sulle labbra. Soffia queste parole a un centimetro dal mio volto e vorrei fermare il tempo in questo esatto istante... con un principe di ghiaccio che mi vizia di un affetto di cui i cieli mi hanno sempre privata. Avida, gli circondo il collo con le braccia, e lui mi prende in braccio, accarezzandomi i fianchi con un movimento ipnotico e seduttivo.

'La condanna degli stregoni finirà per uccidere i reali e se non succederà, sarà l'aspra sentenza dei reali a polverizzare gli stregoni'.

Violo le regole di qualsiasi fiaba, tutto passa in secondo piano. Non mi importa se siamo un principe e una strega. Il bianco e il nero. L'eroe e il cattivo. Voglio solo essere toccata da lui, amata da lui, guardata da lui.

Derek mi appoggia sul letto e accompagna ogni sensazione con i suoi sospiri. Quando tento di ribaltare la situazione, mi prende le mani e le blocca ai lati del mio corpo, intrecciando le dita tra loro. Fa seguire dei baci lenti che partono dal lobo dell'orecchio e scendono fino alla clavicola. Un supplizio che mi fa sentire sospesa a un filo.

In un secondo mi ritrovo con le sue labbra che marchiano ogni tratto della mia pelle. I nostri vestiti giacciono sul pavimento, mentre la fame con cui ci tocchiamo si intensifica sempre più. Derek mi lascia dei segni sul collo, sul petto, sul fianco e sull'interno coscia. Ha gli occhi che brillano di desiderio e le labbra gonfie e arrossate.

Ogni emozione si amplifica, ogni colore s'illumina. L'unione di due corpi affamati e contrastanti genera un'onda di appagamento tale da scuotere qualunque tipo di equilibrio. Si muove sopra di me, mentre mille brividi mi divorano.

Il regno di ghiaccio contamina ogni singolo petalo della rosa macchiata di sangue.

Olivia

«Non smetterò mai di pensare che questa casa è enorme» sospira Edgar, mentre trascina la mia valigia su per le scale.

Sia ieri sera mi ha mandato un messaggio con il codice d'entrata, aggiungendo che mi avrebbe raggiunto in mattinata. Presumo sia con Derek.

Percorriamo le infinite gradinate che separano le stanze dal piano inferiore e arriviamo finalmente alle camere da letto.

Guardo le numerose porte davanti a me. «Mi ha detto di aprire quella della seconda stanza da destra... questa».

Ruoto la maniglia e rimango a bocca aperta: i decori, l'arredo perfettamente curato e ogni singolo dettaglio sistemato appositamente per me. Mi sento in imbarazzo.

«Be', questa stanza è più comoda del mio divano» mormora Edgar, appoggiando la valigia vicino al letto.

«Non le ho detto di preparare una stanza, deve averlo architettato da sola».

La follia di Sia è proprio questa: altruista in un modo quasi antico e raro, legge le persone come fossero pagine di un libro di cui ha studiato ogni riga. Stregante, profonda e unica. Una strega mai compresa.

«Pensi mai a quanto deve sentirsi sola qui dentro?» rifletto.

Sia che trascorre tutte le giornate nell'agonia di un silenzio che non può spezzare. A volte lo vedo, mi accorgo che perde la percezione di ciò che la circonda. Ricamata di incubi che non riesce a raccontare, amata da mostri che non le permettono di dimenticare.

«Una volta ci ho pensato» commenta, mentre si siede sul bordo del letto. «Sai, lei tende a giocare in continuazione con ciò che le procura dolore. Quando mi ha visto giù di morale per la storia di mia madre, si è avvicinata e mi ha detto testuali parole: 'Non tutti i genitori sanno esserlo veramente, tua madre ti ha lasciato... la mia ha tentato di uccidermi'. Quella frase, detta con estrema leggerezza, era così triste che mi ha fatto sentire un vuoto enorme nel petto. Eppure, lei non era affatto triste. Stava bene. È abituata a convivere con la sofferenza e, quando la guardi, non sai cosa stai guardando veramente».

«Una strega...» mormoro. Mi siedo accanto a lui, mentre lo ascolto raccontarmi di come Sia lo abbia fatto sentire meno solo nel suo dolore.

«Sono giunto a questa conclusione: prende le cose con leggerezza, perché se dovesse soffermarsi e prenderle con la serietà che meritano... non riuscirebbe a sopravvivere. Ho sempre dato priorità al dolore, alla perdita, al non essere stato abbastanza. Non ho mai messo su un piedistallo me stesso e Sia mi ha fatto vedere che, indipendentemente da quanto soffriamo, la nostra identità e il nostro animo meritano rispetto».

'Narrerò la storia della sirena che imparò a parlare, ma che non riuscì a varcare le onde per poterlo raccontare a qualcuno. Dirò loro che il mare in cui ti sei gettata era troppo violento'.

Sorrido al ricordo delle parole con cui ha ricucito una mia piccola ferita.

'Va bene voler scomparire: è il desiderio di tutti gli animi spezzati come noi. Se mai capirai come farlo, accertati di farmelo sapere prima di cancellarti completamente'.

È l'unica persona che mi abbia mai concesso di accarezzare il pensiero di pormi fine. L'unica che non si è rivoltata contro di me per la tossicità di ciò che desideravo.

«Promettimelo».

Ha compreso fino in fondo quanto fossi danneggiata e non ha avuto la pretesa di aggiustarmi, con estrema delicatezza e un po' di follia mi ha offerto una mano. Forse solo una strega, una figura condannata da mille maledizioni, poteva vedere il mio male.

Il suono del campanello fa alzare Edgar dal letto, forse Sia è arrivata. Sposto la valigia accanto all'armadio, quando qualcuno bussa alla porta. Mi volto con un sorriso sul viso.

«Sia, grazie mille...» Le parole mi muoiono in bocca.

Il fantasma che ho visto dissolversi lentamente in questi giorni ora si erge di fronte a me con un aspetto raccapricciante. Il volto è devastato da ferite aperte carbonizzate e l'odore di morte invade con prepotenza la camera.

«No...»

Mi si spezza il fiato in gola mentre la sensazione di essere ricaduta in una fossa piena di fango mi divora. Sento la voglia di urlare, ma non riesco ad aprire bocca.

Jack non mi ha mai guardato con una tale ira, è la rabbia di chi è stato dimenticato. Si aggrappa alle mie spalle, macchiandomi di sangue. Mi obbliga a guardarlo negli occhi, mentre il tremore non smette di scuotermi. Mi stringe con prepotenza il collo, e io annaspo senza riuscire a opporre resistenza.

Forse questa è la fine.

Forse alcune persone sono semplicemente destinate a morire nel dolore.

Forse merito questo.
«Non è bellissimo?»
«Cosa?»
«Le luci dei lampioni, le candele, le frittelle, l'aria».

L'immagine di Edgar è l'unica nota di dolcezza legata alla realtà che riesco a ricordare. Non so di preciso perché mi sia tornata in mente questa scena in un momento in cui i miei occhi hanno smesso di vedere. Non ho una spiegazione. Si dice che quando si sta per scomparire, si rivedano gli attimi in cui si è stati più felici. E, a pensarci, quello è stato l'attimo più candido e sereno in una vita in cui sono stata continuamente graffiata da paranoie, fantasmi e colpe troppo grandi. Il mondo che mi ha mostrato è privo di urla e colmo di lanterne, candele e teneri sussurri.

Sarà per la felicità dei suoi occhi, per la semplicità delle parole, per la bellezza con cui mi ha scaldata o per la premura con cui mi ha tenuto le dita sulla parte inferiore della candela. Saranno tutte queste cose insieme a concedermi l'attimo più bello. Incurvo le labbra in un sorriso: ho ricordi morbidi e gentili grazie a lui. Se non ci fosse stato, non avrei pensato a niente se non al dolore di una sofferenza che non accetta colori.

Almeno, ora posso rifugiarmi in un posto fatto di luci, candele, frittelle e aria.

Un forte colpo mi costringe ad aprire gli occhi: Jack sta sanguinando dal petto e molla la presa sul mio collo, facendomi crollare a terra. Tossisco con i polmoni che bruciano e l'aria che pian piano ritorna al suo posto.

Sbarro gli occhi: c'è un foro di proiettile sul muro e Edgar è in piedi con la pistola in mano, puntata verso un fantasma che non può vedere. Jack si dissolve nell'aria in pochi istanti. Le lacrime mi bagnano le guance e io le tocco con incredulità.

Sono viva?

«Olivia». Il suono melodico e armonioso della sua voce mi fa battere il cuore.

O-li-via.

Sono viva.

«Vi lascio soli una notte e vi mettete a sparare. Tutto nella norma» commenta Sia.

Lei e Derek sono arrivati a casa poco fa. Sia stringe la mano del suo amato principe, non si lasciano nemmeno per un istante. Lui la guarda senza più il terrore di perdere l'equilibrio. Le scosta i capelli dalla fronte. Porgo la tazza di tè che ho preparato a Olivia, che mi fa spazio sul divano. È un po' scossa da quello che è successo, ma, contrariamente a ciò che mi aspettavo, non l'ho mai vista così sorridente e serena.

«Sicura di stare bene?» le sussurro all'orecchio.

«Mai stata meglio». Mi accarezza la guancia.

«Possiamo coprire il muro con qualcosa, hai una foto o un quadro?» propone Derek.

Sia scuote la testa. In effetti, in tutta la casa non ci sono fotografie. Questa villa è spoglia di qualsiasi arredo la possa rendere personale. Come se non vivesse veramente qui.

«Ci appendo la pelliccia che ricaverò dalla tua pelle, Chen. Così la prossima volta non prenderai il muro per una preda da abbattere».

Olivia ride alla battuta di Sia. «Molto divertente, strega-demone» ribatto, poi rivolgo lo sguardo verso Olivia. «E tu da che parte stai?»

Derek dopo alcuni attimi di silenzio riprende parola. «Be', c'è da dire che almeno adesso la sai usare».

Si riferisce al giorno in cui ci siamo incontrati la prima volta. Quando non sapevo neanche tenere la pistola in mano, ma continuavo a portarmela dietro.

«Oh, proprio qualcosa per cui vale la pena bucare le case. Ora mi sento meglio».

«Sia» ride Olivia, portandosi una mano alla pancia.

La porta si apre e Tom entra in casa con la valigetta nera tra le mani. Ci guarda per un attimo spaesato, probabilmente non è abituato a vedere altre persone sul divano del salotto. Poi appoggia la valigetta sul tavolo.

«C'era una festa e non sono stato invitato?» chiede con un sorriso.

«Sì, il tema era 'spara al muro, prima che il muro ti spari'. Divertentissimo» commenta Sia.

Alzo le mani in segno di resa, smetterà mai di punzecchiarmi per averle perforato il muro?

Appena sente parlare di proiettili, Tom si tappa le orecchie e si gira verso la cucina. «Non voglio saperne niente».

Sbuffo. «Contenta? L'hai spaventato».

«Tom! Tom!» Sia inizia a chiamarlo a squarciagola, fino a quando non le ricompare davanti. Sorrido, notando il modo in cui lui è abituato alla stranezza della strega-demone e, allo stesso tempo, come lei gli sia affezionata. Mentre ero distratto nei miei pensieri, la strega-demone ha chiesto a Tom di scattarci una foto per l'azienda. Sia circonda la spalla di Olivia con un braccio, mentre io e Derek ci mettiamo dietro di loro.

«Sto per scattare, dite 'cheese'».

«Cheese!» urliamo in coro.

Sia fa una smorfia all'ultimo che fa ridere Olivia, così mi ritrovo a sorridere, guardandola. Derek, con un braccio attorno alle mie spalle, ha lo sguardo incantato, rivolto verso la ragazza dai boccoli ribelli. Tom ci fa vedere la foto e, mentre Sia commenta il fatto che sono poco fotogenico, noto che ha gli occhi lucidi. Si affretta ad asciugarsi le lacrime prima che qualcuno oltre a me possa vederlo.

«Ora ci manca un nome» riflette Olivia.

Vedere Sia lontana da tutto quel dolore lo ha reso instabile e felice, probabilmente sognava da parecchio tempo di poterla fotografare con qualche amico.

«'Gli spadaccini della morte'» propone Sia.

Aggrotto la fronte. «Ti sembra il caso?» ribatto.

«Non iniziate». Derek tenta di mediare in qualche modo.

«Io direi 'Gli invincibili'» propongo.

«'Gli invincibili che sparano ai muri', così è più realistico».

Inizia un battibecco infinito tra me e la strega-demone. Derek e Olivia si siedono sul divano e ci guardano esasperati, arresi all'idea che un drago e una strega non potranno mai trovare un accordo. Improvvisamente, Tom propone qualcosa che ci accomuna tutti quanti.

«Perché non 'Sindrome'?»

Segue un attimo di silenzio.

«Siete tutti accomunati da una sindrome e la parola contiene le vostre iniziali. Penso possa descrivervi al meglio».

Sia.

Derek.

Olivia.

Edgar.

Sia gli dà una pacca sulla spalla. «Sei un manager utile, Tom. Chi l'avrebbe mai detto».

Quattro malati mentali con caratteri e personalità diverse si ritrovano su un divano di una vecchia villa. Quattro malati mentali che ritrovano il senso del tempo stando insieme. Quattro malati mentali che il mondo ha classificato come tali, ma che sono stati capaci di riprendersi la propria strada.

Capitolo 34

Piccola Sia, ti racconto di un prigioniero incatenato nella sua cella.

Fate vedere a un prigioniero la luce e penserà di essere in paradiso.

Questo perché chi trascorre troppo tempo al buio si dimentica i colori.

Le emozioni che proverà lo faranno sentire vivo, sentirà il desiderio di battersi per quello spicchio di calore che ha assorbito.

Ogni cosa varrà la pena.

Perché a chi soffre bisogna ricordare che il dolore non è eterno e che la gioia di esistere può essere assaporata di nuovo.

Non importa quanto profonda è l'oscurità, ci sarà sempre un po' di luce alla fine di ogni prigionia.

Sempre, Sia. Sempre. Il tuo papà

Derek

Riavere Tayler a casa mi fa sentire completo. Non a pezzi, non rotto, non spezzato. La sua gioia innocente riverbera in tutta la casa. Ogni mese abbiamo diritto di portarlo a casa per due giorni, così da permettergli di cambiare aria, di ricordare com'è vivere al di fuori di quelle tetre mura.

«Lavati le mani, prima». Gli accarezzo i capelli.

«Lavarsi le mani, lavarsi le mani» ripete, mentre s'incammina verso il bagno.

Finisco di apparecchiare la tavola, per l'occasione ho cucinato il suo piatto preferito: l'arrosto di pollo. Ne faccio assaggiare un pezzo a mamma.

Lei si illumina. «Ti sei superato!» commenta con entusiasmo. Il suono del citofono la fa allontanare. Strano, non aspettiamo nessuno oggi, forse abbiamo dimenticato qualcosa all'ospedale. Poi di fronte a me vedo comparire Sia e un sorriso si forma sulle mie labbra. Tiene in mano dei pasticcini e un regalo accuratamente impacchettato. Tayler entra in salotto in quel preciso istante.

«Ho invitato la tua amica, mi sembrava doveroso. Apparecchia anche per lei» mi dice la mamma. Da quando sono diventate amiche?

La fa accomodare al tavolo e Tayler la fissa in silenzio, sembra sia quasi in soggezione.

«Sei quella della fiaba» commenta lui.

«Giusto, angelo caduto».

Mamma si siede accanto a Tayler, mentre io mi metto vicino a Sia. Aggiungo le posate anche per lei prima di sedermi. Se mamma potesse vederla, si renderebbe conto della follia di questa ragazza. Il solo averla accanto mi fa sentire instabile e questo mi spaventa. Ma se l'instabilità è il prezzo per averla vicino, allora sono pronto a perdere l'equilibrio.

«Che cos'è quello?» Tayler indica il regalo che Sia stringe tra le dita.

«Per te. So che ami disegnare, sono dei mandala. Puoi divertirti intere giornate, inoltre... hanno una sorpresa speciale» replica porgendoglielo.

«Sei troppo gentile, non dovevi». Mamma è completamente ammaliata da Sia.

«Bisogna festeggiare ogni cosa, è il minimo. Ci sono delle

fiabe al termine di ogni blocco, so che ti è piaciuta quella del cigno».

Tayler e Sia hanno un'intesa speciale: qualcosa che li accomuna, parlano la stessa lingua e danno importanza a dettagli che solo loro vedono. La ragazza dai boccoli ribelli non lo spaventa, non lo mette a disagio. Anzi, l'armonia che si crea quando iniziano a parlare di fiabe stupisce sia me che mamma. Non ha mai parlato così tanto con un estraneo prima d'ora.

Quando inizio a servire le portate, Tayler mi porge il suo piatto e quello di Sia. Le lancio un'occhiata: so che non mangia ciò che viene preparato in casa, ma solo cibo d'asporto o preconfezionato. Eppure, annuisce con tranquillità. Le appoggio il piatto davanti.

«Ti ordino qualcosa, aspetta» le sussurro.

«No, voglio mangiare. L'hai fatto tu, voglio... provare».

Con spaventoso coraggio, prende le posate e inizia a tagliare la carne. La mano le trema. Tayler le mette nel piatto un po' di patate come gesto d'affetto, mamma le ripete quanto sia felice di averla con noi. Sia rimane spiazzata da queste piccole attenzioni, lo noto da come i suoi occhi diventano lucidi. Porta la forchetta alla bocca e ingoia il primo boccone, masticando piano.

«Non sei obbligata» le ricordo. Mamma e Tayler non sanno dell'avvelenamento di Sia, del terrore che nutre nel mangiare ciò che viene preparato in casa. Per questo ho paura che possa provare imbarazzo o che voglia dimostrare a se stessa qualcosa di cui non è ancora sicura.

«Fratellone, ne voglio ancora!» Tayler mi porge il suo piatto e, mentre lo riempio, a Sia cadono delle lacrime sulle guance. Non è triste né terrorizzata. Sorride, mentre le mani le continuano a tremare. Porgo il piatto a Tayler e, velocemente, le prendo le posate dalle mani e le taglio la carne in piccoli pezzettini.

«Tutto bene, Sia?» chiede mamma, notando il silenzio in cui è sprofondata.

«Io... non ho mai mangiato così. È bello». Si asciuga le lacrime dagli occhi, noto solo ora che attorno al collo porta la sciarpa che le ho regalato il giorno del compleanno. Non la toglie mai, l'ha sempre addosso. Tayler le porge dei fazzoletti, mentre io le accarezzo i capelli. Questo gesto ha il potere di calmarla, ama essere accarezzata.

Per tutto il pranzo, mangia piccole porzioni di ciò che le mettiamo nel piatto. Quando lo saprò, Tom ne sarà entusiasta.

«Derek, la clinica ha detto che c'è un centro specializzato in Spagna. Dobbiamo metterci in lista, cosa ne dici?»

I medici ci hanno avvisato di questo nuovo ospedale che ha riportato grandi successi nel campo delle disabilità mentali. Sarebbe l'ideale per Tayler.

«Inizio a compilare la documentazione, tra un paio di anni dovrei riuscire a pagarlo. Vediamo come vanno le cose».

Tayler disegna cerchi immaginari sul tavolo, il rumore della forchetta stride in modo fastidioso. Mamma tenta di fermarlo, ma senza alcun risultato. Le faccio segno di lasciarlo in pace, quando entra in questo stato non c'è modo di riportarlo a terra. Sia lo studia con curiosità, la stessa che aveva mostrato il giorno in cui ha visto i video della bestia macchiata dal sangue.

«Mi spiace molto, con la terapia di adesso teniamo un po' sotto controllo la situazione... ma non riusciamo mai a risolverla del tutto» mamma tenta di giustificarsi. Accompagna Tayler in bagno, si fa strada con il suo bastone mentre lo tiene per mano.

Sparecchio il tavolo con l'aiuto di Sia.

«Come mai sei così silenziosa?» chiedo.

«Sei sempre stato abituato a prenderti cura degli altri?»

Appoggio i piatti nel lavello e inizio a insaponarli. Sia si siede sul bancone, mi osserva con lo sguardo di chi sta tentando di sciogliere mille nodi.

«Parli di mamma e Tayler? Penso sia qualcosa che si sente. La necessità di saperli felici mi rende a mia volta felice».

Le lancio uno sguardo veloce: ha gli occhi persi in qualche lontano pensiero. Incurva le labbra in un lieve sorriso.

«Voglio farti conoscere una persona» dice, cambiando argomento. Quando tento di capire di chi stia parlando, rimane inscalfibile. Mi assicuro che mamma e Tayler non abbiano bisogno di qualcosa, prima di uscire con Sia verso una meta a me sconosciuta.

Guido la moto seguendo le sue indicazioni, mentre mi stringe con affetto la schiena. Ripenso al giorno in cui l'ho portata in sella per la prima volta, quando aveva detto di percepire il calore. Presumo sia quello che la fa tenere avvinghiata a me persino da fermi. Una volta arrivati a destinazione, riconosco il posto. Un cimitero. Mi trascina per mano verso una tomba particolare, ben tenuta e pulita. Poi si siede a terra e inizia a parlare.

«Papà, ho trovato un principe che non ha paura di me. È un principe di ghiaccio, che però emana tantissimo calore. Quando lo guardo, mi vieni in mente tu».

Sono parole colme di nostalgica malinconia. In lei non c'è tristezza, né dolore. Come se avesse la certezza che, ovunque lui sia, la stia ascoltando con amore. 'Papà è un re' c'era scritto sui post-it gialli.

«Voglio proteggerlo, voglio sfidare le regole delle fiabe».

Le regole delle fiabe, le stesse parole che ha usato la rosa bianca riguardo all'impossibilità per un principe di amare una strega.

«Voglio provare a essere misericordiosa, degna erede del tuo sangue. So che forse avresti voluto una figlia principessa, ma prometto di essere la strega migliore che ci sia».

Sento un vuoto espandersi nel petto.

«Oggi sono riuscita a mangiare da un piatto fatto in casa. All'inizio, volevo vomitarlo. Sentivo lo stomaco bruciare e i nervi contrarsi, poi... Derek mi ha accarezzato la testa, proprio come facevi tu. Ricordi, papà? 'Non ti sporcare le mani con gli ordini di quelle voci. Quando iniziano a urlare, vieni da me e le farò zittire. Dirò loro che tu sei troppo bella per essere loro serva'».

Rivela al padre ogni pensiero, creando una rete così intensa di emozioni che l'unica cosa che vedo in lei è luce. Non oscurità, non buio, non incomprensibile pazzia... luce.

«Vuoi dire qualcosa, Derek?» Si volta verso di me.

Mi siedo accanto a lei, prima di parlare. «Signor Carillo, sua figlia mi ha fatto impazzire. È un osso duro, non puoi mai aspettarti quale sarà il suo prossimo passo. Irresponsabile, a tratti irascibile, a volte infantile». Elenco i numerosi angoli spigolosi del suo carattere.

«Quando arriva la parte in cui mi elogi?»

«Ma anche profondamente empatica, intelligente e geniale. Percepisce il dolore a un livello superiore, riesce a vedere ciò che solitamente fa paura agli altri, senza battere ciglio. Sua figlia mi ha fatto sentire compreso e protetto. Prometto di fare il possibile per renderla felice».

Sia ha gli occhi incantati nei miei. Il freddo le dipinge le guance di rosso, le folte ciglia battono in maniera seducente. Rimaniamo così: nell'eterea magia di una fiaba in cui i cattivi non sono cattivi e i buoni non sono buoni.

«Penso di amarti, principe di ghiaccio».

In una fiaba in cui non vengono condannati coloro che sbagliano, in cui non ci sono sentenze a fine capitolo, in cui chiunque può essere libero di soffrire.

«Penso di amarti anch'io, streghetta dai gusti raffinati».

Una fiaba dove il lieto fine non decreta la felicità di alcuni, ma la resilienza di chi ha il cuore marchiato da dolori indelebili e ancora cammina.

Chi, come noi, sfida le regole di un mondo troppo rigido e tetro.

Olivia

«Cos'è quest'aria felice alle due di notte?» chiedo.

Non riuscivo a dormire, così sono scesa nel salotto e ho trovato Sia che stava aprendo una bottiglia di scotch. Ha l'espressione di chi fluttua nella serenità. Avvolta nel suo pigiama rosa, mi versa un bicchiere e mi invita a sedermi accanto a lei.

«Ho detto a Derek che lo amo».

Mi va di traverso la bevanda. È seria, completamente seria.

«Ha detto di amarmi a sua volta. Posso essere amata, davvero? Mi sembra tutto così surreale, una strega e un principe...» Beve un sorso con rapidità.

Mi siedo davanti a lei. «Cosa ti preoccupa?»

«Hai mai l'impressione di essere troppo felice? Quella sensazione di imminente tragedia che sai arriverà. Mi sento così, forse non sono abituata a essere amata». Beve un altro sorso.

«Ti abituerai, Sia. La felicità è fatta di attimi, vivili al massimo. Andrà tutto male tra un mese, tra un giorno, tra un anno? E allora? Vivili ora. Crea dei bei ricordi che ti possano accompagnare sempre».

Le mie parole la fanno sorridere. Alza la mano e mi accarezza i capelli con affetto.

«Chi l'avrebbe mai detto? Una sirena che consola una strega. Sei diventata grande, Olivia».

«Ricordi la nostra promessa?»

«Va bene voler scomparire: è il desiderio di tutti gli animi spezzati come noi. Se mai capirai come farlo, accertati di farmelo sapere prima di cancellarti completamente».

Sia annuisce.

«Desideri ancora farlo?» mi chiede.

Scomparire, cancellare ogni traccia, rendere ogni ricordo invisibile. Ho sempre desiderato farlo, evadere da me stessa e rimuovere qualsiasi immagine o suono. Essere costretti a esistere in un corpo che ti dichiara guerra ogni giorno, vivere in una mente capace di pungere i punti più sensibili. Non voglio sparire così.

«No» ammetto.

Ora che ho imparato che ogni tratto di me non mi è nemico, che non sono io a essere sbagliata, ma è la paura ad avermi divorata e che non ho nulla di cui vergognarmi.

Persino il sole ha bisogno di spegnersi, la sera.

«Non voglio darla vinta alla sofferenza, io sono più di questo. Sono più di ciò che mi ha ferita, non voglio essere rappresentata dal dolore. Io sono Olivia Leed e non voglio cancellarmi per permettere al dolore di respirare in me, di vivere per me».

Si appoggia una mano sotto al mento e mi guarda con una nota di ammirazione. «Wow, ora sento il tuo canto». Stento a credere alle parole che ho appena detto, ma mi sento così libera dopo averle pronunciate. Ero così rassegnata all'idea di spegnermi, che non ho mai preso in considerazione la bellezza di chi vuole accendersi.

«Tu desideri ancora farlo?» chiedo.

«No» scuote la testa. «Ho promesso a papà di proteggere e amare Derek, non voglio più cancellarmi».

Riempio il suo bicchiere e il mio.

«Al nostro desiderio di vivere felici». Sollevo il bicchiere con gioia.

«E di sopravvivere alla paura» conclude Sia.

Il rumore dei bicchieri infrange il silenzio.

Edgar

Tornare in azienda come dipendente e non come stagista è tutt'altra cosa. Avere persone che mi chiedono approvazione, essere autonomo in ogni passo e addirittura lavorare accanto ai video maker più specializzati del Paese. È un sogno.

Faccio una pausa per prendere un caffè alle macchinette e quello che vedo mi fa subito sorridere. Sia è in diretta televisiva, racconta le notizie con il suo solito fascino ammaliante. Frederick la segue da lontano, rimane dietro le quinte con un sorriso soddisfatto.

«Vi chiederete cosa ci sia di male in tutto ciò. La risposta? Passo la linea all'inviata speciale, Olivia Leed».

L'immagine di Olivia appare gigantesca sullo schermo. Chiede con delicatezza una testimonianza a delle vittime di un incendio. Sento due dirigenti, che stanno prendendo un caffè poco lontano da me, commentare la bravura di Olivia nel riuscire a comunicare con le persone coinvolte, senza attirare il loro astio. Un sorriso si forma automaticamente sulle mie labbra.

«È così che lavorano i responsabili audio-video?»

«Caporedattore, le offro qualcosa?» scherzo. Derek in giacca e cravatta ha un aspetto ancora più elegante e maestoso del solito. Ho sentito dire che è molto puntiglioso in quello che fa, ma ogni dipendente della sua area lo venera. Non lascia mai un lavoro incompiuto, la responsabilità lo ha sempre caratterizzato.

«Sono diventate così lucenti, non trovi?» Osserva Sia e Olivia con una scintilla di malinconia negli occhi.

«Ricordi come volevamo disgregare il gruppo quando abbiamo scoperto di essere insieme?»

«Oh, certo. Era una mia idea».

Sia era una bomba a orologeria, Olivia non proferiva parola, io volevo solo evadere da qualsiasi luogo e Derek si rinchiudeva in quella corazza ghiacciata. Quattro disadattati sul punto di implodere. Passano alcuni dipendenti che salutano Derek con rispetto, ancora devo abituarmi a tutte queste attenzioni. Lui stesso sembra essere a disagio.

«Questa cravatta è troppo stretta» dice allentandola.

«Gli svantaggi del potere. Chiedi a Sia di sistemartela, visto che dorme sempre da te».

Olivia mi invita a guardare dei film in sua compagnia e Sia non c'è mai. Quando torna a casa ha l'aria così soddisfatta e felice, che è impossibile non collegare le due cose.

«Invidioso, Edgar?»

«Nei tuoi sogni, Hill».

Il sorriso sulle labbra di Derek viene spezzato alla vista di un nuovo candidato che coglie l'occasione della pausa per sistemare il trucco a Sia. Le passa il rossetto sulle labbra e rimane incantato dagli occhi seducenti della strega.

«Caleb» mormora a denti stretti Derek.

«Chi?» chiedo, confuso.

Non ottengo alcuna risposta, perché Derek s'incammina verso la zona delle registrazioni, attirando l'attenzione dei presenti. Lo salutano con deferenza, chiedendogli di bere qualcosa insieme, ma puntualmente li ignora. Arriva dietro al ragazzo che sta sistemando il trucco a Sia e gli tocca la spalla.

«Sei uno stagista, giusto? Non dovresti ritoccarle il trucco, ma prendere appunti su come espone le notizie, su come si organizza. Appunti sul lavoro, ti è chiaro?»

«Che c'è di male se mi prendo cura della mia tutor? A Sia non dà fastidio» ribatte lui, strafottente.

Mi avvicino per sentire meglio, la situazione si sta facendo piccante. Non ho mai visto Derek così infastidito da qualcosa. Di solito è Sia quella gelosa, non lui. Quest'ultima gode della scena in atto e rimane a fissarli divertita. Non è cambiata di una virgola, nonostante la posizione che riveste.

«Prenderti cura di lei non è tuo dovere». Derek si avvicina a Caleb e lo fulmina con una freddezza che mi fa venire i brividi.

Il ragazzo dai capelli corvini si sposta con riluttanza e si allontana. Derek osserva Sia per qualche secondo prima di parlare.

«Che cos'hai da guardare? Non te lo sai mettere da sola il rossetto?»

«No, ho bisogno di aiuto e tu sei sempre indaffarato in qualche riunione importante. Mi devo arrangiare con quel che ho». Sia lo stuzzica con malizia. Si alza in piedi e gli allenta la cravatta, come se avesse percepito il fastidio che gli arreca.

Rimangono così, in una complicità che li isola da qualsiasi stimolo esterno. Tiro fuori dalla tasca un piccolo pacchetto. Non vedo l'ora di rivedere Olivia, stasera.

Capitolo 35

Mia piccola Sia, questa è la favola del guerriero, colui che rimane sempre fedele a se stesso, nonostante i conflitti, le guerre e le sofferenze. Nessuno lo smuove dalla propria posizione.

Perché il guerriero è lo scudo dei feriti, la luce degli insicuri, lo specchio dei timidi e la forza dei deboli. È l'eroe di ogni storia: colui che non giudica e che non disprezza.

Guerriero
Il tuo papà

Tom

Il desiderio di proteggere chi si ama è inspiegabile. I rischi e le sofferenze non contano. Nel momento decisivo quello che rimane è un groviglio pulsante di coraggio incastrato nel petto.

«Ti aspettavo, cavaliere reale».

Ero entrato nella cucina di Sia per prepararmi un caffè, come ho fatto milioni di altre volte, ma all'improvviso ho sentito premere una lama affilata sulla gola.

Quella voce. La riconoscerei fra mille, anche se sono anni che non la sento. Alzo le mani con un movimento lento e ruoto la testa verso destra. Ilenia Linnon, la regina di cuori, mi fissa con un misto di trionfo e curiosità, e spinge leggermente il coltello per graffiarmi la pelle. Mi costringe a sedermi al tavolo della cucina.

«Cosa ci fai qui? Ti hanno rilasciata?»

Noto soltanto adesso che ha apparecchiato accuratamente per due, con bicchieri di vino, posate, tovaglioli e una rosa bianca al centro. Non capisco come possa essere entrata, da quanto tempo è qui?

Prima ancora di rendermene conto mi ritrovo le mani legate dietro la sedia con una fascetta da elettricista. In un gesto veloce, e senza staccarmi la lama dal collo, Ilenia sfila il mio telefono dalle tasche, si piega e mi prende l'indice, poi lo appoggia allo schermo. Mentre si raddrizza sento lo scatto della serratura automatica. 'L'ha bloccata con il comando a distanza'. Nessuno potrà entrare o uscire. Poco dopo si inginocchia accanto a me e mi lega strettamente le caviglie alle gambe della sedia.

Alla fine appoggia il coltello sul tavolo e si siede sul bordo. «Ho dimostrato di aver recuperato il mio equilibrio. I miei sintomi sono regrediti, sono pronta a dare di nuovo il mio contributo alla società come una brava cittadina. Un po' di messa in scena ed eccomi qui. Ormai è qualche giorno che giro per queste stanze e che vi osservo da lontano».

Dubito che l'abbiano davvero rilasciata. Più probabile che abbia trovato il modo di evadere, ammaliando qualche malcapitato. Non saprò mai la verità, Ilenia non dice altro che menzogne. Di certo la sua bellezza non è ancora sfiorita. Ha i capelli raccolti in un'acconciatura severa, il trucco pesante e le labbra tinte di un rosso acceso. Accavalla le gambe, afferra un bicchiere e lo riempie di vino in completa tranquillità, come se non avesse appena violato un ordine restrittivo, come se non mi avesse legato alla sedia sotto la minaccia di un coltello.

«Non mi ringrazi per il servizio? Pensavo che la cortesia nella reggia fosse ancora dovuta...»

Il sorriso compiaciuto rivela la follia che tenta di occultare. Stringo le mani a pugno, tento di liberarmi ma la fascetta non fa che penetrarmi più a fondo nella carne. Dai miei occhi trabocca tutto l'odio che provo per lei.

«Cosa c'è? Stai pensando al re che ho ucciso? O alla figlia che ho marchiato?» dice ridendo.

Come fa a ridere all'idea di aver tormentato due persone così pure? Come fa a esserne felice?

Decido di andare dritto al punto. «Cosa vuoi per sparire?»

«Io?» Recita alla perfezione un atteggiamento di innocenza offesa.

«Non ti permetterò di toccarla. Non ti avvicinerai a lei, mai».

Ilenia aggiunge del vino nel bicchiere e con totale nonchalance ne versa un po' anche in quello davanti a me. Lo sorseggia con la pacatezza di chi ha tutto il tempo per godere del dolore altrui.

«Chi te lo dice che sono venuta per Sia? Oggi sono qui solo per te, ti senti onorato?»

«Bene, mi hai trovato. Quanto vuoi?»

Lancio uno sguardo rapido all'orologio sulla parete opposta, non posso permettermi di far vedere a Sia questa scena. Non posso permettermi di vederla regredire in un percorso che le è costato impegno e sudore, incubi e sangue. Non voglio che si convinca di non meritare la guarigione, di non meritare l'amore.

«Quanto voglio? Mi consideri veramente così vile? Insomma, ho solo ucciso un uomo, attentato alla vita di mia figlia, nient'altro... e tutto accuratamente insabbiato dalla Big World News» scherza. Gioca con le parole, preme i tasti dolenti per vedere quale fa più male. «Non le avete mai detto la verità. Come pensi che reagirà, Sia?» Inclina la testa di lato e mi osserva con attenzione.

«Di cosa stai parlando?»

«La mia è stata una psicosi post partum. Ma immagino che rivelarle di essere la causa della mia perdita di lucidità sia stato troppo difficile persino per te. Dopotutto, i reali mentono sempre».

«Sia non ha alcuna colpa» ribadisco.

Conoscevo la genesi della psicosi di Ilenia, che si sommava

a una schizofrenia tenuta faticosamente a bada. Me ne aveva parlato Jacob prima di morire. Ricordo Ilenia, la donna dalla luce così intensa da farti sentire insignificante. Aveva la capacità di risolvere la complessità di ogni nodo, eccelleva in maniera straordinaria nel lavoro. La ricordo diventare lentamente un corpo privo di lucidità. Aveva iniziato a manifestare alcune allucinazioni uditive e visive qualche settimana dopo il parto, per poi degenerare in un appiattimento emotivo freddo e spigoloso, con deliri di onnipotenza e la convinzione di poter leggere le menti altrui. Era diventata un'ombra incapace di spegnersi.

«Oh, certo. Dopotutto, l'hai presa sotto la tua ala. Hai tentato di darle luce, appoggio e sostegno. L'hai protetta, hai sfidato le regole delle fiabe. Un cavaliere che protegge una strega non è umano, lo sai? Solo i goblin possono farlo».

«Non mi interessa».

«Be', io ho tentato di convincerti più volte a lasciarci in pace, ma tu sei sempre lì... fermo e deciso, fai da scudo ai maledetti senza alcuna esitazione. Questo non è più tollerabile». Fa una lunga pausa, nella sua espressione lottano tristezza e divertimento.

Poi fa un cenno verso il piatto che ho davanti, prende il cucchiaio e lo riempie di un brodo verdognolo. Lo avvicina alle mie labbra, ma io giro la testa di lato.

«Cosa c'è? Preferisci lasciare che lo mangi Sia?» Pronuncia ogni parola con avida crudeltà.

'No, mai'. La paura che dilaga in me la fa sorridere.

«Be', allora non ti resta che mangiare. Odio chi non finisce il proprio piatto, l'ho preparato con amore apposta per te».

La tensione che vibra nell'aria non lascia spazio alla paura. L'unica cosa che provo in questo momento è il desiderio di saperla al sicuro, il desiderio di vederla sorridere con i suoi amici e di lottare contro ciò che l'ha sempre spaventata. Voglio che abbia la forza di essere felice.

Ilenia appoggia il cucchiaio sulle mie labbra, io le schiudo e ingoio il contenuto caldo con il cuore che mi martella il petto. Sorride e lo riempie nuovamente. Ho il fiato corto e la sensazione di avere la gola in fiamme. Tossisco un paio di volte, lei sorride compiaciuta. Come può un essere così malvagio aver generato una bontà come quella di Sia?

Prendo fiato. «Tu... non hai nulla di lei».

«Sono sua madre, è lei ad avere tratti di me».

«No, affatto. Sia è buona, non è marcia. Sia non fa del male al prossimo, al massimo ferisce se stessa. Sia è geniale, non perfida. Sia è luce, non ombra».

Mi passano davanti i ricordi di quando dovevo farla uscire dalla stazione di polizia per aver litigato con l'ennesimo ubriaco. Nessun filtro, nessuno schema.

'Prenditi una vacanza, Tom, vai alle Maldive con la tua famiglia'.

'Dovrei reputarmi fortunato? La mia capa mi dice di andare alle Maldive ogni settimana, firma i documenti che le presento senza neanche leggerli, mi dà libero accesso alla sua villa e lascia che io presieda qualsiasi riunione aziendale senza mai chiedere nulla'.

'Vedi? Stai lavorando troppo'.

Arrogante, presuntuosa e sopra le righe. Ha concesso a me di dirigere il suo impero, mi ha lasciato carta bianca senza mai esitare. Non ha mai ambìto a ricoprire il ruolo che le spetta, prendendosi i giusti meriti. Non l'ha mai fatto.

'Ricapitoliamo. Niente risse. E con questo intendo che non devi neanche innescarle. Spero sia chiaro'.

'Non commetterò nessun omicidio'.

Le piace scombinare gli equilibri che la gente costruisce con pazienza. La diverte comprendere, leggere e vedere cosa si cela dietro alle maschere, dietro ai dolori.

'Non insultare la gente solo per stuzzicarla'.

'Questo non te lo posso promettere'.

Non ha alcuna paura di essere ciò che è, ma ha paura di poter contaminare chi la circonda con le voci che sente. Essendo stata marchiata da piccola, senza il suo consenso, non vuole fare lo stesso con chi le sta intorno. Ha cercato di disfarsi di me innumerevoli volte, senza alcun risultato.

'Perché sanguini? Piangi in questo modo, tu?'

Presi un fazzoletto e le fasciai la mano graffiata. Mi guardava con lo stupore di chi non aveva mai ricevuto una carezza. Sia, la figlia dell'uomo più buono della Terra, emanava una luce strana.

Una bambina che non era capace di piangere, ma solo di sanguinare. Una bambina che aveva gli occhi spezzati dal dolore, ma l'incapacità di esprimerlo.

'Perché mi hai salvato quel giorno?'

'Ho notato come mi guardavi al funerale di tuo padre. Non sapevi come piangere e quando hai visto le mie lacrime hai fatto un passo in avanti verso di me, come se volessi che ti insegnassi a esprimere il dolore. Era come se il tuo sguardo mi supplicasse di salvarti...'

Le immagini si susseguono senza fine. Ilenia mi stringe il mento tra le dita e mi costringe a forza a ingerire un altro cucchiaio. Con fatica ne ingoio il contenuto, il mio corpo è ormai divorato dall'interno, come un incendio. Tossisco di nuovo, ma questa volta il tavolo si macchia delle gocce di sangue che escono dalle mie labbra. Tossisco, ancora e ancora, senza fiato.

«Ti saresti dovuto allontanare quando ti avevo dato l'occasione di farlo. D'altronde, i cavalieri reali sono così testardi. A mai più rivederci, Tom». La voce di Ilenia graffia il silenzio.

Il sapore metallico del sangue mi riempie la bocca, sputo coaguli sempre più grandi a terra e sui miei vestiti. «Io non ho mai detto di esserlo» sussurro debolmente. Davanti ai miei occhi sono comparse grandi macchie nere.

Scuote la testa. «Stai delirando?» chiede divertita.

Tossisco. «No». Un'atroce fitta allo stomaco mi costringe a fare una lunga pausa. «Io...»

Stringo le mani, le unghie si infilzano nei miei palmi. Mi sforzo ancora un po', alzo lo sguardo verso di lei. Voglio darle la conferma che tutto quello che pensa è falso. Voglio lottare per la bambina dai boccoli neri ma dal cuore bianco.

«Posso... essere entrambi, *cavaliere e goblin*».

Il sorriso sul volto di Ilenia muta in un'espressione infastidita.

«C-che ti piaccia o no... Sia ha la misericordia del re nel sangue».

Con il respiro che giunge al termine, mormoro le ultime parole che bastano per farmi sentire all'altezza della mia posizione. All'altezza della luce di Sia.

«Rimarrà sempre sua figlia».

Un'onda di rabbia scuote Ilenia, che spazza via gli oggetti sul tavolo e con ferocia afferra il coltello e me lo pianta nel collo. Emetto un ultimo gemito, prima di chiudere gli occhi. Sulle labbra il sorriso di chi ha protetto fino all'ultimo la bontà di un animo sofferente.

'Sarò il tuo guerriero, Sia'.

'In questa vita e in mille altre ancora'.

Sia

«Come mai non si apre?» Olivia tenta di inserire più volte il codice d'apertura, ma la porta sembra essersi bloccata.

«Provo a chiamare Tom, lui se ne intende». Prendo il cellulare e compongo il suo numero.

Appena uscite dall'azienda, ci siamo dirette a casa. Ormai sono settimane che Olivia vive insieme a me. Averla accanto mi permette di rimanere aggrappata alla speranza. È qualcosa che funziona per entrambe.

«Non risponde. Starà facendo gli straordinari in ufficio. Non prende mai sul serio i miei ordini di andare in vacanza in qualche villaggio sperduto. Dovrò minacciare di licenziarlo».

«Cosa facciamo? C'è un sistema di emergenza?»

«Contatto i tecnici. La sbloccheranno da lì».

Parlo al telefono con l'addetto e, dopo varie conferme e codici PIN, riesce a farci entrare. La piccola spia sulla porta si colora di verde. È la prima volta che succede, neanche il tecnico riesce a darmi una spiegazione. Ipotizza che qualcuno l'abbia bloccata dall'interno.

Appoggio la giacca sul divano, mentre sfilo la sciarpa dal collo.

«Ti va una cioccolata calda? La faccio io. Tu intanto fatti una bella doccia». Olivia mi spinge verso le scale.

Comincio a salire i gradini. «Con la panna, mi raccomando!»

Ruoto la maniglia ed entro in camera mia. Sono felice che Olivia abbia ritrovato la sua voce, il suo canto. In azienda brilla un'energia così grande da riflettersi su ogni superficie. La capacità che ha di ascoltare, di notare i dettagli invisibili e le voci più deboli le permette di cogliere i segreti che sfuggono agli altri. Il telefono vibra, mi siedo sul letto e apro il messaggio. È una foto di Edgar.

'Dici che va bene?'

Sorrido alla vista dell'anello scintillante nella foto. Ha un diamante azzurro al centro, così luminoso da richiamare il colore degli oceani. Sono molto fiera di averlo aiutato nella scelta. E ho già prenotato il ristorante dove le farà la proposta.

L'improvviso suono della sirena della polizia interrompe la quiete del momento. Al piano di sotto si sente un gran trambusto. Aggrotto la fronte e scatto in piedi. Olivia avrà dato fuoco alla cucina nel tentativo di fare una cioccolata con la panna? Mi affretto a scendere le scale. Di sotto trovo un viavai di poliziotti e tutte le porte spalancate. Uno degli agenti stringe tra le dita un nastro di plastica giallo. Le mie gambe si bloccano sul posto e i polmoni smettono di funzionare.

«Sia...» Derek appare sulla soglia della cucina con lo sguardo scavato dalla sofferenza. Analizzo i suoi occhi, solitamente calmi e inespressivi, ma questa volta all'interno ci leggo un dolore così grande da farmi spaventare. Con il cuore che martella nel petto, lo supero senza permettergli di fermarmi. Lui rimane accanto a me in silenzio, mentre lo scenario di un crimine raccapricciante mi risucchia in un pozzo di colpe senza fine.

«No» sussurro con voce spezzata.

In cucina c'è un individuo accasciato su una sedia, con il volto appoggiato sul tavolo e un coltello piantato nel collo. Ha un completo elegante, un taglio dei capelli noioso e un orologio d'acciaio al polso.

«Chi è?» domando nel disperato tentativo di evadere dalla

realtà. Olivia ha il volto rigato di lacrime, è rannicchiata sul pavimento e trema come una foglia in preda allo shock. Un uomo in borghese sta cercando di farla alzare con gentilezza. Non concedo a me stessa di realizzare l'identità dell'uomo senza vita.

Quando un agente della scientifica lo sposta per poterlo fotografare, il vuoto mi impedisce di reggermi in piedi. Il volto di Tom è macchiato di sangue. Ha le labbra incurvate in un sorriso morto e gli occhi spenti per sempre.

Perdo completamente la cognizione del tempo e dello spazio.

Mi sento privata dell'unica persona che ancora teneva in vita la mia parte buona. Orfana del cavaliere reale che mio padre mi aveva lasciato, dell'unica sembianza di una famiglia che mi era rimasta.

Mi sento privata del diritto di vivere.

Mi sento privata di me stessa.

Derek

L'unica forma di emozione che Sia ha manifestato in questi giorni è stata l'urlo. In quella cucina ha emesso un grido capace di squarciare qualsiasi cuore. Le corde vocali le si sono consumate. L'unico modo per calmarla è quello di tenerla sedata.

Ora è in piedi come una marionetta rotta, mentre ascolta la veglia funebre dell'uomo che era la sua unica speranza. L'accompagno a ogni passo, cerco di evitarle ogni spigolo, per quanto possibile. Ma non riesco a salvarla dal senso di colpa che la sta distruggendo.

«C'è qualcosa che vuole dire, signorina Carillo?»

Il sacerdote attira l'attenzione di tutti i presenti verso di lei. La famiglia di Tom viene abbracciata dai colleghi e dagli amici in un pianto collettivo. Sia osserva con sguardo spento e apatico il figlio maschio, spaventandolo. Il bambino si rifugia dietro alla gonna della madre.

«Signorina Carillo?»

Tocco la spalla a Sia, svegliandola dal suo stordimento. Lei si alza in piedi e cammina fino ad arrivare al microfono. Il silenzio è rotto da un mormorio di singhiozzi e pianti disperati.

«Gli avevo detto di andare alle Maldive».

Pronuncia queste parole senza tremare, senza piangere. Completamente distaccata dalla cruda realtà che sta vivendo. Scende gli scalini e torna a sedere. Potrebbe parlare per ore elogiando ogni dettaglio della vita e dello spirito di Tom, ne sono certo. Ma sembra che quelle due parole racchiudano tutto ciò che reputa importante al momento.

Io, Olivia e Edgar le rimaniamo accanto per tutto il tempo, anche durante la sepoltura. La pioggia impedisce ai visitatori di soffermarsi a lungo. Il figlio di Tom si graffia la mano giocando con un sasso, non comprende ancora l'entità della sua perdita. Il che è più che lecito, come può un bambino di soli sei anni concepire la morte? La madre è troppo presa a piangere la morte del marito per accorgersene.

Sia si avvicina al bambino e si inginocchia alla sua altezza. Gli prende la mano, tira fuori un fazzoletto ricamato e con estrema cura gli fascia la mano.

«Piangi in questo modo tu? Una volta il tuo papà mi ha fatto la stessa domanda».

Gli prende le manine fra le sue e quel gesto di affetto sembra rendere sopportabile per un attimo il peso terribile di questo momento.

«Conosci il papà?»

«Sì... lui è... era il migliore dei cavalieri».

Per la prima volta lascia che nella sua voce trapeli l'emozione di un amore scomparso troppo in fretta. Distoglie lo sguardo, puntandolo a terra. Tenta di riordinare i pensieri, le parole, qualsiasi cosa le permetta di mantenere il controllo. Qualsiasi cosa le permetta di non precipitare nel baratro di questo lutto. Ma avere di fronte un piccolo essere dai tratti uguali a quelli di Tom rende ogni cosa più difficile. Il bambino prende il volto di Sia tra le mani e le accarezza le guance. Ne riconosce la luce. Ha gli stessi modi del padre e questo scatena in lei un tornado di emozioni che non riesce più a trattenere. Così scoppia in un pianto convulso, senza freni.

Il figlio del cavaliere reale abbraccia la strega dalle mille maledizioni e le permette di manifestare la sofferenza. Rimangono così per un tempo incalcolabile, nell'innocenza della loro bolla.

Olivia si aggrappa a Edgar, che le accarezza la schiena con occhi lucidi e sfiniti. Nessuno di noi si aspettava questo, nessuno di noi era preparato. Tom ha rappresentato un pilastro saldo, un punto di riferimento anche per tutti noi. Perché a lui le persone sporche di dolore non hanno mai fatto impressione.

Un guerriero dalla parte dei deboli, dall'inizio alla fine.

Per sempre.

Capitolo 36

Hai mai raggiunto il limite della sopportazione?
Succede quando hai i polmoni così pieni di dolore
che respirare diventa difficile, e anche qualcosa
di impercettibile come l'aria inizia a sembrarti un nemico.

Sia

«A cosa pensi?»

Melissa picchietta la penna sul taccuino, in attesa che io esprima il mio dolore. Ma non sa che questa sofferenza sfugge a qualsiasi parola. Rimango seduta sulla poltrona con lo sguardo fisso verso la finestra.

«Non vuoi parlare?»

Il ticchettio delle lancette accompagna il silenzio tombale. Il bruciore alla gola, gli occhi che supplicano di chiudersi e la mente che si rifiuta di farlo. Sono incastrata in un limbo di panico in cui l'unico ordine che vorrei eseguire è quello di dissolvermi.

«Non finiremo questa seduta se non mi darai almeno un pensiero. Anche solo una frase».

Il trucco le nasconde le occhiaie e i segni della stanchezza che l'avvolgono come un'ombra. Anche lei viene risucchiata dall'oscurità che mi porto addosso. Eppure, non cede. Continua a voler riparare un vecchio giocattolo rotto e consumato.

«Ho fatto un versamento. Ho saldato tutte le sedute già concordate. Sei stata una brava mediatrice, ma non ho intenzione di continuare. Spero tu possa vivere il più lontano possibile da me e da questa casa».

Melissa strabuzza gli occhi, sorpresa. Controlla il telefono e mi fulmina con uno sguardo colmo di rimprovero.

«Mai. L'ho promesso a Tom, non sei tu ad avermi assunta».

«Colui che ti ha assunto è passato a miglior vita. A meno che non risorga... sei licenziata».

La cruda realtà la colpisce come un secchio d'acqua gelida.

«Cosa speri di ottenere?»

'Meno morti possibili, meno dolore, meno sangue'. Vorrei non avere il diritto di vivere, di respirare. Vorrei non aver mai pensato di poter guarire, vorrei non aver mai permesso a chiunque di sperarlo, vorrei essere morta *quel giorno.* Vorrei non infilzare chi mi circonda con le spine di una rosa troppo spaventosa. Vorrei non fossero ostaggio del mio dolore.

«Non te lo permetto. Onorerò Tom e la luce che aveva negli occhi quando parlava di te. Non ti permetterò di spegnerti né di rendere vano ogni suo tentativo».

«A mai più rivederci, mediatrice» dichiaro in tono definitivo.

La pioggia colpisce le foglie sugli alberi, la purezza delle gocce d'acqua sfugge alla sporcizia di ciò che le circonda con una semplicità che mi incanta. Il rumore della porta che si chiude e poi di nuovo il silenzio. I passi si allontanano fino a scomparire. Ho letto nei suoi occhi il dolore nel saperlo morto, ho letto la paura e il rammarico. Dalla finestra la scorgo aprire la portiera della macchina, in un gesto rapido si asciuga le lacrime sulle guance. Abbandona la professionalità che ha sempre mantenuto: gli occhi arrossati e le mani tremanti che non riescono a stringere il volante.

Tom mi rimprovererebbe. Questa volta non sono stata troppo dura, sono stata corretta. Non posso avere il lusso di essere circondata da persone dal sangue buono, persone che potrebbero scaldarmi, confortarmi e aiutarmi. Non ho diritto a un tale privilegio. Quelli come me sono nati per soffrire e per soccombere da soli.

«Devi mangiare qualcosa».

Volto lo sguardo verso colui che ignora tutto questo. «E tu devi uscire da casa mia».

Derek con una mano trascina una sedia e con l'altra stringe un vassoio di cibo. Si siede e si appoggia il vassoio sulle gambe. Taglia la carne in piccoli pezzettini per poi allungare la forchetta verso di me. Serro le labbra con freddezza.

«Non serve a niente fare così».

«Non serve a niente che tu continui a stare qui».

Lui, Olivia e Edgar non abbandonano la villa nemmeno per un secondo. Si sono temporaneamente trasferiti qui: cucinano e si dividono le faccende domestiche. Salgono in camera mia a intervalli regolari e si accertano che io non compia gesti folli, come rompermi qualcosa, ingoiare troppe pastiglie o lasciarmi cadere dalla finestra. Tutte idee che rimbalzano da un estremo all'altro della mia mente.

«Va bene, sappi solo che sto mangiando esattamente quello che mangi tu».

Rimango in silenzio di fronte all'assurda forma di protesta con cui vuole convincermi a nutrirmi.

«Oggi hai a malapena dato un morso un pezzo di carne». Con la forchetta infilza un minuscolo pezzo di carne, lo porta alla bocca e lo mastica.

Mi concentro sul rumore della pioggia che accarezza ogni spigolo e ogni ramo spezzato. In un qualche strano modo mi conforta. Derek si alza in piedi, si dirige verso la porta, ma all'improvviso compaiono sulla soglia due agenti di polizia.

«Dovremmo farle delle domande».

«Ora deve riposare...» Derek tenta di accompagnarli di sotto.

«Accomodatevi pure» lo interrompo.

I poliziotti mi osservano con un'ombra di timore nello sguardo. Uno dei due apre un taccuino per annotare le mie risposte.

«Tom Reed ha volutamente chiuso le serrature esterne. Probabilmente era sotto minaccia: invece di bloccare gli ingressi, avrebbe potuto far partire una chiamata di soccorso. Abbiamo ragione di credere che sua madre lo stesse tenendo in ostaggio, ha idea di quale potesse essere il motivo del suo ricatto?»

«La mia stessa vita» affermo.

Non ho bisogno di spiegazioni, non ho bisogno di pensare né di riflettere. Tom ha fatto da scudo per evitare che mi toccasse e mi contaminasse di nuovo. Tom ha scelto di proteggermi e di non proteggersi. Tom ha voluto spezzarsi per non farmi spezzare ancora.

«Le nostre più sentite condoglianze, ci dispiace farle queste domande adesso... ma non abbiamo scelta. È riuscita a evadere dall'ospedale psichiatrico approfittando di un temporaneo regime di semilibertà che le era stato accordato grazie ai progressi compiuti. Riteniamo che abbia pensato per anni alla sua vendetta nei minimi dettagli. Probabilmente vi stava seguendo e osservando da qualche giorno. Ha studiato i vostri orari e con calma ha messo in atto il suo piano. Per questo abbiamo stabilito di metterla sotto scorta finché non la prenderemo».

«Non c'è bisogno».

Derek mi anticipa, impedendomi di esprimere il mio dissenso. «Vi ringraziamo. Prego, possiamo discutere i dettagli di sotto».

Un principe che sfodera la spada per proteggere una strega. 'Ora ho capito cosa succede quando si infrangono le regole delle fiabe'. Lei mi ha voluto mandare un messaggio: 'Guarda cosa succede quando ti permetti di sognare di essere felice, di essere normale'.

Ho permesso al calore reale di farmi sentire meno mostruosa di quel che sono, ho permesso a me stessa di vivere, dimenticando il peso del marchio che porto. Ho permesso a me stessa di essere diversa e lei ha marchiato col sangue l'unica persona che non mi ha mai abbandonato.

'Suona per me, piccola strega'.

Le voci cominciano a invadermi la testa in un vortice inarrestabile. L'odore della rosa bianca non mi permette di respirare, tinge di oscura follia ogni centimetro dello spazio che mi circonda.

Con un tetro sorriso, torno a ricalcare le note di una melodia straziante. Mi alzo in piedi, afferro il violino che giace accanto al letto. Inclino la testa e chiudo gli occhi. Nella speranza che questo gesto possa ricordarle che non ha terminato il suo lavoro. Nella speranza che possa tornare e porre fine a una fiaba troppo lunga da leggere, troppo triste da concludere.

Edgar

Mentre Derek discute gli ultimi dettagli con gli agenti di polizia, Olivia tenta di mangiare qualcosa ma la tristezza le impedisce di concentrarsi. Si perde in un oceano di pensieri, nel ricordo di un corpo freddo e senza vita che per prima ha trovato in cucina.

Derek si siede accanto a me. «Non mangiate qualcosa?»

«Non ho fame» ammetto. «Sia ha mangiato oggi?»

La sua espressione cupa è una risposta sufficiente. È una settimana che ha smesso di nutrirsi adeguatamente, l'altro giorno è venuto il medico che la segue da anni. Le ha fatto un'iniezione, le ha messo una flebo e hanno discusso di qualcosa che mi è rimasta ignota. Chiunque entri nella stanza di Sia ne esce travolto da una sofferenza palpabile e soffocante.

Ho visto la psicoterapeuta con il viso rigato di lacrime, il medico stremato dal dolore, i poliziotti affranti dalla tetra oscurità di una madre che perseguita la figlia. Il suono del violino graffia le pareti senza tregua. Stride in maniera insopportabile, stravolge ogni molecola in questo spazio. La melodia è lenta e cupa. Capace di rievocare dolori nascosti e sepolti in tempi lontani; capace di mietere vittime guarite; capace di strozzare anime suicide; capace di bruciare desideri appena nati. Il timbro della morte, il timbro dell'oscura follia di un destino che la perseguita. Man mano si fa più intensa, più veloce, più cattiva. Si sente il rumore delle corde saltare e spezzarsi per la foga con cui suona.

Come nei giorni scorsi, nessuno di noi si muove. Attendiamo che la melodia termini, lasciando che sfoghi tutta la sua rabbia. Questo è l'unico modo in cui le sue emozioni riescono a prendere forma. La melodia si spezza con un'ultima nota di dolore. Corriamo tutti di sopra, Olivia stringe tra le mani il kit del pronto soccorso. Come le altre volte, arriviamo in camera e troviamo lo stesso scenario: Sia coperta di sangue, con le dita graffiate e le guance segnate dalle lacrime. È un'immagine straziante, ti scava nel profondo e ti impedisce di chiudere occhio.

Derek le prende le mani e con calma ed estrema cura disinfetta ogni taglio. Olivia le sfila il violino dalle dita. Sia ha i capelli appiccicati sulla fronte, l'aspetto devastato e uno sguardo cupo di malinconica tristezza.

Prendo la scopa e la paletta, mi assicuro di spazzare via i cocci taglienti del bicchiere che ha buttato a terra. Rimuovo qualsiasi oggetto acuminato, qualsiasi cosa possa usare per ferirsi ed estraniare il male che sente, finché non pronuncia una frase che ci paralizza di colpo. Non aveva mai detto una cosa del genere a voce alta.

«Voglio morire».

Una sentenza.

Un desiderio.

Una chiara e sicura decisione.

«Lasciatemi morire» ripete.

Ci osserva come fossimo guardie senza sentimenti che costringono il prigioniero a vivere in una cella troppo stretta. Ci riserva un'occhiata di supplica, il suo sguardo è una voragine capace di farci sprofondare in un attimo. Nessuno riesce a reggerlo.

Derek continua a fasciarle le dita con la garza senza battere ciglio. «Morirò anch'io» afferma lui.

Sia non lo guarda, si rivolge verso di me e mi implora senza parole di porre fine alle sue sofferenze. Lancia un'occhiata a Olivia e lei stringe le mani in un pugno ed esce dalla stanza con un'espressione determinata; non ha intenzione di crollare.

«Edgar, tu sai cosa vuol dire». Le si incrina la voce. «Ti prego, uccidimi».

Rimango pietrificato, completamente spiazzato. Sento solo la rabbia di vedere un'amica come Sia, una potente strega, ridursi a un brandello di cenere senza forma.

«Non me lo chiedere mai più» sentenzio con il respiro corto. Esco dalla stanza con la paletta in mano. Gli occhi si fanno man mano più lucidi. Sento le forze abbandonarmi sulle scale. Mi siedo sui gradini, con un peso sul petto che mi impedisce di prendere fiato.

'Ti prego, uccidimi'.

Vedere una persona che ami sgretolarsi davanti a te, come se non fosse mai stata intatta per davvero. Vedere una persona che ami supplicarti di farla morire. Vedere una persona che ami amare la morte... ti congela il cuore.

La mano di Derek mi tocca la spalla. Si siede accanto a me e rimaniamo in silenzio per un tempo indefinito. Lui è l'unico a riuscire a guardarla senza sprofondare.

«Come fai?» sussurro.

Non ho bisogno di spiegarmi, comprende il senso della domanda e con un sorriso malinconico sul volto risponde. «La amo».

«L'amore può farti sopportare il suo desiderio di morire?»

«No» ammette, «ma mi permette di credere che mi amerà abbastanza per rimanere in vita. Se continuo a farle vedere che ogni sua azione si rispecchia in me, smetterà di uccidersi. Aspetterò con pazienza: le curerò le ferite, le permetterò di urlare, le concederò di insultarmi, la sentirò maledirmi, la vedrò odiarmi. Mi va bene tutto, potrà fare tutto, ma non morire».

Olivia

Sentirsi così impotenti di fronte a scenari che non si possono modificare, cancellare o controllare. Sia è rannicchiata a letto in completo silenzio. La osservo seduta sulla poltrona davanti alla finestra. Rimango con lo sguardo incollato su di lei, la paura di vederla dissolversi mi impedisce di dormire.

Ha il cuore infetto da un male che non vuole estirpare, lo custodisce con una gelosia che esclude a priori qualsiasi mano che voglia accarezzarla. La forza con cui si sgretola in mille pezzi mi addolora. Non posso permettermi di perderla. Non posso permettermi di lasciarla sola, non posso permettermi di essere lasciata sola da lei.

«Siamo legate dalla nostra promessa, Sia» sussurro. Le scosto i capelli dalla guancia, la pelle scotta e brucia a contatto con la mia. In questi giorni la temperatura non fa altro che salire e scendere, come se anche il suo corpo fosse sballottato in un tornado che non conosce fine. Bagno un panno di stoffa e lo appoggio delicatamente sulla sua fronte.

Apre gli occhi assonnata, mi aspetto che urli, che si ribelli e che mi riempia di richieste inaccettabili. Invece mi ritrovo davanti l'altra metà, quella parte di Sia che le ha sempre dichiarato guerra, ma che oggi le permette di prendere una pausa dal dolore.

La rosa bianca.

«Se va avanti così, non ci sarà più niente da salvare» pronuncia. Punta gli occhi nei miei e rimango folgorata dal suo sguardo: stesso corpo ma anime diverse, stessa ombra ma con forme differenti. È prosciugata dal desiderio di autodistruzione di Sia, la stanchezza le risucchia ogni energia.

«Tu sei la sirena. Sento il tuo canto... Sia era preoccupata che tu potessi scegliere di annegare. Sono lieta che tu abbia lottato».

«Non vuoi farle del male, vero?»

Sorride lievemente con rammarico.

«No, ora i ruoli si sono invertiti. Io voglio che viva e lei vuole morire. Non riusciamo mai a essere in sintonia. Non lo trovi assurdo? Siamo nate per non incrociarci mai».

Parlare con un essere dalle stesse sembianze di Sia mi fa sentire in qualche modo più vicina alla speranza di poterla riavere. So che non è lei, so che non è l'amica con cui ho sancito la promessa di essere felice. Eppure, mi illudo di poterla vedere ancora.

«Dovreste togliere le lamette nell'armadietto in bagno e le tende sulla finestra» mi consiglia.

Inarco il sopracciglio, confusa. Quando realizzo il significato che si cela dietro le sue parole, rimango pietrificata.

«Vedo ogni suo pensiero, ogni desiderio folle. So cosa può fare, so quanto è disperata. L'unico modo che ho per evitarle di compiere quei gesti è prendere il controllo del suo corpo. Sono qui per avvisarvi».

Con le lacrime agli occhi stacco le tende dalla finestra, poi entro in bagno e rimuovo qualsiasi oggetto tagliente.

«Cos'altro?» chiedo con voce tremante.

«Il coltello sotto al cuscino» aggiunge.

Con desolata tristezza sollevo il cuscino accanto alla sua testa e rimango paralizzata per qualche secondo. Prendo il coltello tra le mani ed esamino con foga rabbiosa ogni singolo centimetro della stanza.

'Tu desideri ancora farlo?'

'No. Ho promesso a papà di proteggere e amare Derek, non voglio più cancellarmi'.

Prendo uno scatolone e lo riempio con gli oggetti più pericolosi, quelli che un tempo guardavo con lo stesso desiderio malsano. Mi immergo nell'idea di essere quella vecchia Olivia, quella ragazza che per disperazione era disposta a cancellarsi nel modo più spaventoso.

'Al nostro desiderio di vivere felici'.

'E di sopravvivere alla paura'.

Sia aveva appena iniziato a vedere la luce, aveva appena iniziato a camminare, a respirare, a sorridere.

«Puoi piangere, se vuoi».

La voce della rosa bianca mi ricorda quella di Sia. So che non è lei a parlare, ma il timbro, l'intensità dello sguardo e il calore del suo corpo sono gli stessi. Mi ritrovo seduta sul pavimento in lacrime, tormentata dal terrore di non riuscire a tenere in vita un'amica. 'Si è sentita così quando ho ammesso di voler scomparire?'

La rosa bianca batte le palpebre lentamente, il sonno la sprofonda in un pozzo senza fine. Tenta di rimanere sveglia, ma si assopisce. Prima di chiudere gli occhi, sorride e una lacrima le percorre la guancia. Come se vedermi devastata all'idea di perderla l'avesse in qualche modo rasserenata.

Come se mi stesse ringraziando di volerla in vita.

Derek e Edgar trasportano in salotto un pacco che il corriere ha lasciato fuori dalla porta. È alto almeno un metro. Li aiuto ad appoggiarlo sul tavolo, senza fare troppo rumore. Non vorrei che Sia si svegliasse proprio ora.

«Cosa può essere?» Edgar si gratta la testa.

Il timore che ci invade è lo stesso, lo capisco dagli sguardi. Ci stiamo tutti chiedendo se non sia da parte di Ilenia, la madre di Sia. Siamo combattuti fra il desiderio di aprirlo e il timore di farlo. Derek scompare in cucina e torna con un paio di forbici. Taglia i lati, scoprendo pian piano il contenuto. L'immagine che si presenta davanti ai nostri occhi ci fa cadere in un silenzio profondo. È la foto che Tom ci aveva scattato per la presentazione del gruppo: Sia mi circonda le spalle con un'espressione buffa, io ho una mano sulla bocca nel tentativo di trattenere una risata, Edgar ride di me mentre Derek ha gli occhi colmi di gioia nel guardare la ragazza dai boccoli ribelli.

Una grande cornice dorata ospita l'ingrandimento della foto in cui avevamo ritrovato la speranza. La foto in cui le anime di quattro amici, troppo marci per il mondo esterno, si ritrovano a supportarsi contro mostri invisibili, voci inesistenti e pianti mai espressi.

'Questa foto va appesa in salotto. Niente lamentele, Sia. Da troppo tempo questa sembra una casa abbandonata' recita il biglietto di Tom allegato.

Mi sento scuotere dai brividi e una sensazione di vuoto mi costringe a sedermi. Edgar tiene il cartoncino in mano con un'espressione distante, come se si fosse perso nei meandri dei suoi pensieri. Derek afferra i bordi e solleva la cornice.

«Dove la vuoi mettere?» chiedo.

«Dove lo voleva mettere Tom. Era un suo desiderio, non possiamo fare altrimenti».

È l'unico a mantenere un pizzico di lucidità, l'unico che non permette alla paura di divorarlo. È per questo che Sia lo allontana, sa che potrebbe riportarla tra noi... sa che lui potrebbe ritrovarla. E lei non vuole essere ritrovata.

Edgar si affretta ad aiutarlo mentre io coordino i loro movimenti. Derek si allunga verso il chiodo appeso in alto sopra il divano, sembra che Tom avesse già pensato a tutto. Io e Edgar ci sediamo sul pavimento, lui ci raggiunge subito dopo. Rimaniamo fermi così, davanti al quadro, con lo sguardo rivolto verso quelle espressioni spensierate.

«Il sacrificio di Tom non sarà vano. Riusciremo a riportarla tra noi. Per sempre» mormora Derek con decisione.

«Per sempre» ripete Edgar.

«Per sempre» sussurro.

Lo scudo di un cavaliere che si erge anche dopo la sua morte porta una sirena, un drago e un principe a suggellare la promessa di non abbandonare una strega maledetta al proprio dolore.

Capitolo 37

Quando le tue paure ti immobilizzano, quando la percezione di ciò che ti circonda è inquinata da un'ondata di colori oscuri. Quando pensare non è altro che una tortura a cui l'essere umano non può sfuggire, e capisci che non c'è incantesimo per spezzare la maledizione.

Sia

Sono passate più di due settimane.

I giorni sono trascorsi, l'inverno ha spezzato i rami degli alberi e il vento ne ha solleticato le foglie. Ho visto piccoli scoiattoli rifugiarsi in buchi nascosti. Le cicatrici sulle dita hanno avuto il tempo di guarire grazie alle medicazioni di Derek. Mi ha offerto un calore che escludeva qualsiasi forma di abbandono. Ho desiderato di essere invisibile, di poter scomparire senza lasciare tracce. Ho desiderato di affogare senza essere soccorsa. Ho desiderato di spegnermi.

«Se inizia a diventare troppo difficile, andiamo via. Intesi?» Derek mi accarezza la schiena, mentre aspettiamo che le porte dell'ascensore si aprano.

Vengo scortata da Edgar, Olivia e Derek lungo il corridoio della BWN.

Olivia appoggia una mano sulla mia spalla. «Sei sicura di volerlo fare? Possiamo prolungare la pausa».

«Ne ho bisogno, non mi toglierò la vita in diretta televisiva. State tranquilli».

Edgar mi rivolge un sorriso capace di scaldare qualsiasi animo. I segni sotto ai suoi occhi sono testimoni delle notti insonni in cui continuava a salire nella mia camera per accertarsi che stessi bene. Il fuoco di un drago si è eretto come una corazza per me.

Le porte dell'ascensore si spalancano e gli occhi degli impiegati si puntano su di noi. Chiunque stesse facendo il proprio lavoro si blocca e ci osserva. Derek tiene la mano dietro alla mia schiena, l'accarezza mentre ricambia il saluto dei dipendenti. Evito di specchiarmi in quegli sguardi compassionevoli alla ricerca di un dettaglio da poter ingigantire. Edgar apre la porta dello studio di registrazione. La prima persona che vedo è Tatiana, con in mano il programma della giornata.

«Sei tornata». Simon, il direttore di testata, mi rivolge un lungo sguardo. «Se non te la senti, può continuare Tatiana...»

Blocco sul nascere qualsiasi suo tentativo di esprimere compassione nei miei confronti. «Me la sento».

Annuisce perplesso e lancia un'occhiata a Derek, come se volesse una sorta di conferma del mio stato mentale. Con un cenno della mano, ordina ai suoi uomini di prepararmi i microfoni. Una ragazza mi porge la scaletta del notiziario che dovrò presentare, mentre la seguo al centro dello studio. Derek e i ragazzi rimangono dietro le quinte. Leggo velocemente i fogli che ho in mano, mi siedo sullo sgabello e alzo lo sguardo verso la telecamera principale. Sul monitor scorrono le parole che devo ripetere, le luci si abbassano e si concentrano su di me. L'ultima cosa che vedo è lui. Il principe di ghiaccio.

Mi schiarisco la voce, mentre leggo a bassa voce i fogli che ho davanti. «Un giovane ha tentato il suicidio senza alcun apparente motivo. È importante comprendere i giovani, invitiamo i genitori a porre più attenzione e incoraggiamo il sistema scolastico a ridurre lo stress imposto ai ragazzi».

«Siamo pronti, andiamo in onda tra tre...»

Sollevo lo sguardo verso il monitor. Ho sempre mostrato estrema grazia e professionalità nel portare al pubblico le notizie del giorno. Eppure, queste frasi non hanno alcun colore di verità. Non hanno alcuna consistenza.

«... due...»

Sollevo le labbra con estrema fatica in un sorriso di circostanza.

«Via!»

Le luci attorno a me si fanno soffuse mentre il silenzio mi circonda.

«Buongiorno dal telegiornale della Big World News. È stata una settimana ricca di eventi che hanno sollecitato l'attenzione pubblica, ma andiamo con ordine...»

Recito con disinvoltura le parole che scorrono velocemente sul monitor, fino all'ultima notizia in scaletta.

«Un giovane ha tentato il suicidio senza alcun apparente motivo». La mia voce s'incrina e il sorriso si rifiuta di mascherare il fastidio nell'esporre una notizia così... vuota.

Le scritte continuano a scorrermi di fronte. Simon mi fa segno di continuare.

«Riteniamo importante comprendere i giovani, invitiamo dunque i genitori a...» Sospiro. «Voglio fare un appello».

Ho deciso un cambio di rotta. Non è mai successo che mi bloccassi o che non mi attenessi al copione, e i tecnici guardano Simon con preoccupazione. Quest'ultimo fa cenno a Tatiana di prepararsi per sostituirmi e ordina di mandare la pubblicità, ma prima che possa interrompere la diretta, straccio i fogli davanti alle telecamere.

«Ai giovani che si sentono al limite, sul filo del rasoio. A coloro che non trovano un valido motivo per continuare a vivere, a chi non può permettersi il lusso di essere felice, a chi lotta contro la propria mente».

Simon si alza in piedi, ma Derek lo ferma.

«A tutti voi: non siete sbagliati. Siete feriti, siete malati, siete stanchi. Ma non sbagliati. A volte non riuscirete a stare in piedi, altre vi costringerete a essere felici perché se non lo farete vi sentirete esclusi da una cerchia in cui è più importante mostrare che essere. La tristezza è diventata un difetto, chiunque abbia una mente che affoga nel dolore è condannato a soffrire in solitudine. Non vi comprenderanno. Non vi vedranno soffrire. Non vi sentiranno piangere».

I momenti passati rinchiusa in stanza, quelli in cui sentivo il petto ardere dal desiderio di bruciarsi, quelli in cui non c'era motivo per respirare, per camminare, per sopportare ancora mi attraversano la mente. Ricordo il mattino in cui mi hanno sedata: stavo suonando il violino con una tale foga da tagliarmi le dita. Il sangue mi macchiava, ma la tristezza non mi abbandonava.

«Perché in questa società solo chi sanguina è malato, solo chi ha lividi è caduto, solo chi ha la febbre è stanco. Come se solo il corpo avesse il diritto di ammalarsi. La mente è nascosta: vi chiederà di fermarvi, ma per paura non lo farete. Vi supplicherà di guarirla, di curarla... ma sarete troppo occupati a nasconderla. Andrete a pezzi, ma continuerete a camuffare i segni della decomposizione per riuscire ad apparire sani. Perché stare male vi spaventa. Ammettere di avere un problema che non riguarda il corpo vi terrorizza».

Gli impiegati degli altri reparti si affacciano dalla vetrata. La notizia di una pazza che ha deciso di fare un monologo invece di continuare il notiziario arriva dappertutto. Simon è con il fiato sospeso: osserva sbalordito i commenti sui social che aumentano a dismisura.

Prendo un respiro profondo. «Soffro di schizofrenia sin da bambina. Sono in terapia, prendo dei farmaci che mi aiutano a non dare di matto. Ma non è finita qui: ho una seconda personalità che convive nel mio corpo e che difficilmente riesco a controllare. Sono malata e non guarirò mai. Sento continuamente voci che mi urlano di compiere gesti estremi. A volte queste voci hanno la meglio: penso di togliermi la vita un giorno sì e l'altro no. Lotto contro l'impulso di dissolvermi e scomparire. Non è stress, non è ignoranza, non è nulla di tutto ciò. Le malattie mentali non sono una colpa, sono sabbie mobili che ti trascinano nel lato più oscuro della tua mente. Ti isolano in un baratro in cui è difficile chiedere aiuto: puoi urlare a squarciagola ma nessuno ti sentirà, puoi piangere fino a consumarti ma nessuno lo vedrà perché le lacrime saranno invisibili, proprio come ciò che silenziosamente ti uccide. Ti senti morto ma sei vivo, e allora tenti di plasmare il tuo stato d'animo per ottenere un po' di equilibrio».

Se prima mi guardavano quasi con curiosità, ora nei loro occhi c'è autentica empatia. Il silenzio li tiene intrappolati nella mia voce. Rimangono sospesi nella realtà che racconto senza alcun filtro.

«Sono Sia Carillo e soffro di schizofrenia. Non sono sporca, non sono contagiosa, non sono un mostro. Sono umana e gli umani soffrono con colori e tonalità diverse gli uni dagli altri. Mi ci è voluto tanto per capirlo, ma una persona che ho perso me lo ripeteva di continuo. 'Non sei pazza, Sia'. Ora vorrei tanto dire a questa persona che ho capito, che ho intenzione di lottare fino all'ultimo. Perché io non sono sbagliata e tu me lo dicevi sempre». La voce s'incrina.

Mi avvicino alla telecamera, gli occhi lucidi e il cuore che mi martella il petto. Con fermezza lancio un appello a colei che vorrebbe vedermi prosciugata.

«Mi hai sentita, *mamma*? Non sono sbagliata, non mi farai sentire un errore. Io sono giusta così, nelle mie imperfezioni, nella follia di una mente malata e nel dolore che mi hai inflitto. Te la farò pagare per quello che hai fatto. *Lo giuro su papà*».

Segue un istante di silenzio, sono tutti paralizzati dall'odio che trapela dalle mie parole. Nessuno osa fiatare. La voce di Derek al microfono spezza il silenzio.

«Sono Derek Hill e soffro del disturbo intermittente della rabbia».

Passa il microfono a Olivia, che mi rivolge un sorriso prima di prendere parola.

«Sono Olivia Leed e soffro di anoressia nervosa».

Poi passa il microfono a Edgar. «Sono Edgar Chen e soffro di attacchi di panico».

In un impeto di follia generale il microfono passa man mano a tutte le persone nello studio e ciascuna di loro racconta apertamente se stessa. Senza paura, senza vergogna e senza timore. Rivelando così che di oscuro nella mente di ciascuno di noi non c'è proprio niente.

«Sono Tatiana Stevenson, sono stata vittima di bullismo e sono stata ricattata più volte da piccola. Non abbiate timore a parlarne con qualcuno».

«Sono Hemlich Connor, mia madre ha tentato il suicidio anni fa, è dipendente dal gioco d'azzardo. Chiedete aiuto ai vostri familiari, io non mi sono mai reso conto di quanto soffrisse».

La catena improvvisata continua, fuori da ogni schema, mossa dalle parole di un animo sporco e al limite della lucidità. Nessuno di loro esita a mettere in luce aspetti di sé che solitamente vengono taciuti perché scomodi o imbarazzanti.

Derek conclude il discorso, riprendendo in mano il microfono. «Se state soffrendo, noi della Big World News vi siamo accanto. Un evento come questo non può che esserci di insegnamento. Nella speranza di avervi fatto sentire meno soli, meno spaventosi e meno abbandonati».

Le luci si accendono sull'intero studio e la diretta si conclude. Cala un attimo di silenzio in cui ho paura di guardare chi mi circonda, poi parte un applauso generale che si espande a dismisura. Simon mi sorride soddisfatto. Ruoto la testa e noto impiegati provenienti dai diversi piani dell'azienda che si affacciano e applaudono con sguardo commosso. C'è chi ricaccia indietro le lacrime, c'è chi le lascia completamente andare. Niente maschere, niente accuse, nessuno sguardo invadente. Vedo degli esseri umani uniti nella condivisione della sofferenza e tra la folla scorgo Frederick applaudire e fischiare entusiasta.

Mi rivolgo ai ragazzi con la voce che trema. «Perché l'avete fatto?»

Il primo giorno in azienda ci eravamo promessi di non rivelare lo stato patologico di ciascuno di noi e ora l'hanno dichiarato senza esitare di fronte a migliaia di spettatori.

Olivia mi sorride, mi prende la mano e la stringe nella sua. «Perché siamo un gruppo, Sia. *Per sempre*».

Edgar accanto a lei alza le spalle. «Volevi prenderti tutti i meriti da sola, strega-demone?»

I miei occhi si inumidiscono. Lancio uno sguardo a Derek, in piedi accanto a me. Ha una strana luce che non riesco a decifrare. Mi prende per un braccio e mi stringe a sé mentre sussurra parole reali che superano ogni confine imposto dalle fiabe.

«Non è nulla di nuovo, 'streghetta dai gusti raffinati'». Passa la mano sui miei capelli, accarezzandoli dolcemente, proprio come faceva papà. Chiudo gli occhi e lascio che il suono degli applausi e il calore del principe mi avvolgano. La rabbia, il risentimento e l'odio mi hanno tenuto in ostaggio, costringendomi a vivere in un palazzo di lame appuntite per anni. E in quel palazzo c'è stato chi non ha avuto timore di tagliarsi o di sporcarsi.

Edgar

Il discorso di Sia in diretta televisiva ha scalato le classifiche di ascolti ed è diventato virale. Gli istituti per la cura delle malattie mentali lo stanno utilizzando per le campagne di comunicazione.

«Pensi che stia guarendo? Non ha più quell'ombra negli occhi» riflette Olivia, mentre saliamo le scale diretti al mio appartamento.

«Probabilmente è ancora ferita... ma almeno ha iniziato a parlare. Certo, l'appello che ha fatto a sua madre mi ha fatto venire i brividi. La rabbia con cui ha guardato la telecamera mi ha confermato che non si arrenderà finché non l'avrà affrontata». Salgo l'ultimo gradino, inserisco la chiave nella serratura e la apro.

«Ho paura che possa compiere una follia. Sai com'è fatta: agisce di nascosto in modo irrazionale. Solo Derek è capace di leggerla. Sono felice che lui sia al suo fianco, in questo momento».

Entro in salotto, mi preparo a prendere il materiale che ci serve prima di tornare a casa di Sia. Olivia si è offerta di aiutarmi, le videocamere sono piuttosto pesanti da trasportare da solo, ma non appena varco la soglia di casa uno strano profumo di cibo avvolge l'aria. La luce della cucina è accesa.

«Hai lasciato qualcosa in forno?» domanda Olivia.

«No... non ricordo neanche di aver lasciato le luci accese» ammetto.

Da dietro l'angolo la figura di mamma appare di fronte a noi. Il grembiule da cucina le copre il petto, ha gli occhi lucidi e arrossati.

«Ho ascoltato le parole della tua amica in diretta e ho visto il tuo intervento. Ho pensato che sei cresciuto tantissimo e che ho un figlio coraggioso e stupendo. Ho pensato a quanto sei diventato professionale e adulto. Ho pensato a quanto dolore hai accumulato, a quanto solo devi esserti sentito. Ho pensato a tutte queste cose e mi sono sentita vuota». Una lacrima le attraversa la guancia.

Ha il trucco sbavato e le mani tremanti. Si avvicina di qualche passo, incerta.

«Sono scomparsa nel momento in cui avevi bisogno di più sostegno, mi hai mentito pur di sapermi felice altrove. Perché tu sei fatto così: sorridi anche quando sei stanco. E io non l'ho capito. Non ho capito quanto dolore prova chi è malato dentro. Mi potrai mai perdonare, figlio mio?»

Mi mette le braccia al collo e mi stringe a sé. Il peso nel mio petto si allevia e, ancor prima che me ne renda conto, lei si scioglie in lacrime. Il profumo della sua pelle mi ricorda che posso essere fragile, che posso essere stanco e che posso soffrire. Il bambino che è in me la stringe con la paura che possa scomparire, con il terrore che sia tutto un sogno.

«Mi dispiace. Non immagini quanto sia fiera di te, Edgar». Circonda il mio dolore con la dolcezza che solo le parole di una madre sanno portare.

Sento il vuoto che mi ha da sempre accompagnato diventare minuscolo.

Olivia

Sentire Edgar singhiozzare con il cuore pieno di un dolore che difficilmente lascia trasparire mi mette i brividi. La madre lo abbraccia e lo consola con il volto rigato dalle lacrime. L'amore che avvolge il loro abbraccio mi commuove. Faccio qualche passo indietro ed esco dall'appartamento. Una volta fuori, comincio a camminare, persa nei miei pensieri.

Il vento mi accarezza i capelli mentre guardo la casa dove sono cresciuta. Non mi sono nemmeno resa conto di essere arrivata fin qui, è stato un automatismo che mi ha portato nel viale della villa da cui sono scappata. Forse è stato l'affetto di una madre pentita a farmi tornare su questi passi o la speranza di poter sentire compreso anche il mio di dolore.

Esito per qualche istante prima di varcare la soglia. Non sento affetto né calore, questo posto non mi trasmette alcuna vibrazione positiva. Solo gelido vuoto. Sento delle risate in giardino. Mamma e papà stanno chiacchierando allegramente con i vicini, mentre sorseggiano un tè. Parlano dei soliti argomenti: l'auto lussuosa, il magazzino appena aperto, l'azienda che ha fallito e i gioielli appena comprati. Non c'è alcuna traccia di rimorso, sofferenza o pentimento.

Non hanno paura di aver perso una figlia. Anzi, sono sollevati: ora il loro quadro perfetto non ha più neanche una sbavatura.

Qualche anno fa avrei provato rammarico e tristezza, mi sarei sentita fuori luogo e mi sarei costretta a essere ciò che non sono. Ora invece non provo più nulla. Li osservo e vedo soltanto persone cieche di fronte all'amore, cieche di fronte a se stesse. Continuano a recitare un ruolo in cui devono superarsi a vicenda. Un circolo disperato di noia e avidità insensata.

Osservo per l'ultima volta il volto delle persone che dovrebbero amarmi con tutto il cuore, e mi rendo finalmente conto che chi non ha un cuore non può amare neanche se stesso. Così mi volto ed esco dalla prigione che mi ha prosciugato l'animo fin da bambina.

Il telefono squilla.

«Edgar, sto arrivando. Ho preso una boccata d'aria».

Il suo tono dall'altro capo è sconvolto. «La madre di Sia ha attaccato il fratello di Derek. Sono tutti alla clinica, li sto raggiungendo adesso».

«Che cosa?!»

Sollevo un braccio e fermo il primo taxi che riesco a trovare.

«Non lo so, non ho capito bene. Ha risposto all'appello che ha fatto Sia in diretta, una sorta di ritorsione».

La sfida di Sia ha innescato un nuovo scontro in questa guerra senza fine, un eterno supplizio che scavalca ogni logica.

Quando arrivo in ospedale trovo Derek che stringe la mano del fratello, sdraiato sul letto della sua camera. Sta riposando, con la maschera dell'ossigeno sul viso. La madre di Derek ha le lacrime agli occhi ed è seduta accanto al figlio con un'espressione affranta. La polizia li circonda e tenta di ricostruire l'accaduto. Ma è Sia che mi preoccupa più di tutti. Osserva gli altri da lontano, come divorata da un pensiero fisso. Sembra calma, ma basta abbassare lo sguardo verso le sue mani per capire che non è affatto così: stringe le dita, conficcandosi le unghie nella pelle senza pietà, tanto che il sangue gocciola a terra. Mi siedo accanto a lei, appoggio una mano sulle sue.

«L'ha soffocato. Ha... ha provato a ucciderlo» bisbiglia.

Poi comincia a mormorare ossessivamente che è tutta colpa sua.

Capitolo 38

Quando i fantasmi delle tue incertezze decidono
di invadere senza pietà ogni centimetro dei tuoi pensieri.
Quando vorresti semplicemente sparire.
Chiudere gli occhi e non essere mai esistito.

Derek

Le videocamere di sorveglianza ritraggono Ilenia che tenta di soffocare Tayler con un cuscino mentre dorme. Non so come sia entrata in clinica, né come sia riuscita a sfuggire alla sicurezza. Mamma stringe la mano di Tayler, impotente. La sensazione di aver rischiato così tanto mi devasta. Quella donna non smette di seminare odio ovunque vada, vuole farci sentire circondati, in balìa della sua malvagità. La polizia sta perquisendo la clinica in ogni angolo per cercarla.

«Signorina Carillo, dobbiamo farle qualche domanda».

Alzo lo sguardo verso l'angolo della stanza. Sia non osa avvicinarsi a noi: fissa con angoscia il letto in cui dorme Tayler, pallidissima. Il poliziotto la obbliga a seguirlo fuori. Mi alzo in piedi. I sensi di colpa la stanno divorando, nella sua mente avrà di sicuro deciso di essere la vera responsabile di tutto. Mamma mi blocca il braccio con la mano. «Tuo fratello ha bisogno di te, Derek».

«Lo so, voglio solo...»

Alza gli occhi su di me e una lacrima le attraversa la guancia. L'idea di aver quasi perso suo figlio, una parte di se stessa, la devasta. Le fa rivivere i ricordi infelici del passato, quando sia io che Tayler venivamo contaminati da un male a lei invisibile.

Mi siedo, una mano sulla sua. «Sto qui, mamma. Non piangere».

Sono diviso fra il desiderio di proteggere Sia e la necessità di custodire la mia famiglia. Tiro fuori il telefono per mandare un messaggio a Olivia e dirle di non perdere d'occhio Sia, ma il risveglio di Tayler me lo impedisce. Tossisce, si porta una mano alla gola e sbarra gli occhi spaventato. Distorce il viso in un'espressione di dolore. Si toglie la maschera dell'ossigeno, ma io gliela rimetto subito con delicatezza. Ci guarda con terrore, ansima e farfuglia parole sconnesse.

Due agenti entrano in camera per raccogliere la sua testimonianza, alla ricerca di qualsiasi dettaglio che li possa aiutare a capire dove si nasconde Ilenia Linnon. La donna che ha ucciso Tom, che ha tentato di soffocare Tayler e che vuole assassinare Sia. Una madre che di materno non ha nulla. Rimuovo la maschera e gli porgo un bicchiere d'acqua, sorreggendogli la testa. Mamma gli bacia la fronte.

«Tayler, riesci a dirci cosa ricordi?» chiede un agente.

Lui scuote la testa, si rifiuta di parlare. Emette versi sconnessi, proprio come faceva in passato. Gli accarezzo i capelli e la schiena, e lui si rilassa al mio tocco. Mi stringe la mano e mi guarda con una muta richiesta di conforto e protezione.

«Va tutto bene, Tayler. È tutto passato» gli sussurro.

Ripeto queste parole mentre continuo ad accarezzarlo. La mano è stretta nella sua, si aggrappa a me con la paura che possa abbandonarlo. Mamma accompagna gli agenti fuori dalla stanza, chiede loro di tornare quando Tayler si sarà stabilizzato.

«N-non mi lasciare» mormora mio fratello con voce spezzata. Le sue palpebre sono sempre più pesanti, lotta contro la stanchezza per rimanere sveglio. Rimango al suo fianco per tutto il tempo necessario a calmarlo. Dopo quasi un'ora si addormenta sul mio braccio.

Mamma lo copre con il lenzuolo, continua ad accarezzargli i capelli. Li lascio avvolti nella loro bolla, circondati da poliziotti e telecamere di sicurezza in ogni angolo.

Noto solo ora l'infinità di chiamate perse che ho sul telefono. Olivia e Edgar mi hanno tartassato di squilli e messaggi. Con il cuore in gola per la preoccupazione, richiamo Olivia e corro velocemente verso la mia moto.

«Derek, finalmente!» sospira.

«Dimmi che non è successo niente a Sia...» Il mio cuore martella nel petto così forte da farmi male. La paura che possa esserle successo qualcosa mi offusca i pensieri.

«Siamo riusciti a portarla a casa, ma continua a dire che vuole andare a costituirsi alla polizia, dice che è tutta colpa sua e che vuole addossarsi anche la morte di Tom... vieni subito, forse a te darà ascolto, noi non sappiamo più cosa fare».

Prendo la moto e mi precipito a casa di Sia, bruciando tutti i semafori rossi.

La trovo seduta sul divano, con lo stesso sguardo spento che aveva quando è morto Tom. Quando entro nella stanza non si gira neanche a guardarmi.

«Sia, ma sei impazzita? Perché vuoi accusarti dei crimini commessi da tua madre? Perché vuoi fare in modo che vinca lei? Se credi di proteggerci in questo modo, be' noi non vogliamo questo genere di protezione!»

Rimane in silenzio di fronte alle mie parole. Mi scompiglio i capelli freneticamente. Sa che ho compreso alla perfezione lo schema che ha in mente. Vuole farsi arrestare e prendersi tutte le colpe, poi lasciarsi morire in modo che la strega più potente abbia ciò che ha sempre voluto. Il suo silenzio non fa altro che aumentare la mia rabbia. La afferro per il polso e la obbligo a seguirmi.

«Non credo che sequestrarla sia la scelta giusta» mi grida dietro Edgar.

«Torniamo tra poco. Chiamatemi se ci sono novità».

Prendo il casco e glielo metto in testa. La obbligo ad aggrapparsi a me durante tutto il tragitto, sembra una bambola di pezza abbandonata. Arrivo al ponte dove ero solito venire quando barcollavo sull'orlo del baratro. Le sfilo il casco, lo appoggio sulla sella e la prendo per mano, guidandola fino al parapetto. Il vento le scompiglia i capelli, vedo le sue labbra tremare, ma i suoi occhi rimangono assenti. Mi siedo sul bordo, con le gambe che penzolano nel vuoto. Sia fa lo stesso. Osserva l'acqua sotto i nostri occhi con una malsana scintilla di desiderio che riconosco fin troppo bene.

Sospiro. «Venivo qui quando sentivo di non appartenere più al mio corpo. Quando il dolore mi impediva di comprendere che la morte non era la soluzione».

Non risponde.

«Ho sempre desiderato morire in un bel posto. Se la mia vita ha fatto schifo, almeno il posto in cui morirò deve essere bello. Questo è bello, non trovi?»

Un piccolo sorriso le attraversa il volto. «Perché non l'hai fatto?» sussurra.

«Perché non mi sono ucciso? Non lo so. Forse perché non sono io quello che deve morire. Finivo sempre con il pensare che, se fossi morto, il mio dolore non sarebbe scomparso... si sarebbe attaccato alle mie ossa, mi avrebbe perseguitato anche nell'aldilà».

Mi alzo in piedi con il vento che mi scompiglia i capelli. Le porgo una mano, invitandola a imitarmi. Non ha paura di cadere, non ha paura dell'altezza. Non trema, non barcolla. Le tengo la mano, intreccio le dita con le sue.

Rimaniamo così per qualche minuto. C'è solo lo sciabordio dell'acqua che ogni tanto ci ricorda di essere sospesi nel vuoto.

«Non morirò prima di averla uccisa».

Una sentenza, una confessione, una promessa. Pronuncia queste parole con lucida follia. Le stringo la mano con forza. 'Vuole uccidere sua madre'. Lo sguardo spento e senza emozioni mi attraversa l'anima e ribalta l'ordine del mondo.

«Io la ucciderò e porrò fine a questa condanna» aggiunge.

«Pensi che uccidendola poi saresti felice?»

«Perché dovrei pensarlo? La ucciderò e poi mi lascerò andare in un posto bello come questo».

Non so descrivere il dolore che mi invade. So solo che a stento riesco a respirare. A stento riesco a rimanere in piedi. Una lacrima mi percorre la guancia all'idea di vederla scomparire e disintegrarsi in questo modo.

«Ti terrò la mano» prometto, asciugando la lacrima in fretta.

Si volta verso di me e precipito nel vuoto delle sue iridi. «Cosa vuoi dire?» chiede.

«Ti terrò la mano quando vorrai ucciderla».

«Sarai un assassino».

«Lo farò per te».

Batte le palpebre più volte, per nascondere l'emozione che trema dietro quel vuoto.

«Ti terrò la mano anche quando ti lascerai andare in un posto bello come questo».

Recito le sue stesse parole con estrema sincerità.

«Sarai morto...» Inarca il sopracciglio, contrariata all'idea che io voglia condividere il suo destino.

«Lo sarò... *per te*».

L'emozione che ha tentato di reprimere trapela contro la sua volontà. Gli occhi le diventano lucidi, le mie parole aprono la gabbia in cui si era rinchiusa.

«Non ti capisco... perché ti spingeresti a tanto?» La voce è spezzata, le lacrime non smettono di bagnarle il volto.

«Sono il tuo ragno, ricordi? Una strega non abbandona mai il suo ragno e il ragno non permette alla strega di essere condannata da sola. Sarà sbagliato, sarà oscuro e tetro... ma non mi importa. Noi siamo questo».

Il volto di Sia si contrae in una lotta contro se stessa: tenta di mantenere il distacco, ma non ci riesce. Le lacrime continuano a bagnarle le guance. Scendo dal parapetto del ponte, aiutandola a venire giù con me. Quando l'afferro per i fianchi rimane intrappolata tra le mie braccia e per qualche secondo si concede di mostrarmi il dolore che cela. La stringo al petto, mentre l'accarezzo con delicatezza, come se si potesse spezzare da un momento a un altro.

Stretti in un legame corrotto dal dolore e dalla sofferenza.

Un principe di ghiaccio e una strega maledetta.

Sia

Avere a fianco una figura solida come Derek è ciò che ho sempre desiderato. Qualcuno in grado di allentare le catene attorno al mio cuore, qualcuno che non si spaventi di fronte al sangue di una rosa bianca. Qualcuno che accetti di essere il *mio ragno.*

Lo osservo dal corridoio. Sta coprendo premurosamente il fratello addormentato. La madre di Derek sta parlando con il medico, stanno valutando di fargli cambiare clinica almeno per un periodo, sperando di facilitare il superamento del trauma.

Per colpa di quello che è successo, Tayler sembra essere regredito. Quest'esperienza l'ha paralizzato a tal punto da impedirgli di dormire senza avere incubi.

«Non vuoi mangiare qualcosa? Mi dispiace per tutto quello che stai passando». Lorel, la regina, si avvicina a me con il suo bastone.

Le faccio spazio, permettendole di sedersi. Cerca la mia mano e la prende nella sua. Il calore che emana mi fa sentire sporca del sangue di una strega maledetta.

«Mi sono sempre chiesta cosa fosse tutto quel dolore che percepivo in te. Ora capisco: non hai colpe, bambina mia. Sei solo una vittima di un essere che non sa amare e che ha perso l'anima».

«Mi dispiace» ammetto, non riesco a sostenere lo sguardo di una regina dalla bontà immensa. Vede molto al di là di quello che potrebbe percepire con gli occhi.

Sorride con dolcezza, anche se il suo viso porta ancora i segni dello sfinimento e della preoccupazione. Insiste affinché entri in camera con lei, ma preferisco rimanere seduta in corridoio. Mi depone un bacio sulla fronte che mi permette di respirare per qualche secondo. Quando si allontana, il freddo torna a invadermi.

Non faccio in tempo ad alzare lo sguardo, che mi ritrovo accanto Derek. Mi ha portato un panino e una tazza di caffè.

«Devi mangiare e prenderti cura di te» mi rimprovera, con una dolcezza a me estranea. Le infermiere ci osservano commosse dall'amore che traspare dai suoi gesti.

«Dovresti stare con Tayler».

«E tu dovresti stare con me».

Ho sempre sognato di vivere momenti del genere, li ho desiderati dalla prima volta in cui l'ho visto in quella divisa da carcerato. Lo sguardo freddo e distante era in contrasto con il calore della sua corona, il che mi ha portato a desiderare di conoscerlo e di farlo mio. Ora che mi vizia di attenzioni a cui non sono abituata, mi rendo conto di averlo soltanto messo a rischio.

Ora comprendo perché una strega e un principe non possono stare insieme. 'Le fiabe hanno sempre ragione'.

Le urla di Tayler spezzano il silenzio che si è creato. Si agita e non riconosce neanche la madre che tenta di avvicinarsi a lui per calmarlo. Nella sua mente vede solo la strega che ha tentato di soffocarlo. Derek scatta in piedi allarmato, entra in camera insieme alle infermiere e prende le mani di Tayler. L'angelo caduto si calma solo grazie al calore del fratello reale.

E mentre Derek tenta di controllare la situazione, il mio telefono vibra: qualcuno ha manomesso il mio sistema di allarme. 'Di nuovo'.

Comprendo immediatamente la genesi di questo messaggio. In silenzio mi allontano dalla clinica, fuggo dalla custodia di un principe che sarebbe disposto a perdere la corona per me. Fuggo all'idea che possa sporcarsi di un male che mi ha ormai bruciata da tempo.

Fermo il primo taxi disponibile e gli indico la strada di casa. Spengo il telefono, assicurandomi che nessuno possa seguirmi o rintracciarmi in alcun modo.

È ora di porre fine alla mia maledizione.

Capitolo 39

Quando il nulla è più accogliente delle ragnatele
in cui la tua mente continua a cadere.

Sia

L'odore del cibo contamina le pareti di casa. Percepisco la presenza della strega più grande, più malvagia e più potente di tutte. Siede al tavolo della cucina con i capelli raccolti in una coda rigida e perfetta, la carnagione è pallida e il trucco fa risaltare i lineamenti severi. Averla davanti dopo il male che mi ha inflitto, dopo la fuga costante a cui mi ha costretta... mi lascia con un vuoto nel petto che mi impedisce di respirare. Provo paura e rabbia allo stesso tempo.

«Sapevo che saresti venuta. Siediti, ho preparato da mangiare».

Il tono di voce non ammette scuse. Sembra armonioso, ma cela la perfidia di una madre che perseguita la figlia. Mi siedo al posto che ha preparato e mi guardo intorno rapidamente, per valutare le mie possibilità. Il piatto che ha preparato è lo stesso di quando da piccola ha tentato di uccidermi.

«Sei cresciuta parecchio, ormai sei una donna affermata. Mi è piaciuto molto il tuo discorso in diretta. L'ho trovato davvero commovente».

Mentre parla, si versa del vino. La calma con cui si muove e sorride esprime la malizia di un progetto programmato nei minimi dettagli. Nei pochi istanti in cui abbassa gli occhi sul bicchiere faccio scivolare nella manica della giacca il coltello che ha messo accanto al piatto, spostando un po' il tovagliolo per non farle notare la mancanza. Stringo forte la base della lama fra le dita.

«Hai seguito i miei passi: usi la schizofrenia per eccellere nel lavoro. E gli altri ti amano per questo, adorano la capacità di leggere i segreti degli altri. Ci sono passata anch'io: ero la stella della BWN. L'ho fatta diventare ciò che è adesso».

Sorseggia il vino, socchiudendo gli occhi.

«Poi, d'improvviso, non sei più speciale. Sei solo un essere marcio e malato, corrotto nell'animo. Non vai più bene, perché le maledizioni che leggi saranno troppo per i loro gusti. Ti costringeranno ad adattarti alle loro regole e se non lo farai, se non cambierai, ti rinchiuderanno. Ciò che non capiscono, però, è che una strega non può cambiare maledizione. Una strega nasce come tale e muore come tale».

«Sei venuta per uccidermi, quindi?»

Alza lo sguardo su di me. Mi vengono i brividi nel rispecchiarmi in quelle iridi piene di un'oscurità che non conosce limiti. Sorride, notando che non ho toccato il piatto di fronte a me.

«Che madre sarei se non completassi ciò che ho iniziato».

«Non sei una madre, sei solo un mostro» sentenzio.

«Questo mostro ti ha dato alla luce, quindi se lo fossi io lo saresti anche tu». Il sorriso si allarga, scoprendo una dentatura perfetta.

Io rispondo con disprezzo. «Ti diverte? Ti fa sentire meno sola? Meno orribile? Peccato che tu lo sia comunque. Sei sola, sei orribile e sei mostruosa. Non possiedi neanche un briciolo di speranza. Hai corrotto ogni fibra del tuo essere, non puoi più tornare indietro. Brucerai all'infinito fra quelle voci a cui cerchi continuamente di sfuggire. Verrai inghiottita da un'ombra che ti impedirà di respirare».

Il sorriso si deforma. L'espressione diventa tesa e lo scintillio di divertimento si spegne.

«Hai imparato a leggere bene le maledizioni, complimenti. Mi chiedo se tu sappia che ciò che leggi in me... è lo stesso che si preannuncia per te. Nessuno te l'ha mai detto, ma penso sia giunto il momento per te di saperlo. Piccola strega, la mia è stata una psicosi post partum. Ciò significa che per colpa tua... *io sono stata punita*».

Questa notizia mi lascia senza fiato, in preda alla confusione. Stento a credere alle sue parole: è una bugiarda che gode del dolore altrui. Eppure, leggo nel suo sguardo che stavolta sta dicendo la verità. Un nodo alla gola mi impedisce di prendere fiato. Lei sorride di fronte alla mia espressione disorientata.

«Sola, orribile e mostruosa. Non possiedo neanche un briciolo di speranza, ho corrotto ogni fibra del mio essere. Non ho ritorno. Brucerò all'infinito fra quelle voci a cui cerco continuamente di sfuggire. Verrò inghiottita da un'ombra che mi impedirà di respirare. *Giusto?*» recita le parole con cui l'ho condannata.

Maschero lo sconforto e la paura che mi martellano il petto.

«Tuo padre non voleva dirtelo. Sai perché? Perché non ti ha mai amata per quello che sei. Tom stesso mi ha supplicato di non rivelartelo. Dovevi vederlo... uno stupido servitore che ha preferito morire piuttosto che ammettere a se stesso la verità».

Possiede e conosce gli angoli più instabili dei miei pensieri. Li modella a suo piacimento, come fossero una mostruosa scultura.

«E ora che sai la verità, finisci il tuo piatto. Sai che odio i bambini deboli e maleducati, *piccola strega*».

Stringo il coltello con forza, fino a tagliarmi il palmo e sanguinare. Il dolore che mi infliggo mi permette di regolare il respiro e di non affogare nel buio delle mie paure. Tiro fuori il coltello, decisa a completare ciò per cui sono venuta fin qui.

«Oh, vuoi giocare sporco? Vedo che non hai imparato la lezione. Cos'è successo, l'ultima volta che non mi hai dato retta?»

Si riferisce a quando mi aveva ordinato di tornare a sedermi, dopo che aveva avvelenato papà. Ha chiamato i soccorsi solo dopo che avevo finito di mangiare. Era una lezione che aveva lo scopo di plasmarmi la mente per rendermi ubbidiente.

«Ecco, vedo che ricordi» dice con un sorriso. «Spero non ti dispiaccia, ho addormentato una sirena dall'urlo troppo fastidioso».

Sbianco di colpo. *Olivia*.

«Cosa... cosa le hai fatto?» Mi alzo dalla sedia di scatto.

«Ti sei proprio indebolita. Che stupida figlia».

«CHE COSA LE HAI FATTO?» urlo con le lacrime in gola.

La rabbia mi impedisce di stare calma. Stringo il coltello con ancora più foga.

«Sta dormendo. Sono entrata e l'ho trovata a girare per casa, sai che odio gli estranei. Così, con un po' di pressione, sono riuscita a sedarla. Nel suo sangue scorre un veleno a lento rilascio. Adesso si trova sul pavimento della tua camera. Se fai la brava e finisci il tuo piatto, chiamerò io stessa i soccorsi. Sai come funziona, giusto?»

«Se le succede qualcosa... io giuro che...»

«Mi ucciderai? Non hai mai fatto del male a nessuno, non ne sei in grado purtroppo. È proprio per questo che devi morire. Quindi siediti e mangia. Preferisci stare qui a discutere? Io non ho problemi, ma il veleno nel corpo della sirena le starà consumando il cervello».

Le mie mani non smettono di tremare. La paura di vedere Olivia nelle stesse condizioni in cui ho trovato Tom, nelle stesse condizioni in cui ha ridotto papà, mi divora. Non ho altra scelta: mi siedo e obbedisco. Il piatto che ho davanti non mi spaventa, a terrorizzarmi è l'idea di causare un'altra morte.

Con il vomito, ingoio velocemente, cucchiaio dopo cucchiaio. Le lacrime mi bagnano il volto e la rabbia mi impedisce di sentire il dolore. Non so cosa succederà dopo, non so se questi saranno i miei ultimi istanti. Ma ho una sola certezza. Un solo desiderio.

«Piano, rischi di ingozzarti così» sorride.

Sotto il suo sguardo divertito, finisco il piatto fino all'ultima goccia. I secondi che seguono sono macchiati dall'attesa di una morte atroce, proprio come quella che ha inflitto a Tom e a papà.

«Era buono?»

«Chiama i soccorsi. Ora».

Dalle mie labbra cominciano a colare gocce di sangue. Mantengo lo sguardo fisso su di lei, rimango salda nella stessa posizione usando tutta la mia forza di volontà. Non ho intenzione di darle la soddisfazione di vedermi crollare sotto ai suoi occhi.

«E io che volevo passare ancora un po' di tempo con te. Sai,

Sia... io ho provato a essere una madre forte per te. Ho sacrificato persino tuo padre per garantirti un futuro migliore».

«Ti ho detto... di chiamare i soccorsi». Lo stomaco inizia a bruciare e un fastidioso formicolio mi fa tremare le mani.

«Ti ho insegnato a non essere debole, a non permettere agli altri di toglierti la tua forza. Perché è così che si sopravvive quando si è diversi. Si tenta di andare avanti senza dare nell'occhio. Ci si mimetizza tra la folla. Alcuni percepiranno la tua potenza, ma tu non dovrai permettere a nessuno di legarsi al tuo cuore».

Il mio respiro diventa affannoso e la vista appannata mi impedisce di reggere il suo sguardo. Con mano tremante, asciugo le gocce di sangue che continuano a colare dalla mia bocca. Il suono delle sirene in sottofondo interrompe il suo discorso. La polizia sta arrivando.

Dalla sua espressione stupita comprendo che non è stata opera sua. Probabilmente è il principe di ghiaccio che sta tentando di salvarmi.

«Ti ho trasmesso tutte queste cose, eppure tu ti sei affezionata al canto di una sirena e hai lasciato che il fuoco di un drago ti riscaldasse. Ma, soprattutto, hai permesso al calore di un principe di proteggerti e amarti. Hai calpestato le regole delle fiabe, hai osato pensare di poterli amare. Con la morte di Tom ti ho mandato un messaggio, l'ho mandato anche al gruppo spericolato di amici che ti sei creata. Ma non è bastato. Ti sono stati accanto ancora più fastidiosamente di prima».

La sua voce è carica di rabbia. Beve un altro bicchiere di vino, mentre in sottofondo si sentono le voci dei poliziotti che decidono la linea di azione.

«Mi sono chiesta il perché. Perché hai avuto il coraggio di rimanere in vita? Perché non ti sei posta fine? Stavi forse aspettando che venissi da te?» Rimango pietrificata dalla follia con cui inserisce tasselli sbagliati in un puzzle da lei inventato.

Il rumore della serratura che viene forzata la obbliga a un gesto estremo.

«Devi sapere, piccola strega, che io ti ho amata come una

madre ama la propria figlia... ma ti ho anche odiata come la genesi del mio più grande male. Più volte ho pensato di soffocarti nel sonno, di porre fine a quella che sarebbe stata una misera vita fatta di allucinazioni e di condanne. Non volevo vederti vivere con la mia stessa maledizione». Prende il cucchiaio accanto al suo piatto e lo riempie.

Con fatica riesco a muovere la testa per seguirne i movimenti. Conosco bene la rassegnazione che ha negli occhi, eppure stento a credere a quello che sta succedendo. Ho i muscoli delle gambe paralizzati e il sangue mi esce copiosamente dalla bocca, sono troppo debole per potermi muovere.

«Se avessi voluto ucciderti, saresti già morta. Ho ucciso con facilità l'uomo che mi ha amata e il guerriero che ti ha protetta. Ma non sono mai riuscita a uccidere... te».

Il portone d'ingresso si spalanca di colpo. La polizia è dentro la casa. Mia madre porta il cucchiaio alla bocca e ne ingoia il contenuto. Bastano due cucchiai per spezzarle il fiato e farla tremare, con il sangue che le cola dagli occhi e dalla bocca. Fa un sospiro di agonia.

«Il mio piatto è l'unico che contiene un veleno mortale, la tua paralisi passerà tra qualche ora. Volevo trovare un... modo per riuscire a parlarti. In fondo...»

Il suo viso si contrae dal dolore.

«... io sono l'unica che ti ha sempre amata».

Il suo corpo crolla a terra in una pozza di sangue. I poliziotti spalancano la porta della cucina con le armi spianate. Non riesco a parlare, sento le labbra serrate dalla paralisi di un veleno che mi costringe a comunicare solo con gli occhi. Due agenti vengono verso di me per soccorrermi, mentre uno tocca il collo di mia madre per accertarsi della presenza del battito. Dopo un secondo che a me sembra infinito, scuote la testa e io precipito in un vuoto amaro che non mi permette di ribellarmi.

Vengo sollevata e trasportata all'esterno della casa. La paralisi mi impedisce di parlare. Più mi sforzo e più il dolore mi squarcia senza pietà. Vorrei riuscire a comunicare all'agente la presenza di Olivia al piano di sopra, ma fallisco miseramente.

Mi caricano su un'ambulanza e gli operatori mi mettono la maschera dell'ossigeno per farmi respirare meglio. Le porte posteriori sono ancora aperte, vedo Derek ed Edgar che stanno arrivando, si precipitano fuori dall'auto come impazziti. Il principe di ghiaccio mi cerca con lo sguardo, devastato dal dolore.

Quando vede un cadavere coperto da un lenzuolo che viene trasportato all'esterno, sbianca e si porta una mano al collo. Non posso fare altro che guardarlo impotente mentre tenta di prendere fiato. Edgar si accorge di me, sdraiata nella barella dell'ambulanza, mi indica a Derek e in un attimo mi raggiungono. Il principe di ghiaccio mi abbraccia con un'intensità tale da farmi sentire di nuovo viva. Riesco per pochi secondi a cancellare l'immagine di mamma che si toglie la vita.

«Non l'hai fatto... non l'hai fatto, sono fiero di te» sussurra, senza mai lasciarmi andare.

«Ol... Ol... li...» Mi mordo la lingua affannosamente. Edgar intuisce subito cosa sto cercando di dire. Senza esitazione si lancia all'interno della casa, seguito dagli altri agenti.

Sento una comunicazione nella ricetrasmittente del poliziotto più vicino. «C'è un'altra vittima in casa, al piano superiore. Mandate subito i soccorsi».

Quando la vedo portare fuori, inerme e incosciente, seguita dai soccorritori che tentano di rianimarla, sento ogni fibra del mio essere che si spezza. Le lacrime mi bagnano le guance, mentre l'urlo di Edgar supera qualsiasi intensità possibile. Ha il viso stravolto dal dolore.

«Carica a duecento. Libera!»

Mi dimeno nella barella, incapace di sostenere lo strazio in cui questo folle destino mi costringe a vivere. Derek tenta di placare la mia rabbia, cerca di rassicurarmi. Si sposta davanti a me, coprendomi la visuale. Mi impedisce di assistere alla scena. Ordina ai soccorritori di allontanarmi e di portarmi in ospedale. Vengo trasportata lontana dal luogo in cui ogni persona che ho amato mi è stata portata via. Mi lamento, mi dimeno, gemo e mugugno versi inarticolati. La collera che provo mi porta a muovere le braccia, pur con uno sforzo supremo. Mi strappo l'ossigeno dalla bocca, le lacrime che scendono lungo le guance si mischiano al lamento con cui mi rifiuto di lasciare indietro la mia piccola sirena.

«Sedatela! Sta perdendo il controllo». I due soccorritori mi tengono ferma e con la forza mi costringono al silenzio. Vengo addormentata con rapidità.

Crollo in un oblio da cui desidero non risvegliarmi mai più.

Mai più.

Derek

Il rumore degli apparecchi di monitoraggio è l'unico suono che attraversa i miei pensieri. In una sola notte, ogni equilibrio è stato ribaltato. Non ho mai provato così tanta paura in vita mia. L'idea di non poterla sentire o vedere mai più mi ha divorato l'anima. Mi sono sentito inutile e impotente.

Il medico mi spiega nei dettagli la situazione di Sia. «La quantità di tossine in circolo sta diminuendo. Domani riuscirà già a muoversi, per adesso la teniamo in osservazione. Potrebbe avere un'altra crisi psicotica da un momento all'altro. È un soggetto molto instabile. Il trauma che ha subìto l'accompagnerà per tutta la vita».

La ragazza dai boccoli corvini giace addormentata nel lettino dell'ospedale. Il suo corpo è collegato a cavi che controllano i suoi parametri vitali, l'ossigeno le permette di respirare. Ha la mano fasciata per via del taglio profondo che si è inflitta.

«Purtroppo la gravidanza si è interrotta. Le tossine hanno provocato un'emorragia interna e un aborto spontaneo. Le mie condoglianze».

'La gravidanza?'

Il medico nota la mia espressione sconvolta. «Si sente bene? Ha bisogno di un po' di acqua?»

«Io... c'è altro?» Trattengo a stento le lacrime. Il medico scuote la testa, anche lui è addolorato dalla notizia che ha dovuto darmi.

Esco dallo studio e mi dirigo verso la terrazza dell'ospedale. Il freddo si spande sulla mia pelle, accarezza il dolore che mi dilania il petto. Un rumore dei passi mi fa voltare. Edgar mi appoggia la mano sulla spalla: anche lui è stravolto dagli orrori che abbiamo appena vissuto.

«Sta... bene, Olivia?» mormoro. La voce tremante mi impedisce di mascherare le emozioni.

La tristezza di una vita mai nata per via di un male di cui non aveva alcuna colpa. La tristezza di una ragazza che non ha avuto neanche il tempo di capire che stava diventando madre. La tristezza di un padre che ha scoperto troppo tardi di esserlo stato.

«È in terapia intensiva. Domani la estuberanno...» risponde.

Tiro un profondo sospiro, ma non riesco più a trattenere le lacrime.

«Sia era incinta...» singhiozzo. «Quella donna lo ha u-ucciso. Edgar... io ho perso mio figlio».

Trafitto dal dolore più devastante, mi piego a terra. Edgar mi circonda con un abbraccio.

«Mi dispiace» mormora con voce spezzata. «Mi dispiace». Un grido di rabbia si riversa fuori di me, rivendica l'anima di un angelo che non ha avuto neanche modo di aprire le sue ali.

Ho perso un pezzo di me, senza neanche sapere di averlo avuto. Costretto a seppellire qualcosa di così puro, qualcuno che avrebbe avuto le sembianze della donna che amo e forse i miei occhi. Qualcuno che avrei amato più di me stesso. Non ho potuto neanche proteggerlo: è questo quello che mi fa più male.

Sia

La luce mi acceca. Non riesco a tenere gli occhi aperti per più di qualche secondo. Mi sento stordita e debole, ho la gola secca e le palpebre pesanti. Quando abbasso lo sguardo verso destra, trovo Derek con la testa appoggiata sulle mie gambe. Sta dormendo. Le profonde occhiaie rivelano la sua stanchezza e la sua paura.

Allungo una mano verso quella chioma bianca e ribelle, riesco a sfiorarla con fatica. L'infermiere entra in camera insieme al medico. Stupiti nel vedermi già sveglia, si avvicinano rapidamente. Osservano i parametri vitali nei monitor. Il medico mi visita con attenzione, mentre Derek continua a dormire profondamente.

«Apra bene gli occhi».

Punta una lucina fastidiosa nelle mie pupille. Sembra soddisfatto del risultato. Chiede all'infermiere di somministrarmi qualche altro farmaco dal nome a me sconosciuto.

«C'è il rischio che tu possa sviluppare un'infezione, una setticemia. Teniamo monitorata la temperatura corporea».

«Olivia?» mormoro con un filo di voce. Analizzo con paura le espressioni del suo volto, non so come potrei reagire se le fosse successo qualcosa. Stringo tra le dita il lenzuolo, in attesa spasmodica.

«La tua amica sta bene».

Sospiro, rilassandomi. Allento la presa sul lenzuolo.

«Ma... devo comunicarle che purtroppo non abbiamo potuto fare niente per il suo bambino».

Inarco il sopracciglio, confusa. Ingoio a fatica nel tentativo di schiarirmi la voce e lo osservo in attesa che mi comunichi la notizia che sembra tormentarlo.

«Signorina Carillo, lei era incinta di due settimane. Mi dispiace per la sua perdita».

Capitolo 40

Perché vivere ti sembra uno sforzo
troppo grande per un'anima mortale.

Sia

Stringo la mano sulle ruote della sedia a rotelle e mi avvicino al letto di Olivia. Non è ancora cosciente, dorme accompagnata dal ronzio dei macchinari. La vedo pallida e debole. Mentre cercava di opporre resistenza, ha sbattuto la testa contro il pavimento. Ha il cranio completamente fasciato.

«Hai bisogno di riposare, è tutta la notte che sei qui a guardarla». Edgar entra in camera con un bicchiere di caffè in mano.

«Io e Olivia ci siamo fatte una promessa» rispondo. «Starò qui a sorvegliarla, glielo devo».

Mi copre la schiena con la sua giacca. Nonostante lo spavento e la sofferenza che ha attraversato, rimane ancora saldo alla speranza. È una caratteristica dei draghi rimanere caldi e buoni anche nelle situazioni più avverse. Tenta di formulare qualche frase. So già cosa vuole dire, perciò lo distraggo. Gli impedisco di pronunciare quelle parole da cui sto fuggendo con tutta me stessa.

«Quando pensi di farle la proposta?»

«Be', di certo in un posto più romantico di questo. Direi che la cena nel ristorante è saltata, l'avevi organizzata così bene».

Sorrido al ricordo dei minimi dettagli che avevo predisposto. I fuochi d'artificio, la musica, l'orchestra e i festeggiamenti.

«Forse non hai bisogno di queste sciocchezze per confessarle il tuo amore, per poco non l'abbiamo persa». La voce mi si incrina.

Lui ammutolisce. Entrambi siamo ancora provati dagli orrori che abbiamo vissuto. I poliziotti che sono venuti a parlarmi mi hanno guardata quasi con compassione. 'La madre si è uccisa davanti ai suoi occhi, l'amica ha quasi perso la vita e...'

«Stai bene?»

«Sì» mento. Mi ricompongo in un secondo. Edgar scruta con attenzione ogni centimetro del mio volto, ormai è diventato bravo a comprendermi.

«Se mentire ti fa stare meglio, continua pure. Ma sai che con me non hai bisogno di fingere di stare bene».

«Sei diventato un drago coraggioso» ironizzo.

Abbassa la testa, afflitto da un pensiero che lo divora. È consumato dalla stanchezza e provato da una rabbia che non gli ho mai visto esprimere. Quando punta gli occhi nei miei, riesco a vedere il fuoco che lo consuma.

«Torno in un attimo, chiamami se succede qualcosa».

«Dove stai andando?» Lo guardo perplessa.

«A fare qualcosa che avrei dovuto fare già da tempo».

Edgar

Busso alla porta ripetutamente, senza ottenere risposta. Sento le voci animate all'interno e mi travolge di nuovo un'ondata di rabbia. Picchietto il piede a terra con ansia, finché la domestica non mi apre la porta con un sorriso cordiale. Non le do modo di aprire bocca e subito mi lancio verso il salotto. L'opulenza e l'ostentazione di questo posto mi soffocano.

«Signorino, non può entrare così! I signori Leed sono impegnati, dove sta andando?»

Ignoro le suppliche della domestica che mi segue agitata. Arrivo nel salotto principale e ciò che vedo mi gela il sangue. Riconosco subito la madre di Olivia, per la sua aria di superiorità e per i gioielli vistosi che indossa. Mi osserva con disprezzo, come fossi un grumo di sporcizia nel suo castello immacolato. È seduta accanto al marito che brinda con entusiasmo. Sono ignari del fatto che la loro figlia ha lottato contro la morte, sono ignari del suo dolore e delle lacrime che ha versato. Trattano con superficialità il loro stesso sangue e non provano alcun pentimento.

Non mi fermo a riflettere sulle conseguenze del mio gesto, d'impulso prendo la tovaglia del tavolo del buffet e la tiro via. Il rumore dei vetri infranti fa svanire i loro sorrisi. Il loro cibo raffinato è sparso a terra, le bottiglie di vino pregiato sono andate in pezzi. Gli ospiti si ritraggono spaventati, mi fissano come un folle.

«Chiamate la polizia!» urla una donna di mezza età, mentre stringe la sua borsetta firmata tra le mani.

Prendo qualsiasi oggetto mi capiti sottomano e lo butto a terra. Nessuno di loro osa avvicinarsi: l'ira devastante con cui ho stravolto la loro pace idilliaca li terrorizza.

Gli ospiti cominciano a fuggire, e in breve i genitori di Olivia rimangono da soli, privi del loro codazzo di adulatori e cortigiani.

«Cosa credevi di fare? Vedrai quanti danni dovrai risarcirci!» Il signor Leed digita un numero al telefono in collera.

Gli strappo il cellulare dalle mani e lo calpesto ripetutamente. Poi lo prendo per il bavero del suo completo costoso e lo obbligo a guardarmi. Lo sollevo da terra, mentre lui tenta affannosamente di allentare la presa. La signora Leed comincia a blaterare frasi sconnesse, mi implora di fermarmi, tenta addirittura di offrirmi del denaro per lasciarli in pace. Non si rende conto che per la pace è troppo tardi. Non gli è venuto nemmeno in mente di chiedere di Olivia, ma solo di tutelare la propria tranquillità.

Scuoto con violenza il corpo ormai inerme del padre di Olivia.

«Risarcirvi dei danni? Ha detto così, giusto?» ripeto le sue stesse parole. Con una forza incontrollata lo scaravento a terra. Lui si porta una mano alla testa e la ritrae coperta di sangue, ora il suo viso è deformato dal terrore. Fino a pochi istanti fa brindava allegramente, come se niente potesse scalfirlo. Ora geme a terra come un insetto schifoso.

Mi volto verso la signora Leed, immobilizzata dallo shock.

Prendo un bicchiere ancora intatto e lo riempio di vino, dopo di che mi avvicino a lei e glielo verso addosso con lentezza.

«Gradisce ancora un po' di vino? Perché non parla più? Cosa succede? Non mi dica che ha paura di un essere insignificante come me?»

Lei comincia a tremare, nel vestito ormai fradicio di vino. Ma ancora non sono soddisfatto. Quando avvicino la mano al suo collo, urla spaventata. Pensa che la voglia trattare come il marito, ma si sbaglia. Le strappo la collana di diamanti dal collo e la calpesto con cura. Poi, sempre lentamente, le tolgo ogni singolo gioiello che indossa. I suoi occhi si bagnano di lacrime e io mi sento finalmente soddisfatto.

«Vostra figlia è stata avvelenata ieri sera, hanno dovuto rianimarla più volte durante la notte perché il suo cuore continuava a fermarsi. Ma, ehi, non sia mai che impegni improrogabili debbano essere interrotti».

Le loro espressioni cambiano di colpo. Sono completamente sbalorditi. La signora Leed batte le palpebre ripetutamente, tenta di dare un senso alle parole che ho appena pronunciato. Come se non riuscisse davvero a comprenderle.

«Dovreste essere i suoi genitori e invece siete soltanto dei codardi a cui non importa nulla di lei. Vi siete mai chiesti cosa la rende felice? Il suo colore preferito? La sua canzone preferita? Non la conoscete nemmeno. L'avete sempre fatta sentire inadatta, sbagliata e fuori luogo. Dovreste incoraggiarla a vivere, non spronarla a morire di fame».

Penso alle volte in cui Olivia si ammutoliva o si perdeva nelle sue ansie pensando ai genitori. Era arrivata a credere di non essere una brava figlia perché non si sforzava abbastanza di essere come volevano loro.

«Le avete instillato l'idea di dover per forza soddisfare il volere degli altri. Siete vergognosi, patetici, i peggiori genitori che si possano desiderare. Ora starò io accanto a Olivia e non permetterò a nessuno di voi di sfiorarla, avete finito di torturarla».

Mi volto ed esco senza curarmi minimamente delle occhiate terrorizzate delle domestiche.

Derek

Attraverso il corridoio dell'ospedale fino ad arrivare alla stanza numero sei. Trovo Sia con la testa posata sul letto di Olivia e le dita intrecciate alle sue. Dormono entrambe, avvolte da un'amicizia che le lega in modo indissolubile. Apro l'armadio, prendo una coperta e la poso sulle spalle di Sia. Mentre le scosto i capelli dal viso, non posso non notare quanto sia stanca. Il medico mi ha avvisato che avrà bisogno di tanto tempo per riprendersi e che la parte più difficile sarà proprio questa.

Edgar si affaccia alla porta e mi fa segno di seguirlo fuori, le sue mani sono coperte da graffi e le nocche sbucciate confermano i miei dubbi. Riconosco i segni di una rabbia funesta, un'onda incolmabile e insaziabile. Ci sediamo in corridoio e restiamo in silenzio per un po', sfiniti e persi ciascuno nei propri faticosi pensieri.

Mi porto una mano sui capelli. Io non faccio altro che andare avanti e indietro da una clinica a un'altra, compilare domande di accettazione per il ricovero di Tayler e assicurarmi che Sia rimanga in vita. Edgar, invece, vive tra i corridoi di questo ospedale. Gocce di sangue gli colano dalle mani fino a sporcare il pavimento. Non se ne accorge nemmeno. Prendo un fazzoletto dalla tasca della giacca e glielo porgo.

«Chi hai preso a pugni?» domando.

Prende il fazzoletto e tampona i tagli sulle nocche. «Qualcuno che lo meritava».

Edgar che ricorre alla violenza non è una cosa comune. L'ho visto rare volte perdere le staffe. Ora sembra che non riconosca più i confini di ciò che sente, le fiamme lo divorano anche da seduto. Tenta di prendere profondi respiri.

«Tu e Sia...?» chiede.

Sposto lo sguardo sulla parete bianca che ho di fronte. So cosa mi sta chiedendo, vuole sapere se abbiamo affrontato l'argomento, se ne abbiamo parlato...

«Non mi rivolge parola. O meglio, quando ci sono io nei dintorni, si addormenta e mi evita. Come se avesse paura di me».

«Conoscendola, si sarà presa la colpa di tutto».

Annuisco in silenzio. Sia è così testarda, è impossibile convincerla a non autosabotarsi. Se pensa di essere la causa di un male, nessuno sarà in grado di dissuaderla. Vorrei soltanto farle capire che non potrò mai odiarla né temerla. Ma non mi dà modo di farlo.

«All'inizio ero io quello che aveva un muro di ghiaccio nei suoi confronti, e lei tentava in ogni modo di superarlo. Invadente, pazza e senza regole» rifletto.

«Fuggivi per la paura di potertene innamorare. Non avevo capito che quel muro era dovuto all'attrazione che sentivi, finché non me l'hai detto».

La allontanavo di proposito. Non riuscivo a comprendere come riuscisse a toccarmi il cuore solo con uno sguardo. Vedeva ciò che celavo, ciò che tentavo di tenere nascosto. E mi faceva sentire scoperto.

'Sia... potrebbe farmi piangere e io non posso permetterlo'.

'Perché?'

'Perché crollerebbe tutto, Edgar'.

Odiavo la sensazione di essere nel suo mirino, odiavo le attenzioni che mi rivolgeva, talvolta eccessive nella loro follia, ma anche premurose e dolci. Senza alcun tipo di filtro o di vergogna, esibiva il suo sconsiderato amore nei miei riguardi. E più la rifiutavo, più lei si dimostrava paziente.

«Anche quando io avevo paura di me stesso, lei non ha mai avuto paura di me. Non pensavo di poter mai trovare qualcuno di così... *follemente magico*».

Edgar appoggia una mano sulla mia spalla. Ci lasciamo entrambi travolgere da un vortice di pensieri da cui non riusciamo a uscire. Con domande senza risposte e di fronte il vuoto di un mondo troppo severo nei nostri confronti.

Olivia

Ho le palpebre pesanti, la vista offuscata e le orecchie mi fischiano. Strizzo gli occhi: il volto di Sia mi appare davanti come una visione, ha gli occhi lucidi e arrossati.

«Ti sei svegliata, *piccola sirenetta*».

Non riesco a pronunciare parola, il mio corpo sembra rattrappito e rigido. Non risponde ai comandi. Non faccio in tempo a fare nulla, una mortale stanchezza mi costringe a chiudere gli occhi nuovamente. L'ultima cosa che sento è il sospiro di Sia che mi stringe in un abbraccio.

Quando mi risveglio, il forte mal di testa mi costringe ad alzarmi con estrema lentezza. Edgar entra in camera e per poco non gli viene un infarto. Sbarra gli occhi, si precipita verso di me e mi stringe tra le braccia. Mi accarezza i capelli incredulo.

«Grazie, grazie, grazie» sussurra. Una lacrima mi bagna la guancia, appoggio il mento nell'incavo del suo collo e inspiro il suo profumo delicato. Alzo gli occhi e scorgo le iridi ghiacciate dalla soglia della stanza. Derek mi sorride, scaldandomi l'anima e scacciando ogni paura. Le lacrime mi impediscono di parlare: sono rimasti accanto a me, come dei guerrieri fedeli. Edgar si stacca, stringe la mia mano nella sua. Derek si avvicina e mi lascia un piccolo bacio sulla fronte.

«Ci hai terrorizzati, Olivia» ammette. Schiudo le labbra, vorrei chiedere della madre di Sia, vorrei sapere cos'è successo dopo e come sono riusciti a trovarmi... ma la felicità nel volto di Edgar mi impedisce di farlo.

Quando si alza in piedi e corre ad avvisare il medico, Derek si siede sul bordo del letto.

«Vuoi sapere cos'è successo, giusto?»

«Sia... lei dov'è? Sta bene?» sussurro, la voce rauca e bassa. A ogni parola sento la testa scoppiare. Mi porto una mano alla nuca e mi accorgo solo ora di avere una fascia avvolta intorno al cranio. Derek mi aiuta a rimettermi sdraiata.

«Ti fa male? Hai preso una brutta botta».

«Sia?» ripeto. Ricordo di averla vista qui accanto a me prima di riaddormentarmi.

«Il medico la sta visitando nella sua stanza. È rimasta qui con te per tutta la notte. Non ti ha abbandonata neanche per un secondo».

L'urgenza di vederla mi divora. Nonostante ciò, il volto di Derek è turbato, come se ci fosse qualcosa di oscuro che non mi ha ancora detto. Il cuore mi martella il petto.

«Cos'è successo, Derek?» domando spaventata.

Il dolore e la sofferenza che trapelano dal suo sguardo mi preoccupano, c'è qualcosa che lo tormenta e quel qualcosa mi lascia con un peso nel petto. Lui racconta con fatica, le sue parole si incastrano una dietro all'altra in una tela di dolore che mi travolge. Stringo il lenzuolo tra le dita, lo sposto, trascino dietro di me i cavi. Voglio andare da Sia, voglio abbracciarla, voglio vederla. Ma le gambe non reggono il peso del mio corpo, crollo in avanti e Derek mi prende in braccio per evitarmi la caduta. Nell'istante in cui mi appoggia sul letto, Edgar irrompe nella stanza con il respiro corto.

«Ragazzi! Non c'è più... non la trovo da nessuna parte».

Derek scatta con rabbia. «Cosa stai dicendo? La stanno visitando, è con...»

«Con il medico? Sono andato a chiamarla nella sua stanza e l'ho trovata vuota, non ci sono neanche i suoi vestiti. Gli infermieri dicono che ha firmato le dimissioni contro il parere dei medici e che ha abbandonato la struttura un'ora fa» spiega con voce tremante.

'Ha abbandonato la struttura?'

Derek tira fuori il telefono, la chiama senza alcun successo. La segreteria telefonica è l'unica voce che risponde. Stacco i fili che ho collegati al petto, Edgar tenta di calmarmi e di convincermi a riposarmi, mi dice che penseranno loro a trovarla, ma non permetto a nessuno dei due di tenermi lontana.

«O mi aiutate o farò da sola» sentenzio.

Derek si porta una mano sui capelli, mentre fa avanti e indietro per la stanza. Edgar, nel frattempo, mi prende in braccio e mi sposta nella sedia a rotelle accanto al letto.

«Controlliamo casa sua» propongo, mentre mi copro le braccia con il lenzuolo per il freddo.

«L'hanno sigillata, è la scena di un crimine, perché dovrebbe tornare lì?» domanda Edgar. Derek sembra aver già una risposta, si lancia fuori dalla stanza. Edgar lo segue lungo il corridoio, spingendo la mia sedia a rotelle. Ignoriamo i richiami del personale che mi vede evadere l'ospedale senza aver firmato alcun documento. L'unico nostro pensiero ora è quello di ritrovare la persona che è stata in grado di legarsi a ciascuno di noi in modo indissolubile.

Derek sale sulla sua moto, mentre Edgar ferma il primo taxi che trova sulla strada. Mi prende in braccio e mi appoggia sul sedile, per poi piegare la sedia a rotelle e metterla nel bagagliaio. Il tassista ci scruta con sospetto: io ho l'aspetto di una paziente che sta fuggendo e lui quello di un rapitore seriale.

«Saint Flore, 34. Grazie». Edgar si allaccia la cintura, mentre l'auto sfreccia tra le strade della città verso la casa di Sia. Ignoro le fitte alla testa, i capogiri e la nausea. L'unica cosa a cui penso è ritrovare la strega dai boccoli ribelli.

Derek arriva a destinazione qualche minuto prima di noi. Mentre Edgar mi appoggia nella carrozzina, lui corre a perdifiato verso l'interno. Lo seguiamo immediatamente e quando troviamo il portone d'entrata aperto, l'angoscia dilaga nel mio petto. Il principe di ghiaccio avanza per primo, grida il nome di Sia in tono disperato. La cerca freneticamente per le stanze.

È tutto ribaltato per via delle indagini che hanno appena concluso. L'unico oggetto rimasto intatto è il quadro di Tom appeso davanti in salotto. Noto un computer appoggiato a terra, di fronte a una busta di plastica sigillata. Faccio segno a Edgar di raccoglierlo. Lui appoggia il computer sul tavolo, Derek lo osserva con timore, i suoi lineamenti sono tesi e rigidi come corde di violino. C'è un solo video sul desktop, Edgar lo aziona immediatamente e il volto di Sia appare in tutto il suo splendore.

«Ciao ragazzi, siamo arrivati alla fine dei giochi a quanto pare. Volevo dirvi alcune cose importanti, non sono una ragazza sentimentale... ma ci tenevo a spendere due parole».

'Che cosa significa?' Indossa un cappotto e con un sorriso vuoto e spento tenta di rasserenarci. Siamo tutti in balìa di ciò che dice, tentiamo di non soffocare al pensiero che ci sfiora la mente.

«*Draghetto incatenato*, sei diventato veramente coraggioso. Sei stato un punto fermo, a volte consumato dalle paure e altre circondato dai demoni. Però hai avuto la forza di alzarti e di provare. Sei impacciato, scomposto, un totale disastro». Sia sorride, facendo commuovere Edgar.

«Però sei stato un amico fantastico. L'unico amico che io abbia mai avuto merita un piccolo premio per la pazienza che ha dimostrato. Cosa ne dici di un master a New York? Ho messo una buona parola a tuo nome, ho spedito tutte le informazioni necessarie. Trovi il modulo nella busta bianca. Non devi spendere neanche un dollaro, è tutto incluso, persino l'alloggio e il vitto. Grazie per il tuo affetto, Chen. Ti voglio bene».

Edgar non riesce più a trattenere le lacrime. Con mani tremanti apre la busta di plastica con scritto il suo nome e trova al suo interno i fogli di cui parla Sia.

«*Piccola sirenetta*, ricordi la nostra promessa? Io me la ripeto sempre».

Una fitta al cuore mi obbliga a stringere le mani a pugno.

«Sai, non pensavo di trovare in te una sorella. Sei così buona e pura, un essere che le fiabe hanno maledetto ma che io trovo semplicemente stupendo. Non cercare di soddisfare chi ti guarda, perché sei splendida così come sei. Intelligente, diligente e responsabile. Hai maestria e fascino, devi solo accorgertene».

«Sia...» mormoro con voce spezzata.

«Smettila di cercare un alloggio negli annunci immobiliari, l'ho notato, sai? Nella busta gialla c'è un documento, non so se ti farà piacere... ma ora questa villa è intestata a te. So che non hai bei ricordi qui, se vuoi puoi venderla, oppure puoi ristrutturarla. Lascio a te libera scelta, il notaio che ho contattato è a tuo servizio. Aspetta una risposta in caso tu la voglia vendere. Se così non fosse, sono sicura sarai in grado di farla risplendere, proprio come hai fatto con me. Grazie di tutto, Olivia. Non ti dimenticherò mai».

Apro la busta gialla e ciò che trovo mi lascia senza parole.

«Il tenebroso e distante *principe di ghiaccio*. Non so da dove iniziare, Derek. Ti ho sporcato, ti ho macchiato e non te ne rendi neanche conto. Dici che un ragno deve proteggere la sua strega, ma è la strega a sapere cosa fa male al ragno. Io ti faccio male e vorrei tanto che non fosse così». Si asciuga una lacrima dalla guancia.

Derek ha le labbra tremanti, continua a prendere profondi respiri nel tentativo di non impazzire. Gli occhi arrossati, si sforza di trattenere l'ondata emotiva, di contenersi.

«Le fiabe dicono che 'la condanna degli stregoni finirà per uccidere i reali e se non succederà, sarà l'aspra sentenza dei reali a polverizzare gli stregoni'. Ho deciso di non ascoltare questa sentenza, mi sono rifugiata nel calore che mi trasmettevi e ho pensato di potermi nascondere in te. Non ho pensato a quanto ti stessi mettendo in pericolo, non ho pensato a niente. Non mi hai polverizzata, ma sono io che ti sto uccidendo lentamente. Ti chiedo scusa... ti ho amato così tanto da non rendermene conto».

La sofferenza di Sia è evidente. Derek scuote la testa, il suo è un tumulto di ribellione, non si riconosce nelle parole di Sia. Non la reputa un male.

«Se le anime gemelle esistono, tu sei la mia in ogni dimensione. Non potrò mai amare nessun altro al mondo. Sarà sbagliato, sarà oscuro e tetro... ma non mi importa. Noi siamo questo, giusto?» Si asciuga le lacrime con la mano, si sforza di sorridere di fronte alla telecamera nonostante lei stessa stia andando in frantumi. «Saresti stato un padre dalla dolcezza infinita, un re clemente e misericordioso. Abbiamo perso l'occasione di proteggere ciò che di più puro potesse esistere. Non trovo il coraggio di guardarti negli occhi, sento di essere troppo sporca *per te*».

«Smettila, smettila, smettila» ripete Derek in un sussurro di dolore.

«C'è una busta anche per te, ha un sigillo azzurro. Ho già firmato le carte, sono sicura che farai un ottimo lavoro, Derek Hill. Le mie aziende hanno bisogno di un re caloroso, non di una strega prosciugata e affranta. Sarai un ottimo comandante per la mia nave, ne sono certa».

Edgar apre la busta con il sigillo azzurro: Sia ha trasferito le sue aziende a Derek. Un tempo era Tom a governare il suo impero, ora l'ha affidato al principe che ha amato più di se stessa. I brividi mi percorrono la schiena. C'è un altro foglio nella busta che attira la mia attenzione.

«La clinica di Boston mi deve un favore, perciò saranno lieti di seguire Tayler in ogni suo passo verso una guarigione completa. Hanno anche offerto un percorso terapeutico a tua madre, per curarle la vista. Ho provveduto a pagare in anticipo qualsiasi spesa, dovrai solo mandare loro le cartelle cliniche. Troverai nella busta i riferimenti di un appartamento accanto all'ospedale. L'ho comprato per voi: potrete passarci tutto il tempo che vorrete».

«Smettila!» Il grido di Derek sovrasta le parole di Sia. Tira fuori il telefono e la chiama ripetutamente, si rifiuta di accettare la realtà. Non ha la forza di prendere in mano i fogli e le carte firmate che testimoniano le azioni di Sia.

«Scommetto che hai smesso di ascoltarmi. Starai lottando con tutto te stesso per evitare di ribaltare la casa. Confido nella saggezza di Olivia e nella pazienza di Edgar. Spero possiate aiutarlo ad accettare tutto questo. Per me è arrivato il momento di salutarvi... ho un aereo che mi aspetta e che non posso perdere. Vi ho guardati così tanto prima di andarmene, ho tentato di memorizzare i vostri tratti per non dimenticarli. Farò del mio meglio per ricordarvi *per sempre*».

Trattengo un singhiozzo consumato dalle lacrime. La sensazione di vuoto che mi pervade è indescrivibile. Sia fa un ultimo cenno di saluto prima di terminare il video. Nessuno di noi è in grado di proferire parola.

«Non va da nessuna parte» sentenzia Derek, poi si precipita fuori dalla porta con una furia incontrollata. Il pianto che stavo cercando di trattenere fuoriesce al ricordo del suo ultimo abbraccio: mi stava salutando a suo modo, ecco perché gli occhi lucidi. Era l'ultima volta in cui l'avrei vista.

«Ti prego, Edgar... dimmi che non è vero» mormoro.

Edgar tira un sospiro tra le lacrime che gli bagnano il volto. Tenta di mascherare lo sconforto per riuscire a starmi accanto.

«Ha sempre rispettato i nostri desideri, persino quelli più terribili. Ricordi la vostra promessa? Quella nutrita dal desiderio di porre fine a qualsiasi cosa? Nessun altro avrebbe suggellato un tale patto, se non lei. A me ha concesso di essere strano, di essere consumato e di vivere con dei demoni che solo io vedevo. Mamma mi ha detto che Sia le ha parlato, l'ha convinta a ricredersi. Ha rispettato i nostri tempi e adesso noi dobbiamo rispettare il suo spazio e il suo desiderio di allontanarsi».

«Non è giusto, io... non è giusto» sussurro con voce spezzata. Edgar mi avvolge in un caldo abbraccio.

«Noi l'aspetteremo, Olivia».

Mi lascio andare in un pianto che reclama l'amica che non ho mai avuto, l'amica che mi ha sempre protetta e accettata ancor prima che io imparassi a farlo. Quella persona folle, sconsiderata e senza timori. Quella che ha visto lo spirito di Jack nutrirsi del mio spirito. Quella che mi ha detto di lottare se non volevo morire e di morire se desideravo farlo.

Derek

Scendo dalla moto in un lampo. Senza badare al parcheggio o alle occhiate di disappunto dei passanti, mi precipito nell'aeroporto. Scavalco la folla di viaggiatori, scontrandomi con foga e senza rimorsi con alcuni di essi. Il tabellone dei voli mostra che gli unici aerei che stanno per decollare sono due: uno per la Francia e un altro per la Germania.

«Signore, non può entrare lì! Mi sente? Non può farlo! Sicurezza!»

Corro con il cuore in gola, seguo le indicazioni per il gate di partenza. Gli agenti mi rincorrono, ma io non mi fermo neanche per un secondo. Butto a terra qualsiasi ostacolo sul mio cammino. Sento le grida dei presenti frantumare l'aria, ma l'unica voce che rimbomba all'infinito è quella di Sia.

'Ti chiedo scusa... ti ho amato così tanto da non rendermene conto'.

Non può andare via. Non può fuggire, scappare e scomparire.

'Non trovo il coraggio di guardarti negli occhi, sento di essere troppo sporca *per te*'.

Bugie. Bugie. Bugie.

Spalanco la porta dell'uscita di sicurezza e mi ritrovo sulla pista di decollo. La pioggia inizia a battere in modo incessante. Ma il freddo che sento è dovuto alla paura che mi impedisce di stare fermo e di accettare ciò che ho sentito. Guardo con disperazione gli aerei di fronte a me. Cerco di capire quale tra questi sia quello in cui è seduta lei.

Gli agenti di rampa mi scrutano con sospetto, chiamano la sicurezza con i loro telefoni e mi invitano ad allontanarmi. Quando uno di loro tenta di spostarmi, lo colpisco sul labbro senza esitazione. Il primo aereo ha ancora la scaletta appoggiata alla fiancata, io corro fino in cima e comincio a battere sul portellone, obbligando le hostess all'interno ad aprirlo.

I passeggeri mi guardano spaventati: un essere bagnato dalla pioggia con una rabbia funesta negli occhi e con le nocche sporche di sangue. Percorro tutto il corridoio senza ottenere alcun risultato.

«Signore, la prego di scendere o...» minaccia la hostess.

Non le do modo di continuare: scendo i gradini con rapidità. Le guardie di sicurezza mi stanno raggiungendo. C'è solo un altro aereo da controllare: Sia deve essere lì. Mi metto a correre, devo raggiungerla a ogni costo.

«Sia! Sia!» grido il suo nome sotto un cielo colmo di tuoni. La pioggia mi graffia la pelle, gli operai mi fissano con terrore. Il portello dell'aereo sta per chiudersi, aumento la velocità con la sensazione di poter vomitare l'anima pur di trovarla.

A un passo dal primo gradino vengo ribaltato a terra dalla sicurezza.

«Soggetto bloccato, ripeto: soggetto bloccato. Lo portiamo in centrale».

Mi premono la testa sull'asfalto e mi ammanettano i polsi, impedendomi qualsiasi mossa di ribellione. Osservo l'aereo di fronte a me con lo sguardo di chi sta per perdere l'unico punto sicuro della propria esistenza.

«Sia! Mi senti! Sia, ti prego! Scendi, vieni con me! Non ho mai pensato fosse colpa tua! Non mi hai macchiato, né mi hai ucciso! Sia!» urlo a più non posso, sovrasto i tuoni, sovrasto gli uomini che tentano di zittirmi. In quel momento penso solo a una cosa: voglio riavere la strega dall'indole ribelle e dallo sguardo capace di scavalcare qualsiasi muro.

«Sia! Sia!» La guardia tenta di trascinarmi via, ma io faccio resistenza. Sento le manette graffiarmi i polsi e la pioggia consumarmi la pelle.

Eppure, nulla di tutto ciò sembra avere un senso. Nulla di tutto ciò mi preoccupa o mi spaventa. Né la polizia, né la legge, né i tuoni o la pioggia incessante.

L'aereo inizia il decollo, le guardie mi trascinano all'indietro e tentano in tutti i modi di farmi ragionare. Mi impediscono di correre verso la pista. Con il respiro corto e con gli occhi sbarrati, riconosco dai finestrini dell'aereo quello sguardo selvaggio, seducente e privo di pregiudizio. 'Mi ha sentito'. Porta attorno al collo la sciarpa che le ho regalato nel suo compleanno.

«Sia! Sia, scendi giù! Ti prego non andare! Mi senti? Non andare! Non posso farcela senza di te, ho bisogno di averti accanto». Mi sottraggo alla presa degli uomini che tentano di frenarmi. Non faccio in tempo a raggiungerla che vengo braccato sul posto.

«Signorino, la preghiamo di collaborare. Non può stare qui fuori!»

«Sia! Ti prego! Ti prego, fermati!»

L'aereo smette di indietreggiare per un secondo. Sia mi rivolge un sorriso rigato dalle lacrime che non fa in tempo a mascherare. L'aereo inizia ad aumentare la velocità, fino a decollare sotto al mio sguardo inerme. Le lacrime che avevo tentato di trattenere, la sofferenza che non volevo affrontare e il dolore mi invadono.

Quando perdi l'unica persona che non ti ha mai giudicato, ti senti così impotente da voler scomparire. Ti senti perso in un mare di cui non conosci le onde. Affranto dal peso del rimpianto.

Sia non ha avuto paura di una bestia macchiata di sangue, non ha provato ribrezzo per il modo in cui deformavo i corpi altrui né per il mio poco autocontrollo. A lei piace ciò che è rotto e consumato, perché lei stessa è frantumata in mille piccoli pezzi. Mi ha fatto sentire così bene, così normale, da farmi sorridere al dolore. Perché quando soffri da troppo tempo, ti dimentichi come ci si sente a non soffrire da soli. Lei assorbe la sofferenza altrui, senza il timore di sporcarsi dei demoni che non le appartengono.

È solo una bambina che è nata con delle catene troppo strette, catene che avevano il compito di soffocarla man mano che diventava adulta. Capisco che ha pianificato ogni cosa nei minimi dettagli, non ha preso questa decisione da un momento all'altro. Sapeva non l'avrei lasciata andare, per questo è dovuta fuggire via in silenzio. Ha lasciato delle tracce di se stessa per le persone che non l'hanno giudicata.

Perché, anche se è convinta di essere la cattiva della storia, lei è stata la più buona. 'Una strega che protegge il proprio popolo anche a costo dell'esilio'.

Epilogo

Quattro anni dopo

«Signora Leed, ho una domanda!»

«Le domande alla fine del test, ragazzi».

Olivia Leed, uno dei volti più famosi nell'industria televisiva, recluta i nuovi studenti di giornalismo nella Big World News. Le sue selezioni sono tra le più ardue: non si ferma all'apparenza, scava con un'ossessione quasi malata nelle personalità delle nuove reclute. Non si sa cosa cerchi con esattezza, ma di solito lo trova.

I suoi ammiratori la seguono con entusiasmo in ogni progetto televisivo. Ha condotto dei reportage distribuiti a livello mondiale sugli ospedali psichiatrici, è stata in grado di accarezzare giovani ragazze che soffrono di disordini alimentari con una delicatezza disarmante.

Lo scadere del tempo fa sospirare i ragazzi con ansia. Abbandonano l'aula con il timore di non essere stati abbastanza brillanti nella prova.

Frederick si dondola sulla sedia. «Non sarai stata troppo severa? Su cento persone ne prendi quindici. Non vorrei dirtelo, ma abbiamo bisogno di nuove reclute».

«Reclute che lo meritano, e con una marcia in più» precisa lei.

«Sarà difficile eguagliare il talento del vostro gruppo di qualche anno fa».

Olivia sorride a queste parole. Il gruppo che ha spezzato i

pregiudizi, corrompendo un sistema che etichettava come sbagliati coloro che soffrivano in modo invisibile. Qualcuno bussa alla porta e la distrae dai suoi pensieri, la segretaria si affaccia dall'esterno.

«Signorina Olivia, c'è una busta per lei. È arrivata adesso».

«Ora non ho tempo, appoggiala sul tavolo».

Firma i documenti arretrati velocemente, non vuole portarli a casa. Lì ci sono già anche troppe attrezzature del marito, Edgar. Il disordine di quell'uomo le fa arricciare i capelli. Frederick abbandona lo studio, le ore passano e Olivia lavora alacremente dietro al suo computer. Sposta i documenti firmati nel cassetto alla sua destra e tira un sospiro di sollievo. Quel lavoro accumulato la perseguitava da giorni ormai.

Rimane solo una strana busta bordeaux. Olivia aggrotta le sopracciglia. 'Cosa potrà essere?' Inizialmente pensa di stracciarla e buttarla via, ma poi qualcosa le dice di aprirla.

Non appena lo fa, inizia a piangere senza neanche rendersene conto.

'Ciao, *piccola sirenetta*'.

I registi di tutto il mondo contattano Edgar Chen per ricevere una consulenza. Ormai è risaputo: dopo aver frequentato il master a New York, ha scalato ogni classifica. Ha lavorato ai migliori film, la passione e dedizione con cui ha studiato l'hanno reso ciò che è oggi. Una stella invidiata e ammirata.

«Tagliate questa parte e fate in modo di unire le scene che vi ho indicato. Mi raccomando, dobbiamo consegnare il lavoro con estrema puntualità».

«Sì, signor Chen».

Gli assistenti che ha alle sue dipendenze non esitano a eseguire gli ordini. Ammirano l'intuito, il suo saper scegliere le scene e le prospettive più efficaci. Edgar si avvia lungo il corridoio dell'azienda per prendere il suo amato caffè mattutino. Anche se ha più di venti persone che lavorano per lui, insiste sempre nel fare le cose a modo suo. Non ha mai sfruttato nessuno per fare ciò che può fare da solo.

È apprezzato da tutti per l'umiltà con cui tratta chi lo circonda. I dipendenti erano abituati alla sufficienza dei capi precedenti, coloro che vedevano i subordinati come piccole formiche insignificanti. Avere un capo che vuole solo fare bene e con passione li sprona a dare di più e a lavorare in sintonia.

'Mangi da noi oggi, o sei troppo famoso per unirti al nostro misero tavolo?'

Digita queste parole sul telefono, indirizzandole all'amico Derek. Ormai è un rito per loro quello di vedersi una volta al mese e di riunirsi a cena per aggiornarsi. Lui e Olivia tentano di impedirgli di isolarsi nel dolore, ma il ragazzo dagli occhi di ghiaccio ha la tendenza ad ammazzarsi di lavoro pur di non pensare.

La segretaria dell'azienda si avvicina a Edgar, gli porge una busta che è stata consegnata per lui.

«Se vuole la lascio nel suo ufficio, è arrivata poco fa ma non c'è scritto il mittente».

Edgar scuote la testa e la prende dalle mani della segretaria. «Va bene così, sarà qualche ringraziamento dai produttori».

Il colore della busta lo insospettisce: di un rosso scuro, quasi bordeaux, accuratamente sigillata. Nessun produttore manderebbe una busta del genere. La apre, tira fuori un foglio e legge sottovoce il contenuto. Alle prime parole il suo cuore perde un battito.

'Che si dice, Chen? Spari ancora ai muri?'

«Signor Hill, deve firmare anche queste carte. Alle quattordici abbiamo il meeting con gli acquirenti giapponesi, alle quindici e trenta invece c'è il capo dell'azienda spagnola...»

Il segretario dell'azienda elenca i numerosi impegni durante il tragitto in macchina. Derek allenta la cravatta, continua a non sopportare la scomodità degli abiti formali. Ormai la sua vita è un continuo viaggiare da uno stato all'altro. Ha portato l'impero di Sia al successo globale. Ha addirittura aperto una filiale in Cina che promette molto bene.

La madre si lamenta che non è mai a casa. Lo vede una volta ogni due mesi, quando va a Boston per salutare il fratello. Le cure stanno dando i loro frutti: Tayler ha iniziato a lavorare in una biblioteca dove racconta fiabe ai bambini. I suoi attacchi psicotici sono sotto controllo e la socializzazione con i più piccoli gli fa dimenticare ciò che lo spaventa.

Guarda il telefono e vede il messaggio di Edgar, che lo invita a cena come ogni mese. Sorride di fronte alle parole dell'amico. Intanto l'auto si ferma, la guardia del corpo gli apre lo sportello e Derek scende. Davanti a lui si estende un giardino, al centro del quale si erge un edificio maestoso, in stile coloniale. Si sviluppa su tre piani. I muri sono bianchi, il portico è sorretto da colonne sottili e così anche le arcate delle numerose finestre. Finalmente il suo lungo inseguimento è arrivato al termine. Non si è mai arreso e adesso è venuto a riscuotere il suo premio.

«Aspettami qui».

«Sì, mister Hill».

La guardia si ferma di fronte all'ingresso. Derek apre la porta, si dirige verso l'infermiera della clinica che gli fa strada sul retro. Si sono già sentiti al telefono, la donna conosce la situazione.

«Sta leggendo da stamattina».

«È un libro di fiabe?» azzarda Derek.

«Esatto. Non glielo avevo mai visto. È qualcosa che la lega al passato?»

Derek annuisce in silenzio. L'emozione gli fa palpitare il cuore in gola. Soprattutto quando si ritrova a un paio di passi da lei. Seduta su una panchina con la sciarpa che lui stesso le ha regalato avvolta intorno alle spalle, mentre i capelli scuri le arrivano poco sotto le orecchie. Sembra completamente assorbita dalla lettura. Gira la pagina con l'indice e si blocca.

Come se lo avesse percepito.

«Mi hanno detto che hai conquistato il mondo». La sua voce, seducente e profonda, graffia l'aria. Derek si siede accanto a lei, davanti a loro scorre un piccolo ruscello punteggiato da rocce affioranti.

«Ti hanno detto giusto» sussurra. Così, anche lei in questi anni ha seguito i suoi passi.

Sia mantiene lo sguardo fisso sul libro. «Mi hanno anche detto che spaventi i dipendenti con i tuoi modi freddi».

«Può essere».

«Mi hanno detto che non hai mai frequentato nessuna».

Derek sposta lo sguardo sulla donna dal fascino ammaliante. «Stavo cercando *te*».

Sia chiude finalmente il libro, alza lo sguardo su di lui e i loro occhi cadono nella stessa tela in cui si erano intrecciati la prima volta che si erano visti. Una lacrima le bagna la guancia. Lui l'ha cercata davvero, l'ha aspettata ed è tornato dalla strega come un ragno fedele. Derek allunga la mano e le accarezza i capelli, proprio come un tempo.

Sia allunga una mano verso la sua guancia e la sfiora con le dita. «Mi hai trovata, principe di ghiaccio» sussurra. Sa che non si è mai dato per vinto, che ha fatto di tutto per ritrovarla. Sapeva che stava arrivando, ma stavolta non è scappata. Ha deciso che era il momento di lasciarsi trovare. E di ritrovare anche gli amici che hanno sempre abitato nel suo cuore. Per questo li ha cercati con le sue lettere.

Perché certi animi non hanno bisogno di apparenze, non hanno bisogno di mostrare di essere affini. Certi animi semplicemente si incastrano tra loro come calamite destinate a unirsi. Sfidano le regole del cielo, lottano contro destini avversi e attendono anche per l'eternità il loro unico amore.

Perché loro due si erano promessi di aspettarsi per sempre. E non importava se quel per sempre era in questa vita o in un'altra, non importava la quantità di anni che sarebbe trascorsa, non importavano la ricchezza o la povertà di un'era senza sentimenti.

A loro due bastava la promessa di un amore che non conosceva tempo, che non si limitava in uno spazio.

Il loro era un amore che le fiabe condannavano perché in fondo lo temevano. Un legame così indissolubile sarebbe stato in grado di spezzare persino i comandi del cielo. Qualcosa che trascendeva le leggi umane e che sovrastava quelle degli angeli.

Si erano amati nel modo più complesso, ma allo stesso

tempo più candido e puro. Si erano amati così perché non sapevano come altro amare, avrebbero donato il loro cuore pur di proteggersi a vicenda e si sarebbero attesi anche all'infinito pur di sfiorarsi di nuovo.

Sia, Derek, Olivia e Edgar hanno affrontato i loro demoni con il desiderio di non rialzarsi e hanno finito per sostenersi a vicenda. Edgar non tollerava il modo in cui Olivia si sminuiva e Olivia non sopportava l'idea delle ombre che consumavano la gioia di un drago così caloroso. Sia desiderava a tutti i costi scavalcare il muro di ghiaccio per far sentire meno solo Derek, e Derek nutriva la speranza di poter sciogliere le catene di una strega condannata dal popolo.

Questa è la storia di una rosa bianca macchiata dal sangue, tagliata da una scheggia, bruciata da un accendino e attraversata da un proiettile.

Questa è S I N D R O M E.

Ringraziamenti

«Stai nella sofferenza, Rokia. Non scappare. Devi sentire il dolore».

Questo mi ha detto la mia psicologa.

Ho sempre evitato di soffrire, scappando dalle situazioni che mi potevano in qualche modo ferire. Perché ero stanca di stare male, ero stanca di non riuscire a respirare, ero stanca degli attacchi di panico, dell'ansia, dell'insonnia, della tachicardia e dei pensieri intrusivi. Ero stanca della parte marcia della mia mente. Volevo soltanto prendere le cose belle, evitare quelle tristi.

È così che si sopravvive, giusto?

Ma scappando via dal dolore, ho iniziato a scappare via anche da altre cose che con il dolore non c'entravano nulla. Sono scappata dalle mie amiche perché non volevo che vedessero tutto ciò, sono scappata dalla mia famiglia perché avevano incominciato a notare il modo in cui avevo smesso di mangiare, sono scappata persino da me stessa, evitando di specchiarmi e di guardare il mio riflesso. Sono rimasta sola.

'Fuggi o lotta'.

In situazioni di pericolo si sceglie una delle due: o fuggi o lotti. Io non sono mai stata brava a lottare, perciò mi sono solo e sempre data alla fuga. Anche quando il pericolo non esisteva davvero ma era solo una proiezione della mia mente, io scappavo e correvo così veloce da consumarmi le scarpe... ma le emozioni non puoi evitarle per sempre e l'ho imparato a mie spese. Ciò che non affronti si duplica fino a paralizzarti. E ti chiedi: 'Come ha fatto a diventare così grande?' Come quando non sistemi la tua stanza per mesi e poi tua mamma apre la porta e ti fa notare il casino che hai lasciato si accumulasse. Proprio così. Il dolore si accumula nella tua mente e non te ne rendi conto finché qualcuno da fuori, abituato a vivere in una mente pulita, ti guarda e dice: 'Apri la finestra, fai respirare un po'".

L'ho fatto.

Non da sola, non avrei mai avuto il coraggio di aprire quella finestra da sola. Ma l'ho fatto, l'ho aperta e ho lasciato che quello di cui avevo paura uscisse via. Senza vergogna, senza timore. Perché ci sarà pur qualcuno come me, qualcuno che ha dovuto imparare da capo a respirare e che ha invidiato chi compie quest'azione in modo automatico e senza fatica. È stato doloroso, mentirei se dicessi il contrario. Regolare il fiato di modo che non scappi via dai tuoi polmoni, convincerti che non stai morendo anche se senti che l'aria scompare sempre più velocemente da te e sorridere perché non vuoi che qualcuno veda che c'è qualcosa di rotto in te.

In questo percorso c'è chi mi ha vista soffrire più di altri, chi ha sentito il mio dolore e nonostante questo non mi guarda come se fossi un mostro. A partire dai miei genitori, ai quali la scrittura è stata negata da piccoli e che hanno dato vita a una figlia che non riesce a smettere di partorire storie diverse l'una dall'altra. Alle mie sorelle e a mio fratello, che mi hanno ricordato quanto sia tutto meno pesante se diviso tra di noi. Perché noi quattro sappiamo da dove siamo partiti.

Le mie amiche: Sophia, Giulia e Monica. Per la dolcezza con cui mi hanno amata e per la delicatezza con cui mi hanno raccolta quando mi sono sbriciolata più volte davanti ai loro occhi. Le persone speciali con le quali ho avuto la fortuna di condividere questo percorso sin dall'inizio e che stimo dal profondo del mio cuore: Mati, Cary e Aurora.

Grazie alla mia psicologa e alla delicatezza con cui mi ha tenuto la mano e mi ha condotto nel tunnel di cui ero enormemente terrorizzata. Le sue parole mi hanno ricordato come soffrire di nuovo, senza la paura di scomparire per il dolore.

Grazie a Gianluca, Marco, Francesca, Laura, Riccardo, Pia, Giulia e tutto il team Salani. Perché darmi la possibilità di raccontare questa storia è un modo che mi permette di guarire da tagli invisibili che vivono nella mia mente.

Grazie ad Alessio per aver creato alla perfezione i disegni che vivevano nella mente di un personaggio complesso come Tayler.

Grazie a Isabella, la mia editor, che ha amato la follia di una rosa bianca macchiata dal sangue e che non mi ha mai fatto sentire inadeguata. Perché a lei le sirene, i draghi, i principi di ghiaccio e le streghe... non fanno paura.

C'è un'altra componente fondamentale che ha illuminato il mio cammino, quella che ha retto la scala su cui sono salita per aprire la mia 'finestra'. I lettori. Non sono molto smielata solitamente, ma provo un affetto smisurato nei loro confronti. Qualcosa che mi emoziona e che mi porta a voler lottare per essere ogni giorno la versione migliore di me stessa per loro. Perché mi amano così come sono e io non potevo chiedere di meglio dalla vita. I lettori sono le mie persone preferite. Conoscono la mia penna, sanno che prediligo raccontare le sofferenze e che questo potrebbe ferirli. Ma ciò che mi stupisce è che, nonostante ciò, loro aspettano altre mie storie, altri racconti.

Perché tra me e voi c'è la promessa del 'per sempre'. Vi racconterò sempre storie diverse, dolori lontani e amori passati. E avrò la strana certezza di avervi sempre a fianco, forse perché voi per primi mi avete amata come nessuno ha mai fatto prima.

«Perché la vita è fatta anche di emozioni dolorose, che umani saremmo senza la capacità di provare il dolore?»
«Vuoti» risposi.
«Tu vuoi essere vuota, Rokia?»
No, non più.

A presto con un'altra fiaba.
Con affetto,

la vostra Rokia

ROKIA

THE TRUTH UNTOLD

LA VERITÀ NASCOSTA

C'erano una volta una città divisa, un amore indissolubile, una bugia da svelare. Ogni fiaba ha un lieto fine? In una città dilaniata dall'odio, i Red e i White vivono divisi. Alti cancelli separano i loro due mondi, almeno fino al giorno in cui il sindaco non decide di trasferire gli studenti della Red School alla White Academy, per far sì che le fazioni si mescolino e la tensione che ormai da troppo tempo imperversa si stemperi. È così che Isabella, figlia di una delle famiglie più influenti della città, incontra per la prima volta Kinan, il rappresentante dei Red. Kinan ha capelli rosso fuoco, magnetici occhi verdi e l'aria di uno studente modello. In lui e in tutti i Red, però, c'è qualcosa di anomalo. Il loro sorriso è forzato, la gentilezza innaturale, ogni gesto che compiono sembra nascondere un'ombra. Isabella, ostinata e coraggiosa, sarà la prima a scoprire il segreto terrificante che si cela dietro l'apparenza. Un segreto tanto pericoloso da essere in grado di sconvolgerle la vita. Tutto ciò in cui Issa ha sempre creduto crolla nell'istante in cui il suo sguardo incrocia le iridi color smeraldo di Kinan. In un'altalena di odio feroce e inaspettata vicinanza, i loro destini sono condannati a intrecciarsi in modo tragico e irreversibile. A legarli è una verità che aspetta da troppo tempo di essere raccontata.

MAGAZZINI SALANI

DELLA STESSA AUTRICE:

- Rokia, *The Truth Untold. La verità nascosta*

NELLA STESSA COLLANA:

- Erin Doom, *Fabbricante di lacrime*
- Erin Doom, *Nel modo in cui cade la neve*
- A.J. Foster, *Dangerously Mine. Pericolosamente mio*
- Carrie Leighton, *Better. Collisione*
- Malorie Blackman, *Pari e Dispari. Noughts & Crosses*
- F. Vanessa Arcadipane, *Inferorum Gemmae Saga* (4 voll.)
- A.J. Foster, *Strangely Mine. Stranamente mio*
- Carrie Leighton, *Better. Dannazione*
- Valentina Ferraro, *Wings*
- Carola Lovering, *Tell Me Lies. Dimmi bugie*
- Erin Doom, *Stigma*

Questo libro è stampato col sole

Azienda carbon-free

Fotocomposizione: Alessio Scordamaglia

Finito di stampare
nel mese di giugno 2023
per conto della Adriano Salani Editore s.u.r.l.
da Grafica Veneta S.p.A. di Trebaseleghe (PD)
Printed in Italy